江苏省文化和旅游科研课题(21WT06)
江苏高校优势学科建设工程资助项目
南京林业大学人文社科专著出版资助项目

江苏省遗址公园

不可移动文物，历史之实物遗迹。
窥知璀璨文明。

汪辉·等著

东南大学出版社
SOUTHEAST UNIVERSITY PRESS
·南京·

图书在版编目(CIP)数据

江苏省遗址公园 / 汪辉等著. — 南京：东南大学出版社，2023.12
 ISBN 978-7-5766-0272-2

Ⅰ. ①江… Ⅱ. ①汪… Ⅲ. ①文化遗址—保护—研究—南京 Ⅳ. ①K878.304

中国版本图书馆 CIP 数据核字(2022)第 190124 号

责任编辑：朱震霞　　责任校对：李成思　　封面设计：王少陵　冯韫凡　　责任印制：周荣虎

### 江苏省遗址公园
JIANGSU SHENG YIZHI GONGYUAN

| | |
|---|---|
| 著　　者 | 汪辉 等 |
| 出版发行 | 东南大学出版社 |
| 社　　址 | 南京市四牌楼 2 号　邮编：210096　电话：025-83793330 |
| 出 版 人 | 白云飞 |
| 网　　址 | http://www.seupress.com |
| 电子邮箱 | press@seupress.com |
| 经　　销 | 全国各地新华书店 |
| 印　　刷 | 南京新洲印刷有限公司 |
| 开　　本 | 889 mm×1194 mm　1/16 |
| 印　　张 | 20.25 |
| 字　　数 | 770 千字 |
| 版　　次 | 2023 年 12 月第 1 版 |
| 印　　次 | 2023 年 12 月第 1 次印刷 |
| 书　　号 | ISBN 978-7-5766-0272-2 |
| 定　　价 | 160.00 元 |

本社图书若有印装质量问题，请直接与营销部调换。电话(传真)：025-83791830

# 作者简介

汪辉,南京林业大学风景园林学院教授、博士生导师,国家公园与保护地研究中心主任;江苏省高层次创新创业人才引进计划科技副总;Socio-Ecological Practice Research 和《自然保护地》《南京林业大学学报(人文社会科学版)》等国内外杂志编委与通讯审稿人;2007—2016年间作为交流学者多次访问美国密歇根州立大学、北卡罗来纳大学夏洛特分校。

主持国家自然科学基金面上项目2项,主持江苏省产学研合作项目、江苏省科技支撑项目、江苏省文化科研课题、江苏省社科应用研究精品工程课题等多项;作为第一起草人编制行业地方标准与指导意见等多项;作为主要完成人所参与的项目获江苏省科学技术奖二等奖、国家林业局梁希林业科学技术奖二等奖各1项。

具体负责完成各类风景园林规划设计工程项目实践百余项;发表学术论文数十篇,出版专著多部,主编《园林规划设计》"十二五"国家级规划教材1部。为国家级精品课程"园林规划设计"、省级精品课程"园林工程"主要参与教师,所指导学生的园林作品多次在国内外竞赛中获奖。

## 撰写组

主要著作人：汪 辉　颜小燕　乔嘉龙　杨文慧　刘小钊
其他著作人：李晓军　Jon Bryan Burley　曹绪峰　王中玥
　　　　　　贾冉旭　章乐雅　李 想　刘 媛　冯韫凡
　　　　　　王博锐　陈 思
助　　理：杨文慧　刘 媛　冯韫凡　王博锐　贾冉旭

# 前言

遗址公园是我一直关注的研究内容。2006年在我开设的"园林设计"研究生课程中,我就指导研究生对南京的遗址公园进行了初步调研。之后,我又指导了多位研究生完成了遗址公园的相关毕业论文,同时在《建筑师》《建筑与文化》等期刊发表研究论文。在实践方面,2009年,我主持了江苏省文物保护单位南京曾水源墓遗址的园林设计,之后又与南京桢华园林设计有限公司李晓军总经理合作完成了南京浦口朱家山河[①]公园可行性研究、淮安洪泽湖周桥大塘-信坝段概念性规划与信坝遗址公园方案设计等。近年来,我有幸承担了有关遗址公园的江苏省文化和旅游科研课题。本书正是依托课题而完成,是课题的成果之一,也是我多年来在遗址公园规划设计方面探索与思考的梳理与总结。

在本书写作过程中,我特别感谢南京林业大学胡运宏与乐志两位同事对本书的支持。胡运宏老师是历史学出身并转向研究中国园林史,同时也主持了园林史方面国家社会科学基金项目;乐志老师为东南大学著名古建专家朱光亚的高足,一直钻研园林古建。两位老师多次参与遗址公园课题讨论,从历史与文化的角度对江苏省遗址公园研究方向、公园现场调研思路等提出了很好的建议,对本书的前期工作提供了很大的帮助。另外,在成书过程中,南京市绿化园林局规划建设处朱海琦处长、南京市玄武湖公园管理处张小军副主任、南京中山陵园管理局机关党总支戴康龙书记、江苏开放大学汤鹏老师、同济大学云嘉燕老师、连云港自然资源和规划局陈雪梦同志与江苏杞林生态环境建设有限公司薛峰设计师为本书的研究提供了相关信息与资料,在此一并表示衷心感谢!

本书分为上、中、下三篇,上篇为第2~5章,从宏观层面上对江苏省遗址公园进行整体研究,对其公园空间结构与功能分区模式、遗址保护与展示方式、景观要素特征等进行了总结;中篇为第6~8章,是中观层面的研究,在宏观研究成果的基础上,选择江苏省遗址公园最为集中的城市——南京作为典型研究城市,采用使用后评价的方法对南京市遗址公园进行活化研究;下篇为第9~15章,从微观层面,从不同角度选取江苏省遗址公园典型案例进行了专题研究。

本书各章节主要撰写人员如下:

第1章:汪辉、颜小燕、章乐雅;第2~3章:颜小燕、汪辉;第4~5章:汪辉、颜小燕、刘小钊;第6章:乔嘉龙、章乐雅、汪辉;第7~8章:乔嘉龙、汪辉;第9章:杨文慧、汪辉;第10章:李晓军、汪辉、杨文慧、冯韫凡、王博锐、刘媛;第11章:汪辉、曹绪峰;第12章:王中玥、汪辉;第13章:汪辉、Jon Bryan Burley、陈思;第14章:贾冉旭、汪辉;第15章:李想、汪辉。

另外,杨文慧、刘媛、冯韫凡、王博锐、贾冉旭协助参与了文字整理与校核工作,颜小燕、乔嘉龙、徐亚坤、黄静如、时艳、戴伦、李世杰、李旭彤、范美琳、彭慧静、王林雯、杨文慧参与了插图绘制工作。

---

[①] 2021年入选《江苏省首批省级水利遗产名录》

中国作为文明古国,有着辉煌灿烂的历史。然而随着时间的流淌,这些辉煌灿烂都消逝在历史长河之中。人类的历史就是一代代王朝璀璨的兴起,一代代王朝衰败的消亡,此起彼伏,就像江海的浪潮,一浪接着一浪。这些不断兴起与不断消亡的浪潮,组成了波澜壮阔的历史画卷。然而,再精彩的画卷终究都会逝去,我们只有从历史遗留的文字与文物中才能了解到它们,而遗址则是不可移动文物,是历史的实物遗迹,也是了解这些消逝历史画卷的最为重要的可信途径之一。

江苏的这片大地上,远古以来就有人类文明的开端,如距今 4 500 万年的人类祖先中华曙猿、距今 60 万年的旧石器时期南京直立人、距今 6 000 余年新石器时期南京薛城遗址的先民们都在江苏生活过。江苏从史前时代进入封建时代之后,也发生了众多影响古代中国文明的重大历史故事,而且一度还是中国的政治、经济与文化的焦点。例如,南京作为六朝古都与十朝都会,先后有东吴、东晋、宋、齐、梁、陈、南唐、明初、太平天国、中华民国在南京定都。江苏历史如此的悠久,因此,遗留了众多弥足珍贵的遗址。正是通过这些遗址以及相关记录我们才得以窥知这些曾经发生过的璀璨文明。

依托遗址而建设遗址公园,不但给我们提供了游憩休闲的空间,更重要的是,给我们提供了通过真实的遗址实物而穿越历史、了解我们祖先璀璨文明的场所,从而使得我们能更好地继承和弘扬优秀的文化传统,增强我们的文化自信。因此,遗址公园中所保护与展示的遗址都是不可替代、不可再生的国宝。与普通的公园相比,遗址公园的规划建设显然应该有其自身的特点与规律。本书以江苏省的遗址公园为研究对象,通过文献资料收集与实地调研,对江苏省遗址公园名录进行了不完全统计,绘制了江苏省遗址公园部分案例的现状平面,对其公园规划建设情况等进行了研究与总结。通过以上工作,本书向读者们展示了江苏省遗址公园的规划建设现状,也希望借此能够摸索、总结出江苏省遗址公园规划建设模式与方法等,以期为文物、历史、风景园林、旅游、城市规划等相关专业工作者提供资料与参考。

由于本书作者从事的是风景园林行业,非历史与考古专业出身,在整理遗址相关文献中可能有所疏漏,加之受疫情影响,一些调研开展不便,书中难免出现错漏或不妥之处,希望广大读者和专家们指正。

汪 辉

2023 年 10 月

# 目录

1 绪论 ·············································································································· 1
  1.1 研究背景 ································································································· 1
  1.2 研究对象与研究内容 ·················································································· 1
  1.3 主要研究方法 ··························································································· 1
  1.4 遗址与遗址公园概述 ·················································································· 1
    1.4.1 遗址 ······························································································· 1
    1.4.2 遗址公园 ························································································· 3
  1.5 国内外遗址公园发展动态 ············································································ 5
    1.5.1 国外遗址公园发展动态 ······································································ 5
    1.5.2 国内遗址公园发展动态 ······································································ 8

## 上篇　宏观层面——江苏省遗址公园研究

2 江苏省遗址公园概况 ····················································································· 17
  2.1 江苏省历史沿革与遗址资源概况 ································································· 17
    2.1.1 江苏省历史沿革 ············································································· 17
    2.1.2 江苏省遗址资源概况 ······································································ 18
  2.2 江苏省遗址公园的发展历程 ······································································· 19
  2.3 江苏省遗址公园的分布与类型 ···································································· 23
    2.3.1 江苏省遗址公园的分布 ···································································· 23
    2.3.2 江苏省遗址公园的类型 ···································································· 24

3 江苏省遗址公园的空间结构形态与功能分区 ···················································· 30
  3.1 江苏省遗址公园的空间结构及其形态 ··························································· 30
    3.1.1 点状、线状和面状空间结构 ····························································· 30
    3.1.2 遗址公园的空间结构形态 ································································ 33
  3.2 江苏省遗址公园的功能分区 ······································································· 35
    3.2.1 功能分区等级划分 ········································································· 35
    3.2.2 功能分区特征 ················································································ 38

4 江苏省遗址公园中的遗址保护与展示 ······························································ 39
  4.1 遗址保护与展示的内容 ············································································· 39
    4.1.1 遗址本体 ······················································································ 39
    4.1.2 遗址相关文化 ··············································································· 42
  4.2 遗址保护与展示的方式 ············································································· 42
    4.2.1 露天保护与展示 ············································································ 43

  4.2.2 覆罩保护与展示 ·········································································· 43
  4.2.3 回填保护 ················································································ 44
  4.2.4 标识与模拟展示 ········································································ 44
  4.2.5 复建展示 ················································································ 44
  4.2.6 陈列展示 ················································································ 44
  4.2.7 模型展示 ················································································ 45
  4.2.8 多媒体展示 ············································································· 45
  4.2.9 园林景观展示 ·········································································· 46

# 5 江苏省遗址公园的景观要素 ································································· 54
 5.1 地形 ····························································································· 54
  5.1.1 遗址本体地形 ·········································································· 54
  5.1.2 非遗址本体地形 ······································································· 56
 5.2 水景 ····························································································· 56
  5.2.1 遗址本体水景 ·········································································· 56
  5.2.2 非遗址本体水景 ······································································· 60
 5.3 植物 ····························································································· 63
  5.3.1 遗址示意 ················································································ 63
  5.3.2 营造氛围 ················································································ 63
  5.3.3 烘托遗址 ················································································ 63
  5.3.4 缓冲隔离 ················································································ 63
  5.3.5 环境美化 ················································································ 66
 5.4 建筑 ····························································································· 66
  5.4.1 遗址博物馆 ············································································· 66
  5.4.2 游客服务中心 ·········································································· 78
  5.4.3 其他 ······················································································ 80
 5.5 交通系统 ······················································································ 82
  5.5.1 道路 ······················································································ 83
  5.5.2 出入口 ··················································································· 88
  5.5.3 停留空间 ················································································ 93
 5.6 配套设施 ······················································································ 100
  5.6.1 标识系统 ················································································ 100
  5.6.2 休憩设施 ················································································ 102
  5.6.3 服务设施 ················································································ 102
  5.6.4 照明设施 ················································································ 102

## 中篇　中观层面——南京市遗址公园研究

# 6 南京市遗址公园概况 ········································································· 107
 6.1 南京历史沿革与近期城市规划建设背景 ············································· 107
  6.1.1 南京历史沿革 ·········································································· 107
  6.1.2 南京近期城市规划建设背景 ······················································· 108
 6.2 南京市遗址资源与遗址公园现状 ······················································ 111

  6.2.1 南京市遗址资源 ················································································· 111
  6.2.2 南京市遗址公园现状 ············································································· 112

# 7 南京市遗址公园使用后评价 ··············································································· 115
## 7.1 使用后评价相关原理 ················································································ 115
  7.1.1 使用后评价的发展概况 ········································································· 115
  7.1.2 使用后评价的内涵及步骤 ······································································ 116
  7.1.3 使用后评价的方法 ··············································································· 116
## 7.2 使用后评价典型案例 ················································································ 116
  7.2.1 遗址公园典型案例选取 ········································································· 116
  7.2.2 遗址公园典型案例现状 ········································································· 118
## 7.3 基于行为观察法的使用后评价调研 ·························································· 121
  7.3.1 观察时间和观察对象 ············································································· 121
  7.3.2 行为观察信息 ······················································································· 121
  7.3.3 行为观察结果分析 ··············································································· 122
## 7.4 基于半结构式问卷的使用后评价调研 ······················································ 125
  7.4.1 半结构式问卷设计与发放 ···································································· 125
  7.4.2 半结构式问卷的调研结果与分析 ························································ 126
## 7.5 基于层次分析法问卷的使用后评价调研 ·················································· 133
  7.5.1 评价体系构建的方法及步骤 ································································· 133
  7.5.2 构建评价指标体系 ··············································································· 133
  7.5.3 计算评价指标权重 ··············································································· 135
  7.5.4 设计调查问卷 ······················································································· 138
  7.5.5 层次分析法问卷的调研结果与分析 ····················································· 139
## 7.6 使用后评价综合分析 ················································································ 143

# 8 基于使用后评价的南京市遗址公园优化 ··························································· 148
## 8.1 南京市遗址公园优化的原则 ···································································· 148
## 8.2 南京市遗址公园优化的策略 ···································································· 148
  8.2.1 根据评级分级施策 ··············································································· 148
  8.2.2 针对遗址公园各方面施策 ···································································· 149
## 8.3 南京市遗址公园实例优化构想 ································································ 151

## 下篇 微观层面——遗址公园典型案例研究

# 9 无锡鸿山国家考古遗址公园规划研究 ······························································· 157
## 9.1 公园概况 ··································································································· 157
  9.1.1 区位概况 ······························································································· 157
  9.1.2 遗址概况 ······························································································· 157
## 9.2 遗址价值 ··································································································· 158
  9.2.1 历史价值 ······························································································· 158
  9.2.2 学科价值 ······························································································· 158
  9.2.3 艺术价值 ······························································································· 158
  9.2.4 社会价值 ······························································································· 158

## 9.3 公园建设实践研究 ································································ 158
### 9.3.1 遗址保护规划 ·························································· 158
### 9.3.2 规划理念 ································································ 159
### 9.3.3 公园规划设计 ·························································· 160
### 9.3.4 公园现存问题及策略研究 ·········································· 161

## 10 淮安洪泽湖周桥大塘-信坝段概念性规划与信坝遗址公园方案设计 ······· 163
### 10.1 项目背景 ········································································ 163
#### 10.1.1 区位背景 ································································ 163
#### 10.1.2 历史文化背景 ·························································· 163
#### 10.1.3 上位规划 ································································ 164
### 10.2 现状问题分析及解决策略 ··················································· 166
#### 10.2.1 现状问题分析 ·························································· 166
#### 10.2.2 解决策略 ································································ 166
### 10.3 设计方案 ········································································ 167
#### 10.3.1 设计主题 ································································ 167
#### 10.3.2 设计原则 ································································ 167
#### 10.3.3 设计目标 ································································ 167
#### 10.3.4 场地布局 ································································ 167
#### 10.3.5 景观方案 ································································ 168

## 11 南京曾水源墓遗址园设计及遗址活化实践 ········································ 173
### 11.1 曾水源墓遗址背景 ····························································· 173
### 11.2 问题的提出 ······································································ 173
### 11.3 景观设计策略 ··································································· 174
#### 11.3.1 文物保护 ································································ 174
#### 11.3.2 历史文化展示 ·························································· 174
#### 11.3.3 创造市民休闲娱乐活动空间 ······································ 174
### 11.4 实施效果 ········································································ 176

## 12 南京西安门遗址公园缓冲区研究 ··················································· 177
### 12.1 西安门遗址公园概况 ·························································· 177
#### 12.1.1 地理位置 ································································ 177
#### 12.1.2 西安门遗址现状 ······················································· 177
### 12.2 缓冲区及其划定方法 ·························································· 178
### 12.3 BZP在国外典型案例中的应用 ·············································· 179
#### 12.3.1 伊普斯维奇城市遗址保护区 ······································ 179
#### 12.3.2 塔特拉国家公园 ······················································· 180
### 12.4 BZP方法构建西安门遗址景观缓冲区 ···································· 181
#### 12.4.1 影响西安门遗址缓冲区的特征因子选择 ······················ 181
#### 12.4.2 根据西安门遗址需要保护的要素(特征因子)找出与其对应的威胁因素 ··· 183
#### 12.4.3 西安门遗址相关APZ的划界 ····································· 184
#### 12.4.4 西安门遗址缓冲区EPZ的划分及相关政策的制定 ········· 185
#### 12.4.5 西安门遗址缓冲区划定构想 ······································ 187

## 12.5 结论与不足 ··· 187
### 12.5.1 主要结论 ··· 189
### 12.5.2 不足之处 ··· 190

# 13 南京下马坊遗址公园禁约碑注译及景观诠释研究 ··· 191
## 13.1 研究背景 ··· 191
## 13.2 研究内容与方法 ··· 191
## 13.3 结果 ··· 192
### 13.3.1 注释 ··· 192
### 13.3.2 译文 ··· 193
## 13.4 讨论 ··· 194
## 13.5 结论 ··· 195

# 14 常州春秋淹城遗址公园网络关注度时空特征及影响因素分析 ··· 196
## 14.1 数据来源及研究方法 ··· 196
### 14.1.1 研究地概况 ··· 196
### 14.1.2 数据来源 ··· 196
### 14.1.3 研究方法 ··· 196
## 14.2 常州春秋淹城遗址公园网络关注度的时空演变特征 ··· 197
### 14.2.1 常州春秋淹城遗址公园网络关注度的时间演变特征 ··· 197
### 14.2.2 常州春秋淹城遗址公园网络关注度的空间演变特征 ··· 198
## 14.3 常州春秋淹城遗址公园网络关注度时空演变特征的影响因素分析 ··· 199
### 14.3.1 常州春秋淹城遗址公园网络关注度时间演变特征的影响因素分析 ··· 199
### 14.3.2 常州春秋淹城遗址公园网络关注度空间演变特征的影响因素分析 ··· 199
## 14.4 结论与讨论 ··· 200
### 14.4.1 结论 ··· 200
### 14.4.2 讨论 ··· 201

# 15 基于网络文本和照片分析的南京市大报恩寺遗址公园形象感知研究 ··· 203
## 15.1 研究背景 ··· 203
## 15.2 相关概念 ··· 203
### 15.2.1 网络数据 ··· 203
### 15.2.2 形象感知 ··· 203
### 15.2.3 感知形象 ··· 204
## 15.3 研究方法与数据处理 ··· 204
### 15.3.1 研究方法 ··· 204
### 15.3.2 分析工具 ··· 204
### 15.3.3 数据来源 ··· 204
### 15.3.4 数据处理 ··· 204
## 15.4 南京大报恩寺遗址公园网络文本与照片分析 ··· 204
### 15.4.1 高频特征词汇分析 ··· 204
### 15.4.2 认知形象分析 ··· 206
### 15.4.3 情感形象分析 ··· 209
### 15.4.4 拍照指数分析 ··· 209

| | |
|---|---|
| 15.5 南京大报恩寺遗址公园形象优化策略 | 210 |
|    15.5.1 动机视角优化 | 210 |
|    15.5.2 游客情感感知视角优化 | 210 |
|    15.5.3 游客拍照指数视角优化 | 210 |

**附录** .................................................................................................. 212

**附录一：江苏省部分城市遗址公园基本情况** ........................................ 212

**1 南京市** ........................................................................................... 212
  1.1 南京薛城遗址公园 ...................................................................... 212
  1.2 南京宝塔山遗址公园 .................................................................. 214
  1.3 南京窨子山遗址公园 .................................................................. 216
  1.4 南京石头城遗址公园 .................................................................. 218
  1.5 南京大报恩寺遗址公园 .............................................................. 220
  1.6 南京东水关遗址公园 .................................................................. 222
  1.7 南京桃叶渡遗址公园 .................................................................. 224
  1.8 南京萧宏墓石刻遗址公园 .......................................................... 226
  1.9 南京牛首山遗址公园 .................................................................. 228
  1.10 南京南唐二陵遗址公园 ............................................................ 230
  1.11 南京明故宫遗址公园 ................................................................ 232
  1.12 南京午朝门遗址公园 ................................................................ 234
  1.13 南京西安门遗址公园 ................................................................ 236
  1.14 南京东华门遗址公园 ................................................................ 237
  1.15 南京神策门遗址公园 ................................................................ 239
  1.16 南京胭脂河天生桥遗址公园 .................................................... 241
  1.17 南京明孝陵遗址公园 ................................................................ 243
  1.18 南京下马坊遗址公园 ................................................................ 244
  1.19 南京阳山碑材遗址公园 ............................................................ 246
  1.20 南京郑和宝船厂遗址公园 ........................................................ 248
  1.21 南京浡泥国王墓遗址公园 ........................................................ 249

**2 徐州市** ........................................................................................... 251
  2.1 徐州龙雾桥遗址公园 .................................................................. 251
  2.2 徐州驮蓝山汉文化遗址公园 ...................................................... 253
  2.3 徐州狮子山楚王陵考古遗址公园 .............................................. 254
  2.4 徐州珠山宕口遗址公园 .............................................................. 256

**3 淮安市** ........................................................................................... 257
  3.1 淮安泗州城考古遗址公园 .......................................................... 257
  3.2 淮安大云山西汉王陵遗址公园 .................................................. 258
  3.3 淮安总督漕运部院遗址公园 ...................................................... 260
  3.4 淮安古城墙遗址公园 .................................................................. 262

**4 扬州市** ........................................................................................... 264
  4.1 扬州龙虬庄遗址公园 .................................................................. 264

  4.2 扬州槐泗隋炀帝陵 ............................................................ 266
  4.3 扬州南门遗址公园 ............................................................ 267
  4.4 扬州宋大城西门遗址公园 .................................................... 268
  4.5 扬州宋夹城考古遗址公园 .................................................... 270
 5 镇江市 .................................................................................. 271
  5.1 镇江凤凰山遗址公园 ........................................................ 271
  5.2 镇江龙脉团山遗址公园 ...................................................... 274
  5.3 镇江铁瓮城遗址公园 ........................................................ 275
  5.4 镇江花山湾古城遗址公园 .................................................... 275
 6 苏州市 .................................................................................. 277
  6.1 苏州草鞋山考古遗址公园 .................................................... 277
  6.2 苏州御窑遗址园 ............................................................ 278
  6.3 苏州锦溪祝甸古窑遗址公园 .................................................. 280
 7 无锡市 .................................................................................. 282
  7.1 无锡仙蠡墩遗址公园 ........................................................ 282
  7.2 无锡鸿山国家考古遗址 ...................................................... 283
  7.3 无锡阖闾城考古遗址公园 .................................................... 285
 8 常州市 .................................................................................. 287
  8.1 常州圩墩遗址公园 .......................................................... 287
  8.2 常州春秋淹城遗址公园 ...................................................... 289

附录二:"十一五"至"十四五"时期大遗址保护项目名录江苏部分 ............................ 291
附录三:江苏省大遗址名录 ................................................................ 292
附录四:南京市各级文物保护单位名单 ...................................................... 294
 1 全国重点文物保护单位名单(49处103点) .............................................. 294
 2 江苏省文物保护单位名单(109处116点) .............................................. 296
 3 南京市文物保护单位名单(358处368点) .............................................. 298

后记 .......................................................................................... 307

# 1 绪论

## 1.1 研究背景

遗址是重要的文物旅游资源,具备资源稀缺性和不可复制性,在文化传承中具有重要地位。结合遗址资源的特质,在保护的前提下让文物"活"起来,让人们充分了解中华优秀的传统文化,是遗址公园建设的主要目的,同时也有助于增强国人的文化自信。

江苏省历史文化底蕴深厚,坐拥13座国家历史文化名城,省内有许多弥足珍贵的人类文明遗迹,并相应设立了众多的遗址公园。然而,尽管江苏遗址公园的数量较多,但质量却良莠不齐。有的遗址公园遗址保护措施不到位;有的遗址公园遗址文化解说系统欠缺;也有的遗址公园由于是边建设边开放而基础设施尚不完善;也有的遗址公园虽然已经规划多年,但却迟迟不动工导致遗址用地荒废并且遗址仍然得不到有效保护与利用……因此,有必要对江苏省遗址公园规划建设情况进行全面梳理与总结,为今后的遗址公园建设发展提供参考。

## 1.2 研究对象与研究内容

本书的研究对象为江苏省内的遗址公园。根据江苏省相关城乡规划资料、遗址公园官方立项文件或媒体报道、遗址公园百度地图卫星影像辨析,以及实地走访调研的结果,本书最终梳理了74个不完全统计的江苏省遗址公园名录,其中63处遗址公园已建成或者初步建成,并向公共开放或部分向公众开放,11处遗址公园拟建或在建。本书研究内容从宏观、中观、微观3个层面进行,具体内容如下:

第一部分:上篇(第2～5章),在宏观层面上研究江苏省遗址公园,包括江苏省遗址公园历史沿革与遗址资源概况、发展历程、分布与类型、空间结构与功能分区、遗址保护与展示方式、景观要素等内容。

第二部分:中篇(第6～8章),在中观层面上选取南京作为典型城市,从遗址活化的角度,对南京市遗址公园进行使用后评价(Post-Occupancy Evaluation,POE)研究。根据使用后评价的结果,提出南京遗址公园优化策略与建议。

第三部分:下篇(第9～15章),在微观层面上对遗址公园典型案例进行研讨。其中第9～12章探讨了无锡鸿山国家考古遗址公园、淮安洪泽湖古堰景区信坝与周桥大塘遗址公园、南京曾水源墓遗址园、南京西安门遗址公园4个案例的规划设计;第13章通过对南京下马坊遗址公园禁约碑的文献分析,讨论了古代陵墓景观的管理;第14～15章从网络大数据分析的角度,探讨了常州春秋淹城遗址分园的网络关注度与南京市大报恩寺遗址公园的形象感知。

## 1.3 主要研究方法

(1) 文献分析法

收集与研究课题相关的历史资料、江苏省及各地方年鉴、政府报告、政府公开信息、媒体报道、报纸杂志、专著、期刊论文、学位论文等文字资料,以及相关的历史图集、城市卫星图、城市规划图、实地资料照片等各类图面资料,以这些资料为基础进行研读、考证、辨析后,做出系统的概述。

(2) 实地调研法

在本研究过程中,为了解江苏省遗址公园现状及问题,课题组在江苏省内对南京、扬州、镇江、常州、无锡、苏州、徐州、淮安等多个城市的数十个遗址公园进行了实地调研,确定遗址的保护规划与利用情况,收集遗址公园的建设资料和空间数据,收集游客对遗址公园的意见等,旨在为今后江苏的遗址公园建设以及文化旅游发展提供决策依据与参考,此环节也是本研究开展的基础。

(3) 归纳总结法

对所调研的数十个遗址公园从遗址本体保护与展示、公园空间结构形态、功能分区、交通组织、景观要素等方面进行分析与归纳,从而总结出遗址公园规划建设与遗址保护利用的主要方法与模式。

(4) 使用后评价法

通过使用后评价方法,对南京市遗址公园进行研究。具体的研究方法有行为观察法、调查问卷法、李克特量表法(Likert Scale)、层次分析法(Analytic Hierarchy Process,AHP)等。根据使用后评价结果对南京市遗址公园的遗址活化利用情况进行分类,并针对不同类型的遗址公园提出优化建议。

## 1.4 遗址与遗址公园概述

### 1.4.1 遗址

(1) 遗址定义

国外与遗址相关的单词有 heritage、relic、ruin、site,在

新牛津辞典的释义分别为：①heritage——贵重物品；继承物；遗产。②relic——文物；遗物；遗迹。③ruin——被损毁之物；倾圮的建筑物；废墟；遗迹；残余。④site——（某件事或活动发生的）地点；旧址；遗址。在《实施〈世界遗产公约〉操作指南》中，"遗址"使用了 site 一词。

联合国教科文组织（United Nations Educational, Scientific and Cultural Organization，UNESCO）在《保护世界文化和自然遗产公约》中对遗址的定义为"从历史、审美、人种学或人类学角度看具有突出的普遍价值的人类工程或自然与人联合工程以及考古地址等地方"。从该定义中可以看出，遗址被分为"人类工程""自然与人联合工程""考古地址"3 类。国际古迹遗址理事会（International Council on Monuments and Sites，ICOMOS）在《国际古迹遗址理事会章程》中对遗址的定义为"人工或自然形成的或人类与自然共同打造的地形区域或景观，包括历史公园和园林等，具备一定的历史的、考古的、艺术的、美学的、科学的、社会的、民族学的、人类学的、文化的或精神方面的价值"，且不包括：①存放在古迹内的博物馆藏品；②博物馆保存的，或考古、历史遗址博物馆展出的考古藏品；③露天博物馆。

我国《辞海》对于遗址的定义为"古代人类遗留下来的城堡、村落、住室、作坊、寺庙及各种防卫设施等基址"。《中国大百科全书·文物卷》对遗址的定义为"古代人类各种活动留下的遗迹，既包括人类为不同用途所营建的建筑群体，例如民居、宫殿、官署、寺庙、作坊以及范围更大的村、城堡、烽燧等各类建筑残迹；也包括人类对自然环境利用和加工而遗留的一些场所，例如洞穴、采石场、沟渠、仓窖、矿坑等等"。《中国古迹遗址保护协会章程》对遗址的定义为"在历史、艺术、科学等方面具有价值，并具有一定规模和范围的地下或水下人类文化遗存、地上残址或景观，包括人工作品和人与自然的共同产物"\*。

文化遗产、文物的概念与遗址的概念高度相关，但又有明显区别。遗址的定义，还需要在文化遗产与文物的背景下进行探讨。2005 年 12 月，国务院发布的《关于加强文化遗产保护的通知》中明确提出物质文化遗产即为文物："文化遗产包括物质文化遗产和非物质文化遗产。物质文化遗产是具有历史、艺术和科学价值的文物，包括：①古遗址、古墓葬、古建筑、石窟寺、石刻、壁画、近代现代重要史迹及代表性建筑等不可移动文物，历史上各时代的重要实物、艺术品、文献、手稿、图书资料等可移动文物；②在建筑式样、分布均匀或与环境景色结合方面具有突出普遍价值的历史文化名城（街区、村镇）。非物质文化遗产是指各种以非物质形态存在的与群众生活密切相关、世代相承的传统文化表现形式，包括口头传统、传统表演艺术、民俗活动和礼仪与节庆、有关自然界和宇宙的民间传统知识和实践、传统手工艺技能等以及与上述传统文化表现形式相关的文化空间"。可见，物质文化遗产即为文物，而文物包括不可移动文物和可移动文物，遗址为不可移动文物中的一种类型（图 1-1）。

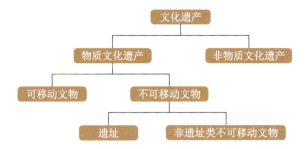

**图 1-1　遗址在文化遗产体系中的位置图**

结合上述遗址定义及文化遗产、文物概念的背景，可以总结出遗址有如下属性：

① 遗址具有原真性。
② 遗址具有历史、艺术、科学等方面文物价值。
③ 遗址是过去人类活动的遗迹，即具有人工性。
④ 遗址具有残缺性。
⑤ 遗址具有不可移动性。

（2）遗址的类型

我国历史传承悠久，遗址种类众多，对遗址类型进行分类有利于我们对遗址公园的认识，也可以从遗址学的角度，帮助我们对遗址公园类型进行划分和归类研究。

通过文献研究，目前对遗址分类主要有几种角度：①世界遗产委员会从遗址来源进行分类；②依据遗址当时的功能和内容进行分类；③依据形成时间进行分类；④依据规模进行分类；⑤依据遗址价值属性进行分类，见表 1-1。

**表 1-1　遗址的分类**

| 序号 | 分类依据 | 分　　类 |
|---|---|---|
| 1 | 依据遗址来源 | 人类工程<br>自然与人联合工程<br>考古地址类 |
| 2 | 依据遗址当时的功能和内容 | 建筑类（宫室、楼台、寺庙、作坊等）<br>城市类（城池、城垣等）<br>园林类<br>陵寝类<br>水利类<br>事件类<br>活动类<br>工业类 |

\* http://www.icomoschina.org.cn/about/rules.html

续 表

| 序号 | 分类依据 | 分 类 |
|---|---|---|
| 3 | 依据形成时间 | 史前遗址<br>古代遗址<br>近现代遗址 |
| 4 | 依据规模 | 大型遗址<br>中型遗址<br>小型遗址 |
| 5 | 依据价值属性 | 历史类<br>艺术类<br>自然类 |

表格来源:作者整理(赵文斌,2012;王雅男,2013;孙悦,2016;黎檬,2014)

在总结遗址类型的同时,还需要提及2种特殊的遗址类型:考古遗址、大遗址。

考古遗址与普通遗址的区别是重点限定了"考古",来源于考古学,狭义的解释是指在一定区域,地表或地表与地下互相关联的遗存,是弥足珍贵的不可再生文化资源。广义上的理解是指全部或部分深埋于地下,具有较高的历史、艺术、科学价值的遗存,包括已经考古发现的,也包括需要进一步进行考古工作的遗址(张毅,2018)。

"大遗址"这个词在我国20世纪就出现了,受到一些国际关于文化遗产概念的启发,有学者指出大遗址是考古领域的遗址与相关环境结合的综合体概念,亦有学者表示大遗址主要是指古代文化遗存集中的地方(何流,2014)。但很多研究表明"大遗址"并算不上是一个严格意义上的学术概念,而是一个建立在背景上的抽象的概念。1995年全国文物工作的会议文件正式提出"大型文化遗址"概念之后,以单霁翔等人为代表的学者指出,"大遗址"这一重要概念是中国文物工作者根据文物特征以及保护和管理工作的实际需要提出的,用于专指中国文化遗存中规模大、价值高的古代文化遗址(单霁翔,2006)。由此可以看出,大遗址具有中国特色背景,相对于普通遗址来说,其范围更广、价值更高、历史更悠久(王中玥,2017)。具体而言,大遗址主要指规模宏大、内涵丰富、文化价值高、影响深远,具有典型性代表性的古代聚落、城池城址、宫室、陵寝和墓葬群、建筑群等,具有不可再生性与独一无二性,是中华民族历史的见证、文化传承的载体。目前公布的国家大遗址中,江苏省内有12处,均是优先进行遗址公园建设的发展目标,另外江苏省内还提出了"江苏大遗址"概念,力图筛选出在江苏省域内极具本省代表性的遗址,并在此基础上优先进行省级考古遗址公园的建设。

### 1.4.2 遗址公园

（1）遗址公园定义

遗址公园产生于西方对遗址保护方式的探索,其目的是通过遗址公园的建设,以尽可能地保护、修复、还原遗址及其周边环境。当然,并不是所有遗址都需要建设成为公园,遗址公园的建设应当满足一定条件。目前来说,国际上没有出现对遗址公园的标准的定义。在不同国家,也有自己的"遗址公园"体系。在日本,有史迹公园等;在美国,有国家公园体系下的国家纪念地等。各个国家的"遗址公园"有相似性,但也有符合自己国家特点的差异性。通过文献查阅,我们发现与遗址公园含义相关的英文词汇有Heritage Park, Ruin Park, Archaeological Park, Site Park, Relic Park等,由于英文与中文的语言差异,英文在遗址公园命名上对遗址类型的区分更加明显,不同类型的遗址使用的单词不尽相同。西方的遗址公园命名模式大多为"遗址名称+公园"。但考古遗址公园多称为"archaeological park",如"Petra Archaeological Park"(约旦佩特拉考古遗址公园)

在国内,已有多位学者结合自身研究给出了对遗址公园概念的解释和阐述(表1-2)。除了对遗址公园概念进行定义,也有不少国内学者对遗址公园进行了一些扩展性的思考,这些思考对遗址公园概念的完善及发展有很重要的意义(表1-3)。

表1-2 遗址公园定义

| 遗址公园定义 | 来源 |
|---|---|
| 遗址公园是以保护遗址本体和遗址所处的自然、历史环境要素为目的,利用遗址本体及潜在的历史文化内涵而营建的具有特定历史文化氛围的公共开放绿地,并具备教育、科研、观光、娱乐等功能,是城市绿地系统的重要组成部分 | 胡畔,2007 |
| 初步将遗址公园归纳为:以保护遗址本体和遗址所处的自然、历史环境要素为目的,利用遗址本体及潜在的历史文化内涵而营建的具有特定历史文化氛围的公共开放绿地,并具备教育、科研、观光、娱乐等功能中的一种或多种职能于一体的公园类型,是城市及区域内绿地系统的重要组成部分 | 谢卫丽,2008 |
| 遗址公园是运用保护、修复、展示等一系列手法,对有效保护下来的遗址进行重新整合、再生,将已发掘或未发掘的遗址完整保存在公园范围内的一种模式 | 王军,2009 |
| 遗址公园是指基于考古遗址本体及其周边环境的保护与展示,融合了教育、科研、游憩、观赏等多项功能的城市公共文化空间,是对考古类文化遗产资源的保护、展示与利用的方式 | 李淑琴,2011 |

续 表

| 遗址公园定义 | 来源 |
|---|---|
| 遗址公园是以遗址保护为主要目的,并利用其自身所承载的历史信息进行重新整合、再生而建设的以反映遗址文化内涵为主题的城市绿地公园。它具备遗址保护,以及相应的考古研究等功能的同时,还具有休闲、娱乐、教育等一些城市公园的功能 | 闫旭,2011 |
| 遗址公园是在对遗址及其周围环境的保护基础上,增加了生态修复、景观展示、文化旅游、休闲娱乐等多重功能的景观空间或遗址空间,是一种对遗址保护、展示和利用的方式 | 单霁翔,2012 |
| 遗址公园是指将遗址保护与公园建设相结合,在公园建设中突出遗址的历史文化性、文化传承性,在遗址保护中又可以使人们感受得到公园的休憩观赏的作用,以保护遗址本体和遗址所处自然、人文环境为目的,以保护遗址的历史真实性以及完整性为指导,通过运用保护、修复、展示等一系列手法,使现有的遗址资源,包括已发掘的未发掘的都能完整地保存在公园范围内的且具有科研考古、教育认知、情感熏陶、休闲娱乐等多种功能的一种公共开放空间,是城市绿地系统的重要组成部分 | 段俊涛,2013 |
| 遗址公园的概念是:既是"遗址的",又是"公园的",在做到保护遗址的基础上对遗址遗存的文化进行再利用,用现代的景观规划设计手法,对历史文化资源进行深入的分析,将这些文化资料重新地整合,将历时文化与现代城市发展空间和谐地接壤在一起,体现历史遗址文化的延续,同时又是满足现代人们生活需求的新型空间场所 | 王雪朦,2013 |
| 遗址公园是以遗址为核心,以历史人文为辅助,以植物系统为依托,彰显城市特色,寻求城市归属感,兼具完善设施以及良好生态环境的城市公共空间,是集教育、科研、观光、娱乐多种功能于一体的公园类型,是城市区域内绿地系统的重要组成部分 | 季岚,2014 |
| 遗址公园的定义为:以保护遗址本身和遗址所在的周边环境为目的,利用保护、修复等设计手法,充分挖掘遗址本身及其潜在的历史文化信息、从而加以运用,建出具有地域文化特色的城市开放空间 | 安明,2015 |

表 1-3 国内学者对遗址公园的思考

| 学者 | 观点阐述 | 关键词 |
|---|---|---|
| 李淑琴(2011) | 遗址公园是城市公共文化空间 | 文化空间 |
| 闫旭(2011) | 利用其自身所承载的历史信息进行重新整合、再生 | 整合、再生 |
| 段俊涛(2013) | 将遗址保护与公园建设相结合 | 结合 |
| 王雪朦(2013) | 将历时文化与现代城市发展空间和谐地接壤在一起 | 过渡与融合 |
| 季岚(2014) | 彰显城市特色,寻求城市归属感 | 城市特色 |
| 成玉宁(2012) | 针对遗址本身的特殊性及价值采取相应的景观化的策略 | 景观化 |
| 张松涛(2012) | 遗址公园是以遗址为核心的空间,面积应满足保护其核心资源及环境的条件 | 遗址为核心 |
| 杜金鹏(2010) | "公园"在这里应当是一种运用景观设计方式来保护和展示遗址及其所处环境,烘托其历史文化氛围的特殊表现手法或具有特殊性质的绿色保护区域,是遗址的一部分 | 特殊性质的绿色保护区域 |

除了上述学者给出的遗址公园定义外,值得注意的是,住房和城乡建设部在《城市绿地分类标准》(CJJ/T 85—2017)中,给出的遗址公园官方定义为"以重要遗址及其背景环境为主形成的,在遗址保护和展示等方面具有示范意义,并具有文化、游憩等功能的绿地"。

综合上述定义,我们形成了以下的认知:遗址公园作为行之有效的遗址保护与利用手段,兼具"遗址"与"公园"的复合功能,不仅在保护遗址资源、为公众提供深入了解人类历史的平台以及弘扬历史文化等方面起作用,也能够改善人居环境,满足人们休闲的需求,为公众提供游憩活动的绿色空间。

(2) 遗址公园内涵与建设条件

根据上述定义,可以明确遗址公园有以下几点内涵:

① 遗址公园应以遗址为核心,首要目的是保护遗址及其遗址环境。

② 遗址公园应有效、合理利用遗址,展示遗址的价值,从而达到教育、科研及文化宣传等功能。

③ 遗址公园具有休闲绿地的基本游憩功能。

此外,遗址公园的建设应当满足以下几个条件:

① 遗址公园应由遗址本身及能反映与其相关历史信息的周边环境要素所构成,新建的植被、设施、构筑物等景观要素和相关活动场所,必须产生实质性的遗址保护、展示营造文化氛围、彰显地域文化特色等作用。

② 遗址公园应有能为公众提供游览、观赏、休憩及开展历史文化教育等活动的场所,具有较完善的设施及良好绿化环境的公共空间。

③ 遗址公园对于遗址的阐释应充分透彻,解说标识、遗址本身的形成发展和保护进程、在时代变迁中的影响和

意义等都应当用多元的手法加深公众的印象和文化保护意识。

④ 遗址公园建设应配合遗址考古阶段性需要，与国土空间规划相协调；此外，遗址公园的建设与发展需要一定的资金支持和长期维护管理，主管单位要有可以满足和解决其需求的能力，纳入相关管理体系。

（3）遗址公园相关概念辨析

① 遗址公园不同于遗址主题公园。

遗址公园不是以某遗址或与其相关的传说为主题的主题公园，主题公园主要是为了提供展示交流和开展活动的娱乐性质的场所，针对遗址的专业性保护和科研氛围有限；遗址公园也不是以遗址保护为主题的公园，遗址公园本身就是遗址保护空间，针对每个遗址，需要采取不同的建设方案。如江苏连云港的二郎神文化遗迹公园，就是以传说为题材而进行建设的主题公园，以娱乐活动交流为主，并无实质遗址或遗址文化的保护与展示的内容，不归于本书研究的遗址公园之列。

② 并不是所有存在遗址的公园都为遗址公园。

有些城市公园中包含有部分遗址，但并不能作为遗址公园。需要判断其核心内容以及公园的主体是否为遗址，其首要建设目的是否为保护遗址。如南京市玄武湖公园，园中包含有多处遗址，如郭璞墩遗址、武庙古闸遗址等，但其公园本身为综合性公园，并非专门的遗址公园。

③ 考古遗址公园是遗址公园中的一种重要类型。

考古遗址公园起源于考古学科对于遗址保护方式的研究，已有很多研究者强调考古遗址公园不是一般意义上的遗址公园。《国家考古遗址公园管理办法》定义："国家考古遗址公园，是指以重要遗址及其背景环境为主体，具有科研、教育、游憩等功能，在遗址保护和展示方面具有全国性示范意义的特定公共空间。"考古遗址公园更强调遗址的潜在挖掘性和可能处于地下空间的特殊性。遗址公园因遗址本身的特殊性，有多种划分依据和类型，考古遗址公园仍是遗址公园中的一种类型（Kurzweg et al., 2010）。2015年国际古迹遗址理事会在召开的考古遗址公园第一次国际会议提出的《塞拉莱建议》也对考古遗址公园进行了定义："一方面应被视为保护考古遗址的工具，另一方面它们的展示和阐释应被视为理解人类共同过去的一种手段。"2017年，国际古迹遗址理事会第19届全体代表大会又形成了《公共考古遗址管理的塞拉莱指南》，考古遗址公园在国际社会上的认可与发展得到进一步推动。由上述概念辨析可知，考古遗址公园对所保护、展示的遗址有较高的价值要求与特定的标准，在功能上更重视考古作用。一般说来，国家考古遗址公园以国家大遗址为基础进行建立。相对于考古遗址公园，普通的遗址公园在包含遗址的保护与展示、满足部分考古作用的基础上更侧重公园休闲游憩功能。由于考古遗址公园是遗址公园的一种类型，因此本书的研究对象中也包括江苏省内1处在公示名录中的国家考古遗址公园，3处在立项名单中的国家考古遗址公园。

## 1.5 国内外遗址公园发展动态

### 1.5.1 国外遗址公园发展动态

遗址公园不论是作为遗址的保护方式之一，还是作为特殊的公园类型之一，都起源于西方考古学对于遗址及其文化保护方式的探索。目前国内外较为常见、普遍的遗址保护的方式有：遗址博物馆、遗址公园、遗产廊道、遗址片区式整体保护。除了遗址博物馆主要是采用建筑形制进行保护外，其余的遗址保护方式均可纳入该地区或城市的公共空间系统当中，结合区域或城市总体规划来进行建设性探讨。

把遗址公园作为一种特殊的公园类型，在我国比较常见。西方一般不把"某遗址"公园作为公园类型来讨论研究，通常将遗址和公园完全分开讨论，即符合建设条件的遗址可建成公园来进行保护，该遗址即使建成为公园也还是归于考古学的遗址保护研究范畴，公园里的所有景观要素也主要根据遗址保护相关条约来进行管理和营建，公园建设是作为遗址的保护方式之一。因此，西方存在遗址类型的划分，但不存在遗址公园的类型划分，也没有遗址公园作为特殊公园类型的相关研究进展，只有结合公园建设进行遗址保护和适当开发营建的"某遗址"公园的实践与启示。因此本书对国外遗址公园的实践案例研究，主要是针对其保护遗址的相关政策、公园建设的方式方法和结合城市规划背景的发展趋势，来寻求我国遗址公园建设的相关启示。

在Web of Science高级检索中采取检索式：TS="heritage park" OR TS="ruins park" OR TS="archaeological park" OR TS="site park"，得到385项检索内容（截至2022年6月14日），对检索内容的研究方向进行统计后得到图1-2。

从图1-2可知，国外对遗址公园的研究方向主要集中在环境生态科学、建筑学、工程学、地理学与地质学、考古学、生物多样性保护等，常见的研究方式是以遗址公园为载体，对其中的环境、建筑工程、地理地质、生物等情况进行分析研究。另外，从文献统计结果来看，可能是由于国外并没有专门的遗址公园类型划分，因此，国外直接以遗址公园为题的研究论文不多。鉴于此，本书结合遗址公园文献，从文化遗产及遗址保护本身探讨国外遗址公园的发展。

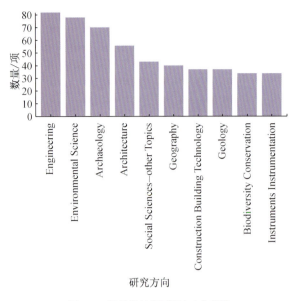

图 1-2 国外遗址公园研究方向统计

（1）国际相关文化遗产保护组织及其宪章公约

联合国教科文组织和世界遗产委员会最新发布的世界遗产地图上，欧洲的文化遗产数量远超世界其他区域，历史文化遗存极其丰富，历史文化遗产保护思想也在欧洲起源。在古希腊时代，欧洲人就萌发了保护思想，开始对历史建筑进行一定的保护，而后开始对文物及建筑进行保护和修复，最终，逐步发展到对遗址的保护（彭历，2011；吉伯德，1983）。

18世纪，修复理论在欧洲开始萌芽，最先出现在意大利、英国和法国（毕玲玲，2020）。1777年，意大利皮耶罗·爱德华兹（Pietro Edwards）的《修复手册》被作为文物艺术品的修复章程（罗涵意，2019）。同期，英国对古罗马圆形剧场进行了立法保护，第一个古迹保护委员会在法国成立。

19世纪初期，工业化和城市化进程不断发展，人们对文化遗产的重视程度不断加深，古迹保护委员会先后在西班牙、比利时等国家成立。19世纪下半叶，保护修复理念也经过"风格修复""保守修复"和"反修复运动"的过程最终确立为保守修复理念（毕玲玲，2020）。

20世纪初，第一次世界大战带来了巨大的破坏，各国开始就遗产保护问题开展国际合作、召开国际会议。《雅典宪章》于1933年诞生，国际社会陆续对遗产遗址的保护达成共识。从20世纪至今，在联合国教科文组织、国际古迹遗址理事会等的带领下，国际上产生了很多保护文化遗产的国际公约、宪章等（图1-3）。

从1933年《雅典宪章》提出遗产的保护对城市发展具有巨大价值开始，而后的文件都在从不同的方面、针对不同的问题以及为了适应不断发展的现代城市，完善对文化遗产的保护。《威尼斯宪章》于1964年诞生，将历史建筑和存在环境加入保护范围，具有重要指导作用。1982年《佛罗伦萨宪章》特别用以指导历史园林的保护，对风景园林领域具有重要意义。后续通过的《保护历史城镇与城区宪章》《关于原真性的奈良文件》等文件，使得遗产保护运动的对象更广、范围更大、内容更丰富，且更加国际化、规

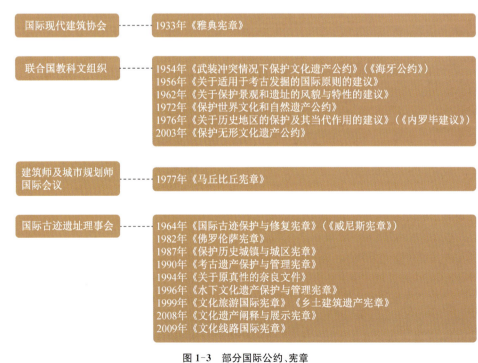

图 1-3 部分国际公约、宪章

（图片来源：以上组织机构官网，作者整理）

范化,加速遗产保护发展(左乐,2013)。

跨入 21 世纪,截至 2020 年,国际古迹遗址理事会不断壮大,发展出了众多下属科学委员会达 28 个。国际上在强调遗产本身各方面价值的同时,也开始将目光转移到其相关文化和社会价值,对其予以保护,这也体现了遗产领域的不断丰富和细化(解立,2020)。

上述遗产保护国际组织的宪章、公约等体现了文化遗产理念的产生、完善及其发展趋势,其内容从简单讨论遗址本身的保护方式和原则是修复、还原还是保持原真性等,逐步延伸到遗址保护区域、遗产文化活动的展开和历史环境要素的变化,并逐渐对无形的文化遗产和历史信息也开始进行讨论和阐释。但不论其讨论的对象范围、方式方法、思路理念如何拓展和延伸,其对文化遗产及其相关历史信息原真性进行最大可能的保护这一根本理念是不会动摇的。

(2) 文化遗产保护及遗址公园相关实践

在文化遗产理论不断完善和推进过程中,各国也总结探索了丰富的实践案例经验,已形成完整的发掘、保护、展示遗址与美化城市相结合的历史文化遗产保护模式,同时,它们的保护方式多种多样,各不相同(李海燕,2005)。

在欧洲,法国有众多历史街区,其对历史街区的保护更加注重保护历史街区中居民原本的生活,在保护的同时进行遗址旅游的适度开发(Gilbert 等,1997)。德国历史遗产主要以历史建筑为主,除建立博物馆、展览馆等方式外,还非常重视历史建筑保护的制度安排以及公众参与,强调"充分利用、服务社会"(赵雨亭等,2016)。意大利将遗址保护与经济、文化、环保等规划融为一体,形成了"保护与利用并举"的模式,促进了当地以及周边的就业形势(刘曙光,2003;朱乐怡,2006)。如 19 世纪初建立的费拉拉城墙护城河遗址公园,不仅将遗址本体,如城墙及护城河保护起来,还将遗址周边环境保护起来,并在此基础上进行规划,建立遗址公园(Pearce,2000);庞贝考古遗址公园对庞贝遗址进行完整保护与展示。西班牙塔拉戈纳直接利用城墙遗址本体,结合公共绿地景观建设成城市带状公园等。

美国于 1916 年成立国家公园管理局,开始逐步建立国家公园体系。其文化遗产保护利用体系主要依托国家公园体系中的国家历史公园、国家战场、国家战场公园、国家战场遗址、国家军事公园、国家历史遗址、国家纪念地等共同构成。在发展过程中,还形成了隶属于国家公园体系的遗产廊道的保护形式。公园是近代兴起的理念,遗址公园作为公园体系的一环,最早的出现可追溯至 1918 年第一个被纳入美国国家公园管理体系的卡萨格兰德遗址国家保护区,从此开始了对遗址公园的理论研究与规划建设。美国遗址公园的规划建设是在遗址的基础上结合绿色廊道,对遗址范围进行整体保护①。

日本从 19 世纪开始对文化遗产的保护,从 1871 年起,相继颁布了《古器旧物保存方》《古社寺保护法》《国宝保存法》等,文化遗产保护已步入法治化。日本在 1970 年后,逐步开始大范围建设遗址遗迹公园,保护方法科学多样,展示手段创新,取得国际上的一致好评(柳肃,2009;刘玉芝,2010)。亚洲地区以日本遗址公园的规划建设为典型代表,早在 20 世纪 70 年代起,日本政府就开始遗址公园的规划建设,目前已经形成了大批独具特色、风貌各异的遗址公园,例如吉野里历史公园、大室山公园等(章乐雅,2017)。另外,日本一些遗址公园具体实践案例在遗址保护的原则和手法、景观规划设计方法以及相关政策法规等方面都有值得我国遗址公园建设参考和借鉴的价值,如平城宫遗迹——日本首个被列入世界遗产名录的考古遗址(杜久明,2006)。平城宫遗址同我国的许多皇城故址相类似,有着大量的宫殿、园林、城垣的遗址,其调查发掘工作由奈良国立文化财产研究所长期负责。目前其保护手法以回填遗址并在其上制作、陈列其复制品模型进行展示为主,少部分进行原遗址展示,大部分地区进行了基坛和础石的复原、修复或还原柱子、墙壁、大门等,对 4 处建筑物进行完整复原立体展示,还有些区域则应用景观植树来标识原有建筑物的柱网关系。遗址公园在遗址保护上遵循基本原则和适当运用还原修复手法的同时,像这样利用景观要素标识历史信息、营造历史氛围的设计方法也十分巧妙(图 1-4)。

根据该研究所的发掘计划,平城宫遗址还将持续 200 年以上的发掘工作,日本政府为了能够有效保障其遗址在今后长远的建设中的整体性,基本上购买了遗址的全部土地以便于统一管理,从根本上扫除了土地转让出售的风险。在日本的国家、地方两级财政预算中,均设有文化财产保护专项,该财政预算专项给平城宫遗迹这样长期、大型、影响深远的世界遗产发掘建设提供了长远的法制保障。

(3) 相关启示

近年来,随着越来越多的共识和讨论,各国关于遗址保护都采取了不少需要我们去学习和借鉴的方式方法,其中也有对于遗址公园营建的一些启示:

① 采取阶段性保护的方式,在遗址公园的规划设计阶段,应当最大限度对遗址及其相关环境要素进行保护建

---

① http://www.americansouthwest.net/arizona/montezuma_castle/national_monument.html

图1-4 平城宫遗址公园总平面示意图

图片来源：https://www.heijo-park.jp/cn/infomation/https://www.heijo-park.jp/cn/area/

设，且给远期规划留有余地，以便在日后城市发展进程及周边环境的变迁中，进行遗址公园保护营建方式的调整和改善。

② 遗址公园虽然增加了相应的经济开支，但其对城市乃至民族文化的影响力是不可小视的，应当平衡遗址保护、开发经营与公众参与度之间的关系。西班牙《历史遗产法》规定，"所有经国家确认的历史遗产，至少每月有4天可以免费向广大群众开放，如果是可移动遗产的……每年应展览5个月"，专门强调国家遗产应由公众适当使用，以真正促进国家文化事业的进一步发展①。

③ 目前，我国遗址公园建设发展十分迅速、广泛，单纯依靠政府全权监管和运营是远远不够的，很难面面俱到，应该考虑尝试将某些遗址公园委托给相关专业保护机构或企业单位进行运营管理，由政府负责监督和考评并给予一定的经济支持。在法国，通常监督保护现状和维护情况由政府负责，日常运营交给地级市和私人负责管理，特别是由相关专家进行管理，且为市长提供城市建设的相关建议；在意大利，政府每年投入一定量的专项资金对遗址进行保护，并通过发行文物彩票等方法吸纳资金，交由私人或企业管理和运营。

### 1.5.2 国内遗址公园发展动态

(1) 国内遗址公园研究文献统计

在中国知网的高级检索中以"遗址公园"为主题进行检索，截至2021年3月23日，共检索到3 933篇文献。通过知网"计量可视化分析—检索结果"，相关文献数量随时间变化可分为3个阶段(图1-5)：

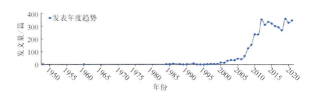

图1-5 文献发表时间统计图

① 探索起步阶段(1985—2001年)，在此阶段圆明园遗址确立为遗址公园，北京皇城根遗址公园等也开始建设，遗址公园相关的研究开始出现，但数量很少，多为围绕圆明园等个案展开的研究。

② 研究推进阶段(2002—2009年)，这一阶段文献数量开始逐步增加，且从2007年开始增速加快，研究内容也不再局限在个案的研究，开始出现国外遗址公园的综述性研究，并向环境景观设计、保护利用等方面拓展。

③ 研究高潮阶段(2010—2021年)，文献数量显著增多。2010年后的10年间，对遗址公园研究的热度居高不下。2010年到2020年，共计2 709篇。在此期间，在保护与利用、展示、规划设计、运营管理、评价等各个方面都展开了研究。

在文献发布机构的统计中，西安建筑科技大学的文献发表数最多，其次依次是西北大学、北京林业大学、长安大学、西北农林科技大学等，这说明在学术界对这一主题已经有多方机构进行研究，且有一定的研究成果(图1-6)。

---

① https://max.book118.com/html/2017/0114/83586305.shtm

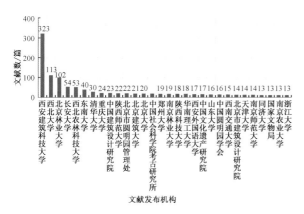

图 1-6 文献发布机构统计图

在对文献主要主题统计中发现,对遗址公园的研究已涉及较多方面,包括大遗址的保护、遗址的保护与利用、遗址公园的规划设计、策略研究等,可以看出对遗址公园的研究趋于多样化,研究体系逐步完善(图 1-7)。

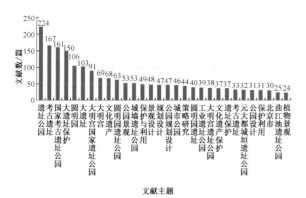

图 1-7 文献主题统计图

(2) 国内遗址公园研究现状

在国内,遗址公园的相关研究一直是研究热点。通过对 1985 年以来有关遗址公园的研究资料进行统计分析,我们发现研究主要涉及以下几方面的内容:

① 遗址公园的理念与发展研究。

遗址公园中遗址的"保护"理念是重中之重。2001 年,孟宪民建议国家坚持"保护为主,抢救第一"的方针,制定大遗址保护与展示体系,建设考古遗址展示园区即遗址公园,协调遗址与城市建设、经济发展的矛盾(孟宪民,2001)。2005 年,我国正式启动大遗址保护项目,同时提出了将大遗址建为"大型古代城市遗址公园"的目标(王媛媛,2013)。2006 年,国家文物局、财政部联合印发的《"十一五"期间大遗址保护总体规划》明确提出"建设大遗址保护展示示范园区(遗址公园)和遗址博物馆"(国家文物局,2006)。2008 年,在首届"大遗址保护高峰论坛"中形成《关于大遗址保护的西安共识》,并开启了西安唐大明宫国家遗址公园的规划建设。2009 年 6 月,在国家文物局和杭州市人民政府共同举办的大遗址保护良渚论坛中正式发出建设考古遗址公园的倡议。2009 年 12 月,国家文物局发布《国家考古遗址公园管理办法(试行)》,正式明确提出了国家考古遗址公园概念。2010 年国家文物局评定首批 12 处国家考古遗址公园和 23 处国家考古遗址公园立项单位(国家文物局,2010),遗址公园的建设与研究进入新篇章。

在国家考古遗址公园理论体系构建初期,单霁翔通过《关于大型古代城市遗址整体保护的思考》(单霁翔,2006)、《大型考古遗址公园的探索与实践》(单霁翔,2010a)、《携手共创大遗址保护的美好明天》(单霁翔,2010b)和《试论考古遗址公园的科学发展》(单霁翔,2011)系列文章,对考古遗址公园的理念与发展定位提出了见解,认为遗址公园是遗址保护的重要手段,为遗址公园的理念与发展研究提供了思路。

截至 2022 年,国家文物局已评定公布 20 个省(市、区)36 处国家考古遗址公园,总面积达 61 万 $hm^2$(周苏,2020);另有 24 个省(市、区)86 处考古遗址公园列入国家考古遗址公园立项名单,遗址公园的建设与研究正在蓬勃发展。

② 遗址公园的规划设计研究。

随着我国遗址公园的深入开展与大规模实践,遗址公园的规划设计成为了学术界广泛讨论的问题。除了遗址公园的规划设计原则、方法、策略、模式等理论研究,还较多以实例加以阐释遗址公园的规划设计特征,集中在遗址公园的景观、空间、植物方面(荣晓曼,2018)。

何光磊(2010)针对目前遗址公园所存在的问题,从宏观、中观以及微观三个层面,分别总结了遗址公园设计方法,对后续遗址公园的设计提供借鉴参考。胥昌群等(2018)提出遗址公园的规划设计原则:安全第一、适应需要、以人文本、科学运作、尊重生态、文化融入。汤倩颖(2018)结合不同类型遗址的特点,探讨了我国遗址公园规划设计的原则和理念。郭栩东(2012)以肇庆城区宋城墙遗址公园为例,从中观层面对遗址公园进行规划设计研究。赵文斌(2012)总结了国内外遗址保护经验,在相关规划理论基础上,深入研究我国现有遗址公园案例,系统总结遗址公园规划设计的工作模式。

在对遗址公园的空间规划研究方面,夏凯(2020)通过制定并运用遗址公园空间设计体系模型,深入研究杭州南宋皇城大遗址的历史环境与现状条件,总结南宋皇城大遗址价值在保护与利用方面的问题并提出三点策略,旨在提升杭州南宋皇城遗址公园在城市高质量发展背景下的空间设计。在对遗址公园的植物规划方面,雷宇(2020)、邱建等(2013)分别以杜陵国家考古遗址公园、金沙国家遗址公园为代表,阐释了遗址公园的植物景观特征,构建并丰

富了运用植物要素进行遗址展示的设计方法,并希望以此为其他同类遗址公园的设计提供参考。宋平等(2008)调查研究了皇城根遗址公园植物配置情况,提出了其存在的植物配置问题。

无论是从遗址公园规划设计的原则、方法、策略、模式的方向研究,还是从典型实例角度出发对遗址公园的具体规划设计内容进行研究,都能够为遗址公园的建设实践总结经验,更好地为后续遗址公园的规划设计提供参考。

③ 遗址公园的遗址保护与展示研究。

遗址的保护与利用是遗址公园重要职能,是传递遗址价值、阐释遗址信息的重要手段,对遗址公园的保护与利用研究涉及遗址保护展示原则、保护与展示方法/模式、保护与展示技术的应用等。

吴卫红(2020)对土遗址保护与遗址公园建设的真实性、安全性两原则进行了辨析,认为遗址的真实展示不是只强调出土现状才叫真实,应该展示遗址的真实内涵,遗址保护的安全也不是与"不变"划等,可在有限、可逆的改变基础上置换更全面保护。王璐等(2016)总结了遗址公园展示的已有经验,提出了适宜我国遗址公园遗址展示的原则,即强调遗址展示的真实性与完整性。杨昌鸣等(2013)就目前城墙类遗址公园保护、展示利用间的矛盾,提出"直接展现"和"间接再现"2种展示模式。王新文等(2015)基于信息传播视角认为遗址展示设施设计要使用符号化的手法。冯铁宏等(2014)在《GIS技术在萨拉乌苏考古遗址公园规划设计中的应用》中借助GIS(地理信息系统)软件将萨拉乌苏考古遗址公园空间、地形数据处理形成三维景观模型,为遗址公园的科学规划和可视化提供帮助。随着各项科学技术的发展,运用数字模拟技术在既不干扰遗址本体的前提下又准确直观地向公众传达历史信息将是遗址公园中遗址展示的发展趋势,也将会是今后研究的重点。

④ 遗址公园的管理与运营研究。

遗址公园的管理与运营是使遗址公园价值充分显现的重要支撑之一,没有良好的管理运营系统只会导致遗址公园本身所蕴含的历史实证信息的损耗和游客参观体验的降级,因此对遗址公园的管理与运营进行研究,总结适合的建议,对遗址公园后续可持续发展有重要作用,但目前对这方面的研究还比较薄弱。

李文静(2016)通过总结殷墟考古遗址公园运营管理的经验,为殷墟考古遗址公园今后的运营与管理提出建立国家补偿机制、协调大遗址保护与区域经济发展、遗址活化的建议。马建昌等(2015)以唐大明宫考古遗址公园的管理运营为例,总结了大遗址保护中公众参与的问题。目前,遗址公园管理方面的研究从单一的遗址资源管理发展到研究遗址公园管理条例与体制,并不断有改革建议的提出。如何对遗址公园进行管理与运营是一个在遗址公园诞生之初就存在的老问题,又是一个随着经济、文化、技术条件不断变化而变化的新问题,无论是遗址公园的管理体制、行业从业人员、资金筹措渠道、权责管理分配等,都是需要不断更新研究以适应日新月异的需求变化的。

⑤ 遗址公园的评价研究。

在江苏省遗址公园大规模建设并陆续开放投入使用后,为实现遗址公园的科学、可持续、高质量发展,充分发挥遗址公园应有的价值,对遗址公园的景观美学、使用情况等方面进行定量、定性的评价分析很有必要。

应岱筠(2012)以大明宫遗址公园为研究对象,构建了遗址景观评价指标体系,并利用该体系对各景点进行打分评价、分级,力图为今后的遗址公园景观规划提供借鉴。刘凡(2013)、张丞韫(2013)分别选择大明宫国家考古遗址公园、曲江新区唐城墙遗址公园为对象,运用使用后评价方法对遗址公园的使用情况进行研究,作为对遗址公园满意度评价的依据,致力于提高遗址公园规划设计水平与效益,提高公众参与度,为同类遗址公园的规划建设提供经验。王婧等(2010)利用社会调查研究方法,对皇城根遗址公园进行公众评价,以期为带状遗址公园的研究提供思路。总体而言学术界对遗址公园定性定量的评价研究还比较缺乏,大部分是基于单个实例对景观、使用进行评价,尚未形成完整的理论框架与评价系统。

(3)江苏省遗址公园研究现状

目前学术界对江苏省遗址公园的研究较少。在江苏省遗址公园总体情况研究方面,吕春华发表了《从"江苏大遗址"到考古遗址公园:江苏大遗址保护工作探索与实践》(吕春华,2011)、《怎样建设富有特色的考古遗址公园》(吕春华,2012b)、《江苏省考古遗址公园建设的基本情况分析及对策》(吕春华,2012a)、《非物质文化遗产在江苏省考古遗址公园中的作用》(吕春华,2015)、《江苏大遗址保护和考古遗址公园建设的几点思考》(吕春华,2017)等数篇文章,对江苏省大遗址保护情况与考古遗址公园发展建设总体情况进行了初步研究。另外,还有一些遗址公园个案的研究,例如徐树晴(2010)、郭雷(2009)、陈琼等(2008)对南京郑和宝船厂遗址公园的景观规划设计与植物造景进行了分析;邢定康等(2007)以南京浡泥国王墓为例探讨了文化遗产旅游开发中常遇到的情况与问题以及相应的适宜模式;王军围(2014)以可持续开发和利用作为出发点,对南京午朝门公园的使用现状进行实地调研分析,提出维护建议;王建国(2017)从历史遗产、空间格局、内容策划等角度,探讨了南京大报恩寺遗址公园的规划理念、设计方法和特点等。以南京石头城遗址公园为例,谭明等(2017)

在公园概念性景观规划设计之上,研究了新建景观建筑的特点,通过景观建筑的规划与设计,协调景区环境风貌,传承再现多元文化,重塑公园场所精神;张鸽香等(2013)对南京石头城遗址公园的植物组成与配置方式进行调查分析,分析其存在的问题并提出建议。以南京下马坊遗址公园为研究案例,邓诗琪等(2017)对市民的满意程度进行综合分析,提出基于市民满意度的遗址公园建设发展策略,何君等(2014)、陈慧等(2015)采用样方法对南京下马坊遗址公园内植物进行调查研究,分析了公园植物群落配置存在的问题,提出了相关优化建议;崔怀立(2015)对南京市8个遗址公园中的样地进行植物群落调查研究及评价,得出植物群落现状并给出优化建议。另外还有针对南京明故宫遗址公园(王海英,2012)、东水关遗址公园相关研究(陈汝嘉,2017)。

根据上述文献回顾,我们发现目前学术界直接以江苏省遗址公园为研究对象的很少,对其研究多集中于个案,缺乏对整体的认知,缺乏从中观、宏观角度对江苏省遗址公园的通盘考虑与深度研究,对于江苏省遗址公园的发展、分布、类型、规划、建设情况的研究相对较少。

(4)国内遗址公园实践发展

我国遗址公园的建设起源于20世纪80年代编制的《西安城市总体规划(1980年—2000年)》,规划提出"结合文物遗址开辟大面积遗址公园和风景区"。这是国内首次触及"遗址公园"的概念,1983年在《北京城市建设总体规划》中设立了圆明园遗址公园(贺艳,2010),从此,逐渐引起学术界对"遗址公园"的研究(薛萍,1985)。1984年在《北京日报》上的"国家与农民合建圆明园遗址公园"的报道是"遗址公园"这一名称第一次出现于报端,1985年在《新闻与写作》上的"主题新写得精——《国家与农民合建圆明园遗址公园》简评"这一文章是"遗址公园"第一次出现在学术期刊(薛萍,1985),而"遗址公园"这一概念正式进入文化遗产保护领域是在2000年国家文物局批复批准了相关遗址公园的规划与建设之后(单霁翔,2010a)。

早在1981年就已经有人提出了"迅速建设圆明园遗址公园"的建议。1985年6月将其正式对公众开放,其内的文物保护和环境工程的工作均在1986年7月陆续展开,不少学者将2000年国家文物局正式批复《圆明园遗址公园规划》作为遗址公园概念正式在我国开始推广的一个节点。在此之前,北京已建设了团河行宫遗址公园、元大都城垣遗址公园,其后也建设了皇城根遗址公园、明城墙遗址公园等诸多遗址公园。除北京外,1997年陕西建设汉阳陵遗址公园,2006年安徽合肥的三国新城遗址公园正式开放,2010年陕西正式开放秦始皇陵遗址公园。

除了遗址公园建设实践之外,我国也制定了相应的遗址保护政策,运用考古遗址公园和重大的遗址保护片区等方式对遗址进行相应的保护和修复工作,同时不断完善遗址利用及保护片区营建方式,使遗址结合城乡大环境,发挥其最大经济、文化效益,从而逐步规范遗址公园的建设条件和相关遗址保护原则,继而颁布相关法律进行立法。现阶段我国已经制定了关于遗址公园的相关行业准则(表1-4)。

表1-4 相关行业准则、办法、规范

| 年份 | 部门机构 | 文件名称 |
| --- | --- | --- |
| 1982年公布(2015年修订) | 全国人民代表大会常务委员会 | 中华人民共和国文物保护法 |
| 1991年 | 中华人民共和国国家文物局 | 全国重点文物保护单位保护范围、标识说明、记录档案和保管机构工作规范(试行) |
| 2003年 | 中华人民共和国文化部 | 文物保护工程管理办法 |
| 2004年 | 中华人民共和国国家文物局 | 全国重点文物保护单位保护规划编制要求 |
| 2005年 | 中华人民共和国建设部 | 历史文化名城保护规划规范(GB 50357—2005) |
| 2008年 | 中华人民共和国国家文物局 | 文物保护单位开放服务规范(GB/T 22528—2008) |
| 2009年 | 中华人民共和国国家文物局 | 国家考古遗址公园管理办法(试行) |
| 2011年 | 中华人民共和国国家文物局 | 国有文物保护单位经营性活动管理规定(试行) |
| 2012年 | 中华人民共和国国家文物局 | 国家考古遗址公园规划编制要求(试行) |
| 2012年 | 中华人民共和国国家文物局 | 大遗址考古工作要求 |
| 2013年 | 中华人民共和国国家文物局 | 国家重点文物保护专项补助资金管理办法 |
| 2015年 | 国际古迹遗址理事会中国国家委员会 | 中国文物古迹保护准则 |
| 2022年 | 中华人民共和国国家文物局 | 国家考古遗址公园管理办法 |

在即将迈入新型信息时代的今天,我国遗址的保护方式也不断尝试向国际靠拢,结合先进的科技手法和理念,因地制宜地进行尝试和改善,已经认识到遗址公园的建设,应该坚持考古规划与计划优先的原则,往往是一个"边发掘、边设计、边建设、边开放"的过程;遗址公园的经营应当注重遗址相关环境,彰显遗址所承载历史信息的精神内涵和历史氛围的渲染,加强公众对城市品质文化的感受和追求,使其得以传承和弘扬,在新时代里焕发新的活力的根本目的和意义;遗址公园核心原则是保护其充分的真实、可读性设计,注重遗址公园的周边用地规划,及其与所处城市之间的融合与联系的可持续性、延展性。

## 参考文献

安明,2015.浅析在城市遗址公园景观规划设计中案例教学的应用[J].佳木斯职业学院学报,(8):489-490.

毕玲玲,2020.城市遗产保护历程及其对中国的启示[J].百科知识,(27):24-25.

陈慧,谢光园,李鹏宇,2015.南京下马坊遗址公园植物群落的配置[J].浙江农业科学,56(8):1236-1238.

陈琼,郝日明,2008.南京宝船遗址公园植物造景的思考[C]//2008年第十届中国科协年会.

陈汝嘉,2017.园林铺装在南京东水关遗址公园中的应用[J].现代园艺,(22):112.

成玉宁,2012.遗址及其公园化[J].风景园林,(2):148-149.

崔怀立,2015.南京市遗址公园植物群落调查研究[D].南京:南京农业大学.

邓诗琪,朱悦华,2017.南京市下马坊遗址公园规划实施的市民满意度调查[J].建材与装饰,(27):98-99.

杜金鹏,2010.大遗址保护与考古遗址公园建设[J].东南文化,(1):9-12.

杜久明,2006.殷墟遗址与日本奈良平城宫遗址保护展示的比较研究[J].殷都学刊,27(3):24-28.

段俊涛,2013.文脉延续视角下景观设计元素在遗址公园中运用的审视[D].西安:西安建筑科技大学.

吉伯德,1983.市镇设计[M].程里尧,译.北京:中国建筑工业出版社.

冯铁宏,刘新宇,李晓蕾,2014.GIS技术在萨拉乌苏考古遗址公园规划设计中的应用[J].文物保护与考古科学,26(4):62-69.

郭雷,2009.老故事与新环境:南京宝船厂遗址北面地块规划设计浅析[J].有色冶金设计与研究,30(3):49-51.

郭良辰,汤倩颖,2020.基于功能研究的钧台钧窑国家考古遗址公园规划构想[J].《规划师》论丛,(1):124-128.

郭栩东,2012.肇庆宋城墙遗址公园旅游规划设计研究:中观层面视角[J].热带地理,32(1):87-93.

国家文物局,2006a."十一五"期间大遗址保护总体规划[EB/OL].(2006-10-12)[2022-09-23] http://www.ncha.gov.cn/index.html.

国家文物局办公室,2006b.国家文物局办公室关于做好《大遗址保护"十三五"专项规划》实施情况中期评估工作的通知:办保发〔2018〕3号[EB/OL].(2006-10-12)[2022-09-23].http://www.ncha.gov.cn/art/2018/10/18/art_2318_26724.html.

国家文物局,2009.国家考古遗址公园管理办法(试行):文物保发〔2009〕44号[S].北京:国家文物局.

国家文物局,2010.关于公布第一批国家考古遗址公园名单和立项名单的通知:文物保发〔2010〕35号[EB/OL].(2010-10-11)[2022-09-23]. http://www.ncha.gov.cn/art/2010/10/11/art_2237_23455.html.

何光磊,2010.遗址公园规划设计理论和方法研究[D].西安:西安建筑科技大学.

何君,孙健,傅晓峰,2014.南京下马坊遗址公园植物景观分析[J].中国园艺文摘,30(2):71-72.

何流,2014.大遗址概念起源发展及其属性探究[J].中国文物科学研究,(2):68-73.

贺艳,2010.一种新兴的规划类型:国家考古遗址公园规划[C]//中国城市规划学会.规划创新:2010中国城市规划年会论文集.重庆:重庆出版社:4041-4050.

胡畔,2007.遗址公园景观规划研究:以杜陵遗址为例[D].西安:西北大学.

吉伯德,1983.市镇设计[M].程里尧,译.北京:中国建筑工业出版社.

季岚,2014.基于后现代主义的城市遗址公园多元设计[J].美术大观,(9):132.

雷宇,2020.运用植物要素展示遗址的景观设计方法初探:以杜陵国家考古遗址公园规划设计为例[D].西安:西安建筑科技大学.

黎檬,2014.城市遗址公园设计的初探:以北京城区古遗址公园为例[D].北京:北京林业大学.

李海燕,2005.大遗址价值评价体系与保护利用模式研究[D].西安:西北大学.

李淑琴,2011.大明宫国家遗址公园保护现状及景观分析[D].杨凌:西北农林科技大学.

李文静,2016.殷墟国家考古遗址公园建设与运营管理研究[J].殷都学刊,37(2):121-124.

联合国教科文组织,1972.保护世界文化和自然遗产公约[EB/OL].(1972-12-02)[2021-03-15].http://www.ihchina.cn/Article/Index/detail?id=15725,1972-12-28/2021-3-15.

刘凡,2013.国家考古遗址公园使用后评价(POE)研究[D].西安:西安建筑科技大学.

刘曙光,2003.文明古国、遗产大国、保护强国:意大利文化遗产保护速写[N].中国文物报,2003-09-12(5).

刘玉芝,2010.从奈良、京都的历史遗迹看日本的文化遗产保护[J].中国文化遗产,(6):106-110.

柳肃,2009.日本城市文化遗产保护的经验[J].湖南文理学院学报(社会科学版),34(1):71-74.

罗涵意,2019.国外建筑遗产保护经验对我国的启示:从英国SPAB的活动探讨[J].建筑与文化,(12):60-61.

吕春华,2011.从"江苏大遗址"到考古遗址公园:江苏大遗址保护工作探索与实践[J].艺术百家,27(S1):4-6.

吕春华,2012a.江苏省考古遗址公园建设的基本情况分析及对策[J].艺术百家,28(S1):8-9.

吕春华,2012b.怎样建设富有特色的考古遗址公园[N].中国文物报,2012-11-21(3).

吕春华,2015.非物质文化遗产在江苏省考古遗址公园中的作用[N].中国文物报,2015-08-14(7).

吕春华,2017.江苏大遗址保护和考古遗址公园建设的几点思考[J].黄河黄土黄种人,(6):35-37.

马建昌,张颖,2015.城市大遗址保护利用中公众参与问题研究:以唐大明宫考古遗址公园的建设和管理运营为例[J].人文杂志,(1):125-128.

孟宪民,2001.梦想辉煌:建设我们的大遗址保护展示体系和园区:关于我国大遗址保护思路的探讨[J].东南文化,(1):6-15.

彭历,2011.北京城市遗址公园研究[D].北京:北京林业大学.

邱建,张毅,2013.国家考古遗址公园及其植物景观设计:以金沙遗址为例[J].中国园林,29(4):13-17.

荣晓曼,2018.近十年我国国家考古遗址公园研究述评[J].建筑与文化,(9):62-64.

单霁翔,2006.关于大型古代城市遗址整体保护的思考[J].考古,(5):3-14.

单霁翔,2010a.大型考古遗址公园的探索与实践[J].中国文物科学研究,(1):2-12.

单霁翔,2010b.携手共创大遗址 保护的美好明天[J].中国文化遗产,(6):50-51.

单霁翔,2011.试论考古遗址公园的科学发展[J].中国国家博物馆馆刊,(1):4-18.

单霁翔,2012.关于城市文化建设与文化遗产保护的思考[J].中国文化遗产,(3):58-68.

宋平,罗乐,张启翔,2008.浅析北京皇城根遗址公园植物配植[J].农业科技与信息(现代园林),5(11):15-17.

孙悦,2016.考古遗址公园的案例分析与展望[D].济南:山东大学.

谭明,成玉宁,2017.文化的传承与再现:南京石头城遗址公园景观建筑规划设计研究[J].建筑与文化,(2):175-178.

汤倩颖,2018.关于考古遗址公园规划设计原则与理念的探讨[J].遗产与保护研究,3(6):37-40.

王海英,2012.南京明故宫遗址公园景观保护与更新设计研究[J].四川建筑科学研究,38(5):217-220.

王建国,2017.金陵大报恩寺遗址公园规划设计刍议[J].建筑学报,(1):8-10.

王婧,徐峰,2010.北京皇城根遗址公园节点公众评价研究[J].安徽农业科学,38(4):2168-2171.

王军,2009.遗址公园模式在城市遗址保护中的应用研究:以唐大明宫遗址公园为例[J].现代城市研究,24(9):50-57.

王军围,2014.城市遗址景观空间的符号化解析:以南京市午朝门公园为例[J].大众文艺,(24):47-48.

王璐,刘克成,2016.中国考古遗址公园中遗址展示的问题与原则[J].建筑学报,(10):10-13.

王新文,付晓萌,张沛,2019.考古遗址公园研究进展与趋势[J].中国园林,35(7):93-96.

王雪朦,2013.汉长安城遗址公园景观规划设计研究[D].杨凌:西北农林科技大学.

王雅男,2013.遗址公园规划设计方法研究[D].北京:北京工业大学.

王媛媛,2013.基于场所理论下的阳陵国家考古遗址公园文化旅游研究[D].西安:长安大学.

王中玥,2017.城市历史文化遗址景观缓冲区划定研究:以南京西安门遗址景观为例[D].南京:南京林业大学.

吴卫红,2020.真实性安全性:土遗址保护与遗址公园建设的原则两辨[J].东南文化,(6):6-12.

夏凯,2020.城市高质量发展背景下杭州南宋皇城遗址公园空间设计研究[D].杭州:浙江工业大学.

解立,2020.国际古迹遗址理事会发展回顾[J].自然与文化遗产研究,5(1):27-33.

谢卫丽,2008.当前遗址公园保护开发的矛盾及对策研究:以华清宫遗址公园为例[D].北京:北京林业大学.

邢定康,陆乃高,李致磊,2007.文化遗产旅游开发模式研究:以淳泥国王墓为例[J].旅游学研究,2:198-202.

胥昌群,张亳,2018.论国家考古遗址公园的规划设计原则[J].文物建筑,(1):223-228.

徐树晴,2010.浅析南京宝船厂遗址公园景观[J].市场周刊,(4):28-29.

薛萍,1985.主题新写得精:《国家与农民合建圆明园遗址公园》简评[J].新闻与写作,(9):39-40.

闫旭,2011.历史文脉视角下的秦咸阳宫遗址公园规划研究[D].西安:西北大学.

杨昌鸣,李旋,李湘桔,2013.直接展现与间接再现:国家考古遗址公园城墙遗址展示模式的比较[J].中国园林,29(5):85-89.

应岱筠,2012.遗址公园遗址景观评价研究:以大明宫遗址公园为例[D].西安:西北大学.

张丞韫,2013.曲江新区唐城墙遗址公园使用后评价(POE)研究[D].西安:西安建筑科技大学.

张鸽香,宋桃,2013.南京石头城遗址公园植物造景特色[J].林业科技开发,27(2):136-140.

张松涛,2012.厘清遗址公园的工作根本[J].风景园林,(2):149.

张毅,2018.考古遗址景观价值分析及规划设计研究[D].成都:西南交通大学.

章乐雅,2017.南京市遗址公园调查与研究[D].南京:南京林业大学.

赵文斌,2012.国家考古遗址公园规划设计模式研究[D].北京:北京林业大学.

赵雨亭,李仙娥,2016.德国历史建筑保护的制度安排、模式选择与经验启示[J].中国名城,(10):78-82.

中华人民共和国住房和城乡建设部,2018.城市绿地分类标准:CJJ/T 85—2017[S].北京:中国建筑工业出版社.

周苏,2020.大遗址保护利用及其公园体制建设研究:以良渚遗址为例[J].中国文物科学研究,(4):8-14.

朱乐怡,2006.意大利文化遗产保护与利用并举[N].北京青年报,2006-12-15.

左乐,2013.西安市遗址公园景观营造研究[D].哈尔滨:东北林业大学.

Gilbert D,Clark M,1997. An exploratory examination of urban tourism impact, with reference to residents attitudes, in the cities of Canterbury and Guildford [J]. Cities, 14(6): 343-352.

ICOMOS. International council on monuments and sites. ICOMOS statutes [R/OL]. (1978-5-22) [2022-09-23]. https://www.icomos.org/en/about-icomos/mission-and-vision/statutes-and-policies.

Kurzweg S, Siebert S J, Cilliers S S, et al, 2010. Floristic diversity and phytogeography of the proposed Heritage Park in North-West Province, South Africa [J]. South African Journal of Botany, 76(2): 411-412.

Pearce D G, 2000. Tourism plan reviews: Methodological considerations and issues from Samoa [J]. Tourism Management, 21(2): 191-203.

# 上篇　宏观层面
## ——江苏省遗址公园研究

　　本篇对江苏省遗址公园的总体状况进行研究,包括对江苏省历史沿革与遗址资源概况、遗址公园发展历程、遗址公园分布与类型进行梳理。通过文献资料收集与实地调研,归纳与总结江苏省遗址公园空间结构形态与功能分区等级划分特征,遗址保护与展示的内容与方式,遗址公园地形、水体、植物、建筑、交通系统与配套设施等景观要素的规划设计手法等内容。

## 2 江苏省遗址公园概况

### 2.1 江苏省历史沿革与遗址资源概况

#### 2.1.1 江苏省历史沿革

江苏地处长江流域,是中华民族诞生的摇篮之一。江苏省南京直立人化石遗址公园所遗存的直立人头骨化石距今约 60 万年,是江苏境内最早的先民化石,也是史前时代在江苏留下的文明见证。新石器时代江苏省内先民活动频繁,留下了许多聚落活动类遗址,形成了江苏文明的开端,也可称之为江苏文化的第一个高潮。苏州草鞋山遗址公园、常州圩墩遗址公园、镇江凤凰山遗址公园均是以新石器时代聚落活动类遗址为核心的遗址公园,对于研究江苏文明的起源具有重要意义。

进入商周时期的阶级社会后,江苏逐渐形成了以江南江北为划分的吴文化、徐文化。战国末期,江苏是楚国属地,徐文化与楚文化的部分融合形成汉文化,以徐文化为基础的汉文化成为主流文化,形成江苏文化的第二个高潮,在这个阶段遗留下的典型遗址被建设为遗址公园的有徐州的狮子山楚王陵考古遗址公园、驮蓝山汉文化遗址公园等(图 2-1)。

六朝时期,北方政治动荡,中原文化涌入江南,在中原文化的影响和北方士族的压迫下,原来的吴文化逐渐偏向尚文、优雅,也形成了江苏文化的第三个高潮,这一时期以古都南京为代表,留下了大量的六朝遗迹,在此基础上建设了较为早期的一批遗址公园,如南京的石头城遗址公园、萧宏墓石刻遗址公园等(图 2-2)。

在宋、元、明、清时代,江苏文化从传统的士人文化下移至百姓文化,建筑、生产等方面都大放异彩,江苏文化迎来了新生,第四次高潮到来。这一阶段尤以明代的南京为典型代表,江苏省内保留了许多那个时代生产生活的遗址,并建成了具有代表性的遗址公园,如南京的胭脂河天生桥遗址公园、郑和宝船厂遗址公园等(图 2-3)。

到了近现代,由于经济发展的需要,江苏省内存在一

图 2-2 江苏省域南齐北魏对峙时期政区图
图片来源:《江苏建置志》

图 2-1 江苏省域西汉时期政区图
图片来源:《江苏建置志》

图 2-3 江苏省域南宋金朝对峙时期政区图
图片来源:《江苏建置志》

些工业发展的遗址,代表了江苏近代的工业文化,也有据此建设的遗址公园,如徐州珠山宕口遗址公园等。

在历史发展过程中,现在的江苏行政区划在过去的数千年里,大多是以长江为界,分属不同分区,因此江苏全境的遗址文化也呈现出大体以长江为界的局面,以吴文化和徐文化为典型,吴文化的内秀、徐文化的恢宏,均在江苏这方领域得到孕育、发展,既融合趋同,又相互趋异(江苏省地方志编纂委员会,2013)。通过对江苏省内丰富遗址文化的研究,可以一窥江苏发展的起源与脉络(江苏省人民政府,2019)。

### 2.1.2 江苏省遗址资源概况

遗址是不可移动的,在江苏省内的遗址均不可复制、不可再生,具有唯一性。在江苏漫长的发展历史过程中,留下了许多承载无形文化价值的有形历史遗址,一方面缘于江苏水网密布、水系发达的地理环境,无论是港口、码头、运河、海岸线,均有类型丰富的遗址;另一方面缘于江苏深厚的历史沉淀,历朝历代在江苏定都、建国的比较多,遗留下的活动遗址较多(吕春华,2020)。

本书研究中的遗址公园中"遗址"的范围是以不可移动文物为基础,主要包括古遗址、古墓葬、石窟寺及石刻与部分古建筑等。

由表2-1可知,目前江苏省域内全国重点文物保护单位251处,位居全国前列。在这些全国重点文物保护单位中有古遗址45处,多以聚落遗址为主;古墓葬20处,其中的南唐二陵是我国长江中下游地区发现的时代最早的、保存最完整的帝王陵寝(夏仁琴等,2013),在此基础上建设的南唐二陵遗址公园拟申报成为省级遗址公园;古建筑97处,但在本研究探讨的古建筑遗址多仅存夯土的建筑基址,仍具备完善功能的部分古建园林,如苏州各园林等,是保存或修复完好的古典园林景观,不属于遗址公园,不在此次研究之列;石窟寺及石刻23处,遗址点分散且数量较多,因此多将多处同一时期的石刻作为整体研究。

江苏省域内省级重点文物保护单位共计八批955处,第一、二批省级文物保护单位共128处,其中古墓葬与古遗址36处,古建筑34处,石窟寺及石刻36处等;第三批省级文物保护单位共135处,其中石刻、古墓葬与古遗址29处,古建筑59处等;第四批省级文物保护单位共115处,其中古遗址与古墓葬28处,古建筑50处,石窟寺及石刻16处等;第五批省级文物保护单位共163处,其中古遗址25处,古墓葬16处,古建筑53处,石窟寺及石刻3处等;第六批省级文物保护单位共104处,其中古遗址14处,古墓葬8处,古建筑48处,石窟寺及石刻2处等;第七批省级文物保护单位共188处,其中古遗址33处,古墓葬12处,古建筑66处,石窟寺及石刻5处等;第八批江苏省文物保护单位共122处,其中古遗址22处,古墓葬5处,古建筑39处等。另外各市级还有相当数量的遗址文保单位,因此江苏省整体的遗址数量是较为可观的。

在江苏省众多文物保护单位中,根据遗址的文化价值、典型代表性、重要性,确定了12处国家大遗址、25处江苏大遗址。因此,需要结合遗址本体与周边环境、地理条件、基础设施等对这些大遗址优先进行遗址公园或遗址博物馆的建设,将静止的遗址资源转化为可被公众感知、消费的活化资源(王新文等,2020)。

从表2-2和表2-3可知,江苏省内国家大遗址、江苏大遗址主要类型为古遗址和古墓葬,其中12处国家大遗址中有古遗址8处,古墓葬4处;25处江苏大遗址中有古遗址18处,古墓葬7处。目前江苏省11处国家大遗址处于建设遗址公园的进程中,有已建设多年,遗址公园各方面较为完善的,如常州淹城遗址;有以遗址为核心,遗址公园部分建设完成,实行边建设边开放的,如无锡鸿山墓群;也有处于遗址公园初期规划建设过程中的,如徐州楚王山汉墓群等。另外,江苏省文物局公布的三批共计25处江

表2-1 江苏省内文物保护单位统计表

| 等级 | 类型 | 数量 |
| --- | --- | --- |
| 全国重点文物保护单位<br>(共计八批,251处) | 古遗址 | 45处 |
| | 古墓葬 | 20处 |
| | 古建筑 | 97处 |
| | 石窟寺及石刻 | 23处 |
| | 其他 | 66处 |
| 江苏省重点文物保护单位<br>(共计八批,955处) | 古遗址 | 118处 |
| | 古墓葬 | 105处 |
| | 古建筑 | 349处 |
| | 石窟寺及石刻 | 72处 |
| | 其他 | 311处 |

表格来源:作者根据江苏省不可移动文物数据库及江苏省文化和旅游厅文件整理绘制(截至2020年)

表2-2 江苏省内国家大遗址名录

| 序号 | 国家大遗址名称 |
| --- | --- |
| 1 | 扬州城遗址 |
| 2 | 无锡鸿山墓群 |
| 3 | 徐州汉墓群(含徐州汉代采石场) |
| 4 | 常州淹城遗址 |
| 5 | 无锡阖闾城遗址 |
| 6 | 南京南朝陵墓群 |
| 7 | 扬州龙虬庄遗址 |
| 8 | 张家港黄泗浦遗址 |
| 9 | 南京明故宫遗址 |
| 10 | 南京南唐二陵遗址 |
| 11 | 板闸遗址(入选大运河项目) |
| 12 | 明清海防大遗址 |

表格来源:根据江苏省不可移动文物数据库及江苏省文化和旅游厅文件整理绘制(截至2022年)

表 2-3　江苏省大遗址名录

| 序号 | 江苏省大遗址名称 | 公布时间 |
|---|---|---|
| 1 | 南京明孝陵 | 第一批（2011年公布） |
| 2 | 徐州汉楚王墓群 | |
| 3 | 姜堰天目山遗址 | |
| 4 | 张家港黄泗浦遗址 | |
| 5 | 无锡阖闾城遗址 | |
| 6 | 扬州龙虬庄遗址 | |
| 7 | 盱眙大云山遗址 | |
| 8 | 连云港藤花落遗址 | |
| 9 | 新沂花厅遗址 | 第二批（2013年公布） |
| 10 | 南京人化石地点 | |
| 11 | 南唐二陵 | |
| 12 | 溧阳中华曙猿化石地点 | |
| 13 | 张家港东山村遗址 | |
| 14 | 泗洪顺山集遗址 | |
| 15 | 盱眙泗州城遗址 | 第三批（2017年公布） |
| 16 | 邗江甘泉山汉墓群 | |
| 17 | 兴化将庄遗址 | |
| 18 | 丹阳葛城遗址 | |
| 19 | 溧阳秦堂山遗址 | |
| 20 | 仪征庙山汉墓 | |
| 21 | 常州寺墩遗址 | |
| 22 | 淮安板闸遗址 | |
| 23 | 宿迁青墩遗址 | |
| 24 | 连云港桃花涧遗址 | |
| 25 | 海安青墩遗址 | |

表格来源：根据江苏省不可移动文物数据库及江苏省文化和旅游厅文件整理绘制（截至2020年）

苏大遗址，其中15处已建成遗址博物馆（或展示馆），8处已建成公园或遗址公园并对外开放，另有正在规划中的遗址公园将逐步进入公众视野。

## 2.2 江苏省遗址公园的发展历程

遗址资源是不可再生的，却又是可持续发展的。在各种遗址保护形式中，遗址公园以其能够同时保护遗址本体与周边环境的特性成为遗址保护的优选目标。从二十世纪八九十年代开始，江苏省内陆续出现遗址公园的建设，最早以遗址公园为名出现在公众视野的是南京明故宫遗址公园。早在1986年3月，南京市人民政府即批准成立南京明故宫遗址公园筹建处；在1992年，南京建设了明故宫遗址公园并向公众开放（潘谷西等，2007），开始了遗址公园规划建设的探索，后期又经过多次规划完善（蔡晴等，2009）。在之后的几年里，小范围内陆续有城墙类、陵墓类、聚落类遗址被建设成遗址公园。1998年，扬州市建设了宋大城西门遗址公园，2001年南京的东水关遗址被规划建设成遗址公园，随后的2002年、2003年在南京陆续有以城墙类遗址为核心的遗址公园的规划与建设，2004年扬州龙虬庄遗址公园一期建成并正式对外开放。

2005年我国启动大遗址保护项目，遗址公园作为其中的建设目标得到大力发展，在此期间建设开放了徐州狮子山楚王陵考古遗址公园等。2006年，江苏省加紧整合各项遗址资源保护手段，制定了《鸿山遗址保护规划》并获得国家文物行政部门正式批准，开启了鸿山国家考古遗址公园的建设历程。鸿山国家考古遗址公园作为南方地区第一个实践的大型遗址公园，是大遗址保护的一个典范，从中提炼出的"无锡模式"向全国推广，获得社会各界的认可。2008年，常州圩墩遗址公园在原来的圩墩公园的基础上更新改造并重新向公众开放，淮安总督漕运部院遗址公园也在总督漕运部院的遗址上规划建设而成。2009年扬州宋夹城考古遗址公园建成并开放。

2010年江苏省遗址公园建设的热潮达到高峰时期，无锡鸿山遗址正式被国家文物局列为国家考古遗址公园，扬州城遗址也获得了国家考古遗址公园的立项，常州春秋淹城遗址公园也在同年建成开放。2011年在全国重点文物保护单位薛城遗址的基础上规划建设的南京薛城遗址公园正式对外开放。2013年、2014年均有以聚落遗址为核心进行规划建设的遗址公园建成开放，如南京宝塔山遗址公园、镇江龙脉团山遗址公园等，无锡阖闾城考古遗址公园也在2014年初步建成并部分开放。2015年南京大报恩寺遗址公园正式落成并开放。2016—2018年在南京、镇江、苏州、南通、泰州陆续有遗址公园的规划建设。2019年至今有多处遗址公园的拟建提上日程，江苏省遗址公园的规划建设蓬勃发展（表2-4）。

表 2-4　江苏省遗址公园大事件

| 时间 | 大事件 |
|---|---|
| 1992—2004年 | 江苏第一个遗址公园建设<br>各地陆续有遗址公园的建设 |
| 2005—2009年 | 我国启动大遗址保护项目<br>国家文物局正式提出国家考古遗址公园概念，并发布了《国家考古遗址公园管理办法（试行）》<br>全国大遗址保护无锡现场会上，提出鸿山遗址保护的"无锡模式" |
| 2010年至今 | 无锡鸿山国家考古遗址公园入选首批国家考古遗址公园名单<br>扬州城国家考古遗址公园、无锡阖闾城考古遗址公园、扬州龙虬庄遗址公园被列入立项名单<br>积极申报国家大遗址、江苏大遗址名单，努力开展江苏大遗址的保护工作<br>各地遗址公园的建设有序推进、蓬勃发展 |

江苏省遗址公园的发展呈现进阶式发展，有的遗址公园从森林公园、地质公园等演变而来，例如南京牛首山遗址公园、南京直立人化石遗址公园等；有的从文物保护管理所等专门的文物保护管理单位转变而来，如南京南唐二

陵等。即使在遗址公园建设完成之后，也有不断的更新与完善，如明故宫遗址公园就历经了1992年、2000年、2005年、2011年等阶段的规划建设(潘谷西等，2007)。江苏省遗址公园的规划与建设是不断进步与发展的，遗址公园的建设有利于向世人展示全面的、真实的、历史悠久与不断发展的古代江苏和现代江苏，展现江苏的文化自信。

目前江苏省内有国家考古遗址公园1处——无锡鸿山国家考古遗址公园；列入国家考古遗址公园立项名单有3处——扬州城国家考古遗址公园、无锡阖闾城考古遗址公园、扬州龙虬庄遗址公园，其他遗址公园也有较多建设，表2-5是截至2022年7月的江苏省遗址公园(包括已建成、初步建成、在建与拟建)的不完全统计名录。

表2-5 江苏省遗址公园名录

| 序号 | 所在城市 | 遗址公园名称 | 规划建设面积/hm² | 核心遗址 | 文保单位级别 | 大遗址情况 | 建设情况 |
|---|---|---|---|---|---|---|---|
| 1 | 南京 | 直立人化石遗址公园 | 74.7 | 古猿人洞、直立人化石 | 全国 | 江苏大遗址 | 已建成 |
| 2 | | 薛城遗址公园 | 3.3 | 人类活动遗址 | 全国 | — | 已建成 |
| 3 | | 宝塔山遗址公园 | 3 | 湖熟文化遗址墩 | — | | 已建成 |
| 4 | | 窨子山遗址公园 | 1 | 湖熟文化遗址墩 | 省级 | | 已建成 |
| 5 | | 石头城遗址公园 | 20 | 石头城遗址 | 省级 | | 已建成 |
| 6 | | 大报恩寺遗址公园 | 13.3 | 大报恩寺遗址 | 全国 | | 已建成 |
| 7 | | 东水关遗址公园 | 4.15 | 水关遗址 | 全国 | | 已建成 |
| 8 | | 桃叶渡遗址公园 | 0.5 | 渡口遗址 | — | | 已建成 |
| 9 | | 惠济寺遗址公园① | 10 | 惠济寺遗址 | 市级 | | 已建成 |
| 10 | | 萧宏墓石刻遗址公园② | 5.67 | 萧宏墓石刻遗址 | 全国 | | 已建成 |
| 11 | | 牛首山遗址公园 | 4 937 | 弘觉寺塔、摩崖石刻等遗址 | 省级 | | 已建成 |
| 12 | | 南唐二陵遗址公园 | 50 | 钦陵、顺陵遗址 | 全国 | 国家大遗址、江苏大遗址 | 已建成 |
| 13 | | 明故宫遗址公园 | 6.7 | 明故宫遗址 | 全国 | 国家大遗址 | 已建成 |
| 14 | | 午朝门遗址公园 | 3.25 | 明故宫午门遗址 | 全国 | | 已建成 |
| 15 | | 西安门遗址公园 | 1.1 | 明故宫西安门遗址 | 全国 | | 已建成 |
| 16 | | 西华门遗址公园 | 0.72 | 明故宫宫城西门西华门遗址 | 全国 | | 已建成 |
| 17 | | 东华门遗址公园 | 0.85 | 明故宫宫城东门东华门遗址 | 全国 | | 已建成 |
| 18 | | 神策门遗址公园 | 4.6 | 明城墙神策门遗址 | 全国 | | 已建成 |
| 19 | | 胭脂河天生桥遗址公园③ | 600 | 胭脂河、天生桥遗址 | 省级 | | 已建成 |
| 20 | | 明孝陵遗址公园 | 170 | 明孝陵陵寝遗址 | | 江苏大遗址 | 已建成 |
| 21 | | 下马坊遗址公园 | 1.3 | 下马坊、神烈山碑等遗址 | 全国 | | 已建成 |
| 22 | | 阳山碑材遗址公园 | 23 | 阳山碑材遗址 | 全国 | | 已建成 |
| 23 | | 明东陵遗址公园④ | 0.4 | 明东陵遗址 | 全国 | | 已建成 |
| 24 | | 郑和宝船厂遗址公园 | 13.2 | 龙江宝船厂遗址 | 全国 | | 已建成 |
| 25 | | 渤泥国王墓遗址公园 | 17 | 渤泥国王墓遗址 | 全国 | | 已建成 |
| 26 | | 官窑山砖窑考古遗址公园⑤ | 59.8 | 明代砖窑遗址 | — | | 拟建 |
| 27 | 徐州 | 花厅考古遗址公园 | 487 | 花厅遗址 | 全国 | 江苏大遗址 | 拟建 |
| 28 | | 龙雾桥遗址公园 | 6 | 龙雾桥遗址 | 县级 | — | 已建成 |
| 29 | | 驮蓝山汉文化遗址公园 | 14.3 | 西汉楚王陵遗址 | 全国 | | 拟建 |

① http://www2.jslib.org.cn/was5/web/detail?record=1&channelid=277155&searchword=%E9%81%97%E5%9D%80%E5%85%AC%E5%9B%AD&keyword=%E9%81%97%E5%9D%80%E5%85%AC%E5%9B%AD
② http://www2.jslib.org.cn/was5/web/detail?record=1&channelid=277155&searchword=%E8%90%A7%E5%AE%8F&keyword=%E8%90%A7%E5%AE%8F
③ https://www.chinabidding.cn/zbgg/CezRDr.html
④ https://www.doc88.com/p-0783572889791.html
⑤ https://baijiahao.baidu.com/s?id=1730442834279081538&wfr=spider&for=pc

续　表

| 序号 | 所在城市 | 遗址公园名称 | 规划建设面积/hm² | 核心遗址 | 文保单位级别 | 大遗址情况 | 建设情况 |
|---|---|---|---|---|---|---|---|
| 30 | | 狮子山楚王陵考古遗址公园① | 93 | 西汉第二代楚王刘郢或第三代楚王刘戊墓冢遗址 | 全国 | 江苏大遗址 | 已建成 |
| 31 | | 楚王山汉墓群遗址公园② | 288 | 西汉第一代楚王刘交及其家族成员墓冢遗址 | 全国 | 国家大遗址 | 拟建 |
| 32 | | 韩桥煤矿遗址公园③ | 4.2 | 韩桥矿和夏桥矿遗址 | 省级 | — | 拟建 |
| 33 | | 珠山窑口遗址公园 | 34 | 采石窑口遗址 | — | — | 已建成 |
| 34 | 连云港 | 大伊山石棺墓遗址公园 | 0.5 | 青莲岗文化墓葬遗址 | 全国 | — | 拟建 |
| 35 | | 藤花落考古遗址公园④ | 30 | 藤花落遗址 | 全国 | — | 拟建 |
| 36 | 宿迁 | 顺山集考古遗址公园⑤ | 191.6 | 丘陵墩形遗址 | 全国 | 江苏大遗址 | 拟建 |
| 37 | | 晓店青墩考古遗址公园 | 66.6 | 青墩文化遗址 | 全国 | 江苏大遗址 | 拟建 |
| 38 | | 宿北大战遗址公园 | 15.3 | 宿北大战遗迹 | 省级 | — | 已建成 |
| 39 | 淮安 | 泗州城考古遗址公园 | 250 | 泗州城遗址 | 全国 | 江苏大遗址 | 拟建 |
| 40 | | 大云山西汉王陵遗址公园 | 25 | 西汉王陵遗址 | 省级 | 江苏大遗址 | 初步建成 |
| 41 | | 板闸遗址公园⑥ | 7.3 | 板闸遗址 | 全国 | — | 在建 |
| 42 | | 总督漕运部院遗址公园 | 3 | 总督漕运公署遗址 | 省级 | — | 已建成 |
| 43 | | 古城墙遗址公园 | 6.5 | 城墙遗址 | 市级 | — | 已建成 |
| 44 | | 洪泽湖古堰景区周桥大塘与信坝遗址公园 | 355 | 溢水坝遗址 | 全国 | — | 拟建 |
| 45 | 扬州 | 龙虬庄遗址公园 | 38 | 龙虬庄遗址 | 全国 | 国家大遗址、江苏大遗址 | 已建成 |
| 46 | | 槐泗隋炀帝陵 | 3 | 隋炀帝伪陵遗址 | 省级 | | 已建成 |
| 47 | | 隋炀帝墓考古遗址公园（司徒村曹庄） | 10.74 | 隋炀帝墓葬遗址 | 全国 | 国家大遗址 | 在建 |
| 48 | | 唐子城·宋堡城考古遗址公园 | 280 | 唐子城·宋堡城遗址 | 全国 | 国家大遗址 | 在建 |
| 49 | | 东门遗址公园 | 1 | 东门遗址 | 全国 | 国家大遗址 | 已建成 |
| 50 | | 南门遗址公园 | 1.63 | 南门遗址 | 全国 | 国家大遗址 | 已建成 |
| 51 | | 宋大城西门遗址公园 | 0.04 | 宋大城西门遗址 | 全国 | 国家大遗址 | 已建成 |
| 52 | | 宋大城北门遗址公园 | 0.5 | 宋大城北门遗址 | 全国 | 国家大遗址 | 已建成 |
| 53 | | 宋夹城考古遗址公园 | 66.7 | 宋夹城遗址 | 全国 | 国家大遗址 | 已建成 |
| 54 | 泰州 | 天目山遗址公园⑦ | 3.4 | 西周古城址 | 全国 | 江苏大遗址 | 已建成 |
| 55 | | 泰兴澄江门遗址公园⑧ | 1.05 | 澄江门遗址 | — | — | 已建成 |
| 56 | | 泰州兴化古城墙遗址公园⑨ | 0.67 | 兴化古城墙遗址 | 省级 | — | 已建成 |
| 57 | 南通 | 海安青墩遗址公园⑩ | 10.5 | 青墩遗址 | 全国 | 江苏大遗址 | 初步建成 |
| 58 | | 张謇垦牧文化遗址公园（挡浪墙遗址公园）⑪ | 49 | 挡浪墙遗址 | 市级 | — | 初步建成（一期） |

注：序号47—53所在城市为"扬州城国家考古遗址公园"。

---

① https://www.chinabidding.com/bidDetail/234120838.html

② http://www.cnxz.com.cn/newscenter/2011/2011101758301.shtml

③ http://www2.jslib.org.cn/was5/web/detail?record=15&channelid=277155&searchword=%E9%81%97%E5%9D%80%E5%85%AC%E5%9B%AD&keyword=%E9%81%97%E5%9D%80%E5%85%AC%E5%9B%AD

④ http://www.ggzy.gov.cn/information/html/a/320000/0201/202205/06/0032c3bd56e000a340548efd5470c61e2f9d.shtml

⑤ https://www.bidcenter.com.cn/news-131286662-1.html

⑥ http://money.yznews.com.cn/2022-05/27/content_7407725.htm

⑦ http://www.mytaizhou.net/folder114/folder44/folder51/2020-06-13/417125.html

⑧ https://baijiahao.baidu.com/s?id=1623331053836595001&wfr=spider&for=pc

⑨ http://www.bytravel.cn/landscape/19/xinghuachengqiang.html

⑩ https://new.qq.com/rain/a/20210326a093ho00

⑪ http://www.ntszw.gov.cn/?c=index&a=show&id=259

续表

| 序号 | 所在城市 | 遗址公园名称 | 规划建设面积/hm² | 核心遗址 | 文保单位级别 | 大遗址情况 | 建设情况 |
|---|---|---|---|---|---|---|---|
| 59 | 镇江 | 凤凰山遗址公园 | 4.59 | 马家浜文化、湖熟文化遗址 | — | — | 已建成 |
| 60 | | 断山墩遗址公园① | 6 | 断山墩遗址 | 省级 | — | 已建成 |
| 61 | | 龙脉团山遗址公园 | 2.43 | 湖熟文化遗址 | 省级 | — | 已建成 |
| 62 | | 铁瓮城遗址公园 | 10.68 | 铁瓮城遗址 | 全国 | — | 拟建 |
| 63 | | 花山湾古城遗址公园 | 12 | 花山湾古城遗址 | 省级 | — | 已建成 |
| 64 | 苏州 | 草鞋山考古遗址公园 | 4 | 马家浜文化、吴越文化遗址 | 全国 | — | 初步建成 |
| 65 | | 张家港黄泗浦遗址公园② | | 唐宋港口遗址 | 全国 | 国家大遗址、江苏大遗址 | 拟建 |
| 66 | | 御窑遗址园 | 3.89 | 御窑遗址 | 省级 | 江苏大遗址 | 已建成 |
| 67 | | 吴江垂虹遗址公园③ | 6 | 吴江垂虹桥遗迹 | 全国 | — | 已建成 |
| 68 | | 锦溪祝甸古窑遗址公园 | 2.4 | 祝甸古窑群遗址 | 省级 | — | 已建成 |
| 69 | 无锡 | 仙蠡墩遗址公园 | 5.5 | 仙蠡墩遗址 | — | — | 已建成 |
| 70 | | 鸿山国家考古遗址公园 | 748.97 | 鸿山墓葬群遗址 | 全国 | 国家大遗址 | 初步建成 |
| 71 | | 阖闾城考古遗址公园 | 2 400 | 吴国都城遗址 | 全国 | 国家大遗址、江苏大遗址 | 初步建成 |
| 72 | | 江阴中山公园（原名为江苏学政衙署遗址公园） | 7.25 | 江苏学政衙署遗址 | 市级 | — | 已建成 |
| 73 | 常州 | 圩墩遗址公园 | 15.3 | 家浜文化和崧泽文化遗址 | 省级 | — | 已建成 |
| 74 | | 春秋淹城遗址公园 | 283.3 | 春秋淹城遗址 | 全国 | 国家大遗址 | 已建成 |

注：统计截止于2022年。

关于表2-5所列的江苏省遗址公园名录，这里需要说明一下：

① 因为江苏省并没有专门发布遗址公园名录，本研究只是通过相关部门官网、各地方政府部门新闻、相关媒体报道、相关文献搜索并结合实地调研而统计出的名录。由于江苏省遗址相关资讯与文献海量，因此表2-5所列的名录只是不完全统计，但基本反映了江苏省遗址公园的全貌。

② 有些遗址公园尽管通常情况下只是称之为景区，但根据相关报道与文献查找，该景区已经被相关部门列入遗址公园建设计划，并且该景区确实符合遗址公园内涵，本书也把其列入名录。如徐州狮子山楚王陵汉文化景区为国家AAAA级旅游景区，根据"江苏省不可移动文物数据库"显示，该景区为江苏省考古遗址公园，另外，徐州市汉文化风景园林管理处计划围绕楚王陵进行扩建改建并曾发布"狮子山楚王陵考古遗址公园建设规划项目"公开招标中标公告［项目编号：徐采公(2018)JSZJ(Q)021］，因此，本书把该景区列入表2-5中的名录。

③ 表中已建成的遗址公园是指完全建成的遗址公园，但是遗址公园建设完成之后，也可能有不断的更新与完善，如徐州狮子山楚王陵考古遗址公园按当时的规划设计已经建成并对外开放，但未来仍有扩建改建的计划。初步建成的遗址公园有两种情况：一种是基于大遗址而建设的考古遗址公园由于考古周期长，为了给将来考古留有余地，这类遗址公园本身就秉承实行"边建设边开放"的策略，如无锡鸿山国家考古遗址公园、无锡阖闾城考古遗址公园等；另一种是有的遗址公园按规划只是部分建成，尚未全部建成，如淮安大云山西汉王陵遗址公园。拟建的遗址公园指的是已经对遗址探明，并列入遗址公园建设计划但尚未开始建设的遗址公园。在建的遗址公园是已经开工建设的遗址公园。

④ 扬州城国家考古遗址公园比较特殊，根据扬州城遗址的保护管理机构"扬州城大遗址保护中心"官网(yzcdyz.com)显示，扬州城国家考古遗址公园包括了隋代至宋代的全部扬州城遗址④，总保护范围约20.43 km²，现已建成的部分包括宋大城西门遗址公园、宋大城北门遗址公园、东门遗址公园、南门遗址公园、宋夹城考古遗址公园等，唐子城·宋堡城考古遗址公园、隋炀帝墓考古遗址公园正在有序建设中(余国江等，2020)，需要说明的是隋炀帝陵比较特殊，位于江苏省扬州市邗江区槐泗镇槐二村的隋炀帝陵

---

① https://www.meipian.cn/9i046pk
② https://www.sohu.com/a/272188552_100000198
③ https://baike.baidu.com/item/%E5%9E%82%E8%99%B9%E6%A1%A5%E9%81%97%E5%9D%80/4111124?fr=aladdin
④ http://www.yzcdyz.com/index.php?m=content&c=index&a=lists&catid=55

是清嘉庆年间大学士阮元经考证并为其立碑建石,扬州知府伊秉绶隶书"隋炀帝陵"。后经过多次整修,其已经成为扬州著名景点并于1995年被列为省级文保单位。2013年扬州曹庄隋炀帝墓被确认为隋炀帝和夫人萧后最后埋葬地后,此地被认为是隋炀帝的"伪陵",目前,扬州当地正在规划建设曹庄隋炀帝墓考古遗址公园,并作为扬州城国家考古遗址公园的一部分。

## 2.3 江苏省遗址公园的分布与类型

江苏全省面积10.26万 km²,占全国总面积的1.06%。其中平原面积7.06万 km²,水面面积1.73万 km²。全省划分为十三市,分别为南京市、镇江市、苏州市、无锡市、常州市、扬州市、盐城市、泰州市、南通市、淮安市、宿迁市、徐州市、连云港市,依据历史人文、地理条件、经济发展等因素形成苏南、苏中、苏北三大区域,江苏省遗址公园在各区域各市基本均有分布且成一定规模。

### 2.3.1 江苏省遗址公园的分布

运用地理信息系统ArcGIS软件对资料搜集与调研统计的江苏省内共计74个遗址公园空间位置信息进行处理后得出江苏省遗址公园分布情况如图2-4所示。

从图2-4可以看出,江苏省遗址公园在省域内各市基本都有分布,呈现整体分布较为集中,部分地区分布较为分散,极个别地区没有遗址公园分布的特征。

按照南京市、徐州市、连云港市、宿迁市、淮安市、扬州市、泰州市、南通市、镇江市、苏州市、无锡市、常州市、盐城市的行政区划对江苏省遗址公园进行统计,其中遗址公园分布数量最多的是南京市,面积最大的也是南京市(表2-6),通过对比各行政区划范围内的遗址公园规模,总结其规律。

图2-4 江苏省遗址公园空间分布图

表2-6 江苏省各市遗址公园统计

| 城市名称 | 遗址公园数量 | 遗址公园数量占全省遗址公园数量百分比/% | 遗址公园总面积/hm² | 遗址公园总面积占全省遗址公园总面积百分比/% | 遗址公园平均面积/hm² | 区域总面积/hm² | 遗址公园总面积占区域总面积百分比/% |
|---|---|---|---|---|---|---|---|
| 南京 | 26 | 35 | 5 615.54 | 46.81 | 215.97 | 658 702 | 0.85 |
| 徐州 | 7 | 9 | 926.5 | 7.72 | 132.36 | 1 125 800 | 0.08 |
| 连云港 | 2 | 3 | 30.5 | 0.25 | 15.25 | 744 600 | 0.00 |
| 宿迁 | 3 | 4 | 273.5 | 2.28 | 91.17 | 855 500 | 0.03 |
| 淮安 | 6 | 8 | 646.8 | 5.39 | 107.80 | 1 007 200 | 0.06 |
| 扬州 | 9 | 12 | 401.61 | 3.35 | 44.62 | 659 121 | 0.06 |
| 泰州 | 3 | 4 | 5.12 | 0.04 | 1.71 | 578 726 | 0.00 |
| 南通 | 2 | 3 | 59.5 | 0.50 | 29.75 | 800 100 | 0.01 |
| 镇江 | 5 | 7 | 35.7 | 0.30 | 7.14 | 379 900 | 0.01 |
| 苏州 | 5 | 7 | 541.44 | 4.51 | 108.29 | 865 732 | 0.06 |
| 无锡 | 4 | 5 | 3 161.72 | 26.36 | 790.43 | 462 747 | 0.68 |
| 常州 | 2 | 3 | 298.6 | 2.49 | 149.30 | 438 500 | 0.07 |
| 盐城 | 0 | 0 | 0 | 0 | 0 | 1 693 100 | 0 |

由表2-6可知,江苏省遗址公园在南京的分布最为集中,数量占江苏省全部遗址公园的35%,面积占到46.81%,几乎接近江苏省所有遗址公园面积的一半,在遗址公园总面积占区域总面积的百分比也是最高的,达到0.85%。这是由于:①南京的地理位置,自古以来多是定国定都之地,六朝古都,留有大量的遗址资源;②南京的省会地位,经济、文化、政策方面都非常重视遗址的保护与利用,遗址公园的建设走在全省的前列。规模其次的是扬州与徐州的遗址公园,在数量上均在10%左右,面积占比也相对较大,这两地遗址公园的规模较大得益于汉文化、吴文化的基础,以及当地对遗址文化的重视及相关政策的支持等。

遗址公园的分布在很大程度上局限于遗址本体所处区位及其固有属性,但同时,也在一定程度上依赖于遗址公园所处的地理区位条件以及所处区域的旅游业发展水平、经济条件、人口数量等(王军,2009),下面进行江苏省各市遗址公园与人口密度、遗址公园与所处城市区位关系的分析。

(1) 江苏省遗址公园分布与人口密度的关系

江苏傍江临海,是中国人口密度最高的省份之一,大量人口聚集带来了对遗址文化需求的提升,对遗址公园的建设起到推进作用。图2-5为江苏省遗址公园在各区域的分布情况,对比图2-6的江苏省人口密度分布,可以看出,江苏省遗址公园分布的集中度与人口密度相关,均在南京最为集中,在扬州、苏州、徐州较为集中。由此可以认为,江苏省大部分遗址公园具有巨大的客源市场潜力,在人口密度高的地方遗址公园的建设数量较多。

(2) 江苏省遗址公园分布与城市区位关系

在江苏省遗址公园的规划过程中,遗址资源是遗址公园建设的根本,而市区由于得天独厚的基础条件,往往会为遗址公园的建设增加更多可行性。随着经济水平的不断提高、遗址保护手段的不断更新、对遗址及其周边环境整体保护的重视,在郊区建设的遗址公园也逐渐增多。

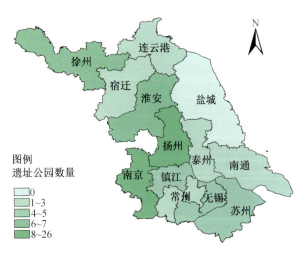

图2-5 江苏省各市遗址公园数量分布

图2-6 江苏省人口密度图

从遗址公园的定位及发展历程分析来看,江苏省遗址公园的功能是以遗址的保护、市民的体验游憩和教育为主,目的是宣传遗址文化,传承中华文明。本书通过资料收集与实地调研对目前江苏省内各市遗址公园与所处城市区位进行统计。通过统计可知,江苏省遗址公园在市区、近郊、远郊均有分布,在市区和远郊的分布更多。这是由于市区交通便捷、设施完善,建设遗址公园科学合理的保护遗址、带动经济发展是较好的选择;远郊自然资源得天独厚,遗址周边环境可以得到整体保护,在此建设遗址公园也是与遗址公园主要功能定位相契合的选择。另外也有一定数量的遗址公园选择建设在近郊,是在综合了交通便捷度和保护整体性之后的合理选择。

江苏省早期的遗址公园多建设于城区。江苏省第一个设立的遗址公园——明故宫遗址公园就是在南京市玄武区,原址是明朝的皇宫,旧称紫禁城,其所开创的宫城轴线合一的模式、整体布局、建筑形制都深远影响明清时宫城与官式建筑的建造。1992年,南京明故宫遗址公园建成并正式对外开放,占地6.7 hm²,其设置主要以遗址展示为要义,教育科普为核心,休闲活动为内容,向市民提供体验明朝文化的场所。而后1998年在扬州市广陵区设立的宋大城西门遗址公园,占地仅为0.04 hm²,此处保护展示的是作为扬州城遗址的重要组成部分、主城门之一的西门遗址,让市民能从残垣断壁的遗址中感受到昔日扬州城的繁华与沧海桑田。

在2005年我国提出了建设"大型古代城市遗址公园"的目标,但城市用地在一定程度上限制了大型遗址公园的开发建设(张毅,2018),因此遗址公园的建设开始向近郊、远郊拓展。2010年开放的春秋淹城遗址公园位于常州市武进区,距离常州市中心向西南约9 km处。春秋淹城遗址公园的建设带动了周边地区的经济发展,形成了以遗址文化为特色的产业链。首批被国家文物局公布为国家考古遗址公园——鸿山国家考古遗址公园,位于无锡市新吴区,距离无锡市中心33.24 km。此处遗址得到广泛且充分的保护,但相对而言公共交通不甚便捷。

随着城市边缘的不断外延、交通系统的不断完善,建设在郊区的遗址公园数量逐渐增多,苏州草鞋山遗址公园、徐州楚王山汉墓群遗址公园、淮安盱眙大云山西汉王陵遗址公园等遗址公园的建设远离市中心,并利用独特的遗址资源和周边环境进行规划建造。

综上所述,江苏省遗址公园的分布除了与遗址资源本体属性有关,还与人口的集中度和所处城市区位关系密切,公众的文化需求促进了遗址公园的建设。

### 2.3.2 江苏省遗址公园的类型

江苏省遗址公园本身就是一个兼具"遗址"与"公园"

功能的复合体,在多功能复合的情况下,识别主导功能与定位,进行类型的划分,进而有针对性、精细化、层次化地规划、建设、管理,是使遗址公园价值最大化的前提。

遗址公园的分类是基础需要,不同类型的遗址公园划分关系到后续遗址公园在规划设计、保护展示、营建管理等各方面的针对性处理,对遗址公园科学合理的划分是遗址公园研究中的关键点。目前遗址公园的分类研究主要的依据有遗址类型、遗址展示方式、遗址保护模式与方法、遗址公园规模、遗址公园所处区位等方面。

陶力等(2020)依据遗址本体及其背景环境的特征区别,将遗址公园划分为6种不同类型,分别是遗迹型、洞穴型、宫殿型、墓葬型、瓷窑型和复合型。王雅男(2013)依据遗址的功能将遗址公园分为城垣类遗址公园、宫室类遗址公园、陵寝类遗址公园、城市整体结构类遗址公园、园林类遗址公园,依据遗址的展示方式分为地上、地下遗址展示类遗址公园,依据遗址公园的规模分为大型(公园面积150 hm²以上)、中型(公园面积50～150 hm²)、小型(公园面积50 hm²以下)3类。彭历(2011)提出按照遗址功能和内容将遗址公园分为宫殿建筑类、城市类、园林类和水系类遗址公园。何光磊(2010)根据遗址的功能和内容,将遗址公园分为建筑类、陵寝类、园林类、文化类和事件类,依据遗址展示方式的差异,分为地上展示类、地下保护类、内涵延续类遗址公园,依据遗址公园的规模分为大型(100 hm²以上)和中小型(100 hm²以下)2种。王军(2009)根据遗址公园的保护模式,将其分为3大类:局部重要遗址保护模式、整体保护模式、连片保护模式。张凌(2009)通过对案例的整理,认为目前国内遗址公园类型可大致分为城市遗址类、自然遗迹类、历史事件类、文化遗址类等,并探讨了遗址公园保护开发原则。胡畔(2007)依据遗址本体的类型,将遗址公园分为建筑类、城市类、陵寝类、园林类、活动类、事件类遗址公园,依据遗址公园所处区位将其分为市内遗址公园、区域遗址公园。

由此可以看出,遗址公园的分类标准是多样的,没有统一标准,在研究与建设过程中需要综合考虑多种标准、多角度、不同背景下的遗址公园类型,对遗址公园进行全方位、多层次、系统的规划及保护设计。本书的研究在此根据现有文献的遗址公园分类方法及江苏省遗址公园实地调研的情况,对江苏省遗址公园进行以下几种类型归纳。

(1) 依据遗址内容划分

遗址公园最大的价值是历史信息的传递和文物价值的弘扬,因此遗址本体的历史功能和文化内容是遗址公园最重要的特征,依据遗址功能和内容进行遗址公园的划分是最常见的分类方式,根据江苏省现有遗址公园中遗址的功能与内容,结合前人的研究,可分为聚落活动类、城址城墙类、墓葬陵寝类、建筑构筑类、生产生活类、水利工程类、历史事件类遗址公园。聚落活动类遗址公园中的遗址多为年代久远史前文明人类聚落活动的遗存,是人类文明的起源,很多此类的遗址为土墩、土台形式。城址城墙类公园中的遗址是人类文明进入城市阶段的遗存,有些基本保留了城市的整体结构,如常州春秋淹城遗址公园,有些只是保留了局部的城墙城垣,如泰州兴化古城墙遗址公园。墓葬陵寝类遗址公园为以具有典型性、代表性的重要墓葬或者墓葬群为主题建设的遗址公园,江苏境内发展历史悠久,遗存有大量古墓葬,例如以镇江、常州为代表的土墩墓,以徐州、淮安为集中地的汉墓,多分布在南京、镇江的六朝墓,隋唐墓葬集中在镇江、扬州,宋墓在南京、扬州均有分布,以及在全省均有广泛分布的明清墓,这些陵墓、陵园的留存,在某种程度上集中展示了当时的文化、经济、艺术。建筑构筑类遗址公园包括2类:一类是宫殿、官衙、寺庙等建筑遗址公园,如南京明故宫遗址公园、淮安总督漕运部院遗址公园、南京大报恩寺遗址公园;另一类为古桥、古牌坊等构筑物类遗址公园,如苏州吴江垂虹遗址公园、南京下马坊遗址公园。生产生活类遗址公园涉及人们生产生活的多方面内容,包括古窑类遗址3处,矿产类遗址2处,船厂遗址与港口遗址各1处,其中古窑类遗址数量最多,均为明清时期江南地区砖窑,反映了当时该地区砖窑作坊生产的兴盛;矿产类遗址均为近现代时期遗址,地点都在徐州,反映了资源型城市徐州近现代工业的发展。江苏水系网络发达,由于通航、水系调节、防洪安全的需要,古代人们兴修了多处水利工程,因此遗留了众多水利遗产,其中建成水利工程类遗址公园有人工运河遗址1处,水闸水关遗址2处,堤坝类遗址2处。最后一类为历史事件类遗址公园,是根据事件发生地遗迹而建设的遗址公园,如徐州龙雾桥遗址公园为汉高祖刘邦母亲受孕之地,南京桃叶渡遗址公园系六朝古渡,因东晋书法家王献之曾在此迎送爱妾桃叶而得名,宿迁宿北大战遗址公园为纪念1946年12月在宿北大战中牺牲的烈士而建设的遗址公园(表2-7)。

需要说明的是,以上根据遗址内容对遗址公园的分类不完全是绝对的,本书的研究根据遗址公园中的遗址的主要属性来分类。一些遗址公园中有多处遗址,这些遗址并非同一类型遗址,本书的研究按照其最主要的遗址的内容进行分类。如南京牛首山遗址公园,包括弘觉寺等的寺庙遗址、岳飞抗金战场的战争事件遗址、郑和墓的墓葬遗址等,但牛首山是中国佛教名山,为佛教牛头禅宗的开教处和发祥地,有弘觉寺塔等遗迹,寺庙历史文化贯穿了遗址公园发展建设的主线,因此,本书的研究把其归类为建筑构筑类遗址公园中的寺庙类。再如,徐州新沂花厅考古遗址公园主要由墓葬分布区和遗址居住区2部分组成,虽然公园中有墓葬遗址,遗址的主要属性为中国史前文化遗址,墓葬遗址为古人类聚落活动遗迹的一部分,因此该遗址公园归类为聚落活动类遗址公园。苏州张家港黄泗浦遗址公园有众多唐宋时期寺庙、房址、仓廪、灶址灰坑、水系河道、水井等遗迹,同时也是著名僧人鉴真东渡启航的历史事件发生地,但遗址主要属性为港口遗址,满足了当时人们交通航运的生产生活需求,因此把其归为生产生活类遗址公园。南通张謇垦牧文化遗址公园(挡浪墙遗址公园)是以宣传清末状元实业家张謇垦牧事业功绩为主线而建的遗址公园,有历史事件的纪念意义,但遗址公园的主体核心为挡浪墙,被列入"江苏省首批省级水利遗产名录",因此,本书的研究把其列入水利工程类遗址公园。

(2) 依据遗址起始年代划分

按照遗址年代,江苏省遗址公园中的遗址基本涵盖了上至史前时代下至近现代所有的时期,本书根据江苏省遗址公园中遗址形成初始的年代统计,大致划分为秦以前、秦至清中叶、近现代3个时期的遗址公园类型。在此要说明的是,很多遗址公园中含有多个年代的遗址,或者成为遗址之前的历史实物在建设修缮过程中跨越多个年代。如镇江凤凰山遗址公园的遗址墩为多层叠加的文化层,包括新石器时代马家浜晚期文化、商周时期、湖熟文化遗存等。宿迁晓店青墩考古遗址公园遗址上层为汉代文化层,下层为西周文化层,除有陶器出土,更有青铜剑、戈、镞等出土。南京东水关遗址公园中的遗址历史最早可以溯源为三国时期东吴孙权开挖的引水入城水渠,明朝初期,明太祖朱元璋在原有基础上扩建形成带有大闸的东水关。南京牛首山遗址公园中遗存了很多历史古迹,有修建于梁代第一座寺庙佛窟寺,后更名为弘觉寺,有岳飞牛首山大捷留下的抗金故垒、有明代著名航海家郑和的墓冢等。扬州东门遗址公园始建于唐代,五代、两宋、明、清等代均曾在此修缮城门、城墙。南京大报恩寺遗址公园最早为东吴时期孙权所建的建初寺及阿育王塔,之后均有重建与复建,寺庙名称也多次更迭,直到明永乐毁于火并再次原址重建,名为大报恩寺。表2-8是按照遗址形成初始年代所列的江苏省遗址公园名录。

表2-8中的3类遗址公园具体情况如下:

① 秦以前

为秦朝建立前的所有历史时期,也有学者称之为先秦。这段时期的江苏省遗址公园中的遗址涵盖了旧石器、新石器、青铜器及夏商周各个时代。其中旧石器时代遗址公园1个,其他都为新石器至夏商周时代遗址公园。唯一的拥有旧石器时代遗址的公园是南京直立人化石遗址公园。公园内保护与展示的直立人遗址是江苏省内探明最久远的遗址,距今数十万年,对研究江苏早期人类发展、文化意义重大。

表2-7 江苏省遗址公园分类表Ⅰ

| 分类 | 主要内容 | 遗址公园名称 |
| --- | --- | --- |
| 聚落活动类 | 远古时期的人类聚落活动的痕迹遗存 | 南京直立人化石遗址公园、宿迁顺山集考古遗址公园、扬州龙虬庄遗址公园、常州圩墩遗址公园、南通海安青墩遗址公园、镇江凤凰山遗址公园、苏州草鞋山考古遗址公园、南京薛城遗址公园、无锡仙蠡墩遗址公园、宿迁晓店青墩考古遗址公园、徐州花厅考古遗址公园、南京宝塔山遗址公园、南京窨子山遗址公园、镇江断山墩遗址公园、镇江龙脉团山遗址公园 |
| 城址城墙类 | 包括整体的城池城址遗址与局部城墙城垣遗址 | 连云港藤花落考古遗址公园、泰州天目山遗址公园、无锡阖闾城考古遗址公园、常州春秋淹城遗址公园、南京石头城遗址公园、镇江铁瓮城遗址公园、镇江花山湾古城遗址公园、淮安古城墙遗址公园、扬州南门遗址公园、扬州唐子城·宋堡城考古遗址公园、扬州东门遗址公园、淮安泗州城考古遗址公园、扬州宋大城西门遗址公园、扬州宋大城北门遗址公园、扬州宋夹城考古遗址公园、泰兴澄江门遗址公园、泰州兴化古城墙遗址公园、南京西安门遗址公园、南京西华门遗址公园、南京东华门遗址公园、南京神策门遗址公园 |
| 墓葬陵寝类 | 墓葬或者墓葬群,包括帝王陵寝、一般贵族墓葬等 | 连云港大伊山石棺墓遗址公园、无锡鸿山国家考古遗址公园、徐州驮篮山汉文化遗址公园、徐州狮子山楚王陵考古遗址公园、徐州楚王山汉墓群遗址公园、淮安大云山西汉王陵遗址公园、南京萧宏墓石刻遗址公园、扬州槐泗隋炀帝陵、扬州隋炀帝墓考古遗址公园(司徒村曹庄)、南京南唐二陵遗址公园、南京明孝陵遗址公园、南京明东陵遗址公园、徐州浮泥国王墓遗址公园 |
| 建筑构筑类 | 包括宫殿、官衙、寺庙等建筑遗址、古桥、古牌坊等 | 南京明故宫遗址公园、淮安总督漕运部院遗址公园、无锡江阴中山公园(原名为江苏学政衙署遗址公园)、南京大报恩寺遗址公园、南京惠济寺遗址公园、南京牛首山遗址公园、苏州吴江垂虹遗址公园、南京下马坊遗址公园 |
| 生产生活类 | 从事生产生活而形成的遗址,如古窑、古渡口、港口、造船遗址等 | 苏州张家港黄泗浦遗址公园、南京郑和宝船厂遗址公园、南京官窑山砖窑考古遗址公园、苏州御窑遗址园、苏州锦溪祝甸古窑遗址公园、徐州韩桥煤矿遗址公园、徐州珠山宕口遗址公园 |
| 水利工程类 | 包括人工运河、水闸、水坝遗址等 | 洪泽湖古堰景区周桥大塘与信坝遗址公园、南京东水关遗址公园、南京胭脂河天生桥遗址公园、淮安板闸遗址公园、南通张謇垦牧文化遗址公园(挡浪墙遗址公园) |
| 历史事件类 | 发生一些事件,有所形成的以前的遗址功能 | 徐州龙雾桥遗址公园、南京桃叶渡遗址公园、南京阳山碑材遗址公园、宿迁宿北大战遗址公园 |

注:依据遗址内容分类。

表 2-8　江苏省遗址公园分类表 Ⅱ

| 分类 | 遗址初始年代 | 遗址公园名称 |
| --- | --- | --- |
| 秦以前 | 旧石器 | 南京直立人化石遗址公园 |
| | 新石器 | 宿迁顺山集考古遗址公园、南京薛城遗址公园、连云港大伊山石棺墓遗址公园、苏州草鞋山考古遗址公园、无锡仙蠡墩遗址公园、常州圩墩遗址公园、苏州凤凰山遗址公园、扬州龙虬庄遗址公园、南通海安青墩遗址公园、徐州花厅考古遗址公园 |
| | 新石器晚期、青铜器、夏、商、周 | 南京宝塔山遗址公园、连云港藤花落考古遗址公园、南京窨子山遗址公园、镇江龙脉团山遗址公园、宿迁晓店青墩考古遗址公园、泰州天目山遗址公园、镇江断山墩遗址公园、无锡鸿山国家考古遗址公园、无锡阖闾城考古遗址公园、常州春秋淹城遗址公园、淮安泗州城考古遗址公园 |
| 秦至清中叶 | 秦汉 | 徐州龙雾桥遗址公园、徐州驮蓝山汉文化遗址公园、徐州狮子山楚王陵考古遗址公园、徐州楚王山汉墓群遗址公园、淮安盱眙大云山西汉王陵遗址公园、洪泽湖古堰景区周桥大塘与信坝遗址公园 |
| | 三国、魏晋南北朝 | 南京石头城遗址公园、镇江铁瓮城遗址公园、南京牛首山遗址公园、南京大报恩寺遗址公园、镇江花山湾古城遗址公园、南京桃叶渡遗址公园、淮安古城墙遗址公园、南京惠济寺遗址公园、南京萧宏墓石刻遗址公园 |
| | 隋、唐、五代十国 | 南京东水关遗址公园、扬州唐宋城东门遗址、扬州槐泗隋炀帝陵、扬州隋炀帝墓考古遗址公园（司徒村曹庄）、扬州南门遗址公园、苏州张家港黄泗浦遗址公园、扬州唐子城·宋堡城考古遗址公园、南京南唐二陵遗址公园 |
| | 宋、元 | 扬州宋大城西门遗址公园、扬州宋大城北门遗址公园、扬州宋夹城考古遗址公园、泰兴澄江门遗址公园、泰州兴化古城墙遗址公园、苏州吴江垂虹遗址公园 |
| | 明至清中叶 | 南京明故宫遗址公园、南京午朝门遗址公园、南京西安门遗址公园、南京西华门遗址公园、南京东华门遗址公园、南京神策门遗址公园、南京胭脂河天生桥遗址公园、南京明孝陵遗址公园、南京下马坊遗址公园、南京阳山碑材遗址公园、南京明东陵遗址公园、南京郑和宝船厂遗址公园、南京浡泥国王墓遗址公园、南京官窑山砖窑考古遗址公园、淮安总督漕运部院遗址公园、淮安板闸遗址公园、苏州御窑遗址园、无锡江阴中山公园（原名为江苏学政衙署遗址公园）、苏州锦溪祝甸古窑遗址公园 |
| 近现代 | 晚清及以后 | 南通张謇垦牧文化遗址公园、徐州韩桥煤矿遗址公园、徐州珠山宕口遗址公园、宿北大战遗址公园 |

注：依据遗址形成初始年代分类。

遗址形成初始年代为新石器早、中期的遗址公园占"秦以前"类型遗址公园的一半左右，这类遗址公园主要为距今约 8 000 年至 6 000 年的新石器时代古村落、古墓葬遗址。如宿迁顺山集考古遗址公园为距今 8 000 年的史前环壕聚落遗址，南京薛城遗址公园为 6 000 多年古村落遗址。徐州花厅考古遗址公园的遗址主要为墓葬和居住 2 部分组成的聚落。连云港大伊山石棺墓遗址公园有新石器时代墓葬 62 座，属青莲岗文化类型。常州圩墩遗址公园中文化遗存距今 6 000 多年，主要为马家浜文化和崧泽文化 2 类。

还有一类"秦以前"类型遗址公园为新石器晚期过渡到青铜器时代，时间上甚至与夏商周叠加，所出土的文物有石器，也有青铜器。比较典型的有湖熟文化遗址的南京宝塔山遗址公园、南京窨子山遗址公园。连云港藤花落考古遗址公园是新石器时代遗址公园，但与夏朝的建立是重合的，遗址有内、外两重城墙结构，为中国龙山文化城址之一。

总结"秦以前"遗址公园，可以得出主要几个特征：这类遗址公园大多为史前遗址；遗址形态很多为土墩，如湖熟文化遗址多为台型土墩；遗址类型主要为古人类村落、古城址、古墓葬等。

② 秦至清中叶

在江苏省历史沿革过程中，随着人类文明的不断发展，遗址类型逐渐从单一的聚落类遗址发展至多样化的与朝代、国家、生活、工艺等相关的遗址。例如城墙城垣遗址、建筑构筑遗址、生产生活遗址、墓葬陵寝类遗址、水利工程类遗址等。这一时期的遗址类型丰富、遗址文化价值高，相关可考资料更为翔实，可以从不同角度反映古代的社会、经济、文化、生产生活情况，以此类遗址为基础进行规划建设的遗址公园在江苏省遗址公园中占比较高，通常有较为详细的遗址文化展示与说明。

③ 近现代

近现代遗址公园数量较少，共有 4 个。1 个为宿迁宿北大战遗址公园，为近现代战争遗址。其他 3 个遗址公园均与近现代工业、实业有关，体现了江苏近现代经济的发展。

（3）依据遗址等级划分

江苏省遗址公园中的遗址属于不可移动文物，不可移动文物按其类别又可分为全国重点文物保护单位、江苏省文物保护单位、市级及其他文物保护单位，遗址等级在一定程度上决定了遗址公园的保护利用范围、手段等，例如全国重点文物保护单位、国家大遗址——鸿山墓群，在其基础上建设的鸿山国家考古遗址公园，在遗址核心区采用最严格的保护方式，对遗址的展示利用有诸多限制；在市级文物保护单位——原址实体已残破，在原址基础上复建的淮安古城墙，以其为核心建设的古城墙遗址公园中对遗址的保护功能已不突出，更多偏向遗址公园中"公园"部分所能提供的休闲公共服务，因此依据遗址等级进行遗址公园的划分有利于遗址公园在建设过程中找准定位，合理安排功能。

一般而言，全国重点文物保护单位都是江苏省文物保护单位，但江苏省文物保护单位不一定是全国重点文物保护单位，其中江苏省遗址公园中全国重点文物保护单位的遗址，又可分为国家大遗址、江苏大遗址及其他遗址。

在江苏省遗址公园中属于全国重点文物保护单位的遗址有46处；15处属于国家大遗址，均已建成或拟建遗址公园；15处江苏大遗址，均已建成或拟建遗址公园。

在江苏省遗址公园中的遗址以全国重点文物保护单位最多，江苏省文物保护单位次之，市级及其他文物保护单位最少，由此可见在遗址公园这一保护利用遗址的模式中，倾向于对属于等级更高的全国重点文物保护单位的遗址进行选择建设，这是由于遗址公园的建设所需的资金、人力、物力、时间都较大，将其投入到保护价值更高的全国重点文物保护单位的遗址中，能够充分发挥所配置资源的价值（王军，2009）（图2-7）。

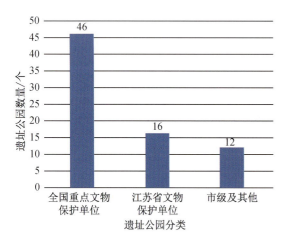

图2-7 江苏省遗址公园遗址等级统计图

（4）依据遗址公园规模划分

遗址的范围划定与遗址公园的规模依据遗址本体、周边环境的不同而不同，没有明确的规定要求，基本原则是能完整保存遗址的历史信息。通过江苏省内各地官方规划文件所提供的遗址公园数据、实地调研、利用百度地图测算等方式，统计出各遗址公园的面积，江苏省遗址公园的面积差异较大，小至0.04 hm²，大至上千公顷，已形成遗址公园的基本体系。面积信息来源主要有实地测量、官方规划文件、地方年鉴、地图计算、相关新闻报道等。

本书的研究将江苏省遗址公园规模进行统计划分，分为超大型（＞1 000 hm²）、大型（100～1 000 hm²）、中型（20～100 hm²）、小型（2～20 hm²）、微型（0～2 hm²）遗址公园共5类（表2-9）。

表2-9 江苏省遗址公园分类表Ⅲ

| 遗址公园分类 | 遗址公园名称 |
| --- | --- |
| 超大型遗址公园 | 南京牛首山遗址公园、无锡阖闾城考古遗址公园 |
| 大型遗址公园 | 无锡鸿山国家考古遗址公园、常州春秋淹城遗址公园、扬州唐子城·宋堡城考古遗址公园、南京胭脂河天生桥遗址公园、南京明孝陵遗址公园 |
| 中型遗址公园 | 徐州狮子山楚王陵考古遗址公园、南京直立人化石遗址公园、扬州宋夹城考古遗址公园、南京南唐二陵遗址公园、南通张謇垦牧文化遗址公园（挡浪墙遗址公园）、扬州龙虬庄遗址公园、徐州珠山宕口遗址公园、淮安大云山西汉王陵遗址公园、南京阳山碑材遗址公园 |
| 小型遗址公园 | 南京石头城遗址公园、南京浡泥国王墓遗址公园、常州圩墩遗址公园、宿迁宿北大战遗址公园、南京大报恩寺遗址公园、南京郑和宝船厂遗址公园、镇江花山湾古城遗址公园、扬州隋炀帝墓考古遗址公园（司徒村曹庄）、南通海安青墩遗址公园、南京惠济寺遗址公园、淮安板闸遗址公园、无锡江阴中山公园（原名为江苏学政衙署遗址公园）、南京明故宫遗址公园、淮安古城墙遗址公园、苏州吴江垂虹遗址公园、镇江断山墩遗址公园、徐州龙雾桥遗址公园、南京萧宏墓石刻遗址公园、无锡仙蠡墩遗址公园、南京神策门遗址公园、镇江凤凰山遗址公园、南京东水关遗址公园、苏州草鞋山考古遗址公园、苏州御窑遗址公园、泰州天目山遗址公园、南京薛城遗址公园、南京午朝门遗址公园、扬州槐泗隋炀帝陵、淮安总督漕运部院遗址公园、南京宝塔山遗址公园、镇江龙脉团山遗址公园、苏州锦溪祝甸古窑遗址公园 |
| 微型遗址公园 | 扬州南门遗址公园、南京下马坊遗址公园、南京西安门遗址公园、泰兴澄江门遗址公园、扬州东门遗址公园、南京东华门遗址公园、南京西华门遗址公园、南京窨子山遗址公园、泰州兴化古城墙遗址公园、扬州宋大城北门遗址公园、南京桃叶渡遗址公园、南京明东陵遗址公园、扬州宋大城西门遗址公园 |

注：依据遗址公园规模分类，不含拟建遗址公园。

（5）依据遗址公园主导功能划分

在对江苏省遗址公园的实地调研中发现遗址公园依据其主导功能可大致分为2类：第一类以考古遗址公园为主，遗址保护、展示功能为核心主导，休闲游憩功能为辅；第二类为城市休闲公园绿地，是在遗址保护、展示功能的基础上，兼具休闲游憩功能，能够为市民提供日常游憩活动场所。

第一类遗址公园以等级较高的重要遗址为本底,以遗址的保护与展示为绝对主导功能,辅以与遗址主题相契合的休闲功能,例如无锡鸿山国家考古遗址公园、无锡阖闾城考古遗址公园、常州春秋淹城遗址公园、扬州龙虬庄遗址公园、淮安大云山西汉王陵遗址公园、南京大报恩寺遗址公园等。第二类遗址公园在将遗址保护与展示作为其主要内容的同时,结合休闲绿地功能的规划与建设,着重打造遗址公园的休闲游憩活动空间,例如南京明故宫遗址公园、南京石头城遗址公园、淮安古城墙遗址公园、徐州龙雾桥遗址公园、扬州宋夹城考古遗址公园等。

**参考文献**

蔡晴,姚糖,2009.遗址公园的规划设计:以南京明代宫城、城墙遗址公园为例[J].古建园林技术,(4):65-68.

何光磊,2010.遗址公园规划设计理论和方法研究[D].西安:西安建筑科技大学.

胡畔,2007.遗址公园景观规划研究:以杜陵遗址为例[D].西安:西北大学.

江苏省地方志编纂委员会,2013.江苏建置志[M].南京:江苏人民出版社.

江苏省人民政府,2019.第八批国家重点文物保护单位公布27处新"国保"丰富江苏文明谱系[EB/OL].(2019-10-17)[2022-09-23].http://www.jiangsu.gov.cn/art/2019/10/17/art_60085_8736423.html.

吕春华,2020.江苏考古遗址保护利用示范项目遴选工作实践与思考[N].中国文物报,2020-02-14(5).

潘谷西,陈薇,2007.城市演进中的南京明故宫遗址保护定位[C]//中国紫禁城学会.中国紫禁城学会论文集.北京:紫禁城出版社:17.

彭历,2011.北京城市遗址公园研究[D].北京:北京林业大学.

陶力,赵益超,2020.基于类型特征的国家考古遗址公园旅游发展路径研究[J].云南民族大学学报(哲学社会科学版),37(3):75-80.

王军,2009.遗址公园模式在城市遗址保护中的应用研究:以唐大明宫遗址公园为例[J].现代城市研究,24(9):50-57.

王新文,高建洁,付晓萌,2020.城市型大遗址社会价值研究[J].城市发展研究,27(9):30-34.

王雅男,2013.遗址公园规划设计方法研究[D].北京:北京工业大学.

夏仁琴,林小娟,2013.回顾与展望:记南唐二陵对外开放三十年[J].长江文化论丛,(1):259-263.

余国江,张春,2020.扬州城考古遗址公园建设实践与思考[J].博物院,(3):29-33.

张凌,2009.从遗址公园的分类看保护与开发[J].中外建筑,(7):73-75.

张毅,2018.考古遗址景观价值分析及规划设计研究[D].成都:西南交通大学.

# 3 江苏省遗址公园的空间结构形态与功能分区

## 3.1 江苏省遗址公园的空间结构及其形态

### 3.1.1 点状、线状和面状空间结构

遗址公园的保护、展示、陈列核心毋庸置疑为遗址本体，前者的规划建设应该围绕遗址本体进行。江苏省遗址公园空间布局结构，是在遗址空间结构的基础上，对各功能区、各节点以不同形式进行合理整合规划而形成的，因此在对遗址公园的空间结构进行研究之前首先要对遗址的空间结构进行探讨（王雅男，2013）。江苏省遗址公园中遗址的空间结构主要有以下几种形态：

(1) 点状空间结构

遗址的点状空间结构是指遗址在整个遗址公园范围内呈现一个或几个点的分布状态，彼此间相对独立也可有一定的联系，这些点状分布的遗址是遗址公园中各处节点展开的核心。根据江苏省遗址公园中点状布局的遗址点的分布情况可大致分为单点空间结构和多点空间结构。

① 单点空间结构

单点空间结构是指在该遗址公园中只有一处遗址点分布，是整个遗址公园的保护与展示核心。在江苏省遗址公园中的遗址以此种形式出现的通常是古人类活动类遗址中的聚落活动遗址墩，在此种遗址墩下埋藏着厚厚的文化层，虽然是单点遗址空间结构，但遗址蕴含的历史信息非常丰富。江苏省遗址公园中有较多实例，通常是规模较小的遗址公园，例如南京宝塔山遗址公园、南京窨子山遗址公园、镇江凤凰山遗址公园、镇江龙脉团山遗址公园、无锡仙蠡墩遗址公园等，在遗址公园范围内均是以单个遗址墩为核心，有明确的重点，并围绕其设置各节点、布置休憩游览设施（图3-1）。

② 多点空间结构

多点空间结构是指在遗址公园中有多处遗址点分布。多点空间结构又分为2种情况：一种是散点空间结构，一

南京宝塔山遗址公园

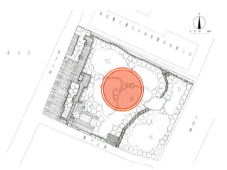
南京窨子山遗址公园

镇江凤凰山遗址公园

镇江龙脉团山遗址公园

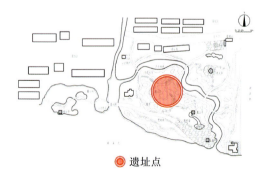
无锡仙蠡墩遗址公园

图3-1 江苏省遗址公园中的遗址单点布局

种是多点成轴线空间结构。这些遗址点有不同的价值、保存情况、展示重点等,其中最重要的遗址点作为核心展示统领遗址公园的全局,次要遗址点作为最重要遗址点的补充或与重要遗址点共同构成完整遗址历史信息。

a. 散点空间结构

散点空间结构是指在整个遗址公园中有多处遗址点分散分布。在江苏省遗址公园中散点空间结构的形式通常在墓葬类遗址中的帝王陵寝或者其他陵墓类的墓葬群中体现,这是由于帝王陵寝一般除了帝王墓作为最重要遗址点外,还有王妃墓、陪葬墓等其他次要遗址点的零散分布(图3-2)。例如:淮安大云山西汉王陵遗址公园,占地面积约25 hm²,1号墓主为西汉第一代江都王刘非,陵园内包括主墓3座、陪葬墓11座、车马陪葬坑2座、兵器陪葬坑2座及陵园建筑设施等遗址点,这些遗址点在空间分布上呈现散点空间结构,西汉江都王墓作为主遗址点在整个遗址公园中作为保护与展示的核心;徐州驮蓝山汉文化遗址公园中在驮蓝山南坡开凿有2座墓,即楚王陵与王妃陵,楚王陵作为主遗址点,与次遗址点王妃陵共同构成同茔异穴的汉代墓葬形制,规模宏伟壮观,结构奇特,工艺卓越,对完整了解此遗址信息是很好的实物资料;徐州狮子山楚王陵遗址公园,以狮子山楚王陵为主要核心,与王后陵、水下兵马俑等多处两汉遗址等次要遗址点,共同构成历史格局,成为遗址公园遗址保护与展示景观。

b. 多点成轴线空间结构

多点成轴线空间结构的情况在江苏省遗址公园中以有明确轴线的遗址公园为代表,多点遗址可连成轴线(图3-3)。例如:淮安总督漕运部院遗址公园,四方格局,南北中轴控制,总面积超过3 hm²,在中轴线上依次设有过街牌坊、总督署的大堂、二堂遗址、中国漕运博物馆,遗址展示部分将石构件有序排放,设立14个展示台,用木栈桥相连接,外围栅栏保护;南京明故宫遗址公园与南京午朝门遗址公园都有明确的中轴线,无论是遗留下的建筑残址、石刻、城门等,均在中轴线上进行展示,且两者的中轴线与当时皇城、城市中轴线一致,具有强烈的序列感与秩序感。

淮安大云山西汉王陵遗址公园

徐州驮蓝山汉文化遗址公园

徐州狮子山楚王陵遗址公园

● 遗址点

图3-2 江苏省遗址公园中的遗址散点布局

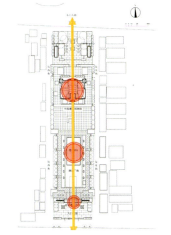
淮安总督漕运部院遗址公园

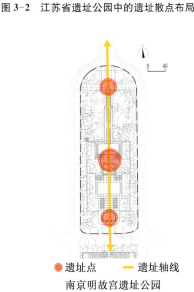
南京明故宫遗址公园

南京午朝门遗址公园

● 遗址点  ── 遗址轴线

图3-3 江苏省遗址公园中的遗址多点成轴线布局

（2）线状空间结构

在江苏省遗址公园中遗址的线状空间结构主要是由于遗址本身形式就是线状形态，如城墙类、水系类遗址（图3-4）。例如：南京石头城遗址公园，占地面积约20 hm²，以鬼脸城及明城墙为保护内容，城墙遗址主体在空间布局上呈现线状空间结构形态；遗址展示以露天展示为主，展示内容为鬼脸照镜、龟石群、清凉门等，城墙前的带状绿地作为缓冲区一定程度上保护了遗址。镇江花山古城遗址公园，占地面积约10 hm²，线状城墙遗址所在位置为公园的核心位置，遗址的线性布局特性构成了遗址公园整体格局。南京胭脂河天生桥遗址公园，其中的核心遗址是明代开凿的胭脂河和其上的天生桥，整个胭脂河水系呈现线性空间结构形态。

（3）面状空间结构

遗址的面状空间结构通常存于遗址体量较大，或遗址集群分布的情况下。虽然有些面状空间结构遗址中局部可能存在许多的点状、线状遗址，但面状空间结构主要是强调这些聚集遗址及其周边环境的完整格局，遗址的完整格局更能反映出遗址的历史特征和格局，更充分表达遗址价值。在江苏省遗址公园中这种遗址空间结构形态通常出现在较大型的遗址公园中，这是因为完整保护成面状空间结构的遗址所需预留的遗址保护、展示、考古面积比较大，再加上对周边环境的保护，所形成的遗址公园整体体量较大，可全方面、多角度综合表现遗址主题内容（图3-5）。例如：无锡鸿山国家考古遗址公园，占地面积约342 hm²，其中大量分布了春秋战国时期的越国贵族墓群遗址，截至目前经勘探统计，土墩遗址数量已增至133座，有遗址密集分布，也有遗址分散分布，总体呈大面积面状空间结构。无锡阖闾城考古遗址公园，占地面积1 200 hm²，其中有线状分布的阖闾城城墙旧址、线状的古河道闾江河，有点状分布的阖闾城遗址、墓葬点等，整体构成了春秋阖闾城历史风貌。常州春秋淹城遗址公园，占地275.5 hm²，其中有多处遗址墩点状分布，有古城墙遗址、古河道遗址的线状分布，是中国保存最完好的春秋古城，形制独特，历史悠久。

遗址公园对遗址的保护从明晰遗址的空间结构开始，应尽量保留遗址的完整空间结构形式，尤其是能够反映遗址历史特征、历史格局、历史信息的空间结构形态。完整空间格局的遗址本体能够给公众更好的、更沉浸的文化体验。

━━━ 线性遗址分布

南京石头城遗址公园　　镇江花山湾古城遗址公园　　南京胭脂河天生桥景区

图3-4　江苏省遗址公园中的遗址线状布局

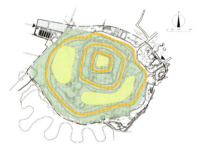

● 遗址密集分布　● 遗址一般分布　━━━ 线性遗址分布

无锡鸿山国家考古遗址公园　　无锡阖闾城遗址公园　　常州春秋淹城遗址公园

图3-5　江苏省遗址公园中的遗址面状布局

从前文分析可知，江苏省遗址公园中的遗址空间结构形态呈多样化，有点状空间结构、线状空间结构、面状空间结构3种形式。点状空间结构的遗址可存在于小型遗址公园中，只有一个核心遗址点，也可存在于较大型遗址公园中，主遗址点与次遗址点共同构成遗址公园的整体景观；线状空间结构的遗址在江苏省遗址公园中具有较明显的特征，以城墙城垣类遗址公园、水系类遗址公园中的遗址空间结构为代表；面状空间结构的遗址通常存在于较大型遗址公园中，其中的遗址分布可呈点状、线状、点状与线状结合等形式，遗址公园的规划建设根据遗址空间结构的不同而不同，具有较强的灵活性。

### 3.1.2 遗址公园的空间结构形态

在江苏省遗址公园中遗址有呈现出点状、线状、面状的空间结构形态，将这些不同布局形式的遗址结合周边环境进行规划，形成的遗址公园整体空间结构有规则式、不规则式与混合式3种形态。

（1）规则式

规则式遗址公园通常具有明确的中轴线，道路系统呈规则式布局，各要素的布置通常以轴线进行对称布置，此类空间结构形态往往能够形成秩序感、庄严感、整齐感。江苏省遗址公园中呈规则式空间结构形态的多以小型遗址公园为主（图3-6）。例如：淮安总督漕运部院遗址公园，整体构图以规则式广场为主，有明确的中轴线，主要节点依次在轴线上有序呈现；南京大报恩寺遗址公园，整体呈规则式构图，内部游览路线以"回"字形布局，四周为室内展示，中心为开阔的广场，在大报恩寺遗址上复建的琉璃塔位于中轴线上，处于全园的核心地位。江苏省遗址公园中也有少量规模较大的遗址公园采用规则式空间结构形态，如扬州宋夹城考古遗址公园，总面积在100 hm² 左右，以1 000 m左右长的南北向道路与700 m左右东西向道路构成十字形格局。

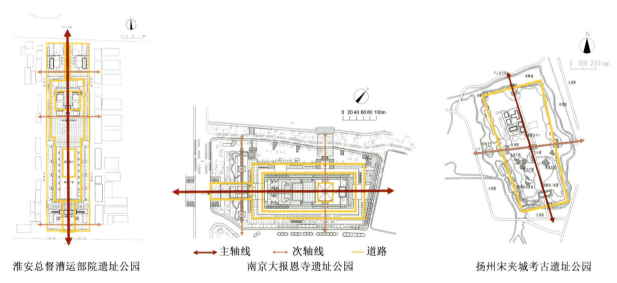

图3-6 江苏省遗址公园的规则式结构

（2）不规则式

规则式在遗址公园空间结构布局中往往受限较大，而不规则式则较为灵活，在江苏省遗址公园中应用较多，有道路与景观廊道组成的单中心放射状、多中心环形放射状、带状等多种空间结构形态，适用于不同规模的遗址公园，能形成不同的组团特色。

① 单中心放射状

单中心放射状空间结构形态的遗址公园中通常只有单个核心遗址点，道路由遗址点向四周发散，这种空间结构通常适用于小型遗址公园（图3-7）。以南京宝塔山遗址公园为例，整个遗址公园以遗址墩为核心向四周呈发散式布局，以中心广场为最高观景处，四周为缓坡，以开敞空间为主，周边设置游览道路，林下湿地半开敞空间游览为辅；镇江凤凰山遗址公园以凤凰山遗址墩为核心，遗址周围布置环状道路，外围道路呈放射状分布，各入口处的主要轴线道路与遗址核心形成明显景观轴线；无锡仙蠡墩遗址公园在遗址墩的基础上规划环形放射状道路，将各节点串联，共同构成遗址公园整体景观。

② 多中心环形放射状

多中心环形放射状是指遗址公园有明确的多处保护核心，整体布局围绕保护核心通过道路、景观廊道向四周呈放射状布局，这类遗址公园具有明显的结构层次，功能分区明确。在江苏省遗址公园中这种空间结构形式的典型代表是常州春秋淹城遗址公园，整体以春秋古城淹城遗址为核心，由遗址保护区、森林公园构成，完整地保留了淹城遗址的环境格局和历史样貌。遗址本体是目前全国保存最完整的春秋城池,南北长 750 m,东西长 850 m,呈"三城三河"形制,三重城墙分别是子城(王城)、内城(里城)、外城,均是土筑而成,其中子城(王城)与内城(里城)近方形,外城为不规则圆形,遗址公园中的道路沿城墙形状布置,整体呈内外环形,游览路线顺畅,一览沿路遗址点的景观,遗址本体的形式、道路布局、遗址分布共同构成了淹城遗址公园内外三重的多中心环形放射状的空间结构(图 3-8)。

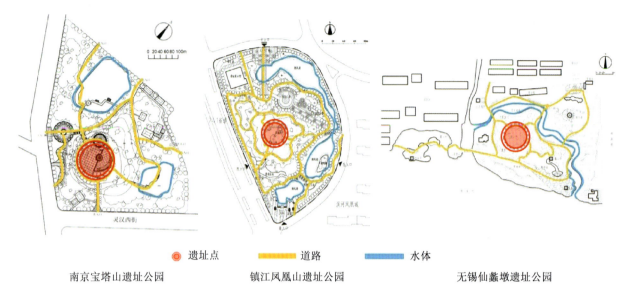

南京宝塔山遗址公园　　镇江凤凰山遗址公园　　无锡仙蠡墩遗址公园

图 3-7　江苏省遗址公园的单中心放射状结构

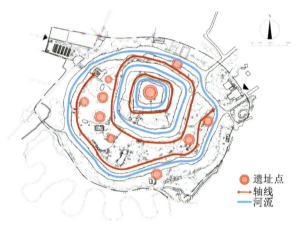

图 3-8　江苏省遗址公园的多中心环形
放射状结构(常州春秋淹城遗址公园)

③ 带状

遗址公园中带状的空间结构通常表现为主要游览道路联系全园重要遗址节点,形成主要景观轴,各功能区沿该景观轴分布,具有较强的方向感和序列感。这类空间结构通常适用于具有较强时间、空间、方向序列的遗址公园规划(图 3-9)。例如:南京石头城遗址公园,所展示的遗址本体为线性布局的城墙,游览道路沿城墙布置,结合广场空间、植物种植,形成带状空间结构;镇江花山古城遗址公园沿其城墙遗址走向与形式设置游览道路,整体呈现带状布局结构。

(3)混合式

混合式是多种空间结构的综合运用。范围、规模相对比较大的遗址公园通常采用这种结构布局,这种结构模式景观具有多样性,布局比较灵活,适用于不同功能、不同主题的遗址公园,是遗址公园布局结构中较为合理的选择(图 3-10)。例如徐州狮子山楚王陵考古遗址公园,以狮子山楚王陵、王后陵、水下兵马俑等两汉遗址为核心,从南门主入口到楚王陵的景观是全园的中心轴线,两侧设施布置、广场形式都呈规则式布局;楚王陵是徐州地区规模最大、内涵最丰富、遗址文化价值最高的一处特大型西汉楚王陵墓,在整个遗址公园内占据核心地位,其余的遗址点运用单中心放射状、多中心放射状的布局结构,将全园划分为若干主题空间,全园采用多种空间结构形式,形成混合式结构全貌。又如无锡阖闾城考古遗址公园,根据主要遗址点古城墙、护城河、石冢等规划设计成阖闾城遗址博物馆、古遗址修复展示区及龙山石城墙、石冢修复展示区等分区,根据不同遗址的不同特征形成点状、带状布局结构,遗址公园整体呈混合式结构。

江苏省遗址公园的空间结构形式是以遗址布局为基础,结合场地条件与周边环境,科学规划设计后形成的,合理的空间结构形成了各功能分区,在不影响遗址的前提下充分展示遗址文化,又能满足游客的各项游览需求。从上述分析可以总结出,江苏省遗址公园的空间结构根据遗址

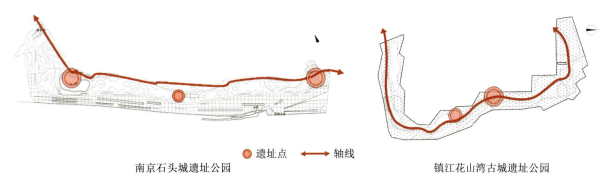

| 遗址点 | ⟶ 轴线 |

南京石头城遗址公园　　　　　　镇江花山湾古城遗址公园

图 3-9　江苏省遗址公园的带状结构

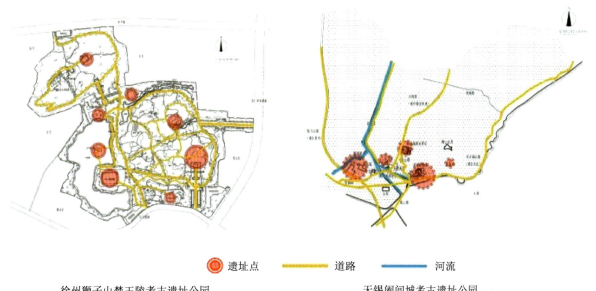

| 遗址点　　道路　　河流 |

徐州狮子山楚王陵考古遗址公园　　　无锡阖闾城考古遗址公园

图 3-10　江苏省遗址公园的混合结构

布局的不同、周边环境的影响、综合建设考量等，呈现多样化的结构形式，有规则式、不规则式与混合，不规则式中又有单中心放射状、多中心环形放射状、带状空间结构。遗址公园空间结构没有固定模式，变动性较强，在因地制宜地制定最佳布局结构时可以借鉴总结出的几种模式，这几种模式所形成的景观也可以作为参考。

遗址公园合理的空间结构不仅能使遗址的特征展现最大化，营造适宜的历史氛围，更能在有限的空间内使游客的各项游览需求得到最好满足，因此以遗址特征和周边现状为规划依据，合理构建遗址公园的空间结构是遗址公园后续发挥职能的重要条件之一。

## 3.2　江苏省遗址公园的功能分区

遗址公园的宏观框架由其空间结构塑造而成，遗址公园的具体内容由各部分功能构成，是框架内的填充。遗址公园的功能分区与其他公园最大的不同就是遗址、遗址文化及其周边环境的保护与展示是功能分区的首要目的与出发点。

### 3.2.1　功能分区等级划分

一般来说，遗址公园的功能分区根据遗址及其周边环境的价值、重要性、保护强度、建设强度、管理制度等可进行三级分区划分（表 3-1）。第一级的划分可分为 2 类：一是作为遗址空间，二是作为公园功能服务空间。再按照划分细化程度可将遗址公园功能分区分为二级，二级分区从遗址公园整体规划出发，将遗址公园整体范围分为遗址保护与展示区、考古预留区、休闲服务区、综合服务区、入口景观区、环境协调区。需要说明的是，以上的功能区划是相对的，而不是绝对的，有些分区功能之间有交叉并兼有多种功能，只是某一类功能为主导。如：遗址保护与展示区往往就兼有游览功能，但遗址保护与展示是最主要的功能；有的遗址公园游憩活动区等可兼有过渡缓冲功能；有的综合服务区也兼有部分的遗址相关历史文化展示等功能。

表 3-1 遗址公园功能分区等级对照表

| 一级分区 | 二级分区 | 具体内容 |
| --- | --- | --- |
| 遗址空间 | 遗址保护与展示区 | 博物馆、展示厅、室内外遗址保护与展示点、遗址保护中心、考古体验中心等 |
|  | 考古预留区 | 遗址内部与遗址外部环境进行过渡的空间,为下一步考古预留的空间,可用大面积草坪处理或围栏隔离等 |
| 公园功能服务空间 | 休闲服务区 | 游览、观赏、活动 |
|  | 综合服务区 | 售票、咨询、导游、购物、后勤、卫生间等 |
|  | 入口景观区 | 人流集散、标识、导览、安全保卫等 |
|  | 环境协调区 | 遗址公园与周边环境的过渡区域,可作为农业生态观光、湿地生态观光、森林观光、园林硬质广场缓冲等用地处理 |

表格来源：参考《考古遗址公园特征与规划设计研究》(谷瑞超,2013)绘制。

（1）遗址空间

遗址保护与展示空间的主体是遗址核心区,该区是遗址公园内部价值最高、最能体现遗址完整性和真实性的区域,包括对遗址的特性与价值进行阐释说明的遗址保护与展示区,以及对遗址进行下一步开发与挖掘的考古预留区(郭良辰等,2020)。

① 遗址保护与展示区

遗址保护与展示区是遗址公园的核心地段。遗址的保护与展示一般密不可分,在有效保护的同时也作为一种展示方式向公众开放。例如在遗址本体上建设的博物馆、展示厅等,其对遗址进行了就地保护,同时也展示了遗址,无锡鸿山国家考古公园遗址博物馆就属于这一类型。但也有单独仅作保护作用的遗址保护区,严格控制开放或基本不开放,主要用于保护、管理与研究,这些遗址保护区一般处于遗址公园的核心处,或者分布在遗址公园的重要节点,将保护作为第一要义。也有单独是遗址展示的区域,例如不依据遗址本体建设的独立的博物馆,仅进行遗址出土文物或遗址相关文化的展示,利用科技手段进行虚拟展示等,对遗址本体的保护作用有限。在江苏省遗址公园中将技术手段运用到遗址展示中最为充分的当属南京大报恩寺遗址公园,通过模型展示、多媒体展示,将大报恩寺遗址旧貌、遗址文化呈现在游客面前(图 3-11)。

图 3-11 南京大报恩寺遗址公园的遗址保护与展示区

图 3-12　无锡阖闾城考古遗址公园的考古预留区

图 3-13　镇江铁瓮城遗址公园的考古预留区

② 考古预留区

考古预留区是遗址公园长期规划中必要保留的区域，为了后续考古工作的进行及遗址的进一步开发预留的空间，也可视为遗址内部与遗址外部环境进行过渡的空间，同时也是向公众展示考古现场与文化宣传的场所。

在江苏省遗址公园中对考古预留区的处理方式一般可分为两种：一种是开放式，将其处理为大面积绿化用地，与整体遗址公园景观融为一体，如无锡阖闾城考古遗址公园，对待进一步开发的遗址墩周围划出范围用草皮覆盖（图3-12）；另一种是封闭式，用围栏或墙体圈出考古范围，设立考古基地，除考古工作人员外一般不得进入，如镇江铁瓮城遗址公园，在划定的规划范围现场有明确的考古预留区域，周围以围墙圈起，正在进行紧张的下一步考古工作（图3-13）。

(2) 公园功能服务空间

① 休闲服务区

为使遗址公园更好地发挥社会作用，充分展现遗址文化价值、教育意义，契合公众需求，需要在对遗址保护与展示的前提下对遗址公园中的"公园"功能进行统筹策划，安排必要的休闲服务内容。

江苏省遗址公园中休闲服务区的主要功能是游憩服务，主要围绕遗址主题，在划定的区域内组织一系列相关科普、表演、展示活动，增加遗址公园的趣味性与体验感。

② 综合服务区

江苏省遗址公园中的综合服务区规模有大有小，但其中的内容一般包括售票、咨询、导游、购物、后勤保障等，为游客提供更优质的遗址公园参观体验。

③ 入口景观区

入口景观区是遗址公园的"门面"，是遗址公园给游客的初印象，通常具有标识、导览、安全保卫等作用。

无锡鸿山国家考古遗址公园的环境协调区　　　　　　扬州龙虬庄遗址公园的环境协调区

图3-14　江苏省遗址公园中的过渡缓冲区

④ 环境协调区

江苏省遗址公园中的环境协调区主要位于遗址公园与周边环境之间，也可称为风貌协调区，目的是协调遗址公园内外景观风貌，使遗址公园不突兀于周边环境之中，也不让周边环境破坏遗址公园整体风貌，是展示遗址周边历史环境与自然风貌的区域，这部分区域主要包括过渡缓冲区。与遗址公园内部严格保护控制的要求不同，此区域一般处于外围，以绿色空间为主，可适度利用，常见的利用方式有农业生态观光园、湿地生态园、森林观光园等（图3-14）。

### 3.2.2 功能分区特征

在对江苏省代表性遗址公园的功能分区调研后发现，遗址保护与展示区和游憩活动区作为遗址公园必不可少的功能构成，在每一个遗址公园中都有设置。过渡缓冲区在很多江苏省遗址公园中没有独立设置，有的遗址公园是因为游憩活动区、综合服务区以及入口景观区兼有过渡缓冲的作用，因此没有独立设置该功能区；有的遗址公园规模较小，而且紧邻城市建设用地，没有条件设置过度缓冲地带，造成遗址公园与周边环境不协调。一般来说，具有一定规模或者与城市建设用地有一定空间距离的遗址公园才会设立过渡缓冲区。越大型的遗址公园由于其规模、建设条件越完备，功能构成与分区就越完善。总的说来，江苏省遗址公园功能分区有如下特征：

（1）遗址保护与展示区通常位于中心区域

遗址公园的特性决定了遗址公园既具备遗址保护与展示的功能，又具备公园服务功能，且需以遗址的保护与展示为核心。在影响到遗址的保护与展示时，其他公园功能可以被适当舍弃。通常情况下，江苏省遗址公园遗址保护与展示区基本都处于遗址公园的中心位置或最明显位置，在全园中起绝对的主导作用。

（2）遗址保护与展示区通常与游憩活动区紧密相连

在江苏省遗址公园中纯粹的进行遗址保护而不进行展示的区域很少，几乎遗址公园的保护都伴随着展示，遗址的展示势必会有游人的进入，为方便游人的活动，在遗址保护与展示区周围设置游憩活动区是合理选择。

（3）过渡缓冲区一般位于遗址公园的最外围

过渡缓冲区是遗址公园与周边环境的过渡部分，具有协调遗址公园内外景观的作用。在破坏遗址与整体氛围的情况下，可对其进行适度开发。过渡缓冲区通常位于遗址公园的最外围，承担与周边环境衔接的作用。

**参考文献**

郭良辰，汤倩颖，2020.基于功能研究的钧台钧窑国家考古遗址公园规划构想[J].《规划师》论丛，(1)：124-128.

谷瑞超，2013.考古遗址公园特征与规划设计研究[D].西安：西安建筑科技大学.

王雅男，2013.遗址公园规划设计方法研究[D].北京：北京工业大学.

# 4 江苏省遗址公园中的遗址保护与展示

江苏省遗址公园的核心内容是遗址的保护与展示,通过科学合理、结构清晰的保护与展示方式,实现遗址资源的可持续发展。遗址的保护与展示协同遗址公园内的自然环境与人文环境共同构成遗址公园的整体景观。

## 4.1 遗址保护与展示的内容

遗址保护与展示的内容包括遗址本体的保护与展示以及与遗址相关文化的展示。遗址保护与展示的内容决定了遗址保护与展示的方式,也决定了遗址公园的景观主题表达方向。

### 4.1.1 遗址本体

在江苏省遗址公园中保护与展示的遗址,按照遗址本体最明显的特征大致可分为 2 类——地上遗址、地下遗址。地上遗址包括城池城墙类、建筑构筑类、生产生活类、历史事件类、水利工程类遗址,地下遗址包括聚落活动类遗址(丁大涛,2020)、墓葬陵寝类遗址(叶晔,2012)。

(1) 地上遗址

江苏省地上遗址多以地表构筑物遗存为代表,此类遗址虽有残破或仅存少量残址,但遗址价值较高。由于这类遗址在地表以上,有明显地上特征,因此在水平视线上容易形成景观焦点,经过相应处理后成为遗址公园景观核心。

① 城池城墙类

城池城墙类还可以细分为城池城址与城墙城垣 2 小类。

a. 城池城址类遗址

此类比较典型的遗址公园有常州春秋淹城遗址公园、扬州宋夹城考古遗址公园、无锡阖闾城考古遗址公园等(图 4-1)。城池城址类遗址通常规模较大,进行遗址公园规划建设的重点是保护好清晰完整的遗址空间结构,将历史格局信息完整、准确地表达。

b. 城墙城垣类遗址

历朝历代在江苏省域内建城的比较多,遗留下大量的城墙城垣类遗址,例如南京、扬州的城墙遗址(图 4-2)。一般来说,此类遗址以原状展示为主,但应该通过绿化等手段做好遗址隔离缓冲措施。

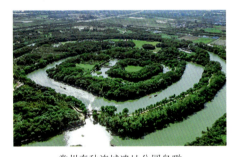
常州春秋淹城遗址公园鸟瞰
(源自 https://www.cn-yc.com.cn)

扬州宋夹城考古遗址公园鸟瞰
(源自 https://yrd.huanqiu.com/article/43aJPhImKPm)

无锡阖闾城考古遗址公园局部

图 4-1 江苏省遗址公园中城池城址类遗址

南京清凉门

南京神策门

扬州城西门

图 4-2 江苏省遗址公园中城墙城垣类遗址

② 建筑构筑类

此类遗址多以古代建筑残址为主，木质建筑本体多在历史的演变与更替中毁损，仅留地表的建筑残余基址，成为历史的见证。对此类遗址的保护与展示要先做好防渗、防风化处理，必要时可在其上覆罩构筑物进行保护与展示。另外，对此类遗址的保护与展示要重视其原真性，尽量呈现其"废墟状"原貌，如淮安总督漕运部院建筑基址、南京明故宫建筑基址、南京午朝门建筑基址(图4-3)。

③ 生产生活类与历史事件类

古代人们在江苏留下了许多生产生活与历史事件的痕迹，所形成的遗址是当时工艺、文化、经济、政治与历史活动事件的集中反映。对这2类遗址进行保护与展示时要注重对历史背景的还原，在江苏省遗址公园中这2类遗址包括古窑遗址、造船遗址、碑材遗址等(图4-4)。

④ 水利工程类

江苏水网密布，水系发达，古代开挖运河、连通漕运、航道等留下的水利工程类遗址，有些在今天仍然发挥着作用(图4-5)。对此类遗址的保护与展示最好的方式不是围圈起来而是将其置在历史环境中(张政，2020)，活化遗址，让现代人们通过对遗址的参观体验来感受古人的智慧。

（2）地下遗址

江苏省遗址公园中地下遗址主要包括聚落活动类遗址的考古现场、墓葬陵寝类遗址。

① 聚落活动类

在江苏省遗址公园中的聚落活动类遗址数量较多，但大多以遗址墩的形式出现，对其大多采用覆土回填的方式进行保护，遗址本体埋藏于地下，从地表无法看到有效的历史信息，遗址的展示也比较少。只有少数的遗址公园通过对聚落活动类遗址的考古现场进行覆罩展示，让人一览遗址真容，例如南京薛城遗址公园是将地下聚落遗址通过在其上架设玻璃幕罩直接进行展示，游客可以站在玻璃幕罩上看到脚下的遗址情况(图4-6)。

② 墓葬陵寝类

在江苏省地下遗址中占据重要地位的是墓葬陵寝类遗址，尤其是帝王陵寝类，无论是历史价值、文化内涵、技艺水平，帝王陵寝类遗址可以说是集大成者(图4-7)。此类遗址除了明孝陵等少数年代较近的陵墓保留了部分地上遗址外，其余大多数遗址的地上部分通常已被毁，只保留了地下部分，对这类遗址的保护与展示要深入地下进行，这就导致了对其的保护与展示比一般遗址更加困难。徐州狮子山楚王陵考古遗址公园，在对遗址进行必要的考古工作后对其进行防渗、防腐蚀、加盖覆盖构筑等处理进行保护，并将游览路线设置为深入遗址内部。游客除了在周围围绕陵墓一圈进行游览，还可深入到陵墓内部进行深层游览，这

淮安总督漕运部院建筑基址遗址

淮安总督漕运部院覆罩保护与展示

南京明故宫建筑基址遗址

南京午朝门建筑基址遗址

图4-3　江苏省遗址公园中建筑构筑类遗址

古窑遗址

造船遗址

碑材遗址

生产生活类遗址

历史事件类遗址

图 4-4  江苏省遗址公园中生产生活类与历史事件类遗址

南京胭脂河天生桥遗址

淮安板结闸遗址

南京东水关遗址

图 4-5  江苏省遗址公园中水利工程类遗址

南京薛城遗址公园

图 4-6　江苏省遗址公园中聚落活动类遗址

徐州狮子山楚王陵考古遗址公园　　　　徐州驮蓝山汉文化遗址公园　　　　淮安盱眙大云山西汉王陵遗址公园

图 4-7　江苏省遗址公园中墓葬陵寝类遗址

使遗址内容得到充分的全方位展示，游客能更近距离接触遗址内部（尉艺杰，2020），更深刻体验遗址核心内容。

在江苏省的地下墓葬类遗址除了帝王陵寝类还有一些其他陵墓类遗址，例如无锡鸿山国家考古遗址公园中的遗址是春秋战国时期越国贵族墓葬群，其保护与展示要注重分级保护，对最重要的遗址点要进行重点保护（图 4-8）。

### 4.1.2　遗址相关文化

遗址相关文化的主要载体是遗址内出土的相关文物，对其利用博物馆、展示厅等进行相关展出，也通过相关影像、文物复制品、相关文化活动的举办进行遗址文化的保护与展示。例如淮安总督漕运部院遗址公园，借助博物馆对遗址出土文物进行展示，利用多媒体还原遗址文化场景，深挖与遗址相关的大运河文化（图 4-9）。

图 4-8　无锡鸿山国家考古遗址公园中的越国贵族墓葬群遗址

图 4-9　淮安总督漕运部院遗址公园中遗址相关文化的内容

## 4.2　遗址保护与展示的方式

遗址公园中遗址的保护与展示是核心内容，需要根据遗址的不同特点，进行有针对性的保护与展示。遗址保护与展示的内容包括遗址本体、遗址考古现场、遗址历史环境等，在不影响遗址本体保护的情况下将遗址本身的历史文化信息或直接或借助其他载体传递给公众，给游客更直观、真切的体验。具体方式有露天与保护展示、覆罩保护与展示、回填保护、标识与模拟展示、复建展示、陈列展示、模型展示、多媒体展示、园林景观展示等。

另外，遗址的保护与展示方式也分两种情况：一种情况是遗址保护与展示相结合，遗址在保护的同时也做展示，如一些露天保护、采用透明覆罩材料保护的遗址，在保护的同时，也可以向游人展示；另一种情况是遗址保护与展示分开,有些没有迫切展示的需要或者不适合展示的遗址则只能保护而不做展示,如一些不利于露天保存的遗址往往采用回填保护或不透明材料覆罩保护,而相关的遗址信息只能通过实体模型或多媒体等方式展示。

由于江苏省遗址公园建设背景不同,所展示的遗址类型多样,因此对遗址采取的保护与展示方式也非一成不变,需要根据实际情况采取适合的方式。在江苏省遗址公园中,小型遗址公园的保护与展示方式通常比较单一,只有一种或少数几种方式,如南京午朝门遗址公园中对园内石刻、石壁、石碑的展示只有露天保护与展示这一种方式;中大型遗址公园保护与展示方式一般比较多样,通常多种方式结合,如无锡阖闾城考古遗址公园、无锡鸿山国家考古遗址公园,有覆罩保护与展示、陈列展示、模型展示、多媒体展示、园林景观展示等多种方式。

### 4.2.1 露天保护与展示

露天保护与展示是将遗址直接置于露天环境中,其上不采取任何遮蔽措施,直接以最原真的状态展示给公众,适用于展示耐腐蚀性较强的砖石类地上遗址。江苏省遗址公园中有许多残存于地表的砖石地基遗址,这些原本的古代建筑、构筑在历经年代的变迁,朝代的更替,原有的木质结构已经毁损不在,只留下耐腐蚀的石质遗存,经过一定的防风化、防侵蚀、防渗处理后以废墟状进行露天保护展示,最大限度地保留其历史风味,成为遗址公园中的核心。例如淮安总督漕运部院遗址公园和南京午朝门遗址公园,对建筑的残存、遗留石刻、石壁、石碑等进行露天展示与保护,周围以围栏、墙体、玻璃等分隔游人与遗址的距离,防止游人对遗址产生不良影响,在保护遗址的同时较小影响游人对遗址的观赏,不破坏整体环境风貌,是一种简单、经济、有效的遗址保护与展示方式,在江苏省遗址公园中较为常见(图4-10)。

### 4.2.2 覆罩保护与展示

覆罩保护与展示是指在遗址之上建设、架构保护构筑物,使遗址不必直接暴露在外部空间中,通常情况下有封闭式和半封闭式覆罩保护与展示,这种方式最重要的是在建设覆罩构筑物的过程中要避免对遗址本体的破坏与影响。

封闭式覆罩保护与展示是指在遗址之上建设封闭型构筑物或建筑物,隔绝外界对遗址的侵害,为遗址的安全性与稳定性保驾护航,例如苏州御窑遗址园与淮安总督漕运部院遗址公园的部分遗址采用封闭式覆罩保护与展示(图4-11)。

淮安总督漕运部院遗址公园

南京午朝门遗址公园

**图4-10　江苏省遗址公园的露天保护与展示方式**

苏州御窑遗址园

淮安总督漕运部院遗址公园

**图4-11　江苏省遗址公园的封闭式覆罩保护与展示**

半封闭式覆罩保护与展示通常采用在遗址之上架构半封闭的顶棚或玻璃构筑,既起到保护遗址不受外界侵扰,又使游客能得到更贴近遗址的体验,如南京薛城遗址公园中的遗址采用可通风式的玻璃覆罩,为半封闭式覆罩保护方式(图4-12)。

### 4.2.3 回填保护

遗址的特殊性决定了它的形态很大程度上会是残缺的、破损的,原始的旧貌难以完整体现。一些损毁较为明显的、严重的遗址,结束考古之后暂不需要展示或暂不具备展示条件的,可采用回填的方式进行保护,这能够有效阻隔外界对遗址的破坏。在遗址回填过程中需要采用对原遗址无破坏的细砂或特殊薄膜,将遗址本体与回填部分分开,便于遗址的再一次发掘清理。江苏省遗址公园中,很多古人类聚落活动所形成的台形土墩遗址采取了回填保护。

### 4.2.4 标识与模拟展示

江苏省遗址公园中,很多遗址经过考古挖掘并回填保护,或者遗址地表已经损毁无法直接向公共展示,在这种情况下,一些遗址信息可以在遗址回填的基础上,或者在遗址损毁的原地或附近利用地面标识示意、模拟的方式进行遗址信息展示。如南京明故宫遗址公园,原宫殿建筑早已不存,仅有一些柱基石础尚存,遗址公园通过石砌台基模拟并在台基内种植草坪的方式对这些被历史湮没的建筑进行示意(图4-13)。

### 4.2.5 复建展示

复建展示这一方式历来是颇受争议的,并不适用于大部分遗址,在采用这项展示方式之前需要确定遗址的价值,论证遗址复原的可行性与必要性。另外这种复建应与原遗址有必要的区分,以免出现文物造假的情况。总体上复建的遗址应该是可逆的、对原址不产生威胁的。以江苏省遗址公园中的淮安古城墙遗址公园为例,目前在遗址公园中展示的城墙是后期复建的,真正的古城墙原是中国独一无二的三城相连的古代城墙,由旧城、新城、夹城组成,但在1958年后逐渐被拆除,现仅存一段长约500 m的土垣。淮安古城墙是淮安历史文化风貌的重要见证之一,对其复建有利于公众体会淮安这座古城的辉煌过去,且在遗址公园范围内的城墙复建展示部分是在不影响原有城墙土垣的基础上进行的,满足复建展示的初衷与基本原则(图4-14)。

### 4.2.6 陈列展示

陈列展示是江苏省遗址公园中常见的遗址展示形式,通常借由博物馆、展览厅为载体,将遗址考古过程中发掘的文物以系列或时间、空间顺序进行展示,进行遗址文化宣传。江苏省遗址公园中通常借助遗址博物馆进行遗址的陈列展示,如形若凤凰涅槃的无锡阖闾城考古遗址公园,是阖闾遗址文化陈列展示之所,运用多种形式,按照吴

**图4-12 南京薛城遗址公园的半封闭式覆罩保护与展示**

**图4-13 南京明故宫遗址公园的标识与模拟展示**

图 4-14　淮安古城墙遗址公园城墙中遗址的复建展示

图 4-15　无锡阖闾城考古遗址公园遗址的陈列展示　　　　图 4-16　无锡阖闾城考古遗址公园的模型展示

图 4-17　淮安总督漕运部院遗址公园的模型展示　　　　图 4-18　淮安总督漕运部院遗址公园的多媒体展示

地探古厅、薪火相传厅、礼乐春秋厅、阖闾雄风厅及吴风古韵厅的分区分别进行阖闾遗址各主题的陈列展示（图 4-15）。

### 4.2.7　模型展示

依据遗址现场情况与文献资料研究，利用等比例缩小的微缩模型进行遗址整体风貌的再现，使人从宏观角度掌握遗址及其周边情况，进行全方位了解与观赏。在江苏省遗址公园中此类展示方式一般出现在对较大型的遗址展示，如城池城址类、大型墓群类遗址等。无锡阖闾城考古遗址公园中就有以考古勘探结果、相关史料文献、研究成果为基础而建设的模型，模型完整展示了无锡阖闾城的历史格局、规划保护范围、历史环境与地形地貌等（图 4-16）。淮安总督漕运部院遗址公园中的模型展示了淮安古城的历史风貌（图 4-17）。

### 4.2.8　多媒体展示

科技的发展给遗址展示方式带来了更多可能，使遗址展示从单一的视频播放，到多样化的展示形式，如 3D（三维）投影、体验式、全息投影等。淮安总督漕运部院遗址公园博物馆中采用地面投影的形式展示了大运河历史文化的相关信息（图 4-18）。

### 4.2.9 园林景观展示

与单纯的博物馆形式遗址文化展示不同的是,在遗址公园中,可以采用多种园林景观手法展示遗址文化,营造遗址景观历史氛围,传递遗址信息。主要包括地面展示、墙面展示、雕塑展示、园林小品展示、园林建筑展示等。

(1) 地面展示

在遗址公园中,可以采用各种材料对地面铺砌进行遗址主题图案化装饰设计,以在创造优美的地面景观、给人美的享受的同时,增强园林艺术效果,传达遗址信息,展示遗址文化。例如:徐州龙雾桥遗址公园采用地面浮雕、石刻文字的形式来告知公众龙雾桥的由来(图4-19);镇江凤凰山遗址公园通过地面石刻、卵石纹饰的方式表达了遗址公园主题(图4-20)。

(2) 墙面展示

遗址公园中的墙体有着划分内外范围、分隔内部空间以及障景的作用,除此之外,还可以在墙体表面饰以相关文化图案文字来表达遗址主题,打造遗址公园特色景观。例如:南京西华门遗址与镇江铁瓮城遗址采用浮雕石刻的方式展示遗址(图4-21);南京东水关遗址公园采用刻字景墙的方式展示遗址相关内容(图4-22);镇江凤凰山遗址公园也采用文化墙的方式展示了遗址历史,尤其是文化层展示墙的设计很有特色,很好地传达了遗址墩中叠加的新石器时代与青铜时代8个文化层的信息(图4-23);扬州龙虬庄遗址公园的景墙趣味性较强,通过墙面丰富的图文叙说中国古代历史的变迁(图4-24)。同以上景墙不同的是,常州圩墩遗址公园采用竹篱景墙的方式展示历史(图4-25)。

(3) 雕塑展示

通过雕塑的方式来艺术化的表达遗址主题也是遗址公园中常用的文化展示方法。在江苏省遗址公园中,多种多样的雕塑手法被用来表现遗址文化,同时雕塑本身也组成了遗址公园重要的景观节点。如常州圩墩遗址公园反映新石器时代马家浜文化"中华第一橹"雕塑被立于湖面

徐州龙雾桥遗址公园的书卷式文字石刻

徐州龙雾桥遗址公园的地面浮雕

**图 4-19 徐州龙雾桥遗址公园**

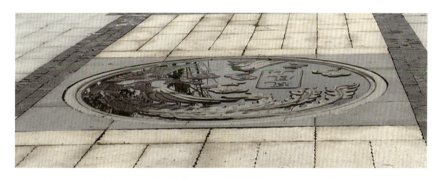

图 4-20　镇江凤凰山遗址公园的地面石刻、卵石铺装

南京西华门遗址的浮雕景墙

镇江铁瓮城遗址的浮雕景墙

图 4-21　江苏省遗址公园的浮雕石刻展示

水上,是遗址公园主景雕塑之一,位于西出入口"垾影广场"进入公园主要道路人流动线的视线终点处。在这条入口轴线处还有"诞生""问天""渔歌"等遗址主题小型雕塑。因此,"垾影广场""诞生""问天""渔歌""中华第一橹"组成了从公园出入口到公园内部的空间序列景观,"中华第一橹"为这个空间序列的高潮部分(图 4-26)。类似地,在常州圩墩遗址公园北出入口轴线的设计中,"心碑""图腾石韵"等遗址主题雕塑也构成了轴线空间序列上的重要节点(图 4-27)。常州圩墩遗址公园西、北出入口的例子说明了雕塑在线性空间中的运用,而镇江凤凰山遗址公园南出入口"石器广场"中的雕塑在面状空间发挥了重要景观作用,广场的中心位置放置了巨大的石器主题雕塑,统领了整个广场空间的全局,形成了出入口广场的主景(图 4-28)。镇

图 4-22　江苏省遗址公园的刻字景墙展示

图 4-23　镇江凤凰山遗址公园的文化墙

图 4-24　扬州龙虬庄遗址公园的景墙

江凤凰山遗址公园中也有些雕塑用于公园轴线端点位置作为主景(图4-29)。除了作为主景之外,也有一些雕塑在公园中起到配景、烘托气氛,并再现历史故事的作用,如南京郑和宝船厂遗址公园中的情景雕塑再现了明代船厂劳动者抬木的场景(图4-30)。通常情况下,遗址公园中的雕塑形象都比较具象,通过雕塑直接对遗址形象进行模拟表达,让公众能直观地了解历史,如扬州龙虬庄遗址公园(图4-31)、常州春秋淹城遗址公园中的雕塑(图4-32)。

(4) 园林小品展示

江苏省遗址公园也常常会采用园林小品的形式表达历史文化,叙述遗址故事。例如:南京东华门遗址公园城墙

图 4-25　常州圩墩遗址公园的景墙

"诞生"雕塑

"渔歌"雕塑

"问天"雕塑

"中华第一橹"雕塑与雕塑说明

图 4-26　常州圩墩遗址公园的雕塑展示

图 4-27　常州圩墩遗址公园北出入口轴线上的雕塑

图 4-28　镇江凤凰山遗址公园南出入口"石器广场"中的雕塑展示

图 4-29　镇江凤凰山遗址公园的主景雕塑

图 4-30　南京郑和宝船厂遗址公园的情景雕塑

图 4-32　常州春秋淹城遗址公园的雕塑

图 4-33　南京东华门遗址公园的斜面石刻

图 4-31　扬州龙虬庄遗址公园的雕塑

图 4-34　徐州龙雾桥遗址公园的座凳

遗址前的斜面石刻图文告知了公众明朝南京城的变迁历史(图4-33);徐州龙雾桥遗址公园在公园座凳中部石材表面刻字赋诗,较有特色(图4-34);扬州龙虬庄遗址公园"文字乐园"为多个四方镜面柱园林小品组成的迷宫景点,游人可在此通过镜面柱进行象形文字互动猜谜,颇有趣味性(图4-35)。

(5)园林建筑展示

在江苏省遗址公园中,可以通过园林建筑本身的形象模拟遗址,或对园林建筑进行遗址内容题名来体现遗址文化。例如:扬州龙虬庄遗址公园"原始人客厅"景点,通过草木建筑简单还原了当时人们的居所(图4-36)。扬州槐泗隋炀帝陵入口处建牌坊,通过牌坊上刻字"隋炀帝陵"点名遗址公园主题(图4-37)。徐州龙雾桥遗址公园建造碑亭，亭中立古石碑，以向公众叙述刘邦母遇龙受孕故事①(图4-38)。常州春秋淹城遗址公园观光候车采用古朴风格的草木建筑，并取名为"奄民驿站""汲水码头"等表达遗址主题(图4-39)；公园"遗址大舞台"景点的草坪中央建了2座方形"阙楼"建筑，以模仿古代供士兵放哨的哨楼(图4-40)；公园"竹木井"遗址景点建古亭一座，通过园林建筑凸显了遗址景观(图4-41)。

图4-35 扬州龙虬庄遗址公园的"文字乐园"景点

图4-36 扬州龙虬庄遗址公园的"原始人客厅"

图4-38 徐州龙雾桥遗址公园的碑亭

图4-37 扬州槐泗隋炀帝陵入口处的牌坊

(6)空间展示

除了上述的地面等单一景观元素展示遗址主题方式外，在江苏省遗址公园中，还可以通过地形、植物、建筑小品、水景等多种组合的方式，营造带有遗址历史氛围的园林空间来表达遗址文化。例如：南京郑和宝船厂遗址公园中，作塘以及作塘上复制的宝船模型一定程度上营造了船坞遗址的历史氛围(图4-42)；扬州槐泗隋炀帝陵通过墓道、墓碑、景墙、植物、地形等多种景观元素的组合运用，营造出庄严、肃穆的陵墓景观空间(图4-43)。

---

① https://baike.baidu.com/item/%E9%BE%99%E9%9B%BE%E6%A1%A5%E9%81%97%E5%9D%80/58579900?fr=aladdin

图 4-39　常州春秋淹城遗址公园的观光候车建筑

图 4-40　常州春秋淹城遗址公园"遗址大舞台"景点的哨楼

图 4-41　常州春秋淹城遗址公园"竹木井"遗址景点的中式古亭

图 4-42　南京郑和宝船厂遗址公园的宝船模型

图 4-43　扬州槐泗隋炀帝陵营造的陵墓景观空间

**参考文献**

丁大涛,2020.一般性聚落遗址的保护利用[N].中国文物报,2020-03-13(6).

尉艺杰,2020.关中地区陵寝类遗址公园绿化现状调研评估研究[D].西安:西安建筑科技大学.

叶晔,2012.秦始皇陵遗址展示类型分析与思考[J].秦始皇帝陵博物院:526-531.

张政,2020.大运河遗址公园规划设计策略研究:以北京白浮泉遗址公园为例[D].北京:北京建筑大学.

# 5 江苏省遗址公园的景观要素

江苏省遗址公园的景观要素包括地形、水体、植物、道路铺装、建筑、配套设施等。遗址公园的规划设计需要从全局出发，利用各个景观要素组织空间，以展示遗址文化，提供游人休闲游览服务。通过对江苏省遗址公园现状调研与分析，本书对江苏省遗址公园的景观要素进行总结，如表5-1所示。

## 5.1 地形

地形可以有效划分空间，形成不同功能、景观的空间单元，如何有效利用、合理改造地形是遗址公园建设的重要环节，江苏省遗址公园中的地形可分为遗址本体地形和非遗址本体地形2类。

### 5.1.1 遗址本体地形

遗址本体地形就是遗址本身，这类地形应该严格保护，不得破坏，以有效保存遗址历史信息。例如，一些聚落活动类遗址公园中的遗址墩表现为凸地形的山体形式，这类山体本身就是遗址本体的一部分，比较典型的遗址公园有镇江龙脉团山遗址公园、镇江凤凰山遗址公园、常州圩墩遗址公园、无锡仙蠡墩遗址公园、南京窨子山遗址公园、南京宝塔山遗址公园等。在这类遗址公园建设中，有些遗址公园往往会在遗址墩上开辟游人小径、设置小型活动空间等以满足遗址文化展示与游人的游憩需求。例如：南京宝塔山遗址公园中的遗址本体为高于地表的台形遗址墩，为湖熟文化遗址；在遗址公园建设中，遗址墩的侧面挡墙表面被利用设计为浮雕景观，以展示湖熟文化，遗址墩顶上建设了圆形构图文化广场及休息长廊，在遗址展示的同时也为市民提供了休闲活动空间（图5-1）。南京窨子山遗址公园也在遗址墩侧面建造了浮雕景观挡墙并设置了登山小径（图5-2）。还有一些墓葬类遗址公园中的山体也是遗址本体地形，如明孝陵遗址公园孝陵殿后的宝顶，是一个直径约400 m的圆形大土丘，周边垒以砖石，在遗址公园建设中完全保留，未做人工扰动（图5-3）。江苏省遗址公园中除了山体形式为凸地形遗址本体外，也有人类生产活动形成的凹地形，比较典型的有徐州珠山宕口遗址公园，其遗址本体为常年山石采掘而形成的珠山宕口。在遗址公园建设中采用了"修复生态、覆绿留景、凝练文化"的设计理念，通过"引水筑潭，依山建瀑，独辟峡谷，巧搭云梯"的造景手段，营造了现"两潭、两岛、一瀑、一谷、一云梯"的7大主体景观（周岚娇，2012；于丽华，2012），使得由于人为的开采和破坏山体宕口变废为宝，成为徐州市非常具有特色的靓丽景观之一（图5-4）。

表 5-1 江苏省遗址公园的景观要素

| 景观构成 | 类别 | 内容 |
|---|---|---|
| 地形 | 遗址本体地形 | 地形即遗址本体，如遗址墩等 |
| | 非遗址本体地形 | 地形不是遗址本体，如公园造景的地形等 |
| 水景 | 遗址本体水景 | 水景本身就是遗址的一部分，如护城河、人工运河遗址等 |
| | 非遗址本体水景 | 公园造景的水景，水景本身不是遗址，如公园中的河流、湖泊、池塘等 |
| 植物 | 遗址保护与展示空间的植物 | 原生绿化植被、还原遗址历史信息绿化植被 |
| | 公园功能服务空间的植物 | 遗址缓冲功能绿化植被、公园造景绿化植被 |
| 建筑 | 展示科普类 | 遗址博物馆 |
| | 综合服务类 | 游客服务中心 |
| | 休憩游览类 | 亭廊、榭等 |
| | 其他服务类 | 餐饮、小卖、厕所、管理用房等 |
| 交通系统 | 道路 | 主要道路、次要道路、游览小园路 |
| | 出入口 | 主出入口、次出入口、专用出入口 |
| | 停留空间 | 铺装广场、停车场 |
| 配套设施 | 标识系统 | 遗址展示标识、游览引导标识、管理维护标识 |
| | 休憩设施 | 座椅等 |
| | 服务设施 | 垃圾桶等 |
| | 照明设施 | 照明灯具 |

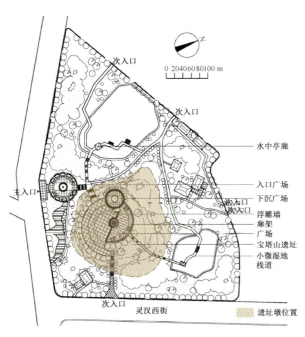

宝塔山遗址公园的遗址墩位置示意

遗址墩侧面挡墙的浮雕景观

遗址墩顶的文化广场及休息长廊

图 5-1　南京宝塔山遗址公园的遗址墩

窨子山遗址公园的遗址墩位置示意

遗址墩的登山步道

遗址墩侧面的浮雕景观挡墙

图 5-2　南京窨子山遗址公园的遗址墩

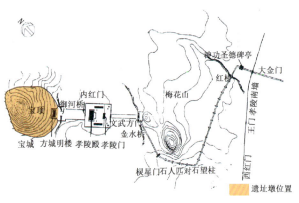

明孝陵宝顶平面位置示意

图 5-3 南京明孝陵遗址公园的宝顶

注：左图根据《明孝陵志新编》中的明孝陵平面布局图改绘；右图中左侧山体为明孝陵宝顶。

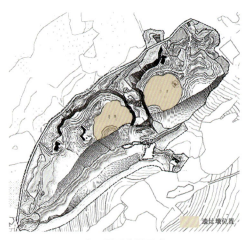

宕口平面位置示意　　　　　　宕口改造后的效果

（来源：根据《徐州珠山旁口遗址公园景观设计分析》2012改绘）

图 5-4 徐州珠山宕口遗址公园改造后的宕口景观

### 5.1.2 非遗址本体地形

非遗址本体地形指的是遗址公园中遗址之外的地形，可以适当改造以烘托遗址本体景观并形成遗址历史氛围，或者满足公园造景需要以形成优美公园景观。相比普通公园而言，遗址公园的非遗址本体地形设计虽然可以相对灵活，但其也必须谨慎对待，须在尊重遗址保护的历史格局的基础上进行地形改造，做好遗址本体地形景观的配角。还是以南京宝塔山遗址公园为例，在遗址墩的凸地形周边均为相对较低的地形，有些部分为湿地池塘，通过周边较低的地形，凸显了作为湖熟文化遗址比较典型的台形土墩的面貌[①]，形成了较好的烘托效果（图 5-5）。

### 5.2 水景

水景是遗址公园重要景观要素，水本身既可以成景，又可以衬托景观。与地形类似，江苏省遗址公园中的水景根据其与遗址本体的关系可以分为两类：一类是遗址本体水景，二类是非遗址本体水景。

### 5.2.1 遗址本体水景

遗址本体水景指的是水景本身就是遗址的一部分，这部分水景需要严格保护，保持遗址的原真性。在江苏省遗址公园中，遗址本体水景有以下几种主要类型。

（1）城池城址类或城墙城垣类遗址中的护城河

比较典型的有常州春秋淹城遗址公园、扬州宋夹城考古遗址公园、南京神策门遗址公园等。常州春秋淹城遗址公园与扬州宋夹城考古遗址公园都是城池城址类遗址公园，遗址公园中的护城河为环绕城池的完整水系。扬州宋夹城考古遗址公园护城河沿城池外围环绕，2007 年扬州市政府把其建设成为湿地公园并向游客开放，恢复了宋夹城"城河"的空间格局（图 5-6）。而常州春秋淹城遗址公园中有 3 道护城河环绕了 3 重城垣，构成了非常有特色的淹城

---

① http://www.njjnzx.gov.cn/jnwsh/41136.htm

遗址景观(图5-7)。南京神策门遗址公园为城墙城垣类遗址公园,虽然公园中的护城河为整个南京城墙护城河中的局部片段,但也较典型地反映出了"城河"之间的历史景观风貌(图5-8)。

图5-5 南京宝塔山遗址公园遗址墩的周边地形

扬州宋夹城考古遗址公园遗址本体水景平面示意图

扬州宋夹城考古遗址公园水景照片

图5-6 扬州宋夹城考古遗址公园"城河"空间格局及护城河景观

常州淹城遗址公园水体平面示意图

常州淹城遗址公园水景照片

图5-7 常州春秋淹城遗址公园中的护城河

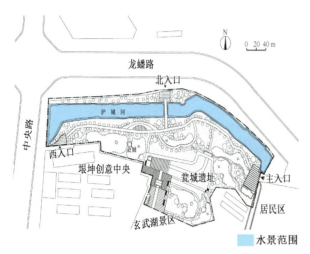

南京神策门遗址公园水景平面示意图

南京东水关遗址公园水景平面示意图

南京神策门遗址公园水景照片

**图 5-8　南京神策门遗址公园中的护城河**

南京东水关遗址公园水景照片

**图 5-9　南京东水关遗址公园中的秦淮河**

（2）水利工程类遗址中的河流水系

例如，南京东水关遗址公园中的东水关兼有交通与调节水位的功能，一方面其曾是古秦淮重要的交通枢纽，秦淮河水在此分为两股，一股水系通过水关入城，成为内秦淮河，另一股顺城墙外侧流，为护城河\*；另一方面，东水关作为南京城墙水陆城门的水闸调节了内秦淮河与护城河之间的水位，因此，东水关遗址公园的水系不但反映了"城河"历史风貌，也体现了古人建造水利工程的智慧（图 5-9）。

---

\* https://baike.baidu.com/item/%E4%B8%9C%E6%B0%B4%E5%85%B3/6950380

(3) 开凿的人工运河

例如,南京胭脂河天生桥遗址公园中的胭脂河是明代在胭脂岗上开凿的一条人工运河,作为内河漕运之用,遗址公园中保留了胭脂河原状,重点展示沿水流方向的天生桥、驳岸、植物等景观元素,形成了优美的人工运河景观(图5-10)。

(4) 其他生产生活类遗址水景

比较有特色的有南京郑和宝船厂遗址公园中3个长条形池塘水景,这3个池塘其实是明代宝船厂残留的"作塘"。南京明代宝船厂遗址是国内目前保存面积最大的古代造船遗址,明代共开7条作塘(船坞),依次被称为一作塘至七作塘,明清以来逐渐废弃,现存只有四、五、六这3个作塘。3个作塘由北向南依次平行排列,呈东北—西南走向(范金民,2018;席龙飞,2005),构成了遗址公园主体景观(图5-11)。

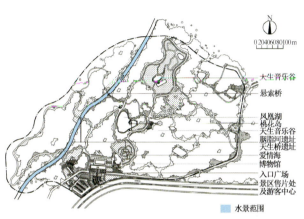

南京胭脂河天生桥遗址公园水景平面示意图

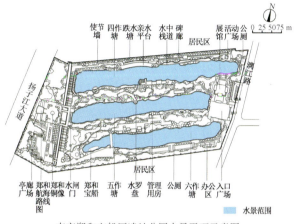

南京郑和宝船厂遗址公园水景平面示意图

南京胭脂河天生桥遗址公园水景照片

南京郑和宝船厂遗址公园水景照片

**图5-10　南京胭脂河天生桥遗址公园中的胭脂河**　　**图5-11　南京郑和宝船厂遗址公园的水景**

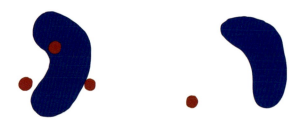

● 遗址位置　■ 水景位置
与遗址联系较为紧密　　　与遗址联系较为薄弱

图 5-12　非遗址水景与遗址的关系

## 5.2.2　非遗址本体水景

江苏省遗址公园中非遗址的水景一般是遗址周围环境中的自然水系或人工规划设计的水景,根据其与遗址联系的紧密度又可分为2种:一是与遗址在空间上的联系较为紧密,可作为遗址展示的背景;另一种是与遗址有一定分隔,联系较为薄弱,只是作为公园造景(图5-12)。

（1）与遗址联系较为紧密,作为遗址展示的背景

非遗址本体但又与遗址联系较为紧密的水景,一般在空间上与遗址本体相距不远,遗址本体与水景的关系如图5-12左图所示,可能是相交、相接、相邻的关系,可以作为遗址展示的背景。如无锡仙蠡墩遗址公园,穿过遗址公园并形成各处景观节点的水景是旁边梁溪河的分支,与遗址本体相邻,借助遗址公园周围的水景营造景观,是优化遗址公园环境、丰富游人体验感的有效方式(图5-13)。又如萧宏墓石刻遗址公园,由于周边堆土导致萧宏墓石刻地势低洼,雨水沉积形成积水,在公园进行规划设计过程中将水景进行景观化处理,现在展示的水面上的辟邪石刻其实是将石刻在原有地表位置上垂直提升了2 m,使遗址位于水景之上,巧妙利用水景形成了"南朝水上石刻"独一无二的景观(图5-14)。与南京萧宏墓石刻遗址公园辟邪石刻遗址类似,徐州狮子山楚王陵考古遗址公园的水下兵马俑博物馆也是居于水体之中,是国内首座建筑于水中的博物馆。该馆为两座方形梯斗状建筑,建在五号、六号兵马俑坑的原址上,遗址博物馆建筑与水景相互映衬,形成了很好的景观(图5-15)。

（2）与遗址联系较为薄弱,仅作造景之用

考虑到遗址本体易受水景的侵蚀与破坏,在江苏省部分遗址公园中规划的水景仅以较小面积的形式出现,且与遗址本体有明显分隔,与遗址联系较为薄弱,仅作造景之用。如镇江凤凰山遗址公园,园内核心是遗址墩,位于遗址公园中心偏西侧,规划设计的水景与遗址墩有一定间隔,在遗址公园的东侧及南侧,作为入口景观的重要组成部分;又如苏州御窑遗址园,遗址公园中部有水体营造湿地景观,与御窑遗址本体的联系不强(图5-16)。

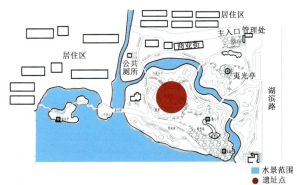

无锡仙蠡墩遗址公园水景与遗址点平面示意图

无锡仙蠡墩遗址公园水景

图 5-13　无锡仙蠡墩遗址公园的水景

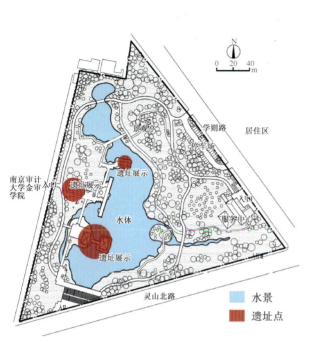

南京萧宏墓石刻遗址公园水景与遗址点平面示意图

南京萧宏墓石刻遗址公园辟邪石刻遗址

图 5-14　南京萧宏墓石刻遗址公园的"南朝水上石刻"景观

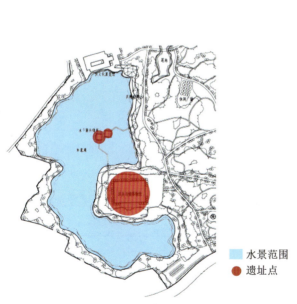

徐州狮子山楚王陵遗址公园水景与遗址点平面示意图

徐州狮子山楚王陵考古遗址公园遗址博物馆

图 5-15　徐州狮子山楚王陵考古遗址公园的水下兵马俑博物馆

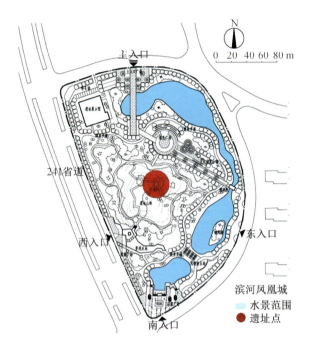

镇江凤凰山遗址公园水景与遗址点平面示意图

镇江凤凰山遗址公园水景

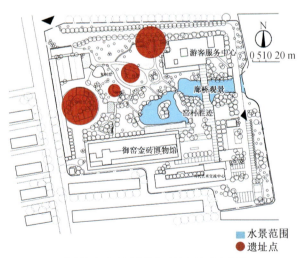

苏州御窑遗址园水景与遗址点平面示意图

苏州御窑遗址园水景

图 5-16　镇江凤凰山遗址公园与苏州御窑遗址园的水景

## 5.3 植物

遗址公园的核心是遗址的保护与展示,植物在其中是从属地位,主要服务于遗址的展示与历史环境的营造。遗址公园内的植物运用情况根据不同的分区有不同的侧重处理,在遗址保护与展示空间,要尽量保持原生植被或还原已有记载的相关植被,在绿化植被的种植上不得破坏遗址,在绿化植被的选择上不得喧宾夺主,不得与遗址风貌不相契合,主要服务于遗址的保护与展示;在公园功能服务空间的植物可以有较多选择,以改善生态环境与营造景观为主。江苏省遗址公园中的常见植物应用方式主要有遗址示意、营造氛围、烘托遗址、缓冲隔离、环境美化等。

### 5.3.1 遗址示意

江苏省遗址公园中很多遗址由于年代久远本体残破,或缺乏相应的保护技术而不便于展示,可通过植物的景观来标识或模拟遗址的位置、分布或形式。江苏省遗址公园中比较典型的情况是一些遗址墩的示意,在对遗址墩进行考古完成后或暂不具备考古条件的情况下,利用植物的种植将公众与遗址分隔开,可以减少外界活动对遗址的干扰。例如:镇江凤凰山遗址公园对遗址墩采用植被绿化来保护下层土质遗址,减少自然风、霜、雨、雪的侵蚀或人为的践踏,示意遗址所处位置,同时又能形成良好的景观效果(图5-17);常州春秋淹城遗址公园中的一些遗址墩,其上生长了自然植被,也强化了遗址墩的标识位置(图5-18)。

### 5.3.2 营造氛围

遗址公园内的植物可以营造、传递历史氛围。在遗址公园的建设中,如果遗址本体所处时期环境下的植物可考,应按已有记载进行相关风貌的恢复,若没有相关资料的借鉴,则应该根据遗址本体的特征进行植物的配置,尽量还原遗址历史背景,营造历史氛围。如扬州槐泗隋炀帝陵,以隋炀帝墓为中心,周围是平整开阔的草坪,保证遗址本体的安全性,显示其中心地位,在通往陵墓中心的轴线道路两边,运用松、柏的种植,营造庄严肃穆之感(图5-19)。

### 5.3.3 烘托遗址

遗址是遗址公园的核心要素,因此,遗址本身为公园的主景,处于主角的地位,遗址周边的园林植物景观为配景,处于配角地位,起到突出遗址景观作用。在遗址公园中,比较常见的是在遗址文物周边布置草坪或低矮的绿化地被,使得遗址的面貌完全地展现在公众面前。如南京明故宫遗址公园、淮安总督漕运部院遗址公园中的石柱础点缀于草坪中,凸显了遗址文物的景观效果(图5-20)。

### 5.3.4 缓冲隔离

在江苏省遗址公园中,常见的植物缓冲隔离应用方式有以下几种:

第一种在遗址周边设置绿化带,以形成缓冲隔离效果,防止游人靠近,从一定程度上保护了遗址。如南京石头城遗址公园(图5-21)、南京东水关遗址公园(图5-22)遗址前的绿化带,起到了很好的隔离作用。

第二种通过高大乔木等植被遮挡视线,解决遗址与周边环境景观不协调的矛盾。这种情况常常出现在城市中的遗址公园,如南京西华门遗址被城市建设用地所包围,公园周边的高大乔木遮挡了紧邻的遗址的城市建筑景观(图5-23)。

第三种在遗址公园考古预留区或缓冲过渡区设置大片的绿化,在一定程度上保护该区域中潜在未发现或者已经发现但未发掘的遗址。通常在较大型的考古遗址公园中,设置了大片的考古预留区或缓冲过渡区,这部分通常

**图5-17 镇江凤凰山遗址公园遗址墩上的植被**

**图5-18 常州春秋淹城遗址公园遗址墩上的植被**

**图5-19 扬州槐泗隋炀帝陵的植物景观**

南京明故宫遗址公园

淮安总督漕运部院遗址公园

图 5-20　南京明故宫遗址公园与淮安总督漕运部院遗址公园草坪中的石柱础

图 5-21　南京石头城遗址公园遗址前的绿化带

图 5-22　南京东水关遗址公园城墙遗址前的绿化隔离

图 5-23　西华门遗址公园周边的高大乔木

规划为农业生态园、湿地生态园、森林观光园等景观而不是作为建设用地进行开发,从而有效地保护了遗址(图5-24、图5-25)。农业生态园以农业种植为主,以蔬菜、水稻等植物为主,通过农业植物的种植推动遗址公园周边农业生态建设;湿地生态园以种植浅水植物、挺水植物、沉水植物等构筑湿地植物景观;森林观光园大多以保留原生植被为主,也可人工种植果林、经济林、花海、苗圃等。

无锡鸿山国家考古遗址公园功能分布图　　无锡鸿山国家考古遗址公园大片的隔离缓冲绿化

图 5-24　无锡鸿山国家考古遗址公园的缓冲隔离

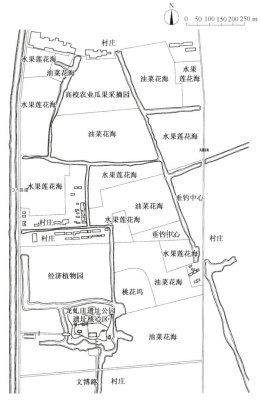

扬州龙虬庄遗址公园花海、瓜果采摘园、经济植物园等布局　　扬州龙虬庄遗址公园大片的隔离缓冲绿化

图 5-25　扬州龙虬庄遗址公园的缓冲隔离

常州圩墩遗址公园的湿地森林景观

南京午朝门遗址公园的林荫空间

无锡阖闾城考古遗址公园博物馆周边的植物配置

镇江凤凰山遗址公园入口的造型松景观

图 5-26　遗址公园植物景观的环境美化作用

### 5.3.5　环境美化

在江苏省遗址公园中，植物景观不仅在遗址本体、遗址环境、遗址文化的保护与展示方面起到促进作用，同时在提升遗址公园景观效果、提高生态环境质量方面也有较大的作用（图 5-26）。

## 5.4　建筑

### 5.4.1　遗址博物馆

遗址博物馆是遗址公园内的体量规模较大的建筑，是遗址公园景观构成的重要组成部分，多设置在入口处或主要节点处，也是遗址公园重要的"门面"。遗址博物馆为遗址公园科普展示类建筑，其规划建设要与所保护和展示的遗址文化相符，直观地向公众传达遗址信息，在造型、风格、材料的选择上要尽量贴近遗址特性。江苏省遗址公园中的遗址博物馆可分为 2 类情况（郑漫丽，2020）：一类是遗址博物馆在遗址的本体上进行规划建设，其遗址保护、展示、研究功能为一体；一类是遗址博物馆独立于遗址本体，在遗址本体之外进行规划建设，对遗址文物及相关文化进行展示。

（1）遗址博物馆在遗址的本体上进行规划建设

依托遗址进行规划建设的遗址博物馆是遗址公园最核心的部分，由于此类遗址博物馆是在遗址本体基础上进行建设的，因此在规划建设中最重要的就是不干扰遗址本体的安全性与稳定性，各项规划建设的要求都非常严格（孔利宁等，2020），在江苏省遗址公园中此类遗址博物馆较为少见，典型的有无锡鸿山国家考古遗址公园中的遗址博物馆、南京大报恩寺遗址博物馆等。

① 无锡鸿山遗址博物馆

无锡鸿山遗址博物馆是在鸿山遗址中最核心的邱承墩遗址上进行规划建设的，以展示春秋战国时期长江下游地区的吴越文化为主题，建筑面积 9 139 m²，展厅面积 3 431 m²，是国家二级博物馆（图 5-27）。馆内现有遗址出土文物 1 173 件，包括遗址出土的青瓷器、玉器、礼器、乐器等多类文物，展现了春秋战国时期越国的辉煌。

博物馆平面造型宛如弓箭，墙体仿先秦时期的古城墙，以此暗喻春秋时期吴越争霸之势。建筑中轴线为两面坡顶形式，加上青砖铺地，全面展示了江南地区的建筑特色（图 5-28）。博物馆呈"两馆一址"的格局，即由鸿山博物馆、邱承墩贵族墓原址、中国吴文化博物馆 3 部分组成，并分别以鸿山墓群及其出土文物展示、邱承墩贵族墓原址展示、吴地历史文化为主题进行展示。

鸿山博物馆以鸿山墓群及其出土文物展示为主题，涵盖了古墓惊现、等级之尊、奢华生活、贵族玉礼、乐库华章和千古之谜 6 个板块的内容（图 5-29）。馆内讲述了遗址自发现到发掘的全部过程，通过相关历史文物的展示，再现了战国时期精致奢华的越国贵族生活和森严的墓葬等级和礼乐制度，反映了越国精湛的陶瓷、玉器制作技艺以及音乐艺术领域所独具的光彩。

图 5-27　无锡鸿山遗址博物馆

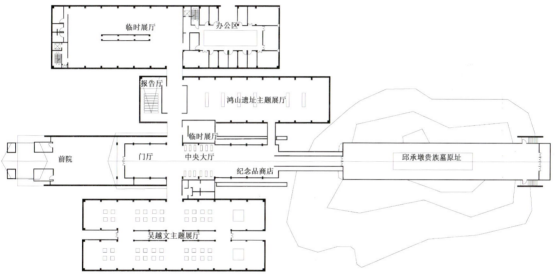

图 5-28　无锡鸿山遗址博物馆平面图

图片来源：根据《无锡鸿山遗址博物馆》（崔愷等，2010）总平面图及博物馆游览手册描绘

图 5-29　鸿山博物馆展厅

邱承墩贵族墓原址展示是在加固墓坑的基础上,考古发掘复原原貌,再现了战国时期越国高等级贵族的墓葬形制和随葬习俗(图5-30)。墓坑两侧以大型图片展板的形式展示了遗址发掘前的原貌、墓葬结构及出土文物等,从而再现考古发掘的过程。

中国吴文化博物馆以吴地历史文化为主题,展示鸿山墓群及其出土文物,涵盖了先吴文化和吴文化2个板块(图5-31)。先吴文化板块展示了从马家浜、崧泽、良渚到马桥文化4个时期无锡地区已发现的文化遗址和出土遗物。吴文化板块展示了吴国建立、崛起到称霸的历史,数代吴王开创并缔造了绚丽多彩的吴文化。

② 南京大报恩寺遗址博物馆

南京大报恩寺遗址博物馆也是在遗址本体上进行规划建设的博物馆之一。博物馆位于大报恩寺遗址公园北侧,是国家二级博物馆,用于保护与展示大报恩寺遗址及相关文物和历史文化,集遗址保护与展示、科普教育、游览等多功能于一体(图5-32)。

大报恩寺遗址公园规划设计保留了遗址历史格局,呈中轴对称结构,主体轴线与原址轴线重叠,博物馆位于中轴线北侧,采用结合保护工程原址一体化设计,覆盖保护了天王殿、北画廊、油库、伽蓝殿等多个遗址原址。建筑外墙为充满佛家特色的黄色,考虑到室内采光及通风效果,主体采用玻璃幕墙的形式,简洁又充满现代感,同时与琉璃塔新塔风格相呼应(图5-33)。博物馆内部空间格局可划分为内外2部分:内圈以天王殿遗址、北画廊遗址、伽蓝殿遗址、法堂遗址为主,与南侧南画廊展区连接,呈"口"字形对遗址本体进行保护与展示;外圈以"千年对望""地宫圣物""莲池海会""舍利佛光"为主题,营造特色场景,展示遗址相关文物及历史文化。博物馆竖向设计遵循地势和旧址形制,自西向东逐层增高,于琉璃塔新塔处到达最高。

大报恩寺遗址博物馆在遗址内容的保护与展示上采用了多种方式,但都以遗址保护优先为原则,在此基础上运用场景再现、数字化装置等多种方式对遗址本身及其相关文化进行展示与科普。对于内圈遗址本体,如天王殿遗址、明代水工遗址等,博物馆多采用覆盖保护,将遗址本体置于室内,避免风吹日晒及人为破坏,同时配以解说牌进行相关内容的科普。北画廊遗址则在覆盖保护的基础上,利用白色构筑搭建出画廊的结构,与遗址园南画廊展区的

图 5-30 邱承墩贵族墓原址展示

图 5-31 中国吴文化博物馆　　　　　　　　　　　图 5-32 南京大报恩寺遗址博物馆

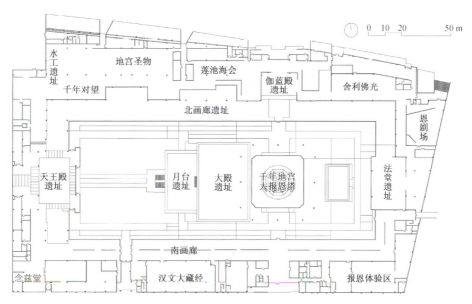

图 5-33　大报恩寺遗址博物馆平面图

图片来源：参考杭州正野博展艺术有限公司"金陵大报恩寺遗址公园及配套建设项目博物馆报恩新塔展陈装饰工程"方案文本①及《金陵大报恩寺遗址博物馆设计研讨会》（程泰宁等，2017）描绘

仿建画廊一虚一实相互对应，给游客更多想象空间，位于一侧的玻璃幕墙也为画廊带来丰富的光影效果，增加了艺术性（图5-34）。

博物馆外圈以保护遗址出土文物为主，集中在"千年对望""地宫圣物"两大主题区，多将文物置于透明保护柜中，保护与展示同时进行。外圈对于遗址文物及其相关文化的展示手法更加多样化，包括陈列展示、场景再现、文物复刻等手段，如馆内利用模型生动再现明代建造大报恩寺时的场景（图5-35）；对于琉璃拱门等重要文物，进行复刻展示（图5-36）。

明代排水沟遗址

北画廊遗址

清代砖井遗址

图 5-34　遗址室内覆盖保护

数字影像

场景模拟

场景模拟

图 5-35　大报恩寺遗址博物馆历史文化展示

---

① https://www.zhulong.com/bbs/d/42911273.html?tid=42911273

文物展示柜

琉璃拱门复刻　　　　　　　　琉璃官窑展示

图5-36　大报恩寺遗址博物馆文物陈列

除此以外，馆内更多地融入了数字影像和声、光、电技术，带来更多科技感，同时每个主题区的设计注重艺术性，场景设计中营造更多的氛围感，注重意境的创造（图5-37）。"千年对望"主题区，以七块带有感应装置的屏幕组成道路，当游客走近时屏幕上便会出现莲花盛开的景象，象征七步生莲。道路尽头玄奘的雕像与由光学纤维和水景珠子组成的释迦牟尼的头像对望，展现出报恩寺与佛、玄奘间的关系。在细节处理上，步道上的莲花灯、两侧的佛像墙与文物、立柱上的摇铃均渲染了浓浓的佛学氛围，意境深远。

（2）遗址博物馆在遗址本体之外进行规划建设

此类遗址博物馆通常选址在遗址公园的入口处或遗址公园的核心处，以展示遗址出土文物和遗址文化为主，是遗址公园中先行建设的部分。

① 无锡阖闾城遗址博物馆

无锡阖闾城遗址博物馆位于阖闾城考古遗址公园内，建筑面积约26 000 m²，是集文物展示与研究、科普教育、文化休闲于一体的多功能博物馆（图5-38）。博物馆内主要展示阖闾城相关历史文化及其考古过程，阖闾城遗址博物馆是中国吴文化博览园·阖闾都城总体项目的核心工程，是中国吴文化发源地标志性工程，是中国吴文化的传承中心、展示中心、研究中心和体验中心。

博物馆选址在龙山山系西南角的一处因开山取石而留下的废弃椭圆形宕口，建筑师采取"建筑修补山体"的方式，将建筑作为山体缺失部分，使建筑对周边环境的影响最小化并有机融合。博物馆地势较高，能够直接眺望遗址区，并于周边的太湖及灵山大佛建立视廊。建筑顺应场地地形，呈椭圆形，屋顶呈几片花瓣状的分散体量，以蛋壳的形状求统一，寓意蛋壳破碎，新生命降生，表达阖闾城遗址重见天日的意义（图5-39）。

博物馆内主要由吴地探古、薪火相传、阖闾雄风、吴风古韵4个主题展厅和临展厅以及多媒体厅、3D影院、吴韵茶憩组成，另有票务服务、母婴室、医务室、失物招领处等服务空间。展示形式顺应了建筑空间的设计，展示内容与每个区域主题呼应（图5-40）。

"千年对望"场景　　　　　　　玄奘雕塑　　　　　　　　步步生莲

图5-37　千年对望主题展区

图 5-38　无锡阖闾城考古遗址公园与其博物馆

图 5-39　无锡阖闾城遗址博物馆外观与周边环境

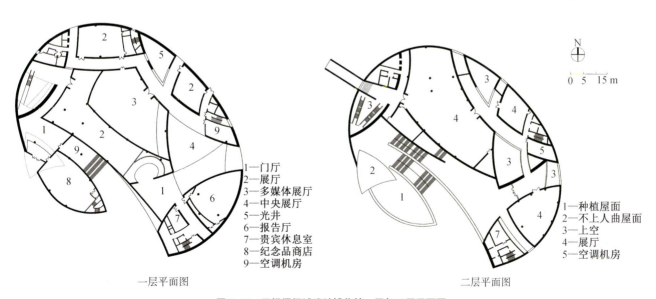

一层平面图

1—门厅
2—展厅
3—多媒体展厅
4—中央展厅
5—光井
6—报告厅
7—贵宾休息室
8—纪念品商店
9—空调机房

二层平面图

1—种植屋面
2—不上人曲屋面
3—上空
4—展厅
5—空调机房

图 5-40　无锡阖闾城遗址博物馆一层与二层平面图

图片来源：参考馆内导览图进行描绘

吴地探古厅展现了吴国历史文化和无锡的吴文化遗存及阖闾城发现与发掘历史,主要通过简介墙、数字化模拟2种方式进行展示(图5-41)。

薪火相传厅以展示吴文化的起源为主,陈列了考古发掘的重要文化与文物,弘扬薪火相传的吴地文明(图5-42)。厅内主要以文物陈列展示为主,展示吴文化遗址出土的文物。

阖闾雄风厅通过多种展陈手段,再现了吴王阖闾及阖闾城的历史面貌,歌颂吴王阖闾的励精图治、清廉亲民、任人唯贤等可贵精神(图5-43)。厅内的展示方式主要为场景再现,通过雕塑叙述多个事件,生动再现吴王阖闾的历史面貌。

吴风古韵厅主要展示吴国先祖的风俗和文化特色。厅内的展示手段也以场景再现为主(图5-44)。

图 5-41 吴地探古厅

图 5-42 薪火相传厅

图 5-43 阖闾雄风厅

图 5-44 吴风古韵厅

图 5-45　临展厅

图 5-46　3D 影院

图 5-47　吴韵茶憩

临展厅不定期推出各类大型展览，丰富博物馆的内涵，目前正对西安出土的相关历史文化文物进行展览（图 5-45）。

3D 影院现主要用于播放"中国吴文化博览园·阖闾都城"专题宣传片，展示了吴文化的起源和无锡吴文化遗存等，并突出介绍阖闾都城遗址（图 5-46）。

吴韵茶憩主要为游客提供咨询、休憩、餐饮等服务（图 5-47）。

② 苏州御窑金砖博物馆

苏州御窑金砖博物馆位于苏州市相城区御窑遗址园，占地 15 326 m²，由著名建筑师刘家琨主持设计，是全国第一座以"御窑金砖"为主题的博物馆。自明朝永乐帝时期，陆慕御窑便开始为皇宫供砖，至今已有 600 多年的历史。陆慕御窑址于 2006 年被列为江苏省重点文物保护单位，陆慕金砖制作技艺被列入首批国家级非物质文化遗产保护名单。博物馆旨在通过建筑的组织与景观营造，以及场景复原、科技模拟、互动游戏等展示手段，保护遗址文物，展现御窑金砖的精妙古法工艺，弘扬优秀传统文化。

图 5-48 苏州御窑金砖博物馆外部环境与其建筑形式

在建筑形式上,为了体现陆慕御窑的历史文化内涵,刘家琨将砖窑与宫殿进行综合提炼,并在砖窑、宫殿、博物馆三者之间寻找平衡,最后确立以体量横长而有利于遮挡外围干扰的"霍夫曼窑"作为建筑原型,下部建筑是以带有烟熏斑点的砖块砌成的砖窑造型,上部建筑采用宫殿造型,象征京城。在此基础上,使用当代广泛应用的各种砖料构筑,层层递进,凸显场地"砖窑感"。与"砖窑感"相呼应的"宫殿感"则通过建筑的体量和序厅设计体现。博物馆体量雄浑,出檐平远,序厅采用中轴对称的形式,四根18 m高立柱立于厅中,顶部以混凝土制成藻井样式,地面中心铺设49块金砖,突出宫殿气势。除此之外,序厅正中的白色坡道围墙压以黑边,是典型的苏州风格。通过对砖窑和宫殿的提炼和对苏州建筑特色的融入,打造了颇具特色的建筑形式(图5-48)。

博物馆的室内展陈主要分为"开物——一块砖的修炼""成器——一块砖的旅程""致用——一块砖的时代"3个篇章,并以此形成3个展厅,通过叙事手法,再现金砖从黄泥黏土到皇城最高殿宇的历练过程。

一楼以"开物——一块砖的修炼"为主题,展现了御窑金砖从原料的提取到再现的完整时间线,通过文物陈列、场景再现、科技模拟的手段,再现金砖制造的工序,体现金砖内的"工到水磨土成金"的精神内核(图5-49、图5-50)。

二楼以"成器——一块砖的旅程"为主题,主要展示了金砖的运输及其到达紫禁城后的砍磨、铺墁工艺和陆慕老街的繁华景象。在遗址展示的方式上,以泥塑群像进行场景再现,配合文物陈列、科技模拟、互动展示等方式,生动表现展厅主题(图5-51、图5-52)。

三楼以"致用——一块砖的时代"为主题,表现在清王朝消失后金砖用途的变化,展现其从一种地域性物料到一个王朝殿堂的精神历程。在展厅设计上,展厅以一道砖拼走廊表达时空变化的关系。通过对史料和实景的展示,让游客感受到中国传统工艺的精神(图5-53、图5-54)。

③ 南京直立人遗址博物馆

南京直立人化石遗址博物馆位于南京市江宁区汤山街道,是南京直立人化石遗址公园的一部分,占地面积约137 330 m²(图5-55)。博物馆建筑北向采光,背靠汤山,建筑面积约25 786 m²,展陈面积约8 000 m²。它是一座以"汤山地质"为基础、"生命进化"为线索的综合类博物馆,被评为"江苏省人口文化示范基地"及"南京市科普教育示范基地"。

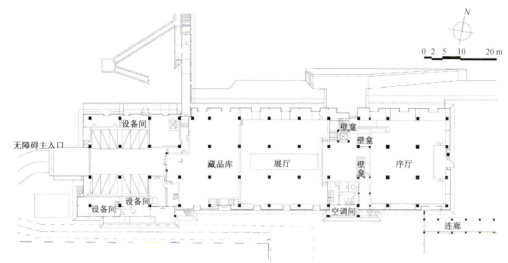

图 5-49 苏州御窑金砖博物馆一层平面图

图片来源:参考家琨建筑设计事务所苏州御窑遗址园暨御窑金砖博物馆方案*描绘

图 5-50 苏州御窑金砖博物馆一层展示厅

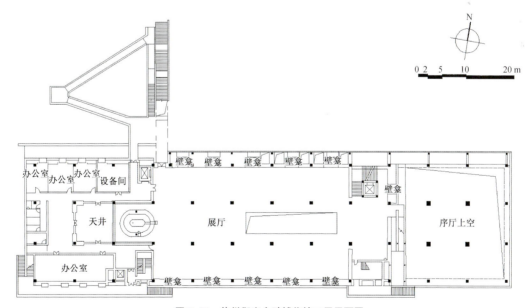

图 5-51 苏州御窑金砖博物馆二层平面图

图片来源:参考家琨建筑设计事务所苏州御窑遗址园暨御窑金砖博物馆方案描绘

---

\* https://www.gooood.cn/suzhou-imperial-kiln-ruins-park-museum-of-imperial-kiln-brick-jiakun-architects.htm?lang=cn

图 5-52 苏州御窑金砖博物馆二层展示厅

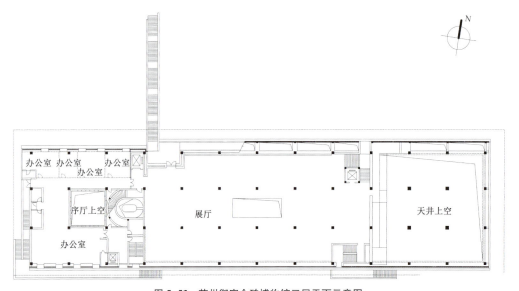

图 5-53 苏州御窑金砖博物馆三层平面示意图

图片来源:参考家琨建筑设计事务所苏州御窑遗址园暨御窑金砖博物馆方案描绘

图 5-54 苏州御窑金砖博物馆三层展示厅

图 5-55 南京直立人化石遗址博物馆

南京直立人化石遗址博物馆具有地质研究、科普教育、文化展示等多种功能,现在已经有4个展厅开放。除此之外,馆内还设置了临展厅、多功能厅、VIP(贵宾)休息室、咖啡吧等多种公共服务设施。馆内有丰富的展品资源以及完善的功能设施,参观者可通过与设施的探索互动,深入体验科学的奥秘。

馆内建设的4个展厅分别是"人类密码""地层天书""洞天福地""文明之基",从不同的方面展示了南京地质变化以及生命进化的历史(图5-56)。"人类密码"展厅,通过还原古猿人洞的探索现场,再现了南京直立人一号以及二号头骨的发现、探索、科考等过程,同时揭开了他们背后的故事。"地层天书"展厅,通过多媒体、情景展示、互动体验等多种现代方式,讲述了6亿年来寒武纪生命大爆发后南京地区环境变化和生物进化的历程。"洞天福地"展厅,以丰富多样的古生物化石、矿石标本,加以生动的多媒体展示,向参观者展示汤山溶洞的神奇演化过程。"文明之基"展厅,通过图文展示、实物以及标本的形式,向参观者展示了汤山温泉的悠久历史以及文化传承。

④ 淮安大云山汉王陵博物馆

淮安大云山汉王陵博物馆位于大云山西汉王陵遗址公园的遗址本体南侧,靠近遗址公园主要出入口,博物馆外形为汉代风格(图5-57)。在划定遗址公园的规划建设范围后,园内对遗址考古工作继续进行的同时,遗址博物馆选在入口处进行规划建设,并已经初具雏形。淮安大云山汉王陵博物馆展示的主题为西汉第一代江都王刘非的王陵遗址,根据博物馆展示的资料介绍,博物馆规划占地面积14 400 m²,建筑面积12 215 m²,其中展陈面积约7 000 m²。博物馆规划了"考古·龙塘现冢""世事·国运起伏""珍宇·王的日常""王陵·同制京师""寻迹·东阳城市历史展""天地之签·盱眙汉代铜镜展""漆彩流光·盱眙汉代漆器展"等展厅,全面展示了西汉王陵墓葬制度、盱眙地域历史文化特色、大云山汉王陵考古发掘和研究成果。

图5-56 南京直立人化石遗址博物馆内部

图5-57 淮安大云山汉王陵博物馆

⑤ 淮安中国漕运博物馆

中国漕运博物馆与淮安总督漕运部院遗址公园连为一体,与遗址公园在一条中轴线上,其总建筑面积约为6 300 m²,分为地面与主体两层(图5-58)。地面建筑呈"品"字形的布局形式,东侧建筑为临时展厅,西侧为多功能报告厅,中间是门厅及服务空间,建筑风格采用了我国明清时期的风格。地下局部一层,面积约5 000 m²,有3个展厅和办公配套用房及文物库房,主要集中陈列了以下内容:古代漕运(运河水上运输)工具及附属遗留物品,漕运总督府内工作与生活用品,曾经担任漕运总督及其他漕运官员(如唐代副宰相刘晏,宋代范仲淹,明代的李三才、史可法,清代的施世伦、琦善、段祺瑞等)的信函、书札、墨迹及生活用品,以及历代有关漕粮流通的记录、证券、量具、代用品(王刃馀,2020)。中国漕运博物馆在遗址本体附近建设,对遗址出土文物、遗址文化等做详细展示。

### 5.4.2 游客服务中心

游客服务中心为遗址公园中的综合服务类建筑,在有条件的情况下每个遗址公园都应该具备游客服务中心。在对江苏省遗址公园的调查研究中发现,绝大多数遗址公园都具备游客服务中心,一般都设置在入口处,是游客进入遗址公园的第一站,是游客集散、信息获取、获得服务的场所。游客服务中心与遗址公园的大门、广场、标识等共同构成遗址公园的主入口景观,其造型、材质、规模需要与遗址公园整体风格相契合,加强遗址公园的氛围感、代入感。在江苏省遗址公园中有时候游客服务中心也会与遗址博物馆合并,在遗址博物馆内开辟游客服务空间。

若遗址公园内没有相应设立游客服务中心的条件,则需在遗址公园入口处设立完整的遗址信息公示系统,标注各节点开放、展示情况,方便游客能得到相关游览信息,也可设立线上解说系统,游客可通过扫描二维码获取相关遗址信息的介绍。

(1) 南京大报恩寺遗址公园的游客服务中心

南京大报恩寺遗址公园位于南京市秦淮区,是我国规格最高、规模最大、保存最完整的寺庙遗址,包括遗址保护区、大报恩寺遗址博物馆、大报恩塔等区域。其游客中心位于景区入口处地下一层,主要为游客提供购票、导览、咨询等服务,同时与下沉广场构成集散中心(图5-59)。

大报恩寺遗址公园的游客服务中心利用了景区入口与下沉广场的夹层空间,建筑外观较为简单,与广场风格一致,游客可通过扶梯、楼梯及电梯不同方式到达。游客中心内部组成简单,包括售票及相关服务窗口、游客服务台、游客休息区、卫生间等区域,提供游览手册、电子导览等,为游客提供售票、咨询、导游等服务(图5-60)。

(2) 南京胭脂河天生桥遗址公园的游客服务中心

南京胭脂河天生桥遗址公园位于江苏省南京市溧水区,主要景区由胭脂河景观游赏区、凤凰井游览区、天生桥博物馆、天生桥音乐谷主题活动区、河西休闲旅游区构成,是国家AAAA级景区之一。该场地的游客服务中心分为A、B两座,B座以餐饮为主,所以此处重点介绍游客服务中心的A座。

游客服务中心建筑主体较为方正,建筑外观装饰使用玻璃幕墙的材质,保障室内的光线通透。外观设计上,设置了一处不规则弯折的网架屋顶,既保证了光线的通透,又达到了遮阳的效果,也在视觉上打破原本建筑方正、规整的外观,显得更加立体、具有现代感。游客服务中心的

图5-58 淮安中国漕运博物馆

图5-59 南京大报恩寺遗址公园的游客服务中心

平面结构呈现为规则的长方形,内部设置了公共休息区、卫生间、医务室、寄存区、工作区等区间,包含了售票、咨询、办公、消防、景区介绍等功能。该游客服务中心也承担了景区主要出入口的作用,建筑入口前为公园入口集散广场以及停车场,建筑出口外的道路通向园区检票口入园(图5-61)。

游客休息区 　　　　　　　　　游客服务台

大厅 　　　　　　　　　　　　售票处

图5-60　南京大报恩寺遗址公园游客服务中心内部

图5-61　南京胭脂河天生桥遗址公园游客服务中心示意图及内部

### 5.4.3 其他

江苏省遗址公园中的建筑除了遗址博物馆、游客服务中心外还有些其他人工建筑，主要为休憩游览类建筑与其他服务类建筑，如亭廊、餐饮建筑、厕所、管理用房等，对此类建筑的规划建设中要注意与遗址公园整体环境相协调。

遗址公园中的亭廊大多设置在节点处，供游客在适度游览后做短暂停留，亭廊的造型、材质需要与遗址文化相统一，造型通常比较传统，这是由遗址公园的核心"遗址"决定的（图5-62）。以常州春秋淹城遗址公园中的亭廊为例，在造型上均采用春秋时期古朴风格进行造型设计，材料的选择也采用贴近遗址现状的自然材料，从细部上、边角处显露出淹城遗址深厚的文化内涵，突出常州春秋淹城遗址公园的整体景观特色。

遗址公园中的餐饮建筑多位于园区入口，或者公园交通系统的主要节点处，通常与游客服务中心、咨询处、卫生间、医务室等功能区域相邻，共同为游客提供便捷的游览活动。遗址公园的餐饮建筑设计通常与园内建筑风格一致，以无锡阖闾城考古遗址公园的吴韵茶憩厅为例，餐饮于博物馆建筑的一角，色彩朴素，内部设计也简洁大方（图5-63）。另外，苏州御窑遗址园茶厅位于游客服务中心一角，其设计风格也很朴素大方（图5-64）。

遗址公园中的管理类用房多位于公园的入口，有时亦设置在遗址所在地的附近，主要是方便进行公园内部的管理及维护工作。此类建筑通常风格与公园遗址历史氛围一致，以降低其存在感，将对公园景观的影响最小化（图5-65）。

厕所是遗址公园中重要的服务设施，每个遗址公园都必须具备。在江苏省遗址公园中厕所有设置在游客中心、博物馆内的情况，也有独立设置的情况，在独立设置中要注意控制其所处位置、外观造型的合适，在遗址公园整体景观风貌中不显突兀（图5-66）。

常州春秋淹城遗址公园

无锡仙蠡墩遗址公园　　　　　　　　　　　　　　　　　　　　镇江凤凰山遗址公园

常州圩墩遗址公园　　　　　　　　扬州龙虬庄遗址公园　　　　　　　　扬州宋夹城考古遗址公园

图5-62　江苏遗址公园的亭廊样式

图 5-63　无锡阖闾城考古遗址公园的茶厅　　　　图 5-64　苏州御窑遗址园的茶厅

无锡仙蠡墩遗址公园

扬州西门遗址公园

扬州南门遗址公园

图 5-65 遗址公园的管理用房

南京胭脂河天生桥遗址公园

南京牛首山遗址公园

扬州宋夹城考古遗址公园

（图片来源：https://www.niushoushan.net/Notify/2207.html）

图 5-66 江苏遗址公园的厕所样式

## 5.5 交通系统

遗址公园的交通系统是全园联系的纽带，也是构成遗址公园园林景观的重要因素。交通系统作为联系纽带既要根据景点的分布情况，完整、便捷地将全园联系贯通，使各区的功能、价值正常发挥，也要综合考虑全园游览，合理组织平面、立体游览路线的运用与衔接，另外还要注意控制游线的游览时间，能够提供不同时长的游览路线。交通系统中的园路与铺装作为成景要素，要在材质、造型、风格上与遗址公园整体相契合，营造遗址公园景观风貌。江苏省遗址公园交通系统的构成要素主要有道路、出入口、停留空间等（表5-2）。

表 5-2　江苏省遗址公园交通系统的构成要素

| 要素 | 分类 | 内容 |
|---|---|---|
| 道路 | 主要道路 | 联系遗址公园内各个功能区和主要景点的路 |
| | 次要道路 | 对主路起辅助作用,设在各个功能区内的路,联系各个景点 |
| | 游览小园路 | 深入到园区内部,供人们漫步游赏的路 |
| | 专用道路 | 园务管理、考古工作专用道路 |
| 出入口 | 主出入口 | 面向主要人流量 |
| | 次出入口 | 作为主入口的补充,方便不同方向的人流 |
| | 专用出入口 | 管理人员、车辆通行 |
| 停留空间 | 铺装广场 | 规则式、自然式 |
| | 停车场 | 主出入口或不同方向的车流来处 |

## 5.5.1 道路

(1) 道路分级

遗址公园中的道路与普通公园一样,通常分为主要道路、次要道路与游览小园路 3 级(图 5-67)。另外,有些遗址公园还设用于园务运输、养护管理、考古工作的专用道路。一般说来,专用道路衔接专用出入口。江苏省遗址公园的主要道路通常在 4～10 m。通常情况面积较大遗址公园的主要道路 7 m 宽以上,可以双向通车,材质通常选用硬质铺装,如沥青路面、水泥路面、砖石路面等,可以通行的人流较大,也是遗址公园内机动车、电动车、自行车主要行驶的道路,是连接遗址公园内遗址展示、景观节点、活动空间的重要道路,如无锡阖闾城考古遗址公园、南京牛首山遗址公园主要道路等(图 5-68)。相比大面积的遗址公园而言,面积较小的遗址公园的主要道路一般为 4～5 m 宽,尤其是城市中的遗址公园,主要道路一般不通车,以人行为主,如常州圩墩遗址公园主要道路(图 5-69)。次要道路通常宽度次于主要道路,在 2～4 m,交通形式以步行为主,也有游览车和观光自行车的通行,是连接园内次要节点的道路,一般说来,面积较大遗址公园的次要道路较宽,反之较窄(图 5-70)。游览小园路路面宽度较小,通常在 2 m 以内,可深入至各分区的具体空间,是通往遗址公园内的服务设施、私密空间以及小型节点的道路(图 5-71)。

图 5-67　常州春秋淹城遗址公园的主要道路、次要道路、游览小园路

无锡阖闾城考古遗址公园　　　　南京牛首山遗址公园

图 5-68　江苏省遗址公园的主要道路

图 5-69　常州圩墩遗址公园的主要道路

常州圩墩遗址公园　　　　　　徐州珠山宕口遗址公园　　　　　　南京明孝陵遗址公园

图 5-70　江苏省遗址公园的次要道路

南京石头城遗址公园

南京宝塔山遗址公园　　　　　　　　　　徐州珠山宕口遗址公园

图 5-71　江苏省遗址公园的游览小园路

(2) 道路平面布局

遗址公园的道路平面布局与普通公园的道路平面布局最大的区别就是以遗址的本体为核心，以遗址原有格局为基础进行组织规划。在对遗址公园的道路进行规划时，既要有利于遗址保护，免受外界的影响，又要最大限度地满足游览需求，合理组织与布局流线，展示遗址本体及遗址周边历史环境，并作为遗址公园重要的组成部分共同构成公园整体景观。另外，部分遗址公园的道路还需服务于考古工作。根据江苏省遗址公园的实地调研与文献资料的总结，江苏省遗址公园的道路平面布局主要有回环式、中轴式、环状、条带式、混合式等类型，具体在某一遗址公园中采用何种平面布局形式，要根据遗址公园的遗址本体情况、功能需求、景观结构等做出最优配置。

① 回环式

回环式道路平面布局是指主要道路形式呈首尾闭合环状，能够保证参观流线的顺畅，游人少走回头路，并避免出现尽端路。江苏省大多数遗址公园的道路平面布局为回环式，并且多为单重回环(图5-72)。回环式道路平面布局中受遗址格局影响较大的遗址公园有苏州锦溪祝甸古窑遗址公园、常州春秋淹城遗址公园、南京郑和宝船厂遗址公园等(图5-73)。苏州锦溪祝甸古窑遗址公园通过环状道路把遗址公园中的各个古窑遗址点串联起来，有序地组织了游览路线。常州春秋淹城遗址公园道路按照淹城遗址的格局，沿淹城城墙遗址设置了多重环路，串联了遗址公园内所有的遗址点与服务区。南京郑和宝船厂遗址公园的主要道路围绕现场的3个作塘遗址组织，形成并列的多环平面布局。

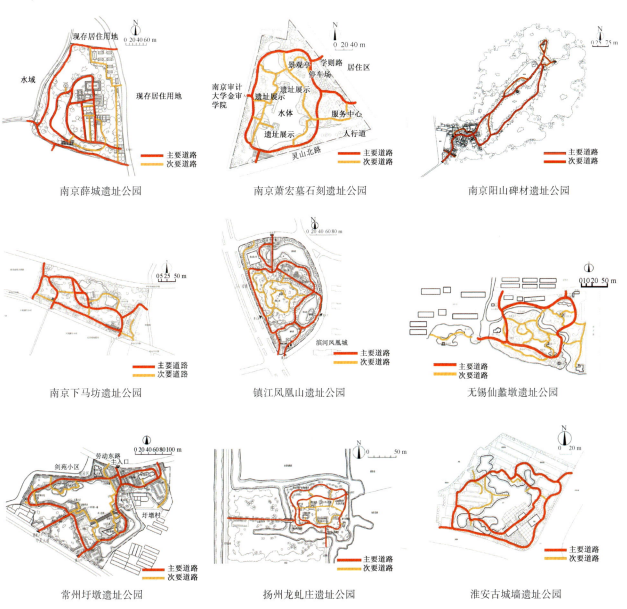

图 5-72　江苏省遗址公园的回环式道路平面布局图

② 中轴式

中轴式道路平面布局指的是遗址公园主要道路平面呈明显轴线状并形成遗址公园平面构图骨架，主要遗址点及景点根据轴线依次组织并形成空间序列。这种道路平面布局比较对称，多存在于宫殿、官衙、寺庙、陵墓类的遗址，形成比较庄严、肃穆的氛围，如南京明故宫遗址公园、南京午朝门遗址公园、淮安总督漕运部院遗址公园、南京大报恩寺遗址公园、扬州槐泗隋炀帝陵等（图5-74）。另外，扬州宋夹城考古遗址公园道路受遗址格局影响，为十字交叉的轴线道路加沿城墙回环道路的平面形态，总体上也是中轴式道路平面布局（图5-75）。

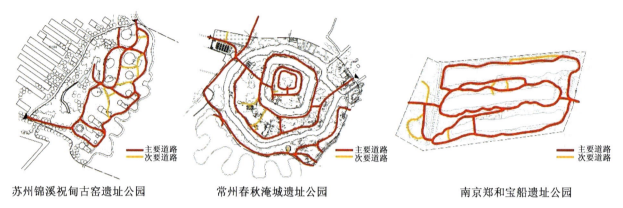

图5-73 江苏省遗址公园受遗址格局影响较大的回环式道路平面布局图

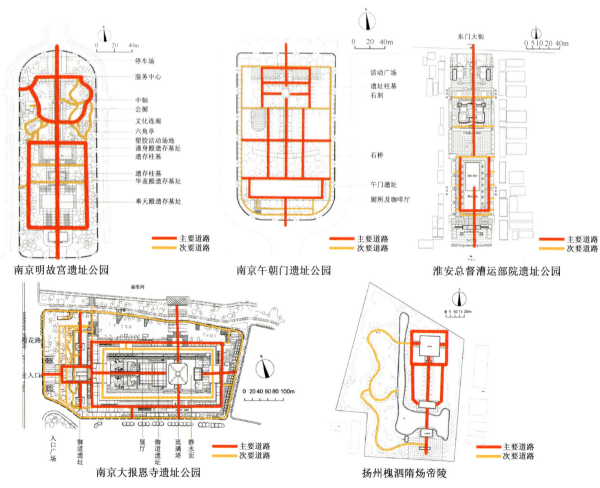

图5-74 江苏省遗址公园的中轴式道路平面布局图

图 5-75 扬州宋夹城考古遗址公园平面结构图

③ 条带式

条带式道路平面布局指的是遗址公园主要道路受遗址格局影响,呈条带状单向通行的平面布局。采用这类道路平面布局比较典型的主要为城墙类遗址公园,其主要道路往往沿城墙或沿护城河布置,园内主要遗址点、景观节点通过条带式道路串联,如南京石头城遗址公园、南京神策门遗址公园、镇江花山湾古城公园等(图5-76)。

④ 混合式

江苏省中大型遗址公园由于面积较大,遗址点多且布局分散,为充分保护与展示遗址内容,发挥遗址公园各分区价值,其道路交通模式通常采用混合式,由回环式、中轴式、条带式混合组合而成,形成网状道路格局,灵活适应各种需求,是江苏省中大型遗址公园较常见的道路交通模式。例如南京胭脂河天生桥遗址公园、南京牛首山遗址公园、无锡鸿山国家考古遗址公园、徐州狮子山楚王陵考古遗址公园在遗址公园内均有多种道路交通的模式组合形成整体交通系统(图5-77)。

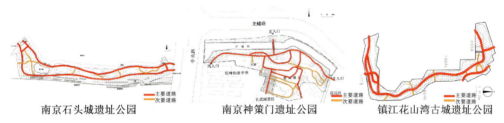

图 5-76 江苏省遗址公园的条带式道路平面结构图

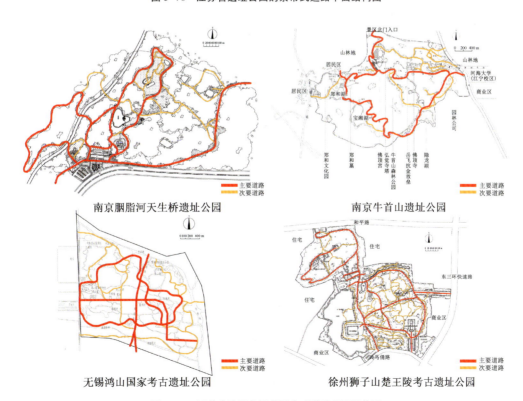

图 5-77 江苏省遗址公园的混合式道路平面结构图

## 5.5.2 出入口

遗址公园的出入口是遗址公园范围的界定,是外部环境到遗址公园间的过渡,是游客集散中心,也是遗址公园给游客的初步印象(许哲瑶,2014)。

(1) 出入口的类型

遗址公园的出入口类型有主出入口、次出入口、专用出入口。主出入口的确定,是遗址状况与周边环境的综合考虑,一般面向主干道,与广场结合。为便于游客发现,给游客深刻印象,主出入口通常会采用遗址公园特色出土文物或遗址文化抽象化符号作为标识,如常州圩墩遗址公园、镇江凤凰山遗址公园的主出入口均是以特色遗址文化作为代表(图5-78)。

遗址公园的次出入口通常为1~2个,方便不同方向的人流或者专用车通行等,结合园内功能需求及周边环境设置。专用出入口通常只有一个,主要为园务管理、内部人员的通行,不对外开放,一般设在比较僻静处,形式简单,空间不大。

(2) 出入口的位置与布局

遗址公园出入口的位置与组织布局通常与周围环境、周边道路有很大关系,因此根据对江苏省遗址公园的实地调研,归纳出遗址公园出入口的位置、布局与周边道路的关系有2种类别:第一类是遗址公园与一条周边道路衔接,出入口的组织布局只在一处,此类情况通常出现在小型遗址公园中;第二类是遗址公园与多条周边道路衔接,出入口的组织与布局在多处,此类情况通常出现在中型、大型遗址公园中,满足多方向人流的需要。

① 遗址公园与一条周边道路衔接的出入口布局

遗址公园与一条周边道路衔接,出入口位置的选择与布局受到较多限制,通常仅在一处进行出入口的组织,一般在小型遗址公园中这种情况出现的较多(图5-79)。例如:南京薛城遗址公园,西侧、南侧都有水体环绕,北侧有大面积居住区,仅在东侧有一条道路与遗址公园相邻,公园出入口仅布置在东侧一处;扬州宋大城西门遗址公园,面积仅0.04 hm²,且处于闹市之中,受到周边城市环境的影响,周边道路位于遗址公园的北侧,出入口的布置也仅有一处。在中型、大型遗址公园中出现仅临单侧周边道路和单一出入口的情况比较少见,但若受到自然条件、城市环境、遗址本体条件等因素的影响,也可存在单一出入口布局,如南京胭脂河天生桥遗址公园。

常州圩墩遗址公园

镇江凤凰山遗址公园

图5-78 江苏省遗址公园主出入口的标识

南京薛城遗址公园

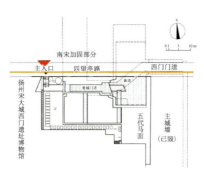
扬州宋大城西门遗址公园

南京胭脂河天生桥遗址公园

图 5-79 单侧道路的遗址公园入口组织

扬州南门遗址公园

常州圩墩遗址公园

徐州狮子山楚王陵考古遗址公园

图 5-80 遗址公园与两条或三条周边道路衔接

② 遗址公园与多条周边道路衔接的出入口布局

大部分江苏省遗址公园紧邻多条周边道路，尤其是中、大型遗址公园，据此组织的入口布局有以下两种情况。

a. 遗址公园与两条或三条周边道路衔接

江苏省遗址公园中，遗址公园与两条或三条周边道路衔接，通常情况下靠近城市主干道一侧布置主出入口，城市次干道上布置次出入口、专用出入口（图 5-80）。例如：扬州南门遗址公园，北侧是城市主干道，西侧是人行道，将主出入口布置在北侧，位于城市主干道一侧，次出入口布置在人行道一侧，合理组织不同方向的人流；常州圩墩遗址公园将主出入口布置在南侧的城市主干道上，次出入口布置在北侧的城市次干道上；徐州狮子山楚王陵考古遗址公园由于区位关系，南侧、东侧的城市主干道车流量、人流量均比较大，因此将公园的主出入口布置在南侧和东侧，次出入口布置在交通量相对较少的北侧。与上述案例不同的是，南京郑和宝船厂遗址公园南北侧紧邻居住小区，东西侧紧邻城市道路，尽管也是与两条周边道路衔接，但是，由于遗址公园西侧的扬子江大道为城市车行快速道路，不便开出入口，因此，只是在东侧的漓江路开了唯一的遗址公园出入口（图 5-81）。

b. 遗址公园四面被周边道路包围

这种情况的遗址公园通常面积较大，周边道路包围了

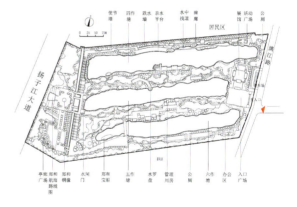

图 5-81 南京郑和宝船厂遗址公园出入口位置示意平面图

整个遗址公园，出入口的布置基本原则和遗址公园与两条或三条周边道路衔接的情况相一致。但一般情况下，遗址公园四面都有周边道路的环绕，其出入口的布置也需考虑四面均衡分布，例如镇江凤凰山遗址公园、淮安总督漕运部院遗址公园和镇江龙脉团山遗址公园，在公园的四个方向都设置了主次入口，方便各方向的游客进入遗址公园（图 5-82）。

（3）出入口的设计形式

江苏省遗址公园出入口设计形式在风格上都与自身的遗址历史形象相匹配。本书根据出入口的不同使用与平面布置情况进行了以下几种设计形式的分类。

① 根据遗址公园管理的需求，可以分为设置大门类出入口与不设大门类出入口。

a. 设置大门类出入口

这类出入口往往是由于遗址公园封闭式管理的需要，必须设置大门，同时兼有售票、检票、门卫管理等功能。

b. 不设大门类出入口

不设大门类出入口一般都为开放式免费游览的遗址公园。一般来说，位于城市中休闲型的中、小型遗址公园出入口多为这种类型。

② 根据遗址公园出入口与周边道路的衔接关系，可以分为广场式出入口与道路式出入口。

a. 广场式出入口

广场式出入口指的是遗址公园通过广场的形式与周边道路相衔接，通常情况下遗址公园主出入口或者人流量较大的次出入口都会采用此类型以解决出入口处交通组织与人流集散的问题。

b. 道路式出入口

道路式出入口指的是遗址公园通过园路与周边道路直接衔接，人流量少的遗址公园次出入口通常采用此种类型。

③ 根据遗址公园出入口本身的平面构图，可以分为对称式出入口与不对称式出入口。

a. 对称式出入口

对称式出入口一般会刻意营造对称轴线的入口广场或道路来突出遗址公园的一些重要节点，是遗址公园中常见的一种出入口设计形式。这种形式更能突出公园主题的庄严之感，适合在轴线末端设置最为突出的景观节点，如遗址点、建筑小品等。

b. 不对称式出入口

不对称式出入口的平面形式比较自由，相对于对称式出入口来说，所营造的公园氛围比较轻松、自然，游人可以通过一系列的空间转换进入公园，也是遗址公园中常见的一种出入口设计形式。

以上总结的不同分类方式的遗址公园出入口设计形式实际上是相互组合的。如设置大门类出入口的遗址公园通常都会规划门前广场以利于人流集散，同时在平面构图上也是规则对称的。南京薛城遗址公园出入口、南京郑和宝船厂遗址公园出入口、南京明故宫遗址公园北出入口、常州春秋淹城遗址公园东出入口、扬州槐泗隋炀帝陵出入口、淮安总督漕运部院遗址公园南出入口都是此类情况（图5-83）。

也有少数遗址公园主出入口大门未设门前广场而是结合道路而设计。如扬州龙虬庄遗址公园西出入口，采用了较长的道路及廊桥形成了很好的空间序列，较有特色。扬州龙虬庄遗址公园南出入口的大门立面造型是对称的，但大门与门前广场的位置为不对称构图（图5-84）。

不设大门的出入口广场设计形式有对称式与不对称式平面构图2类。前者比较典型的有常州圩墩遗址公园北出入口、南京宝塔山遗址公园西出入口、南京东水关遗址公园东出入口、镇江凤凰山遗址公园北出入口等。后者比较典型的有镇江凤凰山遗址公园西、南、东出入口，常州圩墩遗址公园南、西南出入口等。

常州圩墩遗址公园北出入口为长方形树阵广场，沿出入口对称轴线布置了心碑等景观节点，轴线的终点为突出遗址文化的图腾石韵主题雕塑。常州圩墩遗址公园南出入口为三角形平面的广场，广场上设立6根方形石柱，柱上题公园名称，形成较好的景观效果。常州圩墩遗址公园西南出入口为堑影广场，游人由广场通过"堑道"可进入公园，圩墩侧面挡墙上题公园名称，堑影广场、曲折的"堑道"、圩墩挡墙形成了不断变化的入口空间（图5-85）。

镇江凤凰山遗址公园

淮安总督漕运部院遗址公园

镇江龙脉团山遗址公园

图5-82　遗址公园四面被周边道路包围

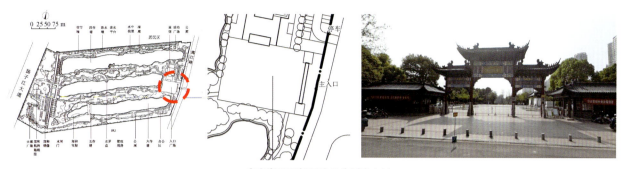

a. 南京郑和宝船厂遗址公园出入口

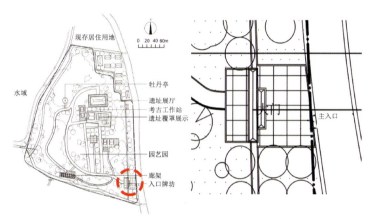

b. 南京薛城遗址公园出入口

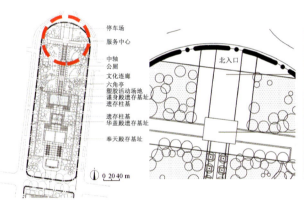

c. 南京明故宫遗址公园北出入口

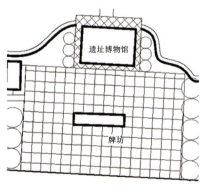

d. 扬州槐泗隋炀帝陵出入口

e. 常州春秋淹城遗址公园东出入口

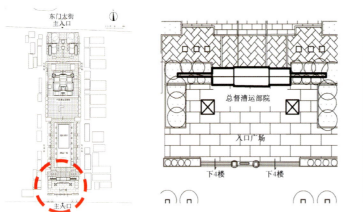

f. 淮安总督漕运部院遗址公园南出入口

图 5-83　江苏部分遗址公园出入口的设计

镇江凤凰山遗址公园北出入口为林荫广场与景观桥组成对称的轴线，形成了很好的奥旷变化的空间效果。镇江凤凰山遗址公园的西、南、东出入口为自由式平面构图。西出入口为图腾广场，设置了特色铺装、图腾景墙、景观水池，图腾景墙为遗址墩的侧面挡墙，墙外表有图腾图案与公园名，游人通过景观水池上的桥进入公园。南出入口为石器广场，借助广场中心的石器雕塑来表现遗址公园的主题。东出入口广场沿栖凤湖布置，为狭长的自然曲线平面构图的广场，广场一侧衔接栖凤桥，游人可以通过栖凤桥进入公园，参观公园的核心景点文化层展示墙及演艺广场（图5-86）。

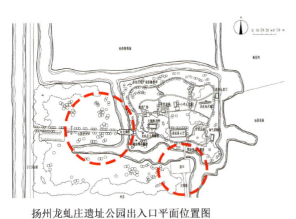

扬州龙虬庄遗址公园出入口平面位置图

扬州龙虬庄遗址公园西出入口

扬州龙虬庄遗址公园南出入口

图 5-84　扬州龙虬庄遗址公园的出入口

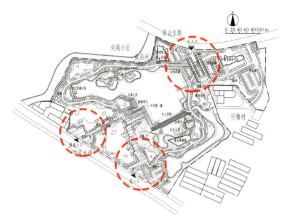

常州圩墩遗址公园出入口平面位置图

常州圩墩遗址公园北出入口

常州圩墩遗址公园南出入口

常州圩墩遗址公园西南出入口

图 5-85　常州圩墩遗址公园的出入口

南京宝塔山遗址公园西出入口为圆形广场，广场的中心放置巨石，上刻公园名称，形成了很好的入口景观。南京东水关遗址公园东出入口广场紧邻南京龙蟠东路，广场上设置了牌坊，牌坊后为点景巨石，牌坊与巨石形成框景效果（图5-87）。

### 5.5.3　停留空间

（1）铺装广场

处于遗址公园出入口的广场已在上节讨论，本节讨论的为遗址公园处于内部的广场。遗址公园中的广场主要是游人集散、举办相关活动、展示遗址文化的场所，形式有规则式、不规则式2类。一般说来，面积较大的广场衔接遗址公园主要道路，汇集了公园中的主要人流，形成公园的构图中心，突出遗址公园中最重要的遗址主题景观节点，如南京宝塔山遗址公园中心广场、镇江凤凰山遗址公园演艺广场。面积较小的广场衔接遗址公园次要道路，或在主要道路的一侧，形成公园中的小型空间，展示遗址景观小品,同时提供便于游人停留休息,如南京胭脂河天生桥遗址公园中的督造台小广场(图5-88)。

① 规则式广场

对称式广场由明显中轴线,形式较为严谨,仪式感较强,比较容易突出广场中的遗址主题景观节点。例如淮安总督漕运部院遗址公园中漕运广场为轴线对称的广场,凸显了广场北侧的中国漕运博物馆建筑(图5-89)。南京大报恩寺遗址公园中部为公园博物馆建筑所围合的庭院式广场,广场中设置静水池、琉璃塔,形成了较为肃穆的景观效果(图5-90)。

② 不规则式广场

遗址公园中的不对称式广场形式比较自然,营造的气氛较为轻松,趣味性较强。例如镇江凤凰山遗址公园中的演艺广场与文化层展示墙广场的平面构图为圆形矩形组合而成,使得场地趣味性得到了提升;演艺广场中部圆形空间提供了人们聚集活动的场所;广场周边设看台座凳,方便了人们在此休息与观演;广场周边的文化层展示墙为遗址公园重要景点,展示了遗址墩中叠压的文化层(图5-91)。镇江龙脉团山遗址公园团山广场是衔接遗址公园主出入口的不规则形广场,广场中的折线矮景墙宛似一条盘成一团的龙,形成了公园中的特色景观(图5-92)。南京宝塔山遗址公园的中心广场建造在遗址墩顶部,为不同圆形组合的不规则式构图广场,形式较为活泼;主圆形广场的中心为湖熟文化标志性的雕塑景观,展示了遗址文化,广场周边围以廊架,提供了人们的休息空间(图5-93)。

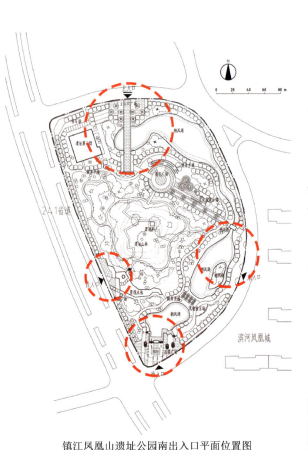

镇江凤凰山遗址公园南出入口平面位置图

镇江凤凰山遗址公园北出入口

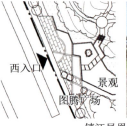

镇江凤凰山遗址公园西出入口

镇江凤凰山遗址公园南出入口

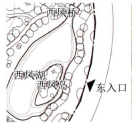

镇江凤凰山遗址公园东出入口

图5-86 镇江凤凰山遗址公园的出入口

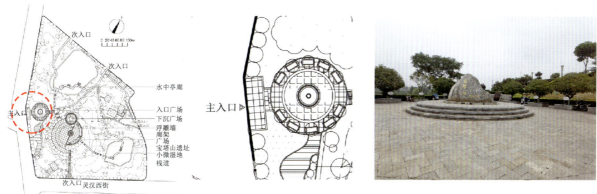

南京宝塔山遗址公园西入口(主入口)

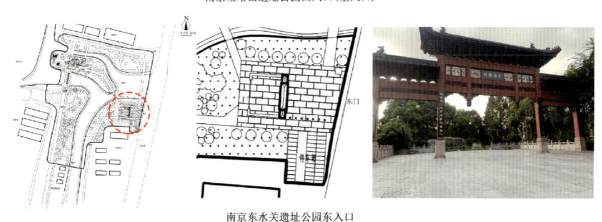

南京东水关遗址公园东入口

图 5-87 南京宝塔山遗址公园西出入口与南京东水关遗址公园东出入口

图 5-88 南京胭脂河天生桥遗址公园的督造台小广场

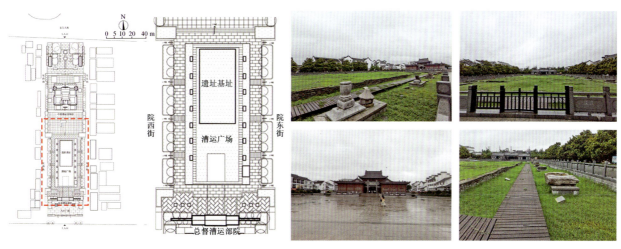

图 5-89 淮安总督漕运部院遗址公园的漕运广场

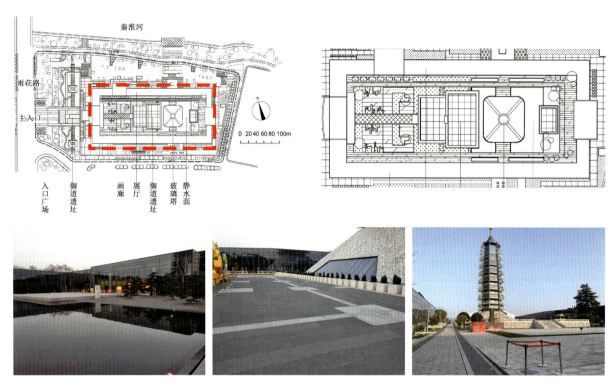

图 5-90 南京大报恩寺遗址公园中部的庭院式广场

图 5-91 镇江凤凰山遗址公园的演艺广场与文化层展示墙广场

图 5-92 镇江龙脉团山遗址公园的团山广场

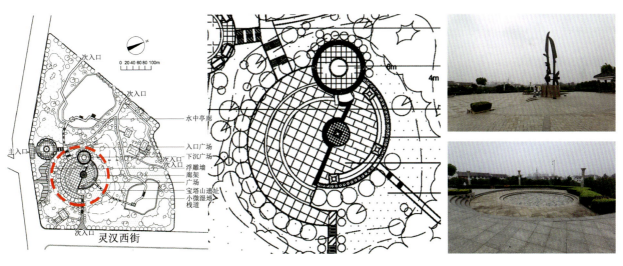

图 5-93 南京宝塔山遗址公园的中心广场

（2）停车场

根据遗址公园的规模、周边道路情况合理设置停车场地，小型遗址公园通常在主出入口附近设置停车场，中型、大型遗址公园通常在多处出入口附近设置停车场地，方便游客游览（图 5-94）。

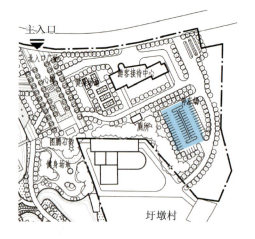

■ 停车场

a. 常州圩墩遗址公园

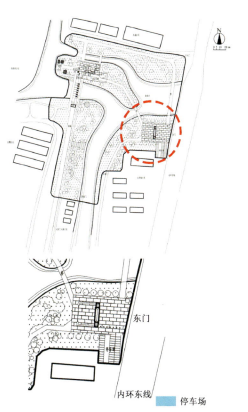

b. 南京东水关遗址公园

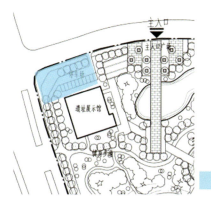

c. 镇江凤凰山遗址公园

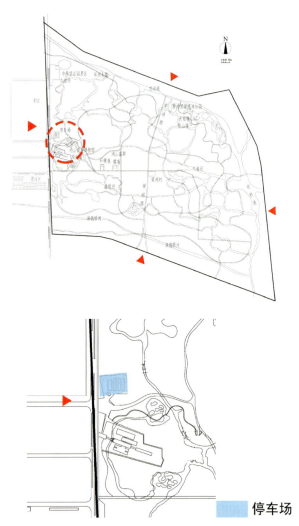

d. 无锡鸿山国家考古遗址公园

图 5-94 江苏省部分遗址公园停车场设计

## 5.6 配套设施

配套设施在遗址公园中分布广泛、密度较大。如果将这些设施设置成良好的景观，将对遗址公园整体的景观形象起到提升作用，也使游客有更好的游览体验，因此在遗址公园的规划设计中要重视配套设施的规划设计，在造型上、材质上、分布上要与遗址公园整体景观相契合，也要充分考虑游客使用需求。

### 5.6.1 标识系统

江苏省遗址公园内的标识系统是指将遗址公园内的信息通过指示牌、示意图等载体传递给游客，引导游客对遗址公园的深入了解与保障游览活动的顺利进行。由于遗址公园内所展示的遗址文化专业性较强，部分内容可能晦涩难懂，借助标识系统的解释与传播必不可少，因此完善的标识系统在某种程度上体现了遗址公园规划建设的品质。同时，由于标识系统在遗址公园中的专业性与信息多样性，对标识系统的造型、材质、色彩等进行合理规划，使其充分契合遗址公园的整体风貌，能直观反映每个遗址公园的独特风格（王国平，2020）。江苏省遗址公园的标识可以分为遗址展示标识、游览引导标识和管理维护标识3种。

（1）遗址展示标识

遗址展示标识是指通过标识将遗址本体所蕴含的文化、历史信息传递给游客，其中包括遗址平面图、遗址解说牌等。在遗址公园的出入口或重要遗址周边可以设置遗址平面图，标明游客所在位置，系统地向游客说明开放区和非开放区或暂时不具备展示条件的区域，向游客提供参观路线信息，以便游客进行选择。另外在遗址所在处通常会设有遗址解说牌，通过文字或图案介绍遗址的相关情况，便于游客了解所参观的遗址历史信息（图 5-95）。

图 5-95　江苏省遗址公园的遗址展示标识

图 5-96　江苏省遗址公园的游览引导标识

（2）游览引导标识

游览引导标识包括在游览线路上的方向指示牌、出入口标识、路线导览图等，用于引导人流、车流通行，便于游客寻找参观点，方便游客游览，通常根据遗址公园的不同特色采用不同形状、材质的引导标识（图5-96）。

（3）管理维护标识

管理维护标识主要是为了便于遗址公园的日常管理与维护而设置的告知、警示游客的标识。通常设置在遗址展示点、有高差处、有水体处、视线盲点处，目的是规范游客在遗址公园中的游览行为，以免对游客自身、对遗址本体、对公园管理产生安全的隐患（图5-97）。

江苏省遗址公园中标识系统的规划设计是根据所展示遗址文化的特点进行设计，兼顾考虑遗址科普展示角度和游客游览观赏角度，利用文字、图形、图片相结合的方式，准确传达遗址信息，满足游客游览需求，在遗址公园标识系统的形式与材料上都要做到与遗址本身、遗址周边环境相契合，不突兀（李利，2020）。

图 5-97　江苏省遗址公园的管理维护标识

图 5-98　无锡阖闾城考古遗址公园的座椅样式

图 5-99　江苏省遗址公园的垃圾桶样式

### 5.6.2　休憩设施

遗址公园作为具有休闲游憩功能的公共空间，游客的休憩设施自然必不可少，主要以座椅为主。座椅在遗址公园中分布广泛、使用率高，若能很好地与遗址文化相结合，无疑有助于遗址公园整体景观的提升。江苏省遗址公园中，大多休憩设施的设置比较注重与遗址景观风格的协调，例如：无锡阖闾城考古遗址公园中，座椅样式多样，采用春秋时期战车车轮样式作为座椅支撑，椅背刻有春秋阖闾城故事的图案，从各处细节体现阖闾文化，对营造整体遗址公园的形象非常有利（图 5-98）；徐州龙雾桥遗址公园、徐州狮子山楚王陵遗址公园中的座椅样式也独具遗址相关特色。

### 5.6.3　服务设施

垃圾桶是江苏省遗址公园最为常见的服务设施，遗址公园中的垃圾桶与其他公园的垃圾桶最明显的区别是造型上具有遗址文化特色。其无论是在造型、材质上都设计成与遗址公园整体景观相契合的形式，如常州春秋淹城遗址公园中垃圾桶做成春秋时期建筑屋顶形式，南京胭脂河天生桥遗址公园的垃圾桶做成桥状，从细微处展示遗址文化（图 5-99）。

### 5.6.4　照明设施

在江苏省遗址公园的照明系统规划设计中，部分遗址公园较为注重对重要遗址节点的照明系统的布置，采用多种照明方式相结合，形成丰富的展示效果（图 5-100）。在普通节点处的照明则较为简单，仅满足必要照明。另外在不同等级的道路系统、不同的游客活动空间中遗址公园也会应用相对应的照明。照明系统的规划设计是保障遗址公园夜间正常运行的基本条件之一，也是优化游客夜景体验感的必要设施，需要与遗址的保护与展示相结合，与游客活动规律相吻合，与遗址公园整体风貌相协调。

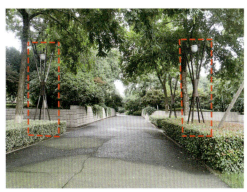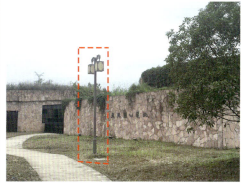

图 5-100　江苏省遗址公园的照明设施样式

**参考文献**

程泰宁,崔愷,孟建民,等,2017.金陵大报恩寺遗址博物馆设计研讨会[J].建筑学报,(1):22-29.

崔愷,张广源,2010.无锡鸿山遗址博物馆[J].城市环境设计,(S2):68-73.

范金民,2018.明代南京宝船厂遗址考[J].江苏社会科学,(1):236-240.

孔利宁,裴梦斐,2020.遗址博物馆研究文献可视化分析[J].博物院,(3):34-42.

李利,2020.基于耦合模型的考古遗址公园可持续发展研究:以殷墟国家考古遗址公园为例[D].郑州:河南农业大学.

王国平,2020.从"国家遗址公园"到"国家文化公园":关于良渚国家文化公园申报导则的思考[J].城乡规划,(4):7-12.

王刃馀,2020.考古遗址公园发展语境中的考古遗址博物馆[J].博物院,(3):6-12.

席龙飞,2005.南京宝船厂遗址的发掘成果[J].社会观察,(7):94-95.

许哲瑶,2014.我国大型城市公园入口景观研究[D].广州:华南理工大学.

于丽华,2012.废弃采石场的生态恢复与可持续利用:以"徐州珠山宕口遗址景观公园"建设为例[J].中国建设信息,(13):110-112.

郑漫丽,2020.浅议考古遗址公园的符号构建[J].博物院,(3):13-18.

周岚娇,2012.徐州珠山宕口遗址公园景观设计分析[J].园林,(4):34-37.

# 中篇　中观层面
## ——南京市遗址公园研究

  本篇在中观层面上选取江苏省遗址公园分布最为密集的城市——南京作为典型城市，从遗址活化的角度，构建南京市遗址公园进行使用后评价指标体系，采用基于行为观察法、半结构式问卷以及层次分析法问卷的使用后评价调研的方法得出综合评价结果，并以此为依据，提出南京市遗址公园优化原则、策略与建议。

# 6 南京市遗址公园概况

南京历史悠久，有 50 万年人类活动的历史，建城至今已有近 2 500 年历史，作为都城也有约 450 年历史，为中国四大古都之一，享有"六朝古都""十朝都会"的美誉，是首批国家级历史文化名城。

南京遗址资源众多，遗址公园数量可观。遗址公园作为一种"活化"遗址资源的有效方式，遗址活化的效果与遗址公园使用情况密不可分，对其进行使用后评价研究可以探究遗址公园使用情况，侧面展示出遗址活化效果。针对使用情况提出优化策略，有助于遗址公园建设与更新，从而更好地进行遗址活化。目前南京市已建成遗址公园使用情况不明，故本章通过使用后评价的方法对南京遗址公园进行研究。

## 6.1 南京历史沿革与近期城市规划建设背景

### 6.1.1 南京历史沿革

南京地处长江中下游，南部地势较为平坦，北部有部分低山和丘陵，如紫金山、幕府山等，城内也有不少河流水系及湖泊，如秦淮河、金川河、玄武湖、莫愁湖等，总体呈现山环水抱的态势，故也被称为"虎踞龙盘地"。南京曾作为三国吴、东晋、南朝宋、南朝齐、南朝梁、南朝陈此六朝的都城，后来五代十国时期的南唐、南宋和明朝也在南京建都。1949 年以前，太平天国和中华民国也曾将南京作为首都。南京在六朝、南唐、明朝、民国四个时期，比较兴盛；在隋灭陈、太平天国与清军战争以及日军侵华战争中，经历了浩劫。朝代更迭以及战争的影响，一定程度上也使得很多古代城市遗存没能得以保留。

历史记载的南京最早形成地方建制是在春秋时期。楚国先在南京设棠邑，而后吴王夫差在朝天宫附近修筑了冶城，不久越国灭吴，又在南京修建了越城，自此开始了南京近 2 500 年的建城史（苏则民，2008）。

战国时期，楚威王在石头山（今清凉山）修建了城垣，名金陵邑，这也是现石头城遗址的前身和南京"金陵"别称的由来。

秦朝时期，南京的名称被更改为秣陵县。汉朝也延续了此命名。

三国时期，孙权定都建业即现在的南京。南京作为都城的历史就此展开。孙吴时期的建业城，北邻玄武湖，南抵今淮海路，东临今太平门，西至鼓楼岗，都城周长 20 里 19 步（黄道远，2015）。此后，东晋、南朝的宋、齐、梁、陈将南京改名为建康作为都城，城市格局基本延续了孙吴时期的建业城，只有宫城位置有些许变化。今天南京的玄武湖从东吴起便是皇家园林，并在南朝时期进行了扩建。宫城南门至朱雀门形成了城市中轴线。六朝时期对今天的南京城市格局有重要影响（苏则民，2008）。

隋灭陈后，隋文帝将建康城荡平，对于南京来说无疑是一次浩劫。隋唐时期，南京只是作为普通城市建制，直至五代十国的南唐，才重新作为都城，名江宁府。南唐时期，修建金陵城，较之健康城更大且向南移动，城市中轴线基本没有变化。杨吴和南唐，是南京历史上最为重要的四个时期中的第二个时期（苏则民，2008）。

南宋时期将南京作为行都，名建康府，因时局动荡，没有较大的建设发展。

明朝早期，定都南京改名京师，设应天府，明成祖时期迁都北京，南京作为陪都。明太祖朱元璋定都南京后，在原金陵城东城门外建城，不与之前各个朝代的城市旧址重叠。明南京由四重城郭组成：宫城、皇城、都城、外郭，宫城是整个城郭体系的核心（黄道远，2015）。宫城皇城方正、规整，且皇城建设按照"前朝后寝、左祖右社"的布局方式。都城范围达到南京史上最大，囊括了之前各个朝代的都城，且结合地形修建，形状不规则。都城用城墙围合，即今天南京的明城墙，也成为南京遗址资源的重要组成部分。明朝成为奠定南京城市格局的第三个重要时期。

清朝时，南京改回江宁府，为两江总督驻地，成为区域性的政治中心。

1840 年中国近代史开始；1853 年太平天国进入南京，将南京定为都城天京，直至被湘军战胜南京建都史结束。太平天国在南京建设行为以建筑宫殿为主，但后续遭战争和内讧多已损毁。

六朝、杨吴南唐、明朝三个重要时期的城市格局如图 6-1 所示，今日南京市众多遗址资源的分布正是来源于此，相对应的，从今日遗址资源，也可以窥见南京市的历史城市缩影。

1927 年国民政府在南京建立。民国时期在城市规划方面开始向现代化转变，其中最重要的是由国民政府主导的《首都计划》。其对南京市的概况进行了调查分析及历史、现状资料整理，并划定了南京市规划边界，对土地使用、道路系统、市政基础设施、绿地系统、产业、公共设施进行了规划。当时的首都城内分区及道路系统也为今天的南京市奠定了雏形（图 6-2、图 6-3）

图 6-1 南京城都变迁图

图片来源:《南京城市规划历史变迁介绍》

图 6-3 南京市分区及道路系统图

图片来源:《首都计划》

从春秋战国的越城到今天,南京经历多次朝代更迭、城市变迁,悠久的文化历史在今天南京的土地上留下了无数的印记,其中便有众多的遗址资源。通过回溯历史,南京城历朝历代的城市变迁呈现出来,为今天南京的众多遗址资源寻到根源,形成很好的印证,并且也能更好地找到单个遗址之间的联系。

### 6.1.2 南京近期城市规划建设背景

目前南京市规划和自然资源局发布有《南京市总体规划(2011—2020)》《南京历史文化名城保护规划(2010—2020)》,还没有发布 2018—2035 年的正式城市总体规划及历史文化名城规划。所以,本节将结合以上城市规划文件对南京市最近几年的城市规划建设发展背景进行研究。

在《南京市总体规划(2011—2020)》中,南京市的城市性质定位为:江苏省省会,东部地区重要中心城市,国家历史文化名城,全国重要的科研教育基地和综合交通枢纽(南京市规划和自然资源局,2020)。南京市规划层次分为市域、都市区及中心城区。其中市域总面积约 6 582 km²;都市圈包括玄武、秦淮、建邺、鼓楼、浦口、栖霞、雨花台、江宁区全部和六合区大部,以及溧水区拓塘地区,总面积约 4 388 km²;中心城区由主城区和东山、仙林、江北 3 个副城组成,规划范围总面积约 846 km²(南京市规划和自然资源局,2020)。总体规划中强调,要注重城市的历史文化和风貌特色保护,坚持整体性保护原则,在南京市历代城建格

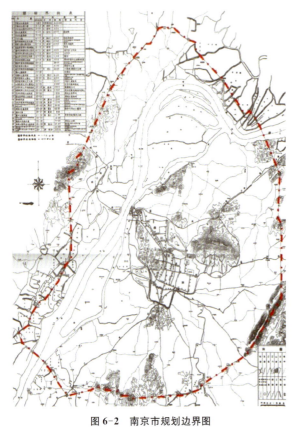

图 6-2 南京市规划边界图

图片来源:《首都计划》

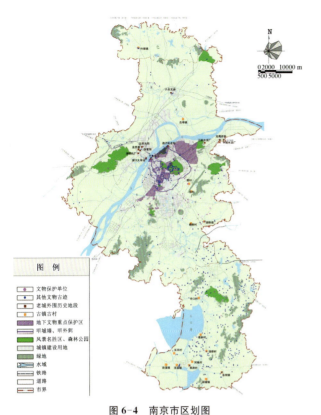

**图 6-4　南京市区划图**
图片来源:根据江苏省自然资源厅资料改绘

**图 6-5　南京市主城历史文化保护规划图**
图片来源:《南京历史文化名城保护规划(2010—2020)》

局及其所依附的自然环境基础上,编制落实文化遗产保护,重点保护城南、明故宫、鼓楼—清凉山三大历史城区及两大文化街区,统筹协调发展与保护关系(图6-4)。

《南京历史文化名城保护规划(2010—2020)》阐述了南京作为名城的价值:①世界都城建设史上的杰出代表;②著名都城格局的遗存,保留着相对完整的古城格局以及部分朝代的历史轴线;③重要历史事件的发生地;④重要思想文化、近代科教文化基地(南京市规划和自然资源局,2019)。

该规划主要从整体风貌格局、历史地段、古镇古村、文物古迹、非物质文化遗产5个方面提出了保护内容。在整体风貌格局保护中,首先从保护山水环境着手,南京独特的山水环境是南京城市格局的本底,这两者相互依存、相互影响,共同塑造了南京不同于其他历史文化名城的城市空间特色。在此基础上,对历代都城格局进行保护,重点保护六朝、南唐、民国等时期的都城遗迹,如历代都城城墙、城市轴线及都城周边环境等,并加强考古发掘和原址保护。同时,城南、明故宫、鼓楼—清凉山三个片区拥有深厚的历史文化底蕴,将其划为历史城区进行保护。其次,对老城整体进行保护,保留其历史轴线、街巷格局等,控制建筑高度、保护界面及景观视廊,使其空间形态得以展现(图6-5)。

规划已按照大遗址保护的要求,对明孝陵、明故宫、大报恩寺遗址、南朝二陵、龙江宝船厂、阳山碑材、胭脂河天生桥等一批遗址资源编制保护规划,并将其纳入城乡发展规划的范畴。规划指出要坚持全面整体性保护,并对保护与利用的新模式展开探索;挖掘遗址的文化与价值,充分发挥其社会效益,合理适度地推进相关产业发展;加强综合环境整治,为广大群众创造更加美好的人居环境(南京市规划和自然资源局,2019)。

依据编制的《南京历史文化名城保护规划(2010—2020)》,应坚持全面、整体、积极保护的原则,推进法治建设,优化更新保护办法,完善相应的制度保障,制定行动计划,加强公众参与;提出历代都城建成的格局保护,尤其重点保护六朝、南唐、明代和民国4个重要的历史时期现存遗址。若发掘重要考古遗存,应当及时进行原址保护并将其作为城市的公共空间进行对外展示。

重点突出大部分集中在老城内的南京市文化遗产,外围新区建设需要尽快加强,同时控制老城人口规模,优化老城交通体系,合理调节老城功能,改善老城的公共服务设施,建立分类的标识系统,健全老城防灾体系。重点整体性进行老城保护,严格控制其内建筑高度,保护老城内午朝门等标志性历史文化景观点和重要的景观视廊,以及石头城及城墙、城西干道与清凉山等重要景观界面,原则上新建建筑不能超过南京市明城墙的高度,涉及相关问题时,必须做相应的景观影响分析,且须经南京市规划委员会的专家论证。

《南京历史文化名城保护规划(2010—2020)》指出,应当在整体性保护南京老城区的全局风貌这一基础上,依托南京明城墙、秦淮护城河、城建格局的历史轴线及其内的部分特色道路、河桥等,将老城区内的文化遗产、历史片区和自然资源进行串联整合,形成"一环""三轴""多廊"的历史文化廊道和"三区""多片""多点"的历史文化景观。

其中,"一环"是指南京市明城墙风光带;"三区"指在现阶段仍保存较为完整的城南、明故宫、鼓楼—清凉山这三片历史城区;"多片"即老城区内的建筑群遗存、历史文化地段、公园绿地等构成的历史文化景观;"多点"为城门、城市格局轴线的起始点、相交点和具有地理标识性意义的建筑及构筑物。在文物古迹保护方面,规划要求遵循"保护为主、抢救第一、合理利用、加强管理"的原则,根据上位规划,划定合理的保护范围,保护重要的古代遗存所处的外在自然环境及相应的轴线控制关系(图6-6)。

根据总体规划和对城市历史风貌整体性保护重要思想,结合我国《历史文化名城保护规范》和《南京历史文化名城保护规划(2010—2020)》,2016年9月南京市发布了《南京市"十三五"文化发展规划》。《南京市"十三五"文化发展规划》,肯定了南京市"十二五"期间的诸多成果。

"十二五"期间(2010—2015年)与文化遗产方面相关的主要成果有:

① 文化法治建设步伐加快,制定了《关于贯彻落实〈南京城墙保护条例〉实施方案》《关于构建田野文物报警员工作网络的意见》《南京市文物建筑修缮工程管理办法》等;行政审批效率提升,集中审批窗口、缩短审批工作日、减少审批事项,文物勘探考古事项纳入全市"多评合一"审批环节。

② 文物保护法律法规体系逐步健全,先后出台了《南京市非物质文化遗产保护规划(2011—2015年)》《关于进一步规范考古收费管理的意见》《南京城墙保护条例》等文件,完成南京城墙、明故宫遗址、明孝陵、南朝陵墓石刻、南唐二陵等全国重点文保单位保护规划编制的任务。

③ 文化遗产保护利用成效明显,南京市有世界文化遗产1处,全国重点文保单位49处(103个点),省级文保单位109处(116个点),市级358处(368个点),完成考古发掘项目501处,发掘古代遗迹172处,被指定为"中国明清城墙""海上丝绸之路"联合申遗牵头城市;明城墙列入"中国世界文化遗产预备名单",推进其整体保护和修缮、整治,于2014年8月正式全面开放。

"十三五"规划坚持文化为民、改革创新、社会参与和协调发展原则,围绕建设现代化国际性人文绿都的城市发展目标。"十三五"规划在南京文化遗产保护方面强调:

① 建立健全文化遗产保护机制,推进明故宫遗址、高淳固城遗址等一批遗址保护项目及遗址公园建设,完成瞻园、龙江船厂遗址、渤泥国王墓、钟山建筑遗址、上坊孙吴墓、杨柳村古建筑群、中山陵等文化遗产保护规划编制工作。

② 加强地下片区文物保护,完善管理制度,严格审核审批程序,加强相关地下文物监管,做好已划定的15个地下文物重点保护区的保护管理工作,完善高淳、溧水、六合、浦口4个新区地下文物保护区的划定。

③ 提高文化遗产科学保护水平,编制文化遗产人才发展规划,加强与高校的合作并建立联合研究中心,加强国际交流引进先进文化遗产保护的新技术和新概念。建立遗址保护科学监测评估体系,建立文化遗产保护修复相关的实验中心,注重研究成果的出版利用。

其中,重点建设项目有:2017年完成金陵邑石头城遗址保护展示,2018年建设完成大报恩寺遗址展示保护、明故宫遗址公园核心区保护展示、通济门遗址公园建设、南

**图6-6 南京市老城历史文化保护规划图**

图片来源:《南京历史文化名城保护规划(2010—2020)》

唐二陵遗址保护展示、南京直立人化石地点遗址保护展示，2020年完成明外郭遗址保护展示、固城遗址保护展示、薛城遗址保护展示。

为此"十三五"规划在保障措施中提出：

① 加强组织领导，壮大基层组织队伍，加大督查和考核力度。深化体制改革，制定并出台相关单位年度报告和信息披露、公众监督等基本制度。

② 完善支持政策，增加遗址遗迹的专项保护经费，设立南京明城墙保护基金，专项重点支持考古遗址公园建设、各级文保单位维修保护等。

③ 创新绩效评价，将文化遗产保护责任落实情况纳入对各部门、各区、街道经济社会发展考核评价体系中，增加其在综合评价中所占比重。

④ 建立群众考核评价及相应的反馈机制，推动城市文化内涵与群众精神文化需求的有效互动，防止公共文化资源的浪费和空投，尝试建立公共文化服务第三方评价机制，以加强评价的客观、科学性。

⑤ 强化法治保障，大力推进文化遗产保护、文化市场管理等领域立法和相关法律的贯彻落实，组建提升综合性的执法队伍和相关机制建设，提高文化领域的法制化水平。

目前，南京市文化遗产保护和利用的相关法规、条例主要有《南京市历史文化名城保护条例》《关于南京历史文化遗产保护的情况和建议》《南京老城保护与更新规划》《南京市夫子庙地区管理规定》《南京文物保护单位名录》《南京市文物保护单位管理利用规定》《南京市文物保护条例》《关于严厉打击盗掘和非法买卖地下文物的通告》《南京重要近现代建筑和近现代建筑风貌区保护条例》《南京市城市房屋拆迁管理办法》《城市紫线管理办法》等。

在2017年3月30日，南京市入选国家首批城市设计试点的17个城市之一，住房和城乡建设部倡导各个试点的城市设计要"因城"开展，因地制宜，切实解决其现阶段客观存在的实际问题，达成对城市格局、风貌及其内外各类相关联空间的精细化管理；在城市总体设计的大背景下进行建筑单体的设计，加快规范城市建设的步伐，突显城市文化特色，提升城市品质内涵及文化价值。

南京市规划部门表示，在今后的城市建设当中，一定要避免"千城一面"的问题，努力打造具有南京城市文化特色、延续发扬传统精神风貌；创新升级当代的城市规划设计理念，改善城市自循环的生态环境，补足过去发展进程当中的短板，保障和改善人民生活水平及精神文化需求，增强城市的宜居性。

## 6.2 南京市遗址资源与遗址公园现状

### 6.2.1 南京市遗址资源

南京市历史悠久、文化资源丰富，有着古都格局和风貌，有众多著名的历史地段、古镇古村，有数量巨大的文物古迹以及底蕴深厚的非物质文化遗产。南京市市域历史文化资源分布如图6-7。

就南京市遗址资源来谈，其种类丰富，数量众多，重要程度也不同。本书依托文物保护单位，对国家级、省级和市级文保单位进行研究，从中筛选出符合遗址定义的文物保护单位。

南京市文化和旅游局2019年12月公布的文物保护单位名录统计见表6-1。

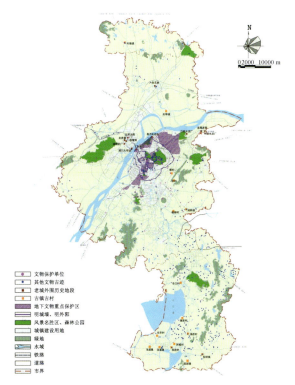

图6-7 南京市域历史文化资源分布图
图片来源：南京市规划和自然资源局，及作者自绘

表6-1 南京市文物保护单位数量统计

| 类型 | 国家级 | 省级 | 市级 |
| --- | --- | --- | --- |
| 古遗址 | 7处、7点 | 6处、6点 | 39处、39点 |
| 古墓葬 | 6处、15点 | 8处、8点 | 24处、24点 |
| 古建筑 | 9处、9点 | 24处、31点 | 95处、95点 |
| 石窟寺及石刻 | 3处、20点 | 5处、5点 | 24处、24点 |
| 近现代重要史迹及代表性建筑 | 30处、61点 | 70处、75点 | 161处、167点 |
| 其他 | 0处 | 1处、1点 | 4处、4点 |
| 总计 | 55处、112点 | 114处、126点 | 347处、353点 |

将南京市的国家级、省级、市级文物保护单位在GIS中建立数据库,可以发现,南京市文物保护单位在整个市域都有分布,但是主要集中分布在主城区范围内,如图6-8所示。

根据遗址定义对各级文物保护单位进行筛选,得出南京市遗址资源数量共117处、143点,见表6-2。

图6-8 南京市文物保护单位分布图

表6-2 南京市遗址数量统计

| 文物保护单位级别 | 遗址数量 |
| --- | --- |
| 国家级 | 21处、47点 |
| 省级 | 24处、24点 |
| 市级 | 72处、72点 |
| 总计 | 117处、143点 |

同时,截至目前,南京市有国家大遗址1处,为"十三五"期间重要大遗址:南唐二陵;有江苏大遗址3个,分别为2011年首批次"江苏大遗址":南京明孝陵;2013年第二批"江苏大遗址":南京人化石地点、南唐二陵。

### 6.2.2 南京市遗址公园现状

南京市目前的文化遗产统计工作已经完成并在不断完善推进,但对于已经建设开放的遗址公园和已经确认即将建设的遗址公园并没有统计资料清单。由于2018年之前实行的《城市绿地分类标准》中并无遗址公园这一类型,目前遗址公园的命名也比较混乱,建设过程中也没有统一的规划设计标准,导致各个遗址公园情况各异。也有一些政府规划建设的遗址公园,在建设实施过程中出现一些变动,与现状情况不符。

《南京市城市绿地系统规划(2013—2020)》与《城市绿地分类标准》(CJJ/T 85—2017)相矛盾。就此问题,经与南京市园林局相关专家咨询,专家表示,新的《南京市绿地系统规划》还没有编写完成,现行的《南京市绿地系统规划(2013—2020)》中对南京市绿地的分类也不再适用,将在新版中,把部分风景名胜公园、带状公园等根据属性划分到遗址公园类别中。故本书研究的遗址公园并非《城市绿地分类标准》中的一种绿地类型,而是符合遗址公园内涵的公园。

本书没有可以直接依据的官方名录,对南京市遗址公园的研究,必须基于遗址公园概念厘清几个问题:①南京有哪些与遗址相关的公园;②这些公园中哪些属于遗址公园;③名为某某遗址公园的,是否就是遗址公园。在此基础上,明确南京市遗址公园名录,并开展研究。

《南京市绿地系统规划(2013—2020)》中,有与遗址相关的公园,见表6-3。由于该绿地系统规划与现行《城市绿地分类标准》相矛盾,且本书的研究对象并非遗址公园绿地类型,故只参考其中遗址相关公园名录,而不以其给定的类别作为判断,在此基础上,结合其他途径进行判别。

表6-3 与遗址相关的公园

| 公园名称 | 遗址名称 | 遗址级别(重点文物保护单位) |
| --- | --- | --- |
| 明孝陵景区(钟山风景名胜区) | 明孝陵遗址 | 全国 |
| 汤山温泉-阳山碑材风景名胜区 | 阳山碑材遗址 | 全国 |
| 宝船厂遗址公园 | 龙江船厂遗址 | 全国 |
| 江宁汤山国家地质公园 | 南京人化石地点遗址 | 全国 |
| 明故宫遗址公园(含午朝门遗址公园) | 明故宫遗址 | 全国 |
| 牛首-祖堂风景名胜区 | 郑和墓、弘觉寺塔及摩崖石刻、南唐二陵等 | 省级、全国 |
| 东水关遗址公园 | 薛城遗址 | 全国 |
| 神策门公园 | 神策门遗址 | 全国 |
| 西安门游园 | 西安门遗址 | 全国 |
| 下马坊遗址公园 | 下马坊遗址 | 全国 |
| 石头城公园 | 石头城及明城墙遗址 | 省级 |
| 窨子山古文化遗址公园 | 窨子山遗址 | 省级 |
| 浡泥国王墓 | 浡泥国王墓 | 全国 |
| 大报恩寺公园 | 大报恩寺遗址 | 全国 |
| 东华门游园 | 东华门遗址 | 全国 |
| 萧宏墓石刻公园 | 萧宏墓及石刻 | 全国 |

表格来源:《南京市绿地系统规划(2013—2020)》。

在百度地图中搜索"南京市遗址公园",遗址公园相关结果有:明故宫遗址公园、东水关遗址公园、郑和宝船厂遗址公园、石头城遗址公园、大报恩寺遗址公园、下马坊遗址公园、西安门遗址公园、六朝古都遗址公园、午朝门遗址公园、东华门遗址公园、宝塔山遗址公园、薛城遗址公园、惠济寺遗址公园。对搜索结果进行甄别,其中六朝古都遗址公园没有依托任何遗址核心,虽其现状题名确为遗址公园,但其实质是依托"六朝古都"文化的城市公园,将其剔除本研究范围。

南京市在重点文化工程项目计划（2011—2015）提出大遗址保护工程11项，见表6-4。表6-4中，明孝陵遗址公园目前其仍称为"明孝陵风景区"，属于钟山风景名胜区中16个景区、公园，但其已经申报国家考古遗址公园，故将其作为遗址公园来进行研究。表中其他遗址公园经过调研均符合遗址公园内涵，纳入研究范围。

在江苏省或南京市各个相关权威网站上进行搜索：

① 在南京市地方志官网中搜索"遗址公园"，搜索结果提到以下遗址公园，见表6-5。

② 江苏旅游网是由江苏省文化和旅游厅委托新浪运营管理的权威性旅游公共信息咨询网站，在该网站中搜索"南京遗址公园"，搜索结果提到以下遗址公园，见表6-6。

③ 在江苏省文化和旅游厅官方网站搜索"南京市遗址公园"，结果有石头城遗址公园、大报恩寺遗址公园、郑和宝船厂遗址公园、明故宫遗址公园、薛城遗址公园、下马坊遗址公园。此外网站在2012年提到南京市天生桥景区将建设成为"胭脂河天生桥遗址公园"。

④ 在南京市规划与自然资源局官网中，玄武区于2013年6月发布的《龟山外郭遗址公园地块规划方案公示》明确称为龟山遗址公园。

以上在江苏省或南京市各个相关权威网站搜集的名录中，明故宫遗址公园、郑和宝船厂遗址公园、石头城遗址公园、东水关遗址公园、下马坊遗址公园、薛城遗址公园及大报恩寺遗址公园在实地调研中都挂牌为遗址公园，也符合遗址公园内涵；午朝门遗址公园挂牌为午朝门公园，桃叶渡遗址公园仅有古桃叶渡牌坊，但符合遗址公园内涵；玄武区发布的龟山外郭遗址公园，经过实地调研，其现状挂牌为龟山公园，且其中虽有对南京明外郭城的文化宣传，但并无遗址内容也没有保护及展示区域，较符合遗址文化公园，不符合遗址公园内涵，故不将其纳入本书研究范围。

⑤ 通过报纸杂志等对南京市遗址公园进行搜索，查找到的遗址公园见表6-7。经过实地调研，明东陵遗址公园已有建设，为明孝陵风景区的一部分。姚坊门遗址公园现名为姚坊门文体公园，公园内无遗址实体，以遗址介绍为主，较符合遗址文化公园；六朝祭坛与江宁上坊东吴大墓也没有任何遗址公园建设，因此，不将其纳入本书研究范围。

表6-4 南京市大遗址保护工程

| 遗址公园名称 | 遗址名称 | 遗址级别（重点文物保护单位） | 建成时间 |
|---|---|---|---|
| 阳山碑材遗址公园 | 阳山碑材遗址 | 全国 | 2013年 |
| 明孝陵遗址公园 | 明孝陵遗址 | 全国 | 2012年 |
| 郑和宝船厂遗址公园 | 龙江船厂遗址 | 全国 | 2013年 |
| 明故宫遗址公园 | 明故宫遗址 | 全国 | 2014年 |
| 南唐二陵遗址公园 | 南唐二陵 | 全国 | 2015年 |
| 石头城遗址公园 | 石头城遗址 | 省级 | 2014年 |
| 汤山南京人化石地点遗址公园 | 汤山南京人化石地点遗址 | 全国 | 2013年 |
| 大报恩寺遗址公园 | 大报恩寺遗址 | 全国 | 2014年 |
| 高淳薛城遗址公园 | 薛城遗址 | 全国 | 2015年 |
| 牛首山遗址公园 | 郑和墓、弘觉寺塔及摩崖石刻 | 省级 | 2015年 |
| 胭脂河天生桥遗址公园 | 胭脂河天生桥遗址 | 省级 | 2015年 |

表6-5 南京市地方志官网遗址公园查找结果

| 网站版块 | 遗址公园名称 |
|---|---|
| 古都南京 | （明故宫午门）午朝门遗址公园 |
| 古都南京 | （龙江宝船厂）郑和宝船厂遗址公园 |
| 新闻资讯（南京记忆） | 薛城遗址公园 |
| 新闻资讯（南京记忆） | 大报恩寺遗址公园 |
| 新闻资讯（南京记忆） | 下马坊遗址公园 |
| 新闻资讯（南京记忆） | 桃叶渡遗址公园 |
| 新闻资讯（五月要闻） | 石头城遗址公园 |

表6-6 江苏旅游网遗址公园查找结果

| 网站版块 | 遗址公园名称 |
|---|---|
| 景区景点 | 明故宫遗址公园 |
| 景区景点 | 东水关遗址公园 |
| 景区景点 | 下马坊遗址公园 |
| 景区景点 | 薛城遗址公园 |

表6-7 报纸杂志的遗址公园搜索结果

| 来源 | 建成/登报日期 | 遗址公园名称 |
|---|---|---|
| 神州学人 | 2000年8月22日 | 明东陵遗址公园 |
| 南京日报 | 2004年9月30日 | 神策门遗址公园 |
| 新华日报 | 2012年4月18日 | 东华门遗址公园、西安门遗址公园 |
| 现代快报 | 2014年9月9日 | 南朝陵墓石刻遗址公园 |
| 南京晨报 | 2015年2月10日 | 六朝祭坛将建成遗址公园（钟山六朝建筑遗址） |
| 南京晨报 | 2015年6月19日 | 萧宏墓遗址公园 |
| 江南时报 | 2016年3月31日 | 姚坊门遗址公园 |
| 南京晨报 | 2016年9月30日 | 东吴博物馆将在江宁上坊东吴大墓基础上共建遗址公园 |

⑥ 根据南京市国家级、省级、市级文物保护单位名录，对每一个文物保护单位进行搜索，筛查已建成遗址公园的文物保护单位，经过实地调研考证，宝塔山遗址公园和窨子山遗址公园，都有官方遗址公园挂牌，且符合遗址公园内涵；浡泥国王墓遗址公园同样符合，故将其纳入本书研究对象中。

以上，对查找出的遗址相关公园通过实地调研及资料查询进行了辨析，对不符合遗址公园内涵的公园进行了说明并剔除，得到南京市已建成且对外开放的遗址公园有25个，公园基本信息见表2-5。

根据公园的基本信息，绘制南京市遗址公园分布图（图6-9）。现状已建成的南京市遗址公园，在主城区有17个，在主城区外有8个。主城区内的17个遗址公园中，也主要集中于明外郭之内，有16个，明外郭之外仅1个，为萧宏墓石刻遗址公园。

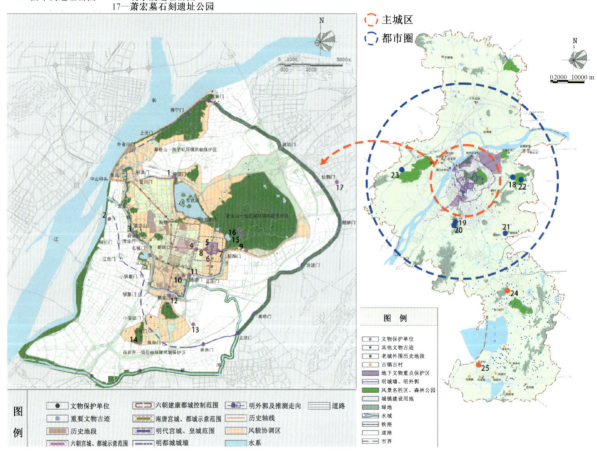

图6-9　南京市遗址公园分布图

**参考文献**

黄道远，2015. 1927—1937年南京城市规划作用机制研究[D]. 北京：清华大学.

南京市规划和自然资源局，2019. 南京历史文化名城保护规划（2010—2020）[EB/OL]. (2019-12-27)[2021-03-15]. http://ghj.nanjing.gov.cn/ghbz/ztgh/201705/t20170509_874088.html.

南京市规划和自然资源局，2020. 南京市总体规划（2011—2020）[EB/OL]. (2020-05-26)[2021-03-15]. http://ghj.nanjing.gov.cn/ghbz/ztgh/201705/t20170509_874089.html.

苏则民，2008. 南京城市规划史稿：古代篇·近代篇[M]. 北京：中国建筑工业出版社：49.

# 7 南京市遗址公园使用后评价

遗址公园作为一种特殊的公园类型,其核心目的是对遗址进行保护,同时对遗址进行有效的展示和利用。当下遗产活化概念兴起,"遗产活化"一词在美国国家公园服务指南中首次出现,是活态的历史、活态遗产的提法,大意是指通过外在的表现来复原历史的描述。遗产活化的主要目的是在不影响遗产保护的同时,将遗产资源转化为文化旅游产品。通过使用后评价方法对遗址公园进行研究,探究目前遗址公园建设的问题,从而提出更加有针对性的遗址公园优化建议,助力"活化"遗址。

第6章对南京市遗址公园总体情况进行了梳理,本章将在此基础上,选取南京市遗址公园典型案例,从定性和定量两个方面,通过行为观察法、半结构式问卷及基于层次分析法的评价体系进行后评价研究。

## 7.1 使用后评价相关原理

### 7.1.1 使用后评价的发展概况

(1) 使用后评价在国外的发展概况

使用后评价最初源自建筑环境设计,其研究主要针对人们对已建成建筑物及建成环境的使用后评价态度(朱小雷等,2002)。随着现代社会建筑的发展,以往对于建筑的评价方法已无法满足要求,在这样的背景下,20世纪60年代使用后评价的理论研究开始出现在欧美地区。

国外使用后评价的研究大致分为3个阶段。

阶段一:初步探索阶段(20世纪60—70年代)。随着美国和英国等西方国家经济的快速发展,产生了使用后评价这一环境心理学。1968年,环境设计研究协会成立,涉及建筑规划、心理学、社会学等领域,促进了环境设计研究领域的创新。但当时仅对理论和方法进行研究,应用项目多限于功能单一的建筑类型,如住宅、医院等(尹新等,2018)。

阶段二:快速发展阶段(20世纪70—80年代)。这一阶段理论和实践都取得了长足的进步,与使用后评价相关的书籍、杂志及应用案例都快速增加。理论研究方面,盖尔(2002)从环境中人类活动的类型出发,来评价城市居住空间和公共空间的品质。Preiser等(1988)出版了《使用后评价》(*Post-Occupancy Evaluation*),使得使用后评价研究更加系统。书中还根据评价深度的不同将使用后评价分为陈述式、调查式和诊断式(Preiser et al., 1988)。他还从使用者的角度提出了居住满意度模型(Preiser,1989)。实践应用方面,佛罗里达农工大学在使用后评价和建筑计划学设立了第一个硕士点。这一时期的使用后评价应用项目从功能单一的建筑类型延伸到功能较复杂的城市建筑和大尺度城市空间,如办公室、图书馆、公园景观和政府建筑设施等(尹新等,2018)。1975年,美国、新西兰等国对政府建设项目进行了使用后评价程序制定和评价研究,使用后评价得以在大量实践中应用(罗玲玲等,2004)。

阶段三:成熟阶段(20世纪90年代后)。这一时期,随着科学技术迅猛发展,信息化手段增多,使用后评价利用地理信息系统等技术手段使研究变为精确的定量研究。在研究对象上,使用后评价也从原来对建筑的评价扩展到了各种城市空间中,如绿地、广场、道路等,使用后评价理论也随之得到了扩展和完善。同时,提供使用后评价研究服务的机构和公司也开始出现。

近几年来,使用后评价的研究在更多领域不断地完善和细化。Sherman等(2005)对3处康复花园进行使用后评价研究,根据使用者的数据总结归纳了各类使用人群的行为偏好。David(2012)通过使用后评价研究,提出居住环境中某些物理特性的质量至关重要,会直接影响到居住满意度水平。Hua等(2014)以大学校园建筑空间为研究对象,对建筑使用满意度和室内环境质量测量结果进行了相关分析和可视化研究。

(2) 使用后评价在国内的发展概况

我国使用后评价研究从20世纪80年代初开始,从最初的建筑项目扩展到城市规划、景观设计和室内设计等各种项目,以城市公共空间的满意度评价研究为主,对建筑或城市规划项目的建成环境使用后评价研究较少(黄翼,2014)。

1981年,李婉婉翻译的《建筑物用后评估简介》是使用后评价理论引入我国的开端。之后,在20世纪80年代,以常怀生、杨公侠、饶小军等人为代表的学者,引进并开始研究使用后评价的相关理论。常怀生(1990)在译制的《建筑环境心理学》中,介绍了日本在使用后评价上的相关成果;杨公侠(1985)在《视觉与视觉环境》中,结合视觉环境进行了相关研究;饶小军(1989)发表的《国外环境设计评价实例介评》介绍了国外环境设计评价的方法。

20世纪90年代,以吴硕贤、徐磊青、李道增为代表的学者,分别从多元统计分析、体验到的环境变量、人的空间行为和环境行为的研究方法等方面进行了研究,并号召我国开展使用后评价研究。

21世纪初,庄惟敏(2001)介绍了日本住宅空间的评价方法及其个人的使用后评价实例,发展了以"语义差异法"为基础的评价方法。朱小雷等(2002)在发表的文章中,正式引入了使用后评价的概念,文章分析了使用后评价思想和方法特征及其对建筑设计的影响,指出这种强调调查研究、注重实证的科学设计思想和研究方法对我国建筑设计的重要意义。朱小雷(2005)基于国外使用后评价研究成果,提出"结构-人文"的主观评价方法,完善了使用后评价理论体系。

近年来,使用后评价在我国有了更加深入的研究和发展,相关的实践运用数量有了大幅的增长,研究对象主要为校园、城市绿地、居住区环境、历史街区、公共建筑等。但我国使用后评价研究仍有不足:

① 依然没有催生出类似国外的使用后评价研究服务机构,更鲜少有政府主导的使用后评价研究实践;

② 目前国内的使用后评价研究与信息化技术手段结合较少;

③ 多数使用后评价实践案例进行了评价研究,得出了优化建议及策略,但较少运用到实际项目,没有形成良好的反馈。

### 7.1.2 使用后评价的内涵及步骤

使用后评价是对设计后实际使用的项目进行系统综合的评价研究,收集使用者对使用场地的数据信息反馈,分析使用者对使用场地的评判,全面综合地来鉴定建成项目的好坏(龙芳婷,2015)。可以说,使用后评价的核心是用户对于建成环境的体验。虽然使用后评价的早期应用主要针对建筑展开,但现在已不再局限于建筑学领域,在城乡规划及风景园林等学科也取得了重要的应用和发展。通过使用后评价方法,可以有效地对某一个建成环境的使用者体验进行评价并得到反馈,将结论与建设目标进行对比,在一定程度上可以判断建成环境是否满足了使用者的需求或多大程度上满足了使用者的需求,在此基础上,可以归纳总结优缺点,进而对该建成环境提出优化改造建议,完善规划与设计过程。

使用后评价的研究步骤主要是:第一步进行前期准备,完成背景调研并制定评价计划;第二步实施分析,完成信息收集和信息分析;第三步结论反馈,对分析阶段得出的图表等信息进行归纳总结,同时可以将结论反馈给相关部门或规划设计者,如图7-1。

### 7.1.3 使用后评价的方法

西方学者在20世纪80年代开始对使用后评价方法进行初步的总结,通常根据数据采集的方法来进行分类。Bechtel等(1987)基于环境与行为的方法将建成环境使用

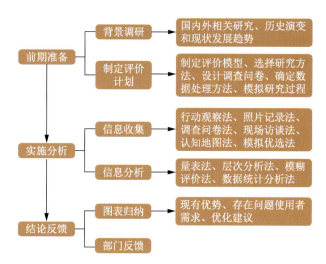

图7-1 建成环境使用后评价研究步骤图
图片来源:《建成环境主观评价方法研究》

后评价分为14种。Zimring将使用后评价方法分为7种。此外,Preiser等从建筑学的研究视角出发,基于技术、功能和行为的3位要素进而展开使用后评价的方法学研究,采取了基于使用者主观行为学的方法探索,奠定了相对完整的理论基础(Baird,1996)。

随着使用后评价的发展,使用后评价的方法也越来越丰富。目前比较常用的方法有很多,主要目的为信息收集和信息分析。前期信息收集阶段主要方法见表7-1,后期信息分析阶段主要方法见表7-2。

## 7.2 使用后评价典型案例

已建成的南京市遗址公园共有25个,若在本书中对所有的遗址公园进行后评价,会导致篇幅过长、对个体对象研究无法深入,故筛选出具有代表性的8个典型案例进行使用后评价研究。

### 7.2.1 遗址公园典型案例选取

研究案例的选择应具有代表性,能够涵盖不同类型的遗址公园,同时能够在一定程度上代表南京市遗址公园的总体情况。

(1) 综合考虑遗址公园分布区域的多样性

南京市遗址公园主要分布于主城区内,但为了使研究结果更加全面系统,研究案例应涵盖南京市不同区位的遗址公园。案例的选择应基于第6章南京市遗址公园现状分布情况,选取案例应涵盖主城区内、都市圈内以及都市圈以外的遗址公园,从而体现不同城市区位遗址公园的特征。

(2) 综合考虑遗址公园的规模

南京市遗址公园的规模差距较大,有1 hm²以内的微型遗址公园,也有100 hm²以上的超大型遗址公园,虽然

表 7-1　使用后评价信息收集阶段主要方法

| 信息收集方法 | 方法内容 | 具体形式 | 优点 | 缺点 |
| --- | --- | --- | --- | --- |
| 文献分析法 | 对研究对象相关文献进行收集、整理、分析 | 现有资料分析 | 预先对研究对象及相关案例产生认知 | 有一定可能受文献影响主观认知 |
| 行为观察法 | 观察使用者在场地中的行为,并记录人物、时间、地点、活动内容等要素,从而得到使用者的行为活动特征及空间利用情况 | 行为地图、图标记录等 | 直观了解场地情况,以及使用人群活动 | 观察结果易受观察者主观因素影响 |
| 调查问卷法 | 通过调查问卷的形式收集使用者的信息、意见、态度等方面数据 | 封闭式问题、半封闭式问题 | 高效、灵活 | 信息收集受问卷内容限制 |
| 现场访谈法 | 通过和使用者交谈来了解使用者感受及需求 | 结构式、半结构式、非结构式问答 | 直观、灵活、易操作 | 主观性较强、收集的信息不易量化 |
| 认知地图法 | 引导被访者画出建成环境的认知地图或意向图示;或将建成环境通过图纸的形式表达出来,让被访者画出行为轨迹等 | 图示标注、照片辨认等 | 可以直观地表现被访者对建成环境印象 | 对被访者绘图能力及读图能力有一定要求,且缺乏绘图标准 |
| 照片记录法 | 通过对建成环境按一定时间间隔进行拍照记录,依据照片内容来分析行为类型、使用者数量及环境变化情况 | 对某一场景间隔拍照 | 可以得到直观的现场情况,易于记录保存 | 器材的局限性 |
| 模拟优选法 | 通过照片、效果图、虚拟现实等技术,让受访者直观地看到,进行主观优选试验 | 照片、效果图、虚拟现实等 | 直观表现 | 技术门槛较高 |

表 7-2　使用后评价信息分析阶段主要方法

| 信息收集方法 | 方法内容 | 数据表达 | 分析目标 |
| --- | --- | --- | --- |
| 量表法 | 主要包括李克特量表法和语义解析法。李克特量表法一般是给一组由强到弱的评价词语,按照程度递进赋值1、2、3、4、5。语义解析法一般是给一组形容对象的词对制定评定尺度 | 空间效果评定表 | 主观感受的量化 |
| 层次分析法 | 将复杂的研究对象层细分成成分因子,然后对这些因子进行权重、赋值、排序,最终解决一开始的复杂对象(尹新等,2018) | 多层成分因子 | 影响因素的分类 |
| 模糊评价法 | 确定评价因子集并建立模糊关系,得到模糊关系矩阵,进行模糊综合评价,最后用等级参数作出综合结论(尹新等,2018) | 模糊关系向量矩阵 | 满意度的综合评价 |
| 数据统计分析法 | 基于数学、统计学,利用专业统计软件计算平均值、标准差、相关性、独立性等数值,根据结果分析内在规律得出结论 | 平均值、标准差等 | 数据的内在关系 |

主要以小型遗址公园为主,但研究案例选取应能够代表南京市遗址公园的总体情况,应涵盖各个不同规模的遗址公园。

(3) 综合考虑遗址公园的建成时间

在选择研究案例时应涵盖不同建成时间的遗址公园。遗址公园的现状可能受建成时间影响,同时,不同建成时间的遗址公园受当时政策法规、学术发展情况、规划设计思想的影响,其建设情况会有一定的区别。故为了能够全面地对南京市遗址公园进行研究,研究案例应选取不同建成时段的遗址公园。

(4) 综合考虑遗址类型的全面性

遗址公园的核心在遗址保护,其规划建设都围绕遗址进行,应涵盖按照不同方式进行划分的不同类型的遗址公园。遗址公园的核心在遗址保护利用和展示,其最大的特异性就在于其保护的遗址的内容和功能,而遗址公园的规划建设也因遗址内容与功能的不同而形成各自的特点。故应首先考虑涵盖遗址内容和功能不同的遗址公园。

① 应涵盖遗址形成缘由不同的遗址公园

因为遗址形成缘由不同,在一定程度上也会影响遗址公园的规划设计,例如:皇家贵族类遗址,在遗址公园规划设计上就应考虑彰显皇家气魄、恪守一定的皇家礼法;文化宗教类,在规划设计上就应考虑展现宗教及文化内涵。

② 应涵盖遗址形成年代不同的遗址公园

根据上文整理的南京市遗址公园名录,综合考虑以上筛选条件,选出符合以上条件的研究案例进行后评价研究。如表7-3所示,最终选出明故宫遗址公园、大报恩遗址公园、郑和宝船厂遗址公园、明孝陵遗址公园、石头城遗址公园、胭脂河天生桥遗址公园、窨子山遗址公园、阳山碑材遗址公园共8个遗址公园作为使用后评价的研究对象。

表 7-3 选取的研究案例

| 序号 | 研究案例名称 | 遗址类型 | 遗址主要内容 | 遗址初始年代 | 遗址公园分布区域 | 遗址公园规模 | 遗址公园建成时间 |
|---|---|---|---|---|---|---|---|
| 1 | 明故宫遗址公园 | 建筑构筑类 | 宫殿 | 明 | 主城区 | 小型 | 2005 年 |
| 2 | 大报恩遗址公园 | 建筑构筑类 | 寺庙 | 东吴 | 主城区 | 小型 | 2015 年 |
| 3 | 郑和宝船厂遗址公园 | 生产生活类 | 造船厂 | 明 | 主城区 | 中型 | 2005 年 |
| 4 | 明孝陵遗址公园 | 墓葬陵寝类 | 帝王陵寝 | 明 | 主城区 | 超大型 | 2004 年后陆续整治建设 |
| 5 | 石头城遗址公园 | 城址城墙类 | 城墙 | 东吴 | 主城区 | 中型 | 2003 年 |
| 6 | 胭脂河天生桥遗址公园 | 水利工程类 | 人工运河 | 明 | 市域 | 超大型 | 2014 年 |
| 7 | 窨子山遗址公园 | 聚落活动类 | 史前人类聚落活动、湖熟文化 | 青铜器时期 | 主城区 | 微型 | 2006 年 |
| 8 | 阳山碑材遗址公园 | 事件活动类 |  | 明 | 都市圈 | 小型 | 2013 年 |

表格来源:作者自绘

表 7-4 研究案例基本信息

| 序号 | 研究案例名称 | 公园位置 | 公园收费情况 | 公园开放时间 |
|---|---|---|---|---|
| 1 | 明故宫遗址公园 | 玄武区中山东路 311 号 | 免费 | 6:00—22:00 |
| 2 | 大报恩遗址公园 | 秦淮区雨花路 1 号 | 收费 90 元 | 9:00—17:00 |
| 3 | 郑和宝船厂遗址公园 | 鼓楼区漓江路 57 号 | 收费 18 元 | 8:30—17:00 |
| 4 | 明孝陵遗址公园 | 玄武区石像路 | 收费 60 元 | 6:30—18:30 |
| 5 | 石头城遗址公园 | 鼓楼区虎踞路 87 号 | 免费 | 全天 |
| 6 | 胭脂河天生桥遗址公园 | 溧水区天生桥大道 500 号 | 收费淡季 20 元,旺季 27 元 | 8:00—17:00 |
| 7 | 窨子山遗址公园 | 秦淮区大明路与窨子山路交叉口 | 免费 | 全天 |
| 8 | 阳山碑材遗址公园 | 江宁区汤山街道古泉社区 | 收费 40 元 | 8:30—16:30 |

### 7.2.2 遗址公园典型案例现状

本节将对选取的 8 个研究案例从公园区位、规划、遗址的基本情况以及遗址保护利用情况进行简要的阐述。各公园总平面图见附录,各个公园的位置、收费情况及开放时间如表 7-4 所示。

(1) 明故宫遗址公园

① 公园区位及规划

明故宫遗址公园在今南京市主城区中山东路 311 号,总面积约 6.7 hm²。其周边用地包含居住、商业、文教等,南侧隔中山东路与午朝门公园相望。明故宫遗址公园整体格局主要遵照明故宫历史格局,同样沿用南北向的中轴线,空间和交通流线的开展以南北中轴线展开。

② 遗址基本情况

明初,明太祖朱元璋定都南京,改名京师,并在原金陵城东城门外建城,新城不与之前各个朝代的城市旧址重叠。明南京由四重城郭组成:宫城、皇城、都城、外郭。宫城是整个城郭体系的核心(黄道远,2015)。宫城皇城方正、规整,且皇城建设按照"前朝后寝、左祖右社"的布局方式。明故宫遗址正是明初宫城的核心区域,主要是明宫城中奉天殿、华盖殿、谨身殿的基址部分,于 2006 年 5 月被国务院定为全国重点保护文物。

③ 遗址保护和利用

明故宫遗址公园中,主要遗址有原奉天殿、华盖殿、谨身殿的基址及原有建筑柱础。遗址保护方面,采用露天保护的方式,部分柱础增加了围栏辅助保护措施。遗址展示方面,公园内建筑基址区域采用草坪及台基进行标识展示,柱础区域进行了露天展示并没有设立遗址导览信息。

(2) 大报恩寺遗址公园

① 公园区位及规划

大报恩寺遗址公园位于南京市秦淮区中华门外,北临扫帚巷、秦淮河,东临原金陵制造局,规划建设面积约 13.3 hm²。公园以"遗址奇观、千年佛光、报恩圣地"为特色,规划中主要分为大报恩寺、琉璃塔、遗址公园和明清街区 4 个小项。已建成部分空间结构与遗址的历史格局相呼应,形成了东西轴线及渐进的空间序列(王建国,2017)。公园主要由入口广场、中心广场、环形围廊展馆 3 个部分组成,呈"回"字形。

② 遗址基本情况

大报恩寺的前身是建于东吴时期的建初寺及阿育王塔,晋太康年间复建为长干寺,南朝时命名为报恩寺,宋朝时期改为天禧寺,并建立圣感塔。明朝时期毁于火灾,后明成祖朱棣命工部于原址重建大报恩寺及九层琉璃宝塔。嘉庆年间遭雷火袭击,万历年间塔顶倾斜并被修缮,太平天国时期被毁,洋务运动时期金陵机器制造局在其遗址上造各式建筑。

大报恩寺有重大的历史价值、宗教文化价值及建筑价值,是中国历史上最为悠久的佛教寺庙,前身为建初寺及阿育王塔,是中国第二座寺庙。大报恩寺遗址被国家文物局誉为"规格最高、规模最大、保存最完整的中国古代寺庙遗址",于2013年被国务院定为全国重点保护单位。其建筑本身也是当时中国最高的建筑。

③ 遗址保护和利用

大报恩寺遗址公园中,主要遗址有寺庙遗址、水工遗址、大殿遗址等。遗址保护方面,公园为保护不同的遗址,采用了露天保护、覆罩保护等保护方式。遗址展示方面,整个公园大致分为遗址展区、佛教文化展区以及藏经展区。遗址展区,对香水河桥、碑亭等采用了露天展示,对水工遗址等采用了覆罩展示,对大报恩寺画廊等采用了复建展示,为了更形象地展示原址风貌,还采用了遗址模型模拟展示的方式(邵一戈,2018)。文化展区,主要展示了佛教文化,呈现了舍利佛光、佛教东传等内容。藏经展区展现了佛教藏经文化,展陈了各式藏经。

(3) 郑和宝船厂遗址公园

① 公园区位及规划

郑和宝船厂遗址公园位于南京市主城区中漓江路57号,南京明都城外,西临长江夹江东岸,东临漓江路,占地约13.2 hm²。其周边用地类型均为居住用地。公园总体呈平行四边形,主要活动空间及流线均围绕龙江船厂3个船坞作塘遗址展开。

② 遗址基本情况

明洪武初年开龙江船厂造船,于明嘉靖后逐渐衰颓。遗址主体为古船坞3条,其分布规则,大致为东西方向从北向南排列,分别为4、5、6作塘,平均长度约为500 m,宽度约40 m。其中6作塘已由文物部门完成考古发掘,出土文物上千件,包括各类造船工具、古船构建、建筑部件等。

龙江船厂遗址见证了明朝时期郑和下西洋的历史事件,具有重大的历史价值,于2006年被国务院定为全国重点文物保护对象。

③ 遗址保护和利用现状

郑和宝船厂遗址公园中主要遗址为船厂的"作塘",也就是现状的3条水体。文物部门从遗址中考古发掘出大量文物。遗址保护方面,采用露天保护的方式。遗址展示方面,相应地采用露天展示,对于出土文物,建立了展馆进行展示。结合展馆及标识系统,对遗址文化进行了一定的阐释。

(4) 明孝陵遗址公园

① 公园区位及规划

明孝陵遗址公园是隶属于钟山风景区的一个独立景区,位于南京市玄武区紫金山南麓,占地约170 hm²,其周边用地都为绿地及生态绿地。景区总体依照明孝陵历史格局进行布局,在明孝陵勺状格局中间布置梅花山等景点。

② 遗址基本情况

明孝陵是明太祖朱元璋和其皇后的合葬陵墓,始建于明洪武时期(1381年),建成于明永乐十一年(1413年),历时33年,是中国规模最大的帝王陵墓之一。其主要分为地上部分和地下部分,地上主要包括下马坊、大金门、御河桥、大明神功圣德碑亭等。明孝陵依山就势,神道弯曲,整体呈"S"形(顾菡,2015)。陵园布局以孝陵殿为中心,文武方门、孝陵殿门、三孔殿北门等组成南北向三进院落,呈竖直长方形,结合明楼、宝城等,类似宫廷的前朝后寝。明孝陵不仅有陵墓本身的巨大历史意义,其建筑艺术与自然结合和谐,达到天人合一,也有重大的艺术价值。其于1961年被定为首批国家重点文物保护单位,于2003年入选世界遗产名录。明孝陵遗址平面图如图7-2所示。

③ 遗址保护和利用

明孝陵遗址公园中主要遗址为明孝陵各式建筑及基址、柱础、栏杆、神道及各式石像等。遗址保护方面,采用露天保护,局部增加围栏等辅助保护措施。遗址展示方面,主要采用露天展示,配合各种展板进行历史文化阐释,在明楼上还利用虚拟现实技术对地宫进行了展示。

(5) 石头城遗址公园

① 公园区位及规划

石头城遗址公园位于南京市主城区内,虎踞路87号,西南临秦淮河,东北临国防园,占地约20 hm²。其周边用地有居住、文教、商业等类型。公园夹于城墙遗址与秦淮河东北岸之间,总体呈狭长带状,公园中部被清凉门大街立交分隔成两个区域。主要景点有燕王河、鬼脸照镜、龟石群、石城霁雪等,其中鬼脸照镜远近闻名,因石头城天然崖壁形似鬼脸又映照在镜子湖中而得名。

② 遗址基本情况

2 000多年以前的战国时期,楚威王在石头山(今清凉山)修建了城垣,名金陵邑,是石头城的前身。东吴时期赤壁之战后,孙权在石头山上原有金陵邑城垣基址上修建了石头城。因其在当时地处秦淮河与长江交汇处,具有重要的军事价值,有"石城虎踞"之称。明朝定都南京后,石头城又成为明城墙的一部分。石头城又称"鬼脸城",因其城墙中一部分椭圆形天然石材形似鬼脸而得名,其遗址气势恢宏,在古代诗人笔下也多有出现,是1 700多年前历史沧桑的实物见证。石头城遗址现为省级文物保护单位。

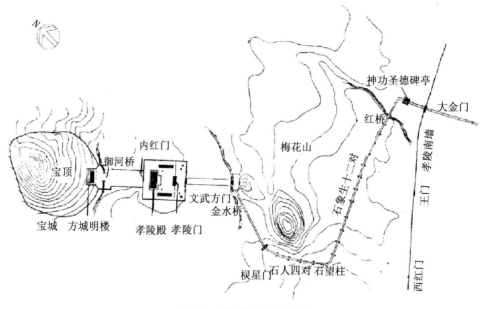

**图 7-2 明孝陵遗址平面布局**

图片来源:《明孝陵志(新编)》

③ 遗址保护和利用

石头城遗址公园中,主要遗址即明城墙遗址和其中包含的石头城遗址。遗址保护方面,采用露天保护的方式,未采取围栏等进行保护,主要通过绿化隔离进行保护。遗址展示方面,主要形式为露天展示及复建展示,配合一些展板进行文化历史阐释。

(6) 胭脂河天生桥遗址公园

① 公园区位及规划

胭脂河天生桥遗址公园位于南京都市圈外的溧水区天生桥大道 500 号,南临天生桥路,西临太阳岛,规划占地 600 hm²,核心占地 200 hm²,由南京市园林实业总公司管理,于 2012 年移交溧水县(现溧水区)政府管理,并扩建为"胭脂河天生桥遗址公园",其周边用地类型以农业用地为主。

公园被胭脂河分为东西两部分,胭脂河为遗址核心部分,其两侧主要为游憩区域,主要景点有天生桥博物馆、爱情海、凤凰湖、桃花岛、音乐谷等。胭脂河游览主要通过游船的方式,人们也可以在天生桥上一览胭脂河的壮美。

② 遗址基本情况

明洪武二十六年(1393 年),朱元璋为疏通江浙漕运,命崇山侯李新开凿胭脂河。为了确保在固城湖和石臼湖低水位时漕运依然畅通,胭脂河被开挖成深泓,并且在分水坝附近建有石闸,启闭以通船只。胭脂河开凿也运用了很多方法,主要分为几个步骤:岩石凿缝、麻嵌缝中、桐油浇缝、点火焚麻、冷水激石及撬石搬运。在开凿胭脂河的过程中,穿巨石而过,留石面为桥,故称为"天生桥"。

胭脂河天生桥遗址是明朝水利工程的结晶,展现了古人的水利工程技术,同时,其承载的还有背后的历史故事、开凿胭脂河所废的万民性命。这些都通过胭脂河天生桥遗址,走过历史长河,呈现在我们面前,让我们在感叹古人智慧的同时不禁唏嘘民生艰辛。

③ 遗址保护和利用

胭脂河天生桥遗址公园中,主要遗址即胭脂河与天生桥,还有其他一些开凿胭脂河时所留下的遗迹,如枕腰石等。遗址保护方面,采用露天保护的方式;遗址展示方面,主要采用露天展示,配合标识展板进行文化阐释,同时还建有博物馆,在博物馆中对历史文化进行阐释。

(7) 窨子山遗址公园

① 公园区位及规划

窨子山遗址公园位于南京市秦淮区大明路与窨子山路交叉口,属于明内城和明外郭之间的区域,占地约 0.72 hm²,其周边用地类型主要为居住用地。公园总体呈东西向长方形,大致可以分为 2 部分:其一为西侧树阵广场,其二为东侧遗址平顶大土墩。公园功能较为单一,有公共厕所等基础设施,无出入口及管理人员。

② 遗址基本情况

窨子山遗址为平顶大土墩,长 90 m,宽 80 m,高 8~12 m,距今 3 000~4 000 年,为商周时代,青铜时期遗址,属于湖熟文化类型。湖熟文化主要特征即人类聚落呈圆形或椭圆形土墩。遗址于 1952 年初步挖掘,出土有陶器、石质箭头、石刀等,现为江苏省文物保护单位。

③ 遗址保护和利用

窨子山遗址公园中,主要遗址即窨子山这一平顶大土墩,另外还有其中埋藏的陶器等遗物。其中的青铜器时代物品掩埋于窨子山中,所以并没有直观地展现出来。遗址保护方面,采用露天保护及回填保护的方式;遗址展示方面,采用原状展示,除两座石碑介绍窨子山考古历史外,没有其他文化阐释。

(8) 阳山碑材遗址公园

① 公园区位及规划

阳山碑材遗址公园位于南京市都市圈阳山,占地约 $100 \text{ hm}^2$,游人实际使用区域大约 $23 \text{ hm}^2$,周边用地类型为生态绿地。公园依山而建,总体布局于阳山的西坡,顺山势逐渐向上。公园大致可以分为入口广场区、明文化村区、采石场区、阳山碑材区4个部分,剩下的部分均为山林地。公园中复原展示了明文化村景象、采石场景象以及阳山碑材,并设置了较多的表演区域,给游人提供阳山绝活、水上飞狮、秀泡等演出。

② 遗址基本情况

阳山采石历史悠久,经考证六朝时期已有采石活动。明永乐三年(1405年),明成祖朱棣在夺取朱允炆帝位后,拟建"大明孝陵神功圣德碑",为其父朱元璋歌功颂德,选在阳山开凿石材,碑材分为碑座、碑身、碑首3部分。最终未完工运走,留下的3块碑材在阳山600多年,即为阳山碑材。阳山碑材巨大,碑身、碑首、碑座叠加总高约40 m,总重9 677吨。

阳山碑材凝结了古人采石精湛的技艺和数万名工匠的血汗,承载了建碑颂德这一事件,具有重大的历史及文化价值,于2013年被国务院列为全国重点文物保护单位。

③ 遗址保护和利用

阳山碑材遗址公园中,主要遗址有阳山碑材、采石场及袁机墓等。遗址保护方面,采用露天保护方式;遗址展示方面,采用露天展示,配合部分展板和一处文化展馆阐释其历史文化,并仿明朝建筑复原采石期间村落景象。

## 7.3 基于行为观察法的使用后评价调研

本节使用行为观察法对南京市遗址公园典型案例的使用者行为进行记录研究。行为观察法的具体形式有行为地图、图标记录等,主要在研究者不干扰人群活动的前提下,主观观察人群的活动种类、活动的场所等,并记录下时间、地点、人物、时长、频率、内容,对观察结果进行分析总结可以得出使用者在遗址公园中的使用情况、使用模式及行为偏好。

### 7.3.1 观察时间和观察对象

(1) 观察时间

为了使观察收集的使用者信息更加全面,每一个研究案例的观察时间的选择都涵盖工作日、非工作日及节假日,在记录表上记录的同时使用相机进行辅助拍照记录。

(2) 观察时间段

为了能准确搜集一天中各个遗址公园内使用者的活动情况,根据大多数使用人群的日常作息时间确定观察的时间段。由于每个研究案例的开放时间会有略微差异,所以在此时间段的基础上结合各个研究案例的具体开放时间,合理设置观察时间段,如表7-6所示。

(3) 观察对象的年龄段

在行为观察中,不同年龄段的观察对象可能会有不同的行为模式及行为偏好,故观察对象的年龄同样是很重要的基础信息。依据我国人口年龄划分相关标准,行为观察对象年龄段的划分如表7-7所示。

### 7.3.2 行为观察信息

(1) 明故宫遗址公园

明故宫遗址公园行为观察如表7-8所示。

**表7-5 南京市遗址公园使用后评价行为观察表**

| 公园名称 | | | 日期 | | 天气 | |
|---|---|---|---|---|---|---|
| 时间段 | 来园人数 | 性别 | 年龄段 | 活动类型 | 活动空间 | 备注 |
| 6:30—9:00 清晨 | | | | | | |
| 9:00—12:00 上午 | | | | | | |
| 12:00—14:00 中午 | | | | | | |
| 14:00—18:00 下午 | | | | | | |
| 18:00—21:00 晚上 | | | | | | |

**表7-6 行为观察时间段的划分**

| 类型 | 时间段 |
|---|---|
| 清晨 | 6:30—9:00 |
| 上午 | 9:00—12:00 |
| 中午 | 12:00—14:00 |
| 下午 | 14:00—18:00 |
| 晚上 | 18:00—21:00 |

**表7-7 行为观察对象年龄段的划分**

| 类型 | 年龄段/周岁 |
|---|---|
| 儿童及少年 | 0~17 |
| 青年 | 18~40 |
| 中年 | 41~64 |
| 老年 | ≥65 |

表 7-8　明故宫遗址公园行为观察

| 时间段 | 人数情况 | 行为观察内容 |
|---|---|---|
| 清晨 6:30—9:00 | 人数较多,以附近居民为主 | 开始陆续有游人进入,多为老年人独自或结伴前来晨练,也有少数游人带上乐器进行演奏。晨练的人群多围绕座椅设施或在活动空间中进行晨练,包括太极、健身舞等,也有游人在公园园路上走路健身 |
| 上午 9:00—12:00 | 人数较多,以附近居民为主 | 公园内晨练的老人开始陆续离开,有一些中老年人结伴进入公园,散步或聚集在座椅设施附近聊天,也有老年人带着小朋友来玩耍。有个别外地游客进入游览<br>＊节假日:人数增加,多为特别来到此公园的游人,对遗址的观察、拍照行为增加 |
| 中午 12:00—14:00 | 人数较少 | 公园内游人基本散去,一位中年人在座椅上睡觉,偶有一个人进入公园大致游览 |
| 下午 14:00—17:30 | 人数较多,以附近居民为主,外地及较远市民增多 | 在交通空间中,有几个家长推婴儿车在园路上散步,还有 20 名左右中老年人在公园中散步;在广场空间中,有家长带刚放学的 10 岁左右的小朋友在广场及广场边草坪上活动,还有几名中老年人在放风筝;在遗址空间附近,有少数几个游人观察遗址并进行拍照;在轴线两侧的活动空间中,有 3 名老年人在抖空竹,有数名老年人在北侧中轴线广场空间的地面上写毛笔字,有数十位游人在轴线的树池边休息<br>＊节假日:游人明显增加,在南边广场空间中,有十几名 6~10 岁的小朋友在玩耍(轮滑、跳绳、骑自行车等),有一对情侣在放风筝;在遗址空间中,多了一些游人进行参观,主要为青年人,学生居多 |
| 傍晚 17:30—19:30 | 人数较少 | 下午的游人开始陆续离开,也有一些中老年人进入公园,以散步为主。还有一些附近医院的患者,进入公园大致游览<br>＊节假日:与平日基本无异 |
| 晚上 19:30—21:00 | 人数较多,以附近居民为主 | 游人陆续增多,依然以散步行为和休憩行为为主,基本没有观察遗址的行为。还有一些中老年人在此跳舞,部分小朋友在家长或老年人带领下活动<br>＊节假日:游人数量增加,但主要为周边居民,以散步、休憩、交谈为主 |

（2）大报恩寺遗址公园

经过行为观察,大报恩寺遗址公园在不同时间段的行为类型基本没有差异,工作日游客以青年学生为主,周末及节假日中年人群大幅增加(表 7-9)。据公园统计,工作日平均游人量为 1 000 左右,周末及节假日平均游人量为 3 000 左右。

（3）郑和宝船厂遗址公园

郑和宝船厂遗址公园行为观察如表 7-10 所示。

（4）明孝陵遗址公园

明孝陵遗址公园行为观察如表 7-11 所示。

（5）石头城遗址公园

石头城遗址公园行为观察如表 7-12 所示。

（6）胭脂河天生桥遗址公园

胭脂河天生桥遗址公园是收费的景区,其开放时间为 8:30—17:00。据公园统计,工作日平均日游人量为 500 人左右,周末及节假日为 1 500 人左右,游人数量受天气等条件影响。胭脂河天生桥遗址公园行为观察如表 7-13 所示。

（7）窨子山遗址公园

窨子山遗址公园行为观察如表 7-14 所示。

（8）阳山碑材遗址公园

阳山碑材遗址公园行为观察如表 7-15 所示。

### 7.3.3　行为观察结果分析

根据前文中基于行为观察法得到的信息,可以初步了解南京市遗址公园内使用者行为活动的大致规律。

（1）行为观察总体分析

从时间上来看,公园使用者来访和活动呈现明显的周期性。首先,公园使用者在周末及节假日的来访数量要明显大于工作日的来访数量,工作日的使用人群以周边居民为主,而周末及节假日时外地游客或较远的本市居民数量明显增多,这也造成周末及节假日时使用者行为类型也比工作日时更丰富多样。其次,游人使用公园较多的时间段也集中在下午,与人们的作息习惯相吻合。

表 7-9　大报恩寺遗址公园行为观察

| 时间段 | 人数情况 | 行为观察内容 |
|---|---|---|
| 上午 9:00—12:00 | 人数较多,以市内及外地游客为主 | 陆续有游人购票进入,大部分游人顺着导览路线进行游览、拍照,少量游人在画廊处座椅上休息<br>＊节假日:游人数量大幅增加,中青年游人增多,行为无差别 |
| 中午 12:00—14:00 | 人数有所减少 | 上午的园内游客基本散去,少量较晚来的游客继续游览,还有游人在广场座椅及栏杆上休憩<br>＊节假日:游人数量大幅增加,中青年游人增多,行为无差别 |
| 下午 14:00—17:30 | 人数较多,以市内及外地游客为主 | 游人陆续增多,行为以游览拍照为主,广场中停留休憩人群,画廊座椅上少量游人休息,儿童娱乐区中少量儿童玩耍,公园入口广场处有家长带孩子放风筝<br>＊节假日:游人数量大幅增加,中青年游人增多,行为无差别 |

表 7-10　郑和宝船厂遗址公园行为观察

| 时间段 | 人数情况 | 行为观察内容 |
|---|---|---|
| 清晨 6:30—9:00 | 人数较多，以周边居民为主 | 该时段免费进入，开始陆续有游人进入，基本都是老年人独自或结伴前来晨练，有少数游人带上乐器进行演奏。晨练的中老年人群主要集中于公园东北角的亭廊休憩空间中，围绕座椅设施或在旁边的硬质场地中进行晨练。也有游人在公园园路上进行散步、跑步<br>＊节假日：与平日基本无异 |
| 上午 9:00—12:00 | 人数较少，以周边居民为主 | 公园内晨练的老人开始陆续离开，有一些中老年人结伴进入公园，散步或聚集在座椅设施附近聊天，也集中于东北角的亭廊休憩空间中。也有老年人带着小朋友来玩耍，主要集中在公园西侧的广场中。有个别游客进入游览，停留时间最长的空间为入口北侧的展馆<br>＊节假日：外地游人增加，带孩子前来的家长以及学生、青年增加，以游览观光为主 |
| 中午 12:00—14:00 | 人数较少 | 公园内游人基本散去，只有 3 名老人在交谈，几名老人在公园西南角的亭子中打牌、下棋<br>＊节假日：与平日基本无异 |
| 下午 14:00—17:30 | 人数较多，以本地居民为主 | 在公园入口广场，有较多游人进行交谈或带孩子活动；在展馆空间中，有少量游人前来参观；在交通空间中，有少量家长带着刚放学的孩子散步，还有 20 名左右中老年人在散步；在公园东北角的亭廊中，有少量中年人在此跳舞、交谈。在公园西侧的广场空间中，有少量家长在休憩或交谈，学生在广场及水景池中玩耍；在公园西南角的亭廊中，聚集了几十名中老年人在此打牌；在滨水空间中（遗址周边）及宝船附近，有游人驻足观看，并进行拍照<br>＊节假日：游人数增加，以青年中年及少年儿童为主，主要进行游览及拍照 |
| 傍晚 17:30—19:30 | 人数较少 | 下午的游人开始陆续离开，也有一些中老年人进入公园，以散步为主<br>＊节假日：与平日基本无异 |
| 晚上 19:30—20:30 | 人数较多，基本为附近居民 | 游人陆续增多，基本以散步行为和休憩行为为主，一些中老年人在广场中跳舞，部分小朋友在家长或老年人带领下活动<br>＊节假日：中青年游人略有增加，行为模式与平日基本无异 |

表 7-11　明孝陵遗址公园行为观察

| 时间段 | 人数情况 | 行为观察内容 |
|---|---|---|
| 清晨 6:30—9:00 | 人数较少，以周边居民为主 | 开始陆续有游人进入，基本都是中老年人凭老人证或年卡，独自或结伴前来晨练<br>＊节假日：8 点后以游览为主的游人比平日略有增加 |
| 上午 9:00—12:00 | 人数较多，以外地游客及较远居民为主 | 公园内晨练的老人开始陆续离开，游人开始增加，从各个入口进入进行游览。有游人在梅花山树下、石像旁、明楼上拍照合影，有在草坪上支帐篷露营，少量游人在园路边座椅上休息<br>＊节假日：游人增加，带孩子前来的家长以及学生、青年增加，以游览观光为主 |
| 中午 12:00—14:00 | 人数略少于上午 | 公园内游人有少量减少，部分游人在小吃街购买食物，在休憩设施中吃午饭或休息 |
| 下午 14:00—17:30 | 人数较多，以外地游客及较远居民为主 | 游人陆续增加，比上午人数略多，行为模式与上午无差异<br>＊节假日：游人数增加，主要进行游览及拍照，以中青年为主 |
| 傍晚 17:30—18:30 | 人数较少 | 下午的游人开始陆续离开，少量老年人进入散步<br>＊节假日：与平日基本无异 |

表 7-12　石头城遗址公园行为观察

| 时间段 | 人数情况 | 行为观察内容 |
|---|---|---|
| 清晨 6:30—9:00 | 人数较多，以周边居民为主 | 开始陆续有游人进入，基本都是老年人独自或结伴前来晨练，也有游人带乐器进行演奏、跳舞。晨练的中老年人群主要集中于公园的南侧的硬质区域上，也有游人在公园园路上进行散步、跑步<br>＊节假日：与平日基本无异 |
| 上午 9:00—12:00 | 人数略少于清晨，以周边居民为主 | 公园内晨练的老人开始陆续离开，有河对岸的居民进入公园散步、遛狗，在座椅上休息。偶有附近高校学生进入游览<br>＊节假日：市内非附近居民游人增加，带孩子前来的家长以及学生、青年增加，以游览观光为主 |
| 中午 12:00—14:00 | 人数较少 | 公园内游人基本散去，因为石头城遗址公园本身是绿道的一部分，偶有个别人经过公园 |
| 下午 14:00—17:30 | 人数较多，以附近居民为主 | 在公园西入口广场，有较多游人进行交谈或带孩子活动；在公园遗址"鬼脸照镜"景点处有游人驻足观看、拍照，还有大量游人在园路上散步，在座椅上休憩交谈。有学生样游人三三两两在公园中游览。在公园中部的广场空间中，有几十名中老年人在跳广场舞。在城墙边的石桌石凳处，有一些中老年人在下棋。公园东部人群较少，主要为通过的人群和散步的人群<br>＊节假日：游人数增加，主要进行游览及拍照，以中青年为主 |
| 傍晚 17:30—19:30 | 人数较少 | 下午的游人开始陆续离开，也有一些中老年人进入公园，以散步行为为主 |
| 晚上 19:30—21:00 | 人数较多，基本为附近居民 | 游人陆续增多，基本以散步行为和休憩行为为主，一些中老年人在广场中跳舞，部分小朋友在家长或老年人带领下来活动 |

表 7-13 胭脂河天生桥遗址公园行为观察

| 时间段 | 人数情况 | 行为观察内容 |
|---|---|---|
| 清晨 8:00—9:00 | 人数较少,以市内游客为主 | 进入公园的游人较少<br>*节假日:游人略有增加 |
| 上午 9:00—12:00 | 人数增加,以市内游客为主 | 游人开始增加,陆续进入公园,按照游线进行游览。沿线游人在爱情海的花海中拍照合影;在凤凰湖边驻足赏景;在凤凰井的亭子中休憩交谈;在音乐谷附近的草坪中,有游人野餐、小朋友放风筝;在游船码头附近,游人在餐饮店旁休憩饮食;在天生桥上,大量人在拍照合影;在游客中心附近,较多游人在聚集休憩<br>*节假日:游人大幅增加,市内非附近居民游人为主,带孩子前来的家长以及学生、青年增加,还有小学生春游群体,行为模式没有变化 |
| 中午 12:00—14:00 | 人数没有明显变化 | 公园内游人基本没有减少,依然在逐步增加。大部分游人在游憩设施附近休憩饮食,或在草地中野营<br>*节假日:游人数量及类型与上午无异,行为模式与平日基本无异 |
| 下午 14:00—17:30 | 人数较多,以市内游客为主 | 游人行为模式较上午没有变化。16:30 后游人陆续开始离开公园,有较多游人在游客中心附近休憩<br>*节假日:游人数量及类型与上午无异,行为模式与平日基本无异 |

表 7-14 窨子山遗址公园行为观察

| 时间段 | 人数情况 | 行为观察内容 |
|---|---|---|
| 清晨 6:30—9:00 | 人数较少,全部为附近居民 | 少量中老年人独自或结伴前来晨练,晨练的中老年人群主要集中于公园西侧的树阵广场上,也有游人在东侧的土墩上锻炼及沿土墩上小路散步<br>*节假日:游人数量及行为模式与平日基本无异 |
| 上午 9:00—12:00 | 人数极少,以附近居民为主 | 公园内晨练的老人开始陆续离开,有个别几个居民在树池边休憩<br>*节假日:游人数量及行为模式与平日基本无异 |
| 中午 12:00—14:00 | 人数极少 | 公园内游人基本散去,有 2 位居民在此遛狗<br>*节假日:游人数量及行为模式与平日基本无异 |
| 下午 14:00—17:30 | 人数较少,以附近居民为主 | 在公园西侧树阵广场,有 5 名中老年人打羽毛球。偶有人从北侧小路路过<br>*节假日:游人数量及行为模式与平日基本无异 |
| 傍晚 17:30—19:30 | 人数较少 | 下午的游人开始陆续离开,有 2 名中年人在土墩上散步<br>*节假日:游人数量及行为模式与平日基本无异 |
| 晚上 19:30—21:00 | 人数略多,基本为附近居民 | 几名附近居民在广场中散步,几名附近居民在树池边休憩交谈<br>*节假日:游人数量及行为模式与平日基本无异 |

表 7-15 阳山碑材遗址公园行为观察

| 时间段 | 人数情况 | 行为观察内容 |
|---|---|---|
| 清晨 8:30—9:00 | 人数较少 | 几名游人进入,按导览进行游览<br>*节假日:游人略有增加,行为类型与工作日无差别 |
| 上午 9:00—12:00 | 人数较少,以外地及市内游客为主 | 游人零星前来,行为以游览、拍照及观赏表演为主,有几位游人在山路上的亭子中休憩<br>*节假日:游人略有增加,行为类型与工作日无差别 |
| 中午 12:00—14:00 | 人数较少 | 上午进入公园的游客陆续离开,没有游客进入<br>*节假日:游人略有增加,行为类型与工作日无差别 |
| 下午 14:00—16:30 | 人数较少,以外地及市内游客为主 | 游人零星前来,行为以游览、拍照及观赏表演为主,有几位游人在湖边的廊中休息<br>*节假日:游人数增加,主要进行游览及拍照,以中青年为主 |

从行为上来看,周边居民行为类型主要以休闲健身为主,外地游客及本市较远居民行为类型主要围绕遗址游览开展。这也说明,不同使用人群对遗址公园的主要功能需求是有偏重的。

同时,基于在各个公园的行为观察,不同类型公园也出现了不同的特点。

① 收费遗址公园和免费开放遗址公园的不同

在免费公园中,游人行为类型多以休闲、健身、活动为主,与遗址相关的行为类型较少,如石头城遗址公园;在收费的遗址公园中,游人的行为类型多以游览为主,与遗址相关的行为类型较多,如大报恩寺遗址公园。

② 风景名胜区类型与公园绿地类型的遗址公园的不同

在风景名胜区类型的遗址公园中,游人的主要活动类型都围绕游览行为产生,与遗址的相关度也较高;在城市公园类型中,游人的主要活动类型主要围绕休闲行为展开,与遗址的相关度较低。

③ 主城区内与主城区外遗址公园的不同

在主城区内遗址公园中,周边居民较多,游人的主要行为类型围绕休闲行为展开,与遗址的相关度较低;在主城区外的遗址公园中,其中部分由于地理位置较偏僻,周边居民较少,游客主要以主城区居民及外地游客为主,游人的主要活动基本围绕游览展开,与遗址的相关度较高。

综上,从游人行为观察来看,在部分遗址公园中,游人的主要需求是其"公园"方面的功能,如休闲、健身、活动等;在另一部分遗址公园中,游人的主要需求是其"遗址"方面的功能,如对遗址的观览、对遗址文化的学习等。

(2)各个公园的行为观察分析

明故宫遗址公园游人的行为类型主要是休闲娱乐、健身,其使用者多为周边居民,休憩空间略少。外地游客及较远居民占比较低,这2类使用人群的行为多与遗址相关,但这类行为往往比较单一,时间较短,与明故宫遗址公园遗址展示内容较少、展示方式单一且没有较好的标识系统有关,反映出明故宫遗址公园的遗址展示深度较浅。

大报恩寺遗址公园收费开放,其游人行为类型主要围绕遗址及相关文化内容的游览展开,体现出其遗址方面对使用者吸引力较强,也反映出其遗址展示方式的多样、内容的丰富以及遗址文化阐释的深厚。部分游人在游览过程中进行休憩,公园休憩设施及空间基本满足游人需求。

郑和宝船厂遗址公园周边居民较多,分时段收费开放且对老年人及儿童有免费政策,所以游人行为类型在免费时段和收费时段有所不同,游人年龄段也集中于中老年人。游人行为类型主要为休闲活动、健身锻炼等,少量外地及较远居民前来游览遗址相关内容。郑和宝船厂遗址公园休憩及活动空间基本满足游人需求,部分设施老旧,在展馆之外没有很好地对遗址及遗址文化进行展示,游人行为也反映出郑和宝船厂遗址公园其遗址方面对使用者的吸引力比较差。

明孝陵遗址公园作为收费的风景名胜区,周末及工作日的游人数量差距较为明显,其使用者行为类型主要围绕游览展开,多与遗址相关,在过程中也会进行休憩活动,反映其遗址内容的丰富,对使用者吸引力较强,休憩及活动空间能较好地满足游人需求。

石头城遗址公园全天免费开放,与秦淮河南岸居民区连接,游人主要为周边居民,行为类型也以休闲活动及健身锻炼为主,休憩及活动空间能较好地满足游人需求。由于石头城遗址公园为城垣类遗址,内容展示较为直观且公园中缺乏展示空间,只有"鬼脸照镜"景点提供了一定的展示空间,所以只有少量游人对遗址进行游览。同时,遗址文化阐释仅通过少量立牌,阐释内容较少,深度较浅。

胭脂河天生桥遗址公园收费开放,且地处溧水区,离主城区较远。周末及节假日游人数量对比工作日显著增加。游人行为类型主要围绕游览展开,得益于较好的遗址展示,遗址核心区的游览成为游人的重点。在游览过程中,也能够较好地满足游人休憩、活动及餐饮的需求。

窨子山遗址公园游人数量极少,周末及节假日与工作日情况没有明显差别。游人行为类型单一,主要为锻炼健身及体育活动。公园活动空间及休憩空间无法满足游人需求,也几乎没有对遗址的展示和遗址文化的阐述,导致游人无法产生与遗址相关的行为。

阳山碑材遗址公园游人数量较少,周末及节假日较工作日略有增加。游人行为主要以游览、拍照、观看表演及休憩为主。公园能满足游人休憩及观演的需求,在遗址区域,没有提供较好的展示空间,导致游人无法对遗址进行较好的游览。

综上,各个遗址公园不同程度上满足了游人基本的游憩活动需求,同时,游人的行为在一定程度上反映出遗址展示的优劣,遗址展示的内容、展示的方法、展示的布局、展示的流线及标识系统等都会在不同程度上影响游人对遗址的游览行为。

## 7.4 基于半结构式问卷的使用后评价调研

### 7.4.1 半结构式问卷设计与发放

(1)发放时间

为了使问卷调查的数据更加全面,在2020年12月至2021年3月,本研究选择工作日、双休日以及节假日进行了问卷的发放。

(2)发放的对象

观察使用者的人群特点,随机选择使用人群,并避免聚集在遗址公园的同一区域发放问卷。每个遗址公园随机选取100名使用者,依次对其进行访谈对话,共计800人。依据我国人口年龄划分相关标准,包括少年儿童(0~17岁)、青年(18~40岁)、中年(41~64岁)和老年人群(≥65岁)。

(3)问卷设计

问卷内容主要包括3个方面:其一在于对使用人群基本信息的了解,包括被访者的性别、年龄、身份等;其二在于使用者对研究对象的使用情况,包括使用时间、使用目的等;其三主要是通过开放式问答,在于了解被访者对研究对象的满意程度、使用需求及建议。

表 7-16 调查问卷发放情况

| 名称 | 明故宫遗址公园 | 大报恩寺遗址公园 | 郑和宝船遗址公园 | 明孝陵遗址公园 | 石头城遗址公园 | 胭脂河天生桥遗址公园 | 窨子山遗址公园 | 阳山碑材遗址公园 |
|---|---|---|---|---|---|---|---|---|
| 发放总数/份 | 100 | 100 | 100 | 100 | 100 | 100 | 100 | 100 |
| 回收有效数/份 | 96 | 97 | 94 | 97 | 95 | 93 | 89 | 92 |
| 有效利用率/% | 96 | 97 | 94 | 97 | 95 | 93 | 89 | 92 |

问卷如下：

**南京市遗址公园使用情况调查问卷**

尊敬的游客您好，我来自南京林业大学风景园林学院，基于研究需要，正在对南京市遗址公园使用情况进行调研，在这里占用您宝贵的时间，请您回答我一些关于此遗址公园使用情况的问题，十分感谢您的参与和配合！

1. 您的性别是：
  □男 □女
2. 您的年龄是：
  □18 岁以下 □18～40 岁 □41～64 岁
  □65 岁及以上
3. 您的身份是：
  □外地游客 □非附近本市居民 □附近本市居民
  □其他
4. 您来到此公园的交通方式为：
  □步行 □自行车 □私家车 □公交地铁
  □出租车或网约车 □其他
5. 您平均每次在此公园多久：
  □30 分钟以内 □1 小时以内 □2 小时以内
  □3 小时以内 □3 小时以上
6. 在此遗址公园游玩后，您对此公园的遗址的了解：
  □完全不清楚 □不是很清楚 □有一定了解
  □较为了解 □很清楚了解
7. 您对遗址公园的使用需求/目的是（可多选）：
  □日常休闲 □游憩观光 □健身锻炼
  □遗址文化学习 □其他＿＿＿＿
8. 您对此公园总体情况是否满意：
  □不满意 □较不满意 □一般 □较满意
  □满意
  感到满意的方面是：＿＿＿＿＿＿
  需要改进的方面是：＿＿＿＿＿＿
9. 针对此遗址公园现状，您认为最有待提升的方面是：
  □遗址的保护 □遗址的利用与展示
  □遗址的文化宣传 □规划设计
  □景观丰富度 □基础设施的完善
  □公园管理 □其他＿＿＿＿
10. 对于遗址公园来说，您认为哪方面是最重要的？
  ＿＿＿＿＿＿＿＿＿＿＿＿

表 7-17 全部案例使用人群性别情况

| 性别 | 数量/人 | 百分比 |
|---|---|---|
| 男 | 373 | 49.54% |
| 女 | 380 | 50.46% |

(4) 问卷发放情况

本文半结构问卷计划发放问卷 800 份，在实际调研过程中的问卷回收情况如表 7-16 所示，有效问卷回收 753 份，回收率 94.12%。

### 7.4.2 半结构式问卷的调研结果与分析

(1) 使用人群分析

本节从性别、年龄、身份 3 个方面对南京市遗址公园使用人群进行分析。

① 性别

通过对南京市遗址公园的问卷调查和数据处理，使用人群的性别情况如表 7-17、图 7-3 所示，女性使用人群占 50.46%，男性使用人群占 49.54%。各个研究案例男女性使用人群占比略有不同，但总体男女性别比例比较均等，表明遗址公园使用人群没有出现性别差异。

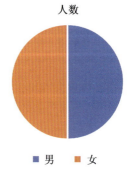

图 7-3 研究案例使用人群性别比较

② 年龄

各个研究案例使用人群的年龄情况及占比如表 7-18 所示，不再分别赘述。由图 7-4 所示，总体上来说，18 岁以下使用人群占比较低，中老年人占比较高，但在个别案例中，出现一定的差异。

在明故宫遗址公园、郑和宝船厂遗址公园、石头城遗址公园、胭脂河天生桥遗址公园中，18 岁以下使用人群数量在总体使用人群中占比较低，但略高于其他 4 个公园，与前文中行为观察结果吻合，以上 4 个公园较另 4 个公园有更多的少年、儿童在父母的带领下来到公园活动。究其原因,前三者靠近居民区或靠近学校,同时本身也给少年儿童提供了较多的活动空间,所以吸引少年儿童前往;而胭脂河天生桥遗址公园远离主城区及溧水城区,大多为家庭带少年儿童一同出游,故18岁以下使用人群占比略高。

在大报恩寺遗址公园、明孝陵遗址公园、胭脂河天生桥遗址公园、阳山碑材遗址公园中,青年人群占比略高于总体水平,中老年人群略低于总体水平。究其原因,大报恩寺遗址公园以其高科技、新颖等特点吸引了较多的青年人群,尤其是较多高校学生人群,又由于其是收费公园,前来的中老年人多为宗教文化及遗址观光前来,几乎没有前来锻炼的;明孝陵遗址公园因为自身独特的历史人文价值,吸引了较多外地及本市的青年人前来,高校学生也较多,其同样是收费公园,健身锻炼的中老年较少;胭脂河天生桥遗址公园因为其距离市区较远,以青年家庭游客自驾前往居多,前来的中老年人大多是随家庭一同前往;阳山碑材遗址公园收费且地理位置较偏僻,多山地景观,中老年人群同样较少。

表7-18 各研究案例使用人群年龄情况

| 年龄 | 明故宫遗址公园 | | 大报恩寺遗址公园 | | 郑和宝船厂遗址公园 | | 明孝陵遗址公园 | |
|---|---|---|---|---|---|---|---|---|
| | 人数 | 占比 | 人数 | 占比 | 人数 | 占比 | 人数 | 占比 |
| 18岁以下 | 11 | 11.46% | 5 | 5.15% | 9 | 9.57% | 7 | 7.22% |
| 18～40岁 | 19 | 19.79% | 31 | 31.96% | 16 | 17.02% | 31 | 31.96% |
| 41～64岁 | 30 | 31.25% | 27 | 27.84% | 33 | 35.11% | 34 | 35.05% |
| 65岁及以上 | 36 | 37.50% | 34 | 35.05% | 39 | 41.49% | 25 | 25.77% |

| 年龄 | 石头城遗址公园 | | 胭脂河天生桥遗址公园 | | 窨子山遗址公园 | | 阳山碑材遗址公园 | |
|---|---|---|---|---|---|---|---|---|
| | 人数 | 占比 | 人数 | 占比 | 人数 | 占比 | 人数 | 占比 |
| 18岁以下 | 12 | 12.63% | 13 | 13.98% | 3 | 3.37% | 5 | 5.43% |
| 18～40岁 | 22 | 23.16% | 36 | 38.71% | 16 | 17.98% | 34 | 36.96% |
| 41～64岁 | 28 | 29.47% | 25 | 26.88% | 32 | 35.96% | 29 | 31.52% |
| 65岁及以上 | 33 | 34.74% | 19 | 20.43% | 38 | 42.70% | 24 | 26.09% |

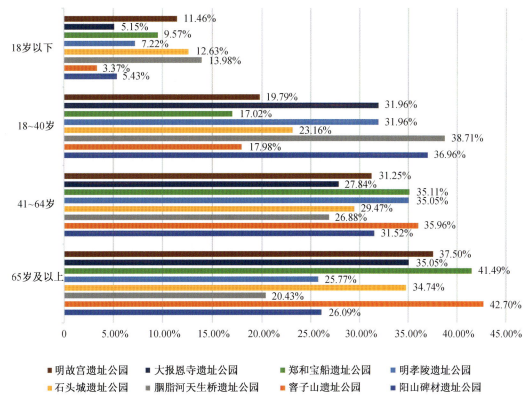

图7-4 各研究案例使用人群年龄比较

③ 身份

各个研究案例使用人群身份情况及占比如表 7-19 所示，不再分别赘述。由图 7-5 所示，使用人群身份情况出现较大差异。总的来说，大报恩寺遗址公园、明孝陵遗址公园、胭脂河天生桥遗址公园、阳山碑材遗址公园的使用人群中，外地游客和本市居民占比较大，而明故宫遗址公园、郑和宝船厂遗址公园、石头城遗址公园、窨子山遗址公园的使用人群中，附近居民占比比较大。其中，窨子山附近居民占比高达 88.76%，使用人群中本市居民占比也较低，窨子山遗址公园属于微型遗址公园，这也说明其辐射范围较小。表中其他人群主要为高校学生，明故宫遗址公园中其他人群主要为附近医院的患者。

从表中可以看出大报恩寺遗址公园、明孝陵遗址公园、胭脂河天生桥遗址公园及阳山碑材遗址公园对外地游客吸引力较大。需要说明的是，根据行为观察等实地调研，阳山碑材遗址公园游人数量较少，其中外地游客较多，一定程度上是由于其位置偏僻且对本市及附近人群吸引力较低所致。

表 7-19  各研究案例使用人群身份情况

| 身份 | 明故宫遗址公园 | | 大报恩寺遗址公园 | | 郑和宝船厂遗址公园 | | 明孝陵遗址公园 | |
|---|---|---|---|---|---|---|---|---|
| | 人数 | 占比 | 人数 | 占比 | 人数 | 占比 | 人数 | 占比 |
| 外地游客 | 17 | 17.71% | 35 | 36.08% | 9 | 9.57% | 40 | 41.24% |
| 附近本市居民 | 49 | 51.04% | 16 | 16.49% | 57 | 60.64% | 15 | 15.46% |
| 非附近本市居民 | 23 | 23.96% | 36 | 37.11% | 20 | 21.28% | 35 | 36.08% |
| 其他 | 7 | 7.29% | 10 | 10.31% | 8 | 8.51% | 7 | 7.22% |

| 身份 | 石头城遗址公园 | | 胭脂河天生桥遗址公园 | | 窨子山遗址公园 | | 阳山碑材遗址公园 | |
|---|---|---|---|---|---|---|---|---|
| | 人数 | 占比 | 人数 | 占比 | 人数 | 占比 | 人数 | 占比 |
| 外地游客 | 3 | 3.16% | 36 | 38.71% | 0 | 0 | 33 | 35.87% |
| 附近本市居民 | 67 | 70.53% | 18 | 19.35% | 79 | 88.76% | 9 | 9.78% |
| 非附近本市居民 | 20 | 21.05% | 28 | 30.11% | 10 | 11.24% | 37 | 40.22% |
| 其他 | 5 | 5.26% | 11 | 11.83% | 0 | 0 | 13 | 14.13% |

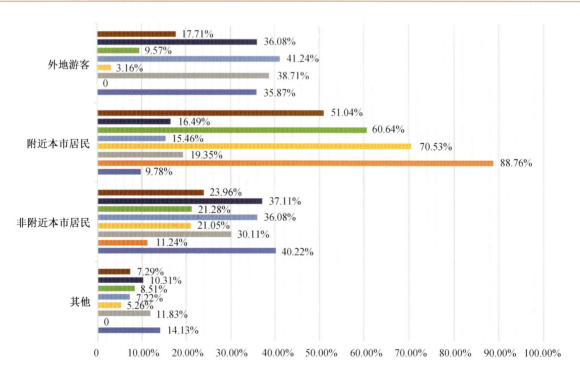

图 7-5  各研究案例使用人群身份比较

(2) 遗址公园使用情况分析

① 来访公园的交通方式

各个研究案例使用人群来访公园的交通方式及占比如表7-20所示,不再分别赘述。由图7-6所示,总体来说,使用人群来访公园的交通方式以步行及公交地铁为主。从各个研究案例来看,使用人群来访公园的交通方式出现了较大的差异。

石头城遗址公园、窨子山遗址公园使用人群主要通过步行的方式来访公园；胭脂河天生桥遗址公园有78.49%的使用人群通过私家车的方式来访公园；明故宫遗址公园、郑和宝船厂遗址公园使用人群主要通过步行及公交地铁的方式来访公园；大报恩寺遗址公园使用人群来访公园以私家车及公交地铁为主；明孝陵遗址公园、阳山碑材遗址公园使用人群主要通过私家车及公交地铁的方式来访公园。

表7-20 各研究案例使用人群来访公园的交通方式

| 来访公园的交通方式 | 明故宫遗址公园 | | 大报恩寺遗址公园 | | 郑和宝船厂遗址公园 | | 明孝陵遗址公园 | |
|---|---|---|---|---|---|---|---|---|
| | 人数 | 占比 | 人数 | 占比 | 人数 | 占比 | 人数 | 占比 |
| 步行 | 45 | 46.88% | 6 | 6.19% | 52 | 55.32% | 7 | 7.22% |
| 自行车 | 6 | 6.25% | 5 | 5.15% | 5 | 5.32% | 1 | 1.03% |
| 私家车 | 4 | 4.17% | 31 | 31.96% | 0 | 0 | 19 | 19.59% |
| 公交地铁 | 38 | 39.58% | 39 | 40.21% | 35 | 37.23% | 57 | 58.76% |
| 出租车或网约车 | 3 | 3.13% | 16 | 16.49% | 2 | 2.13% | 13 | 13.40% |
| 其他 | 0 | 0 | 0 | 0 | 0 | 0 | 0 | 0 |

| 来访公园的交通方式 | 石头城遗址公园 | | 胭脂河天生桥遗址公园 | | 窨子山遗址公园 | | 阳山碑材遗址公园 | |
|---|---|---|---|---|---|---|---|---|
| | 人数 | 占比 | 人数 | 占比 | 人数 | 占比 | 人数 | 占比 |
| 步行 | 59 | 62.11% | 0 | 0 | 75 | 84.27% | 5 | 5.43% |
| 自行车 | 9 | 9.47% | 0 | 0 | 4 | 4.49% | 0 | 0 |
| 私家车 | 13 | 13.68% | 73 | 78.49% | 0 | 0 | 42 | 45.65% |
| 公交地铁 | 14 | 14.74% | 12 | 12.90% | 10 | 11.24% | 33 | 35.87% |
| 出租车或网约车 | 0 | 0 | 8 | 8.60% | 0 | 0 | 12 | 13.04% |
| 其他 | 0 | 0 | 0 | 0 | 0 | 0 | 0 | 0 |

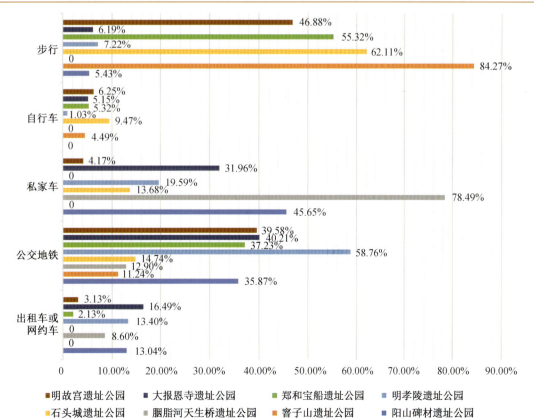

图7-6 各研究案例使用人群来访公园的交通方式比较

② 在公园中的使用时长

各个研究案例使用人群在公园中的使用时长及占比如表7-21所示，不再分别赘述。

由图7-7所示，总体来说，使用人群在公园中的使用时长以0.5～1h及1～2h为主，个别研究案例有一些差异。大报恩寺遗址公园使用人群在公园中的使用时长以1～2h及2～3h为主；明孝陵遗址公园使用人群在公园中的使用时长以1～2h及2～3h为主，其中，使用时长在1～2h的有44.33%，使用时长在3h以上有21.65%；胭脂河天生桥遗址公园使用人群在公园中的使用时长以1～2h及2～3h为主，有48.39%的使用人群使用时长在2～3h，同时，使用时长在3h以上仍有18.28%。

大报恩寺遗址公园由于其丰富的遗址内容及展馆陈列，促使使用人群的使用时长较长；明孝陵遗址公园、胭脂河天生桥遗址公园由于其遗址本身体量及公园占地面积较大，促使使用人群的使用时长较长。

表7-21 各研究案例使用人群在公园中的使用时长

| 在公园的使用时长 | 明故宫遗址公园 | | 大报恩寺遗址公园 | | 郑和宝船厂遗址公园 | | 明孝陵遗址公园 | |
|---|---|---|---|---|---|---|---|---|
| | 人数 | 占比 | 人数 | 占比 | 人数 | 占比 | 人数 | 占比 |
| 小于0.5h | 18 | 18.75% | 0 | 0 | 4 | 4.26% | 3 | 3.09% |
| 0.5～1h | 28 | 29.17% | 3 | 3.09% | 41 | 43.62% | 5 | 5.15% |
| 1～2h | 31 | 32.29% | 46 | 47.42% | 32 | 34.04% | 43 | 44.33% |
| 2～3h | 15 | 15.63% | 41 | 42.27% | 12 | 12.77% | 25 | 25.77% |
| 3h以上 | 4 | 4.17% | 7 | 7.22% | 5 | 5.32% | 21 | 21.65% |

| 在公园的使用时长 | 石头城遗址公园 | | 胭脂河天生桥遗址公园 | | 窨子山遗址公园 | | 阳山碑材遗址公园 | |
|---|---|---|---|---|---|---|---|---|
| | 人数 | 占比 | 人数 | 占比 | 人数 | 占比 | 人数 | 占比 |
| 小于0.5h | 5 | 5.26% | 0 | 0 | 14 | 13.48% | 0 | 0 |
| 0.5～1h | 36 | 37.89% | 0 | 0 | 42 | 41.57% | 41 | 44.57% |
| 1～2h | 25 | 26.32% | 31 | 33.33% | 20 | 28.09% | 36 | 39.13% |
| 2～3h | 17 | 17.89% | 45 | 48.39% | 13 | 16.85% | 15 | 16.30% |
| 3h以上 | 12 | 12.63% | 17 | 18.28% | 0 | 0 | 0 | 0 |

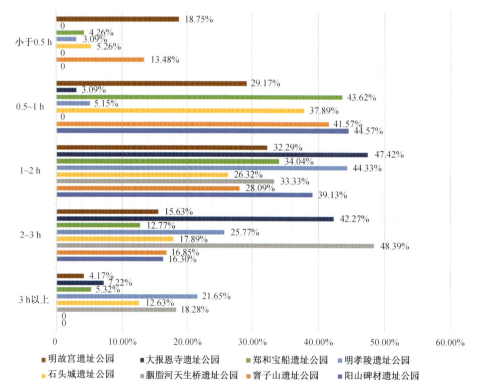

图7-7 各研究案例使用人群在公园中的使用时长比较

③ 在公园中的使用目的

各个研究案例使用人群在公园中的使用目的及占比如表7-22所示，不再分别赘述，使用目的为多选项，占比之和可大于100%。

由图7-8所示，总体来说，使用人群对日常休闲、游憩观光、健身锻炼、遗址文化学习都有一定程度需求，但使用人群来访各个公园的目的有一定的差异，使用人群的使用目的可以指导公园更新改造设计，也可以在一定程度上反映该遗址公园对使用者需求的满足程度。

明故宫遗址公园使用人群的使用目的中较突出的是日常休闲及遗址文化学习；大报恩寺遗址公园、明孝陵遗址公园、胭脂河天生桥遗址公园、阳山碑材遗址公园使用人群的使用目的中较突出的是游憩观光及遗址文化学习；郑和宝船厂遗址公园、窨子山遗址公园、石头城遗址公园使用人群的使用目的中较突出的是日常休闲及健身锻炼。

表7-22 各研究案例使用人群在公园中的使用目的（多选）

| 在公园中的使用目的 | 明故宫遗址公园 | | 大报恩寺遗址公园 | | 郑和宝船厂遗址公园 | | 明孝陵遗址公园 | |
|---|---|---|---|---|---|---|---|---|
| | 人数 | 占比 | 人数 | 占比 | 人数 | 占比 | 人数 | 占比 |
| 日常休闲 | 58 | 60.42% | 49 | 50.52% | 53 | 56.38% | 33 | 34.02% |
| 游憩观光 | 34 | 35.42% | 73 | 75.26% | 21 | 22.34% | 57 | 58.76% |
| 健身锻炼 | 37 | 38.54% | 4 | 4.12% | 37 | 39.36% | 20 | 20.62% |
| 遗址文化学习 | 49 | 51.04% | 47 | 48.45% | 9 | 9.57% | 48 | 49.48% |
| 其他 | 0 | 0 | 0 | 0 | 0 | 0 | 0 | 0 |

| 在公园中的使用目的 | 石头城遗址公园 | | 胭脂河天生桥遗址公园 | | 窨子山遗址公园 | | 阳山碑材遗址公园 | |
|---|---|---|---|---|---|---|---|---|
| | 人数 | 占比 | 人数 | 占比 | 人数 | 占比 | 人数 | 占比 |
| 日常休闲 | 68 | 71.58% | 21 | 22.58% | 41 | 46.07% | 9 | 9.78% |
| 游憩观光 | 53 | 55.79% | 68 | 73.12% | 5 | 5.62% | 58 | 63.04% |
| 健身锻炼 | 65 | 68.42% | 8 | 8.60% | 36 | 40.45% | 13 | 14.13% |
| 遗址文化学习 | 39 | 41.05% | 24 | 25.81% | 6 | 6.74% | 44 | 47.83% |
| 其他 | 0 | 0 | 0 | 0 | 0 | 0 | 0 | 0 |

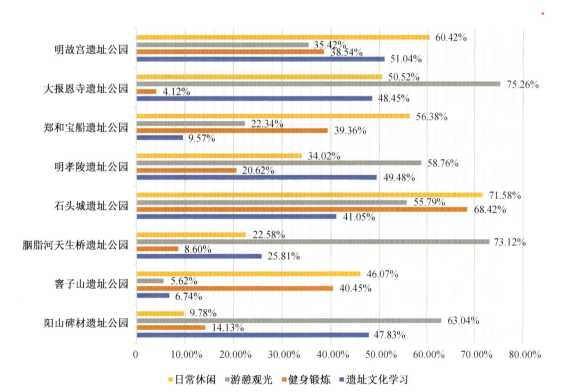

图7-8 各研究案例使用人群在遗址公园中的使用目的（多选）

④ 对公园内遗址的了解情况

各个研究案例使用人群对公园内遗址的了解情况及占比如表7-23所示,不再分别赘述。

由图7-9所示,总体来说,使用人群对公园内遗址的了解情况大致为正态分布,主要为有一定了解。从总体情况来看,南京市遗址公园使用者对公园内遗址大多仅有一定的了解。从调查情况来看,一方面是因为主观上一部分使用者来访遗址公园的目的并非遗址文化学习;另一方面,是因为客观上遗址公园有一定的遗址本体展示及遗址文化阐释,但展示及文化阐释不足导致的。

表7-23 各研究案例使用人群对公园内遗址的了解情况

| 对公园内遗址的了解情况 | 明故宫遗址公园 | | 大报恩寺遗址公园 | | 郑和宝船厂遗址公园 | | 明孝陵遗址公园 | |
|---|---|---|---|---|---|---|---|---|
| | 人数 | 占比 | 人数 | 占比 | 人数 | 占比 | 人数 | 占比 |
| 完全不清楚 | 0 | 0 | 0 | 0 | 0 | 0 | 0 | 0 |
| 不是很清楚 | 10 | 10.42% | 9 | 9.28% | 6 | 6.38% | 9 | 9.28% |
| 有一定了解 | 59 | 61.46% | 29 | 29.90% | 59 | 62.77% | 65 | 67.01% |
| 较为了解 | 22 | 22.92% | 54 | 55.67% | 23 | 24.47% | 16 | 16.49% |
| 很清楚了解 | 5 | 5.21% | 5 | 5.15% | 6 | 6.38% | 7 | 7.22% |

| 对公园内遗址的了解情况 | 石头城遗址公园 | | 胭脂河天生桥遗址公园 | | 窨子山遗址公园 | | 阳山碑材遗址公园 | |
|---|---|---|---|---|---|---|---|---|
| | 人数 | 占比 | 人数 | 占比 | 人数 | 占比 | 人数 | 占比 |
| 完全不清楚 | 0 | 0 | 0 | 0 | 8 | 8.99% | 0 | 0 |
| 不是很清楚 | 26 | 27.37% | 23 | 24.73% | 31 | 34.83% | 16 | 17.39% |
| 有一定了解 | 37 | 38.95% | 35 | 37.63% | 39 | 43.82% | 45 | 48.91% |
| 较为了解 | 21 | 22.11% | 28 | 30.11% | 11 | 12.36% | 23 | 25.00% |
| 很清楚了解 | 11 | 11.58% | 7 | 7.53% | 0 | 0 | 8 | 8.70% |

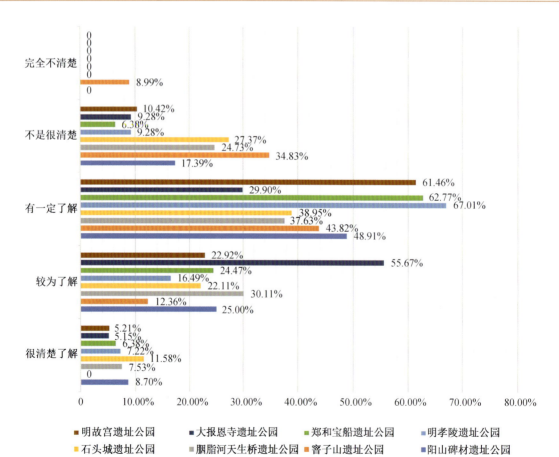

图7-9 各研究案例使用人群对公园内遗址的了解情况比较

各个研究案例使用人群对公园内遗址的了解情况也有一定的差异。其中,窨子山遗址公园有8.99%的使用者表示对遗址完全不清楚,且除去有一定了解的使用人群外,不是很清楚的人群占比也较高。依据行为观察及实地调研,窨子山遗址公园对遗址本体的展示及文化阐释极少,导致使用者对遗址了解情况较差。大报恩寺遗址公园使用人群中有55.67%的人对公园内遗址较为了解,结合与公园使用者访谈也说明公园的遗址本体展示及遗址文化阐释较好。

(3) 使用人群开放式访谈

通过与使用人群访谈,了解到各个公园使用人群感到满意及需要改进的方面如下:

明故宫遗址公园中,大部分使用人群对公园基础设施、公园环境及植物景观表示满意;认为遗址文化阐释的内容、形式等需要改进。

大报恩寺遗址公园中,大部分使用人群对遗址本体保护、遗址本体展示、遗址文化阐释以及公园环境设施表示满意,个别使用人群表示该公园文化与科技结合,新与旧的交融是一大亮点;部分使用人群认为餐饮方面需要改进。

郑和宝船厂遗址公园中,大部分使用人群对公园环境及活动空间表示满意,对基础设施维护以及公园管理需要改进;个别使用人群特别提到公园收费的问题,认为应该探讨免费开放的问题。

明孝陵遗址公园中,大部分使用人群对公园的植物景观、环境及文化氛围表示满意,尤其认可了明孝陵遗址公园"修旧如旧"的遗址保护理念;较多数使用者认为卫生设施,尤其是公厕需要改进,公厕数量不能满足使用需求且环境较差;部分使用者认为应当减少商业化,增加历史讲解,弘扬文化传承。

石头城遗址公园中,大部分使用人群对公园环境以及休闲活动空间表示满意;部分使用人群认为应当适当增加健身设施,增加遗址文化阐释内容。

胭脂河天生桥遗址公园中,大部分使用人群对公园环境和遗址本体展示表示满意,认为卫生设施的管理需要改进;部分使用者认为商业气息过于浓重,与遗址文化冲突,提出"在遗址保护的基础上如何做到商业开发与遗址展示双赢"。

窨子山遗址公园中,使用者对公园的休憩空间较为满意,认为遗址本体保护、遗址本体展示及遗址文化阐释过于薄弱。

阳山碑材遗址公园中,使用人群对遗址保护与展示基本满意,认为公园休憩设施及道路设施需要维护更新,需要在保护遗址的同时提供更好的遗址展示空间;其次,使用人群认为商业氛围过于浓重,降低了历史的厚重感。

## 7.5 基于层次分析法问卷的使用后评价调研

### 7.5.1 评价体系构建的方法及步骤

为了使指标因素的选取更加科学、有针对性,能够有效地评价遗址公园,本节充分参考相关学者对遗址公园及城市公园的使用后评价体系以及《国家考古遗址公园评定细则》,结合实地调研,并广泛征询专家意见,对评价指标因素进行初步预设。在此基础上,经过专家、相关设计师和施工方等讨论,以及使用者访谈,对初选指标进行筛选,确定正式的指标因素集。再经过对各级指标的专家打分建立判断矩阵,计算各级指标权重,确立最终的评价指标体系。最后进行问卷设计、确立评价等级标准,经过问卷发放,以完成各个研究案例的使用现状评价。主要用到如下方法,见表7-24。

**表 7-24 评价指标体系构建的方法**

| 目的 | 方法 |
| --- | --- |
| 构建评价指标体系 | 实地调研法 |
| | 文献研究法 |
| | 预设指标法 |
| | 特尔菲法(专家调查法) |
| | 层次分析法(AHP) |

### 7.5.2 构建评价指标体系

(1) 评价指标因素选取

第一,通过前文对遗址公园的基础理论研究,初步确定遗址公园评价的2个方面,即"遗址"方面和"公园"方面。

第二,由于评价对象功能和特点的不同,评价指标的构建也有其侧重方面,通过行为观察、半结构调查问卷及访谈等实地调研,初步确定3个评价维度:①作为遗址公园,其对遗址的保护和展示功能;②作为公园本身,其公园布局、景观设计情况、基础设施情况以及公园管理情况;③还有必要考虑其公众参与情况,即相关文化活动等。

第三,对相关文献及理论成果进行阅读和研究,针对遗址公园使用后评价的研究较少。其中,刘凡(2013)以马斯洛理论的生理舒适和文化与精神满足为出发点构建准则层,针对国家考古遗址公园,从交通状况、环境状况、配套设施、公园管理以及遗址保护与展示5个方面构建因素层,从绿化种植、景观丰富度、遗址展示体系、遗址保护与考古研究等24个方面构建指标层。张丞韫(2013)从自然景观要素、人工景观要素、社会文化要素、可意向的设计品质4个方面构建一级指标,从植物种类、植物色彩、休息设施、文化历史传承等33个角度构建二级评价指标。杨展宏(2016)从遗址景观、生态景观、功能景观、文化景观4个方面构建准则层,从遗址保护措施、发掘完整性、遗址的可读性、物种的多样性等 16 个方面构建指标层。针对综合性城市公园，黎洋佟(2016)对综合性城市公园景观设计进行使用后评价，从可达性、景观要素、空间感知、触觉感知、配套设施、维护管理、综合品质 7 个方面构建准则层，从区位便捷度、通达性、山体景观、建筑景观等 44 个方面构建指标层。其他文献不一一赘述，对本研究都具有一定的参考价值（孙艳芝等，2020；刘雅树等，2019；胡金龙等，2013）。

第四，对《国家考古遗址公园评定细则》进行研习。《国家考古遗址公园评定细则》中对国家考古遗址的评定体系见图 7-10。《国家考古遗址公园评定细则》中，从考古遗址公园的资源条件，遗址的考古、研究与保护，遗址的展示与阐释，遗址公园的管理与运营 4 个方面构建了评定的框架，其具有重要的参考价值。同时，需要明确《国家考古遗址公园评定细则》中不完全适用于本书研究的点：

①国家考古遗址公园基于大遗址建设的大型公园，其规模比一般的遗址公园大，功能也更多更完善。

②国家考古遗址公园对考古工作及研究更为重视，而一般遗址公园独立的考古研究功能相对较弱。

③《国家考古遗址公园评定细则》是客观的评定体系，与本文中依据使用者感受的评价不同，参考时应转化为基于使用者感受的指标。

最后，经过专家、相关设计师和施工方等讨论，以及使用者访谈，本研究确定了一级指标 5 个，分别为遗址的保护、遗址的展示、公园布局与景观元素、基础设施、公园管理运营；再根据一级指标细分出 26 个二级指标。

图 7-10 《国家考古遗址公园评定细则》评价框架

图片来源：《国家考古遗址公园评定细则》

表 7-25　评价指标体系

| 目标层（A） | 准则层（B） | 指标层（C） |
|---|---|---|
| 南京市遗址公园使用后评价（A） | 遗址的保护 B1 | 遗址本体的保护 C11<br>遗址环境的保护 C12<br>日常维护 C13<br>日常监管 C14 |
| | 遗址的展示 B2 | 遗址本体的展示 C21<br>遗址文化的阐释 C22<br>延伸展示 C23<br>相关文化活动 C24 |
| | 公园布局与景观元素 B3 | 功能分区 C31<br>交通流线 C32<br>植物景观 C33<br>硬质铺装 C34<br>水景观 C35<br>景观小品及构筑物 C36<br>景观建筑 C37 |
| | 基础设施 B4 | 游憩设施 C41<br>餐饮设施 C42<br>标识导览设施 C43<br>卫生设施 C44<br>照明设施 C45<br>无障碍设施 C46<br>交通设施 C47 |
| | 公园管理运营 B5 | 基础设施维护 C51<br>卫生保持 C52<br>工作人员服务 C53<br>宣传推广 C54 |

（2）构建评价指标体系

根据以上选取的评价指标，构建评价体系如表 7-25 所示。

对于水景观 C35、景观小品及构筑物 C36、景观建筑 C37 这 3 个指标，由于其并非公园必需景观元素，若评价对象缺失，根据统计学方法，则应计算其他评价对象该项指标得分的平均值对其进行赋值。

### 7.5.3　计算评价指标权重

南京市遗址公园使用现状评价体系权重的确定主要基于专家问卷及层次分析法，并运用层次分析法软件 Yaahp 进行判断矩阵的构建、一致性检验及权重计算。

（1）构建判断矩阵

构建判断矩阵（表 7-26），请 20 位遗产保护研究相关专家、风景园林学相关学者、景观规划等相关从业者，利用 1~9 比例标度法，分别对每一层次的评价指标的相对重要

表 7-26　判断矩阵示意表

| B | C1 | C2 | … | Cm |
|---|---|---|---|---|
| C1 | C11 | C12 | … | C1m |
| C2 | C21 | C22 | … | C2m |
| ⋮ | ⋮ | ⋮ | | ⋮ |
| Cm | Cm1 | Cm2 | … | Cmm |

重要性的赋值方式如表 7-27 所示。

表 7-27　1~9 标度重要性含义表

| 标度 | 含义 |
|---|---|
| 1 | 表示两个元素相比，具有同等重要性 |
| 3 | 表示两个元素相比，前者比后者稍重要 |
| 5 | 表示两个元素相比，前者比后者明显重要 |
| 7 | 表示两个元素相比，前者比后者强烈重要 |
| 9 | 表示两个元素相比，前者比后者极端重要 |
| 2,4,6,8 | 表示上述判断的中间值 |

性进行量化打分。

矩阵代表 C 层各要素在 B 层中进行两两比较并得出相对重要性，其中 $C_{ij}$ 的含义是 $C_i$ 和 $C_j$ 相比较后，$C_i$ 比 $C_j$ 的重要程度的标度。$C_{ij}$ 与 $C_{ji}$ 的标度值互为倒数，即 $C_{ij}=1/C_{ji}$。

举例：决策者认为 $C_i$ 与 $C_j$ 同等重要，则 $C_{ij}=1$；$C_i$ 比 $C_j$ 明显重要，则 $C_{ij}=5$；反之，$C_j$ 比 $C_i$ 明显重要，则 $C_{ij}=1/5$。

完成判断矩阵以后，计算单一层次下指标的相对权重，需要对其矩阵一致性进行检验与判断，一致性比例值越小，证明本次判断矩阵的一致性越好，冲突性越小。当一致性比例值小于 0.1 时，可以初步判断其具有较好的一致性，否则要请专家再次评分进行修正之后再进行加权求平均值的工作。

（2）评价指标权重的计算

鉴于层次分析法计算量较大，本研究采用层次分析法软件 Yaahp V10.3 进行计算。将已经确定好的评价指标体系输入层次分析法软件 Yaahp V10.3，分别按照目标层、准则层和指标层依次进行相应内容的赋予，生成层次结构模型，如图 7-11 所示。

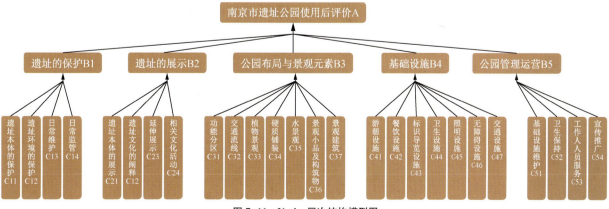

图 7-11　Yaahp 层次结构模型图

在自动生成的"判断矩阵"中,按照1~9标度法,输入各位专家问卷的结果,并进行一致性检验。

以下为专家问卷:

### 南京市遗址公园使用现状评价专家问卷

尊敬的各位专家:

感谢您在百忙中抽出时间,请根据您对南京市遗址公园的现状了解情况和相关专业工作经验,从遗址公园使用现状评价的角度出发,填写下面表格的问卷。

1. 问卷说明

本问卷调查是为了确定南京市遗址公园使用现状评价体系中各评价指标的权重系数,评价指标分2级。请您针对指标体系中上一层次中的某一指标,判定该层次中各有关元素的相对重要性,1~9标度的重要性含义见表A。

示例:

在表B中矩阵代表B层各要素在A层中进行两两比较并得出相对重要性,其中B12的含义是B1和B2相比较后,B1比B2的重要程度的标度;B13的含义是B1和B3相比较后,B1比B3的重要程度的标度;B14的含义是B1和B4相比较后,B1比B4的重要程度的标度。

请您按照上表的标度方法及标度的重要性含义,将两两元素进行相互比较。您只需填写以下表格的"空白三角"中的内容。

2. 本研究评价指标的重要性判断矩阵填写

(1) 第一层级:南京市遗址公园使用后评价A

表A 1~9标度的重要性含义

| 标度 | 含义 |
| --- | --- |
| 1 | 表示两个元素相比,具有同等更重要性 |
| 3 | 表示两个元素相比,前者比后者稍重要 |
| 5 | 表示两个元素相比,前者比后者明显重要 |
| 7 | 表示两个元素相比,前者比后者强烈重要 |
| 9 | 表示两个元素相比,前者比后者极端重要 |
| 2,4,6,8 | 表示上述判断的中间值 |

表B B层级标因子相对于A层级两两重要性赋值示意图

| A | B1 | B2 | B3 | B4 |
| --- | --- | --- | --- | --- |
| B1 | 1 | B12 | B13 | B14 |
| B2 | | 1 | | |
| B3 | | | 1 | |
| B4 | | | | 1 |

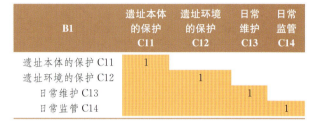

(2) 第二层级

① 遗址的保护B1

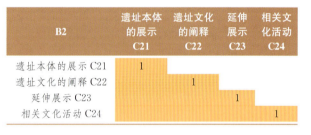

② 遗址的展示B2

③ 公园布局与景观元素B3

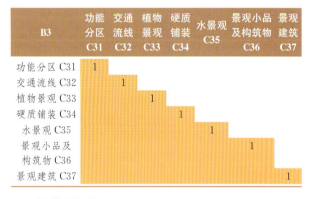

④ 基础设施B4

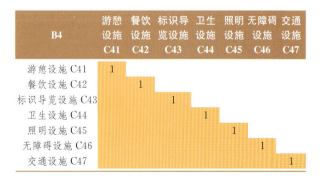

⑤ 公园管理运营 B5

| B5 | 基础设施维护 C51 | 卫生保持 C52 | 工作人员服务 C53 | 宣传推广 C54 |
|---|---|---|---|---|
| 基础设施维护 C51 | 1 | | | |
| 卫生保持 C52 | | 1 | | |
| 工作人员服务 C53 | | | 1 | |
| 宣传推广 C54 | | | | 1 |

感谢您为此次评价付出宝贵的时间!

以专家 A 为例,如表 7-28,展示层次分析后的计算结果。

表 7-28 专家 A 的计算结果展示表

① 南京市遗址公园使用后评价 A
一致性比例:0.006 2;权重:1.000 0;$\lambda_{max}$:5.027 8

| 南京市遗址公园使用后评价 A | 遗址的保护 B1 | 遗址的展示 B2 | 公园布局与景观元素 B3 | 基础设施 B4 | 公园管理运营 B5 | 权重 |
|---|---|---|---|---|---|---|
| 遗址的保护 B1 | 1 | 2 | 3 | 5 | 4 | 0.426 6 |
| 遗址的展示 B2 | 0.5 | 1 | 2 | 3 | 3 | 0.253 7 |
| 公园布局与景观元素 B3 | 0.333 3 | 0.5 | 1 | 2 | 2 | 0.150 7 |
| 基础设施 B4 | 0.2 | 0.333 3 | 0.5 | 1 | 1 | 0.082 4 |
| 公园管理运营 B5 | 0.25 | 0.333 3 | 0.5 | 1 | 1 | 0.086 6 |

② 遗址的保护 B1
一致性比例:0.008 0;权重:0.426 6;$\lambda_{max}$:4.021 5

| 遗址的保护 B1 | 遗址本体的保护 C11 | 遗址环境的保护 C12 | 日常维护 C13 | 日常监测 C14 | 权重 |
|---|---|---|---|---|---|
| 遗址本体的保护 C11 | 1 | 2 | 5 | 7 | 0.532 3 |
| 遗址环境的保护 C12 | 0.5 | 1 | 3 | 4 | 0.288 4 |
| 日常维护 C13 | 0.2 | 0.333 3 | 1 | 2 | 0.111 8 |
| 日常监管 C14 | 0.142 9 | 0.25 | 0.5 | 1 | 0.067 5 |

③ 遗址的展示 B2
一致性比例:0.008 8;权重:0.253 7;$\lambda_{max}$:4.023 6

| 遗址的展示 B2 | 遗址本体的展示 C21 | 遗址文化的阐释 C22 | 延伸展示 C23 | 相关文化活动 C24 | 权重 |
|---|---|---|---|---|---|
| 遗址本体的展示 C21 | 1 | 1 | 6 | 7 | 0.453 4 |
| 遗址文化的阐释 C22 | 1 | 1 | 4 | 6 | 0.395 8 |
| 延伸展示 C23 | 0.166 7 | 0.25 | 1 | 1 | 0.080 9 |
| 相关文化活动 C24 | 0.142 9 | 0.166 7 | 1 | 1 | 0.070 0 |

④ 公园布局与景观元素 B3
一致性比例:0.013 1;权重:0.150 7;$\lambda_{max}$:7.107 2

| 公园布局与景观元素 B3 | 功能分区 C31 | 交通流线 C32 | 植物景观 C33 | 硬质铺装 C34 | 水景观 C35 | 景观小品及构筑物 C36 | 景观建筑 C37 | 权重 |
|---|---|---|---|---|---|---|---|---|
| 功能分区 C31 | 1 | 1 | 3 | 4 | 8 | 6 | 6 | 0.343 4 |
| 交通流线 C32 | 1 | 1 | 2 | 3 | 5 | 4 | 4 | 0.259 6 |
| 植物景观 C33 | 0.333 3 | 0.5 | 1 | 2 | 3 | 3 | 3 | 0.147 5 |
| 硬质铺装 C34 | 0.25 | 0.333 3 | 0.5 | 1 | 2 | 2 | 2 | 0.091 9 |
| 水景观 C35 | 0.125 | 0.2 | 0.333 3 | 0.5 | 1 | 0.5 | 0.5 | 0.040 7 |
| 景观小品及构筑物 C36 | 0.166 7 | 0.25 | 0.333 3 | 0.5 | 2 | 1 | 1 | 0.058 5 |
| 景观建筑 C37 | 0.166 7 | 0.25 | 0.333 3 | 0.5 | 2 | 1 | 1 | 0.058 5 |

⑤ 基础设施 B4
一致性比例：0.015 4；权重：0.082 4；$\lambda_{max}$：7.126 0

| 基础设施 B4 | 游憩设施 C41 | 餐饮设施 C42 | 标识导览设施 C43 | 卫生设施 C44 | 照明设施 C45 | 无障碍设施 C46 | 交通设施 C47 | 权重 |
| --- | --- | --- | --- | --- | --- | --- | --- | --- |
| 游憩设施 C41 | 1 | 5 | 2 | 4 | 6 | 6 | 5 | 0.376 5 |
| 餐饮设施 C42 | 0.2 | 1 | 0.25 | 0.5 | 2 | 2 | 1 | 0.075 8 |
| 标识导览设施 C43 | 0.5 | 4 | 1 | 3 | 5 | 5 | 4 | 0.262 6 |
| 卫生设施 C44 | 0.25 | 2 | 0.333 3 | 1 | 3 | 3 | 2 | 0.123 5 |
| 照明设施 C45 | 0.166 7 | 0.5 | 0.2 | 0.333 3 | 1 | 1 | 1 | 0.050 0 |
| 无障碍设施 C46 | 0.166 7 | 0.5 | 0.2 | 0.333 3 | 1 | 1 | 1 | 0.050 0 |
| 交通设施 C47 | 0.2 | 1 | 0.25 | 0.5 | 1 | 1 | 1 | 0.061 8 |

⑥ 公园管理运营 B5
一致性比例：0.005 4；权重：0.086 6；$\lambda_{max}$：4.014 5

| 公园管理运营 B5 | 基础设施维护 C51 | 卫生保持 C52 | 工作人员服务 C53 | 宣传推广 C54 | 权重 |
| --- | --- | --- | --- | --- | --- |
| 基础设施维护 C51 | 1 | 3 | 5 | 2 | 0.482 9 |
| 卫生保持 C52 | 0.333 3 | 1 | 2 | 0.5 | 0.157 0 |
| 工作人员服务 C53 | 0.2 | 0.5 | 1 | 0.333 3 | 0.088 2 |
| 宣传推广 C54 | 0.5 | 2 | 3 | 1 | 0.272 0 |

与上述专家 A 同理，依次将 20 位专家的权重结果输入软件 Yaahp V10.3，并使用各专家数据在软件内进行群决策计算，得出准则层指标对目标层的权重及指标组合权重并分别按权重大小进行排序，见表 7-29。

从上述结果可以看出，在准则层中，权重排序为遗址的保护 B1＞遗址的展示 B2＞公园布局与景观元素 B3＞公园管理运营 B5＞基础设施 B4；在指标层中，超出指标权重平均数 0.038 47 的指标有遗址本体的保护 C11、遗址本体的展示 C21、遗址环境的保护 C12、遗址文化的阐释 C22、功能分区 C31、交通流线 C32、日常维护 C13，说明在此评价体系中，这 7 个指标是对南京市遗址公园使用影响较大的因素，其中遗址本体的保护最为重要，影响也最大；其次为遗址本体的展示；再次为遗址环境的保护 C12 及遗址文化的阐释 C22。

表 7-29 南京市遗址公园使用现状评价指标体系权重

| 层级 | 影响因子 | 权重 |
| --- | --- | --- |
| 准则层 | 遗址的保护 B1 | 0.405 6 |
| | 遗址的展示 B2 | 0.282 5 |
| | 公园布局与景观元素 B3 | 0.160 2 |
| | 公园管理运营 B5 | 0.077 5 |
| | 基础设施 B4 | 0.074 2 |
| 指标层 | 遗址本体的保护 C11 | 0.217 7 |
| | 遗址本体的展示 C21 | 0.127 1 |
| | 遗址环境的保护 C12 | 0.118 1 |
| | 遗址文化的阐释 C22 | 0.113 9 |
| | 功能分区 C31 | 0.052 2 |
| | 交通流线 C32 | 0.046 0 |
| | 日常维护 C13 | 0.043 6 |
| | 基础设施维护 C51 | 0.034 6 |
| | 游憩设施 C41 | 0.027 5 |
| | 日常监管 C14 | 0.026 3 |
| | 植物景观 C33 | 0.021 7 |
| | 延伸展示 C23 | 0.021 1 |
| | 相关文化活动 C24 | 0.020 5 |
| | 卫生保持 C52 | 0.019 7 |
| | 标识导览设施 C43 | 0.018 3 |
| | 宣传推广 C54 | 0.016 7 |
| | 硬质铺装 C34 | 0.013 7 |
| | 景观建筑 C37 | 0.010 5 |
| | 卫生设施 C44 | 0.009 8 |
| | 景观小品及构筑物 C36 | 0.009 7 |
| | 工作人员服务 C53 | 0.006 6 |
| | 水景观 C35 | 0.006 5 |
| | 餐饮设施 C42 | 0.006 0 |
| | 交通设施 C47 | 0.005 3 |
| | 无障碍设施 C46 | 0.003 7 |
| | 照明设施 C45 | 0.003 6 |

### 7.5.4　设计调查问卷

本研究中，通过李克特量表法设计问卷，以 26 个二级指标作为调查问卷的题目，选项为一组由弱到强的评价环境的词语组成，分别为很差、较差、一般、较好、很好，在调查的公园中随机选择 100 名使用者进行访谈。李克特量表问卷共有 5 个尺度等级，如图 7-12 所示。

图 7-12　李克特量表评价尺度

以下为南京市遗址公园使用后评价调查问卷。

**南京市遗址公园使用后评价调查问卷**

1. 您对遗址本体的保护的感受：
□很差　□较差　□一般　□较好　□很好

2. 您对遗址环境的保护的感受：
□很差　□较差　□一般　□较好　□很好

3. 您对遗址日常维护的感受：
□很差　□较差　□一般　□较好　□很好

4. 您对遗址日常监管的感受：
□很差　□较差　□一般　□较好　□很好

5. 您对遗址本体的展示的感受：
□很差　□较差　□一般　□较好　□很好

6. 您对遗址文化的阐释的感受：
□很差　□较差　□一般　□较好　□很好

7. 您对遗址延伸展示的感受：
□很差　□较差　□一般　□较好　□很好

8. 您对遗址相关文化活动的感受：
□很差　□较差　□一般　□较好　□很好

9. 您对公园功能分区的感受：
□很差　□较差　□一般　□较好　□很好

10. 您对公园交通流线的感受：
□很差　□较差　□一般　□较好　□很好

11. 您对公园植物景观的感受：
□很差　□较差　□一般　□较好　□很好

12. 您对公园硬质铺装的感受：
□很差　□较差　□一般　□较好　□很好

13. 您对公园水景观的感受：
□很差　□较差　□一般　□较好　□很好

14. 您对公园景观小品及构筑物的感受：
□很差　□较差　□一般　□较好　□很好

15. 您对公园景观建筑的感受：
□很差　□较差　□一般　□较好　□很好

16. 您对公园游憩设施的感受：
□很差　□较差　□一般　□较好　□很好

17. 您对公园标识导览设施的感受：
□很差　□较差　□一般　□较好　□很好

18. 您对公园卫生设施的感受：
□很差　□较差　□一般　□较好　□很好

19. 您对公园照明设施的感受：
□很差　□较差　□一般　□较好　□很好

20. 您对公园无障碍设施的感受：
□很差　□较差　□一般　□较好　□很好

21. 您对公园交通设施的感受：
□很差　□较差　□一般　□较好　□很好

22. 您对公园餐饮设施的感受：
□很差　□较差　□一般　□较好　□很好

23. 您对公园基础设施维护的感受：
□很差　□较差　□一般　□较好　□很好

24. 您对公园卫生保持的感受：
□很差　□较差　□一般　□较好　□很好

25. 您对公园工作人员服务的感受：
□很差　□较差　□一般　□较好　□很好

26. 您对公园宣传推广的感受：
□很差　□较差　□一般　□较好　□很好

### 7.5.5　层次分析法问卷的调研结果与分析

（1）遗址公园综合评价等级设定

与问卷设置对应，综合评价等级仍采用李克特量表法，将评分与"优(A)、良(B)、中(C)、差(D)"4个等级相对应，见表7-30。

（2）使用现状评价结果

通过各公园使用人群问卷数据的统计，对各指标的平均分进行汇总，计算得到使用现状综合得分结果，见表7-31，以及各研究案例一级指标得分，并根据评价等级设定进行评级，见表7-32。

表 7-30　评价等级设定

| 程度变化 | 程度（低） | | | 程度（高） |
|---|---|---|---|---|
| 对应等级 | 1～2 差(D) | 2～3 中(C) | 3～4 良(B) | 4～5 优(A) |

表 7-31　各研究案例综合得分结果

| 指标 | 权重 | 明故宫遗址公园得分 | 大报恩寺遗址公园得分 | 郑和宝船厂遗址公园得分 | 明孝陵遗址公园得分 |
|---|---|---|---|---|---|
| 遗址本体的保护 C11 | 0.217 7 | 0.851 | 1.009 | 0.784 | 0.885 |
| 遗址环境的保护 C12 | 0.118 1 | 0.462 | 0.548 | 0.402 | 0.496 |
| 日常维护 C13 | 0.043 6 | 0.139 | 0.198 | 0.118 | 0.171 |
| 日常监管 C14 | 0.026 3 | 0.072 | 0.110 | 0.066 | 0.093 |
| 遗址本体的展示 C21 | 0.127 1 | 0.451 | 0.555 | 0.445 | 0.500 |
| 遗址文化的阐释 C22 | 0.113 9 | 0.352 | 0.487 | 0.444 | 0.463 |
| 延伸展示 C23 | 0.021 1 | 0.046 | 0.081 | 0.042 | 0.077 |
| 相关文化活动 C24 | 0.020 5 | 0.045 | 0.073 | 0.039 | 0.075 |
| 功能分区 C31 | 0.052 2 | 0.190 | 0.199 | 0.183 | 0.195 |
| 交通流线 C32 | 0.046 0 | 0.180 | 0.192 | 0.179 | 0.166 |

续表

| 指标 | 权重 | 明故宫遗址公园得分 | 大报恩寺遗址公园得分 | 郑和宝船厂遗址公园得分 | 明孝陵遗址公园得分 |
|---|---|---|---|---|---|
| 植物景观 C33 | 0.021 7 | 0.097 | 0.087 | 0.087 | 0.091 |
| 硬质铺装 C34 | 0.013 7 | 0.055 | 0.061 | 0.052 | 0.054 |
| 水景观 C35 | 0.006 5 | 0.023 | 0.026 | 0.018 | 0.022 |
| 景观小品及构筑物 C36 | 0.009 7 | 0.037 | 0.043 | 0.033 | 0.036 |
| 景观建筑 C37 | 0.010 5 | 0.040 | 0.044 | 0.039 | 0.039 |
| 游憩设施 C41 | 0.027 5 | 0.110 | 0.118 | 0.102 | 0.103 |
| 餐饮设施 C42 | 0.006 0 | 0.019 | 0.027 | 0.020 | 0.023 |
| 标识导览设施 C43 | 0.018 3 | 0.072 | 0.078 | 0.066 | 0.061 |
| 卫生设施 C44 | 0.009 8 | 0.038 | 0.045 | 0.033 | 0.035 |
| 照明设施 C45 | 0.003 6 | 0.012 | 0.015 | 0.012 | 0.012 |
| 无障碍设施 C46 | 0.003 7 | 0.012 | 0.014 | 0.011 | 0.013 |
| 交通设施 C47 | 0.005 3 | 0.013 | 0.019 | 0.012 | 0.017 |
| 基础设施维护 C51 | 0.034 6 | 0.135 | 0.145 | 0.121 | 0.125 |
| 卫生保持 C52 | 0.019 7 | 0.084 | 0.090 | 0.071 | 0.072 |
| 工作人员服务 C53 | 0.006 6 | 0.023 | 0.029 | 0.020 | 0.026 |
| 宣传推广 C54 | 0.016 7 | 0.041 | 0.065 | 0.037 | 0.057 |
| 综合得分 | — | 3.598 | 4.355 | 3.435 | 3.907 |

| 指标 | 权重 | 石头城遗址公园得分 | 胭脂河天生桥遗址公园得分 | 窨子山遗址公园得分 | 阳山碑材遗址公园得分 |
|---|---|---|---|---|---|
| 遗址本体的保护 C11 | 0.217 7 | 0.871 | 0.847 | 0.784 | 0.762 |
| 遗址环境的保护 C12 | 0.118 1 | 0.472 | 0.486 | 0.390 | 0.413 |
| 日常维护 C13 | 0.043 6 | 0.153 | 0.160 | 0.070 | 0.120 |
| 日常监测 C14 | 0.026 3 | 0.082 | 0.082 | 0.042 | 0.066 |
| 遗址本体的展示 C21 | 0.127 1 | 0.493 | 0.494 | 0.280 | 0.413 |
| 遗址文化的阐释 C22 | 0.113 9 | 0.441 | 0.468 | 0.205 | 0.342 |
| 延伸展示 C23 | 0.021 1 | 0.054 | 0.061 | 0.030 | 0.047 |
| 相关文化活动 C24 | 0.020 5 | 0.047 | 0.062 | 0.025 | 0.075 |
| 功能分区 C31 | 0.052 2 | 0.209 | 0.186 | 0.188 | 0.196 |
| 交通流线 C32 | 0.046 0 | 0.184 | 0.179 | 0.138 | 0.161 |
| 植物景观 C33 | 0.021 7 | 0.105 | 0.101 | 0.072 | 0.076 |
| 硬质铺装 C34 | 0.013 7 | 0.059 | 0.052 | 0.044 | 0.045 |
| 水景观 C35 | 0.006 5 | 0.030 | 0.027 | 0.023 | 0.018 |
| 景观小品及构筑物 C36 | 0.009 7 | 0.039 | 0.034 | 0.023 | 0.027 |
| 景观建筑 C37 | 0.010 5 | 0.039 | 0.042 | 0.027 | 0.038 |
| 游憩设施 C41 | 0.027 5 | 0.110 | 0.095 | 0.094 | 0.076 |
| 餐饮设施 C42 | 0.006 0 | 0.021 | 0.023 | 0.012 | 0.021 |
| 标识导览设施 C43 | 0.018 3 | 0.073 | 0.067 | 0.059 | 0.059 |
| 卫生设施 C44 | 0.009 8 | 0.041 | 0.037 | 0.029 | 0.059 |
| 照明设施 C45 | 0.003 6 | 0.013 | 0.012 | 0.012 | 0.007 |
| 无障碍设施 C46 | 0.003 7 | 0.013 | 0.016 | 0.010 | 0.014 |
| 交通设施 C47 | 0.005 3 | 0.017 | 0.017 | 0.010 | 0.011 |
| 基础设施维护 C51 | 0.034 6 | 0.119 | 0.127 | 0.076 | 0.078 |
| 卫生保持 C52 | 0.019 7 | 0.079 | 0.077 | 0.067 | 0.059 |
| 工作人员服务 C53 | 0.006 6 | 0.021 | 0.025 | 0.015 | 0.015 |
| 宣传推广 C54 | 0.016 7 | 0.045 | 0.048 | 0.027 | 0.038 |
| 综合得分 | — | 3.828 | 3.823 | 2.748 | 3.201 |

注：明故宫遗址公园、窨子山遗址公园无水景观，其水景观 C35 项得分为其他 6 个公园该项得分的平均值。

表 7-32　各研究案例一级指标得分及等级

| 公园名称 | 遗址的保护 B1 | | 遗址的展示 B2 | | 公园布局与景观元素 B3 | | 基础设施 B4 | | 公园管理运营 B5 | | 综合得分 | 等级 |
|---|---|---|---|---|---|---|---|---|---|---|---|---|
| | 得分 | 等级 | 得分 | 等级 | 得分 | 等级 | 得分 | 等级 | 得分 | 等级 | | |
| 明故宫遗址公园 | 3.755 | B | 3.163 | B | 3.878 | B | 3.720 | B | 3.662 | B | 3.598 | B |
| 大报恩寺遗址公园 | 4.598 | A | 4.228 | A | 4.074 | A | 4.244 | A | 4.236 | A | 4.355 | A |
| 郑和宝船厂遗址公园 | 3.375 | B | 3.434 | B | 3.689 | B | 3.454 | B | 3.207 | B | 3.435 | B |
| 明孝陵遗址公园 | 4.058 | A | 3.949 | B | 3.760 | B | 3.553 | B | 3.601 | B | 3.907 | B |
| 石头城遗址公园 | 3.891 | B | 3.664 | B | 4.147 | A | 3.874 | B | 3.400 | B | 3.828 | B |
| 胭脂河天生桥遗址公园 | 3.880 | B | 3.841 | B | 3.875 | B | 3.591 | B | 3.570 | B | 3.823 | B |
| 窨子山遗址公园 | 3.169 | B | 1.907 | D | 3.214 | B | 3.031 | B | 2.379 | C | 2.748 | C |
| 阳山碑材遗址公园 | 3.355 | B | 3.105 | B | 3.494 | B | 2.879 | C | 2.444 | C | 3.201 | B |

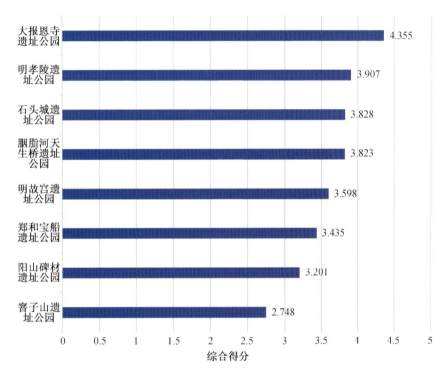

图 7-13　各研究案例综合得分结果

(3) 使用现状评价结果分析

各研究案例的综合得分结果如图 7-13 所示。

由图 7-13 可知,各研究案例得分由高到低依次为:大报恩寺遗址公园、明孝陵遗址公园、石头城遗址公园、胭脂河天生桥遗址公园、明故宫遗址公园、郑和宝船厂遗址公园、阳山碑材遗址公园、窨子山遗址公园。

其中,大报恩寺遗址公园高于 4 分,评级为优(A);明孝陵遗址公园、石头城遗址公园、胭脂河遗址公园、明故宫遗址公园、郑和宝船厂遗址公园、阳山碑材遗址公园得分位于 3～4 分,评级为良(B);窨子山公园得分低于 3 分,评级为中(C)。

各研究案例一级指标综合得分结果如图 7-14 所示。

在遗址保护方面,大报恩寺遗址公园与明孝陵遗址公园得分评级为优(A),其余公园评级均为良(B)。从评级来看,在遗址保护方面,使用者对研究案例给出了较为正面的评价,证明各研究案例遗址保护较好。其中,大报恩寺遗址公园高于 4.5 分,而郑和宝船厂遗址公园、窨子山遗址公园、阳山碑材遗址公园得分低于 3.5 分。从得分来看,各个研究案例有较大差距,大报恩寺遗址公园等级高,主要得益于其遗址保存情况完好,保护方法多样、科学,且有较完善的监测维护体系;郑和宝船厂遗址公园、窨子山遗址公园、阳山碑材遗址公园得分较低,究其原因主要在于其保护方式较为粗犷,以就地露天保护为主,且无辅助保护措施,目前保存现状较差。

在遗址展示方面,大报恩寺遗址公园评级为优(A),窨子山遗址公园评级为差(D),其余研究案例评级为良(B)。

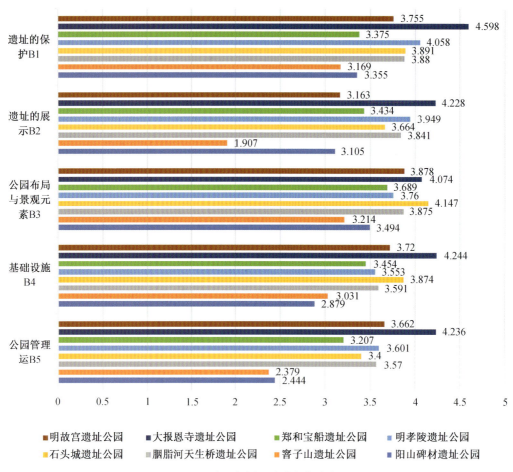

图 7-14 各研究案例一级指标得分结果

从评级来看,除去窨子山遗址公园,总体上使用者对研究案例给出了较为正面的评价,总体展示情况较好。从得分来看,大报恩寺遗址公园得分高于 4.0 分,明故宫遗址公园、郑和宝船厂遗址公园、阳山碑材遗址公园得分低于 3.5 分,窨子山遗址公园得分低于 2.0 分。大报恩寺遗址公园在遗址展示方面,有布局合理、功能适用的展馆,陈列内容也较为丰富,展示的遗址内容能很好地体现遗址的价值内涵,展示方法具有科学性、协调性、生动性,展示的布局主旨明确、重点突出,展示的流线流畅科学且具有完善醒目的标识系统。明故宫遗址公园采用露天展示及标识展示,但缺乏文化阐释,使用者很难了解遗址内涵及历史文化;郑和宝船厂遗址公园遗址本体展示现状较为杂乱,通过展馆对文化进行阐释,有一定的效果,但展馆较为陈旧,展示内容不够生动;阳山碑材遗址公园囿于其遗址类型,采用露天展示,但没有给使用者提供较好的观赏空间,同时,文化阐释主要通过简单的展板进行说明;窨子山遗址公园内遗址为土墩,采用露天展示,除一处石碑外也没有对遗址文化的阐释,遗址本体极易被忽略。

在公园布局与景观元素方面,大报恩寺遗址公园、石头城遗址公园评级为优(A),其余研究案例评级均为良(B)。从评级来看,在公园布局与景观元素方面,使用者给出了较为正面的评价,体现出研究案例在公园布局与景观元素方面总体情况较好。从得分来看,窨子山遗址公园最差,与阳山碑材遗址公园同样得分低于 3.5 分。窨子山遗址公园可以称为"口袋型"公园,其布局简单、空间单一,且遗址区域没有明显、合理的交通流线,活动空间植物景观较为单调,遗址区域植物较为杂乱,缺乏设计、管养,硬质铺装也不完善。阳山碑材遗址公园依山而建,功能分区清晰,交通流线合理,但植物景观杂乱,缺乏特色,硬质铺装较破旧有残损。

在基础设施方面,大报恩寺遗址公园评级为优(A),阳山碑材遗址公园评级为中(C),其余研究案例评级均为良(B)。从评级来看,在基础设施方面,研究案例总体情况较为良好。其中,郑和宝船厂遗址公园、窨子山遗址公园得分低于 3.5 分,阳山碑材遗址公园得分低于 3.0 分。郑和宝船厂遗址公园基础设施较为老旧,窨子山遗址公园基础设施较缺乏。阳山碑材遗址公园设施老化及损坏较为严重。

在公园管理运营方面,大报恩寺遗址公园评级为优(A),窨子山遗址公园、阳山碑材遗址公园评级为中(C),其余研究案例评级均为良(B)。其中,明故宫遗址公园、明孝陵遗址公园、胭脂河天生桥遗址公园得分高于3.5分。大报恩寺遗址公园、郑和宝船厂遗址公园、明孝陵遗址公园、胭脂河天生桥遗址公园、阳山碑材遗址公园为收费公园,收费公园的管理运营情况总体来说好于免费公园,但其中,郑和宝船厂遗址公园略逊于明故宫遗址公园等免费公园,阳山碑材遗址公园得分明显低于平均水平。

总的来说,大报恩寺遗址公园各一级指标评级均为优(A),明显优于其他研究案例,说明使用者对其遗址保护、遗址展示、公园布局与景观元素、基础设施、公园管理运营方面均比较满意。窨子山遗址公园总体评级为中(C),遗址展示方面为差(D),公园管理运营方面为中(C),其余一级指标为良(B),总体情况较差。其余各研究案例自身优势与劣势在不同方面,应有针对性地进行优化改造。

## 7.6 使用后评价综合分析

通过对各研究案例使用人群的行为观察,初步对各个公园使用人群及使用时间有一定的了解,并且得出了各个公园使用人群的行为类型及偏好,总结归纳出了不同类型公园使用人群行为类型的共性。

通过半结构式问卷,对各研究案例使用人群的基本信息,包括性别、年龄、身份;对公园使用情况,从来园的交通方式、使用时长、使用目的、对遗址的了解情况几个方面进行了分析;经过开放式访谈,了解到各个公园使用人群感到满意及需要改进的方面。

通过层次分析法构建评价体系,明确了影响因子及权重,得出了各研究案例在各个方面的得分和总分排名及评级,对各研究案例的总体使用现况及各方面使用现况有了量化认识。

对3种方法得出的结论进行对比分析,可以发现,半结构问卷得出的结论相较行为观察法得出的结论更加深入直观,且二者得到的信息及结论一致,可以相互验证。通过评价体系得到的使用者对研究案例使用现状的评价,也符合前两种方法得出的结论。

以上3种使用后评价方法,从定性研究逐步转为定量研究,从表面逐步深入,对各研究案例使用情况有了较为全面的认识,以下对各方面使用现状进行分析。

(1)遗址的保护方面

① 遗址本体的保护

大多数研究案例遗址保护方式单一,大多采取露天保护的方式,欠缺辅助保护措施,如围栏、绿化等隔离设施,导致遗址本体遭到一定程度的损坏,没有缓解和控制各种影响因素对遗址的破坏,如明孝陵遗址公园(图7-15)等。

② 遗址环境的保护

各研究案例通过将遗址环境纳入公园范围,对遗址环境起到一定的保护作用。但部分遗址公园对遗址周边自然环境缺乏整治维护,如郑和宝船厂遗址公园(图7-16);对于尚存的遗址周边历史环境不够重视,未采取任何保护措施,如阳山碑材遗址公园(图7-17)。

③ 遗址的日常维护与监管

大报恩寺遗址公园在遗址的日常维护及监管方面较好,采取了大量监测设备有利于遗址维护与监管。其余研究案例对遗址的日常维护与监管工作较为薄弱,缺乏遗址监测设备及游人警示标牌,缺乏遗址保护管理规定及游人行为规范等(图7-18)。

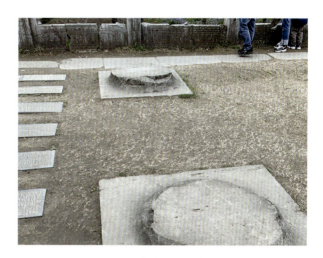

图7-15 明孝陵遗址公园柱础遗存

图7-16 郑和宝船厂遗址公园遗址自然环境

图 7-17　阳山碑材遗址公园遗址周边历史环境

图 7-18　大报恩寺遗址公园监测设备

图 7-19　明故宫遗址公园遗址展示

图 7-20　窨子山遗址公园展示空间

图 7-21　胭脂河天生桥遗址公园展馆

(2) 遗址的展示方面

① 遗址本体的展示

大多数研究案例遗址本体展示大多采用露天展示，展示方式较为单一，如明故宫遗址公园（图7-19）；部分案例展示空间不佳，降低了展示效果，如窨子山遗址公园（图7-20）。

② 遗址文化的阐释

大多数研究案例都采用文字展板的方式进行文化阐释，方式较为单一，文化阐释深度较浅。部分遗址公园通过室内展馆进行文化阐释，文化阐释效果总体好于无展馆的遗址公园，但由于展馆的陈列内容、布局、规模及展示方式不同，展示效果仍有较大差距。例如：大报恩寺遗址公园、胭脂河天生桥遗址公园展馆文化阐释效果较好（图7-21）；阳山碑材遗址公园展馆简陋陈旧，展示方式缺乏新意，文化阐释效果较差（图7-22）。

③ 延伸展示

大部分研究案例没有通过网站及其他媒体进行展示，大报恩寺遗址公园、明孝陵遗址公园等有专门公园网站及微信公众号，内容也较为丰富。

④ 相关文化活动

大部分研究案例很少开展相关文化活动，阳山碑材遗址公园开展较多相关文化表演活动，也增进了使用者对遗址文化的理解与感受（图7-23）。

图 7-22　阳山碑材遗址公园展馆

图 7-23　阳山碑材遗址公园文化表演

图 7-24　窨子山遗址公园休闲活动区

图 7-25　石头城遗址公园植物景观

(3) 公园布局

① 功能分区

为了将遗址公园遗址保护与休闲游憩等功能更融洽地结合在一起，应做好功能分区的划定。大部分公园有较为明确的分区，但部分公园功能区域设置单一或缺失，无法满足使用者需求，如窨子山遗址公园功能区域单一，除遗址区域外，仅有树阵广场这一休闲活动区（图 7-24）。

② 交通流线

遗址作为历史遗存，其展示具有一定的逻辑性，公园整体游览路线也应与其相互配合。大多数研究案例有清晰的交通流线，部分公园交通流线与遗址关联度较低，让使用者对遗址了解混乱，如明孝陵遗址公园。由于其遗址本身规模庞大比较复杂，其交通流线较为复杂混乱，大多数使用者无法按照正确的游览顺序进行游览，影响了人们对明孝陵整体的了解，配合标识系统，该问题有一定的改观。

(4) 公园景观元素

遗址公园内各景观元素与遗址并不是相对立的，而应该呈现相辅相成、交相辉映的状态。

① 植物景观

部分研究案例植物景观优美，植物搭配较好，也呈现出不同的季相变化，如石头城遗址公园等（图 7-25）。少数研究案例植物类型单一，多为常绿植物，缺少色叶植物及开花植物，如窨子山遗址公园，植物景观效果较差。

大多数研究案例植物景观未起到对遗址的特定作用。一方面，未能利用植物对露天保护的遗址起到一定的保护作用，如郑和宝船厂遗址公园局部作塘边无绿篱隔离，导致遗址范围易出现垃圾且游人易进入；另一方面，缺乏与遗址的呼应，在植物种类选择上没有凸显出历史的厚重性及相关性。

② 硬质铺装

研究案例硬质铺装基本能满足功能需求，多数研究案例硬质铺装与遗址较为融洽，但没有突出遗址的特色，仅明孝陵遗址公园在原有遗址基础上，铺装凸显出较为陈旧的历史厚重性，达到"修旧如旧"的效果。少数研究案例硬质铺装出现残破的现象，如窨子山公园部分道路铺装缺失破损（图 7-26）。

图 7-26 窨子山遗址公园道路铺装

图 7-27 胭脂河天生桥遗址公园水景观

图 7-28 大报恩寺遗址公园水景观

图 7-29 郑和宝船厂遗址公园长廊现状

图 7-30 阳山碑材遗址公园栏杆缺乏维护

③ 水景观

各研究案例水景观差异较大，部分遗址公园水质较差，景观性较差，如明孝陵遗址公园、郑和宝船厂遗址公园；部分遗址公园水景观优美，对公园整体景观提升较大，如石头城遗址公园、胭脂河天生桥遗址公园（图7-27）；大报恩寺遗址公园静水面景观与遗址结合较好，更好地衬托出重建琉璃塔的雄伟（图7-28）。

④ 景观小品及构筑物

大部分研究案例的景观小品及构筑物现状良好，且能一定程度上与遗址内容相融，部分研究案例构筑物残损较为严重，如郑和宝船厂遗址公园及阳山碑材遗址公园（图7-29）。

(5) 公园基础设施

部分公园基础设施不完善，如缺乏座椅等游憩设施；餐饮设施多以自动售水机为主，不能满足使用者餐饮需求；标识导览设施残损或无标识导览设施；垃圾桶及公厕等卫生设施陈旧脏乱或数量不足，如明孝陵遗址公园；照明设施缺乏特色；部分公园无障碍设施过少，导致老年人及残障人士在公园内可达性较差；停车场等交通设施较少，仅能满足部分使用者需求。

(6) 公园管理运营

在基础设施维护方面,总体情况良好,少数研究案例基础设施维护较为欠缺,如阳山碑材遗址公园的廊架、栏杆等已较为陈旧或出现破损(图7-30)。在卫生保持方面,总体情况良好,窨子山遗址公园卫生状况略差。大部分公园缺乏宣传推广,少数开辟有微信公众号进行宣传。

## 参考文献

常怀生,1990.建筑环境心理学[M].北京:中国建筑工业出版社.

盖尔,2002.交往与空间[M].何人可,译.北京:中国建筑工业出版社.

顾菡,2015.陵园景观设计的环境选址及空间布局:以明孝陵、中山陵、雨花台烈士陵园为例[J].湖州师范学院学报,37(1):103-108.

胡金龙,周志翔,张晓来,2013.武汉市城市公园使用后评价(POE)研究[J].浙江农业学报,25(1):83-88.

黄道远,2015.1927—1937年南京城市规划作用机制研究[D].北京:清华大学.

黄翼,2014.广州地区高校校园规划使用后评价及设计要素研究[D].广州:华南理工大学.

刘凡,2013.国家考古遗址公园使用后评价(POE)研究[D].西安:西安建筑科技大学.

李婉婉,2004.建筑物用后评估简介[J].建筑师,(2):32-38.

黎洋佟,2016.基于使用后评估的综合性城市公园景观设计评价:以厦门中山公园为例[J].广东园林,38(6):50-56.

龙芳婷,2015.城市绿道景观使用状况评价研究:以武汉市城市绿道为例[D].武汉:华中科技大学.

罗玲玲,陆伟,2004.POE研究的国际趋势与引入中国的现实思考[J].建筑学报,(8):82-83.

刘雅树,车震宇,白锦涛,2019.中部城市地标性综合公园使用后评价研究:以株洲神农城综合公园为例[J].中国城市林业,17(3):29-34.

饶小军,1989.国外环境设计评价实例介评[J].新建筑,(4):28-34.

邵一戈,2018.南京大报恩寺遗址公园展示设计研究[D].南京:南京航空航天大学.

孙艳芝,张同升,刘雷,2020.基于POE的徐州城市公园使用满意度评价[J].中国城市林业,18(4):23-28.

王建国,2017.金陵大报恩寺遗址公园规划设计刍议[J].建筑学报,(1):8-10.

杨公侠,1985.视觉与视觉环境[M].上海:同济大学出版社.

尹新,龚思婷,孙一民,2018.建成环境使用后评价(POE)研究综述[J].山东建筑大学学报,33(4):62-69.

杨展宏,2016.西安市遗址公园景观设计与综合评价研究[D].杨凌:西北农林科技大学.

张丞韫,2013.曲江新区唐城墙遗址公园使用后评价(POE)研究[D].西安:西安建筑科技大学.

庄惟敏,2000.建筑策划导论[M].北京:中国水利水电出版社.

朱小雷,吴硕贤,2002.使用后评价对建筑设计的影响及其对我国的意义[J].建筑学报,(5):42-44.

朱小雷,2005.建成环境主观评价方法研究[M].南京:东南大学出版社.

Baird G,1996. Building evaluation techniques [M]. New York:McGraw-Hill Professional Publishing.

Bechtel R B,Marans R W,Michelson W E,1987. Methods in environmental and behavioral research [M]. New York:Van Nostrand Reinhold.

David J A,2012. Post occupancy evaluation of residential satisfaction in Lagos,Nigeria:Feedback for residential improvement [J]. Frontiers of Architectural Research,1(3):236-243.

Hua Y,Göçer Ö,Göçer K,2014. Spatial mapping of occupant satisfaction and indoor environment quality in a LEED platinum campus building [J]. Building and Environment,79:124-137.

Preiser W F E,1989. Building evaluation [M]. New York:Plenum Press.

Preiser W F E,Rabinowitz H Z,White E T,1988. Post-occupancy evaluation [M]. New York:Van Nostrand Reinhold.

Sherman S A,Varni J W,Ulrich R S,et al,2005. Post-occupancy evaluation of healing gardens in a pediatric cancer center [J]. Landscape and Urban Planning,73(2/3):167-183.

Zimring C M,Reizenstein J E,1980. Post-occupancy evaluation:An overview [J]. Environment and Behavior,12(4):429-450.

# 8 基于使用后评价的南京市遗址公园优化

## 8.1 南京市遗址公园优化的原则

根据前文使用后评价研究、文献研究及使用现状问题,提出以下优化原则。

(1) 以遗址保护为核心

遗址公园应以遗址保护为核心,首要目的是保护遗址及其周边环境。对遗址公园的优化应建立在遗址保护的前提下,保证遗址的原真性、完整性。原真性主要包括遗址布局、造型、艺术风格、建筑结构、建筑材料、工艺技术和历史沉淀等。完整性主要包括自然完整、文化完整、体验完整。

遗址的价值体现在自然、历史、人文等各个方面,遗址价值的发掘不能以破坏遗址本身为代价。不论哪一种类型的遗址公园,对于遗址本身具有的空间格局、结构以及历史环境都要进行完整的保护。

(2) 立足不同遗址类型

各个遗址类型、性质、规模、时代、周边环境等都各不相同,对于不同的遗址,遗址公园建设必须"因地制宜",不能生硬照搬。

遗址保护应根据遗址自身情况,结合展示需要,选取最合适的保护方法。在保护的基础上,不同类型的遗址的展示应各有自的侧重点,综合考虑选取最佳的展示方案。

展示设施及材料的使用,以及硬质铺装、植物景观、水景观、景观建筑等各类景观元素的运用都应与遗址本体及内涵价值相结合、相呼应,使其在满足功能需求的基础上起到凸显遗址本体、烘托公园氛围的作用。

(3) 以人为本,尊重不同公园功能偏重

首先,应从使用者视角出发,选择使用者喜闻乐见、更易接受的遗址保护与展示方式,从而更好地建立遗址与使用者的联系,达到更好的遗址活化效果。

其次,使用者对各遗址公园有不同的使用需求偏好,对遗址公园的优化不能以唯一标准进行,满足遗址保护前提下,应遵循"以人为本"的理念,立足于使用者需求,对遗址公园进行优化改造。部分公园使用者主要需求为遗址文化学习,应着重强化遗址展示功能;部分公园使用者主要需求为休闲游憩、健身锻炼,应以优化游憩及健身锻炼功能为重点。

## 8.2 南京市遗址公园优化的策略

前文对研究案例进行了使用后评价研究,得出了研究案例评价结果及评级,并从各方面对研究案例的使用现状进行了总结。在此基础上,以下对研究案例各方面的使用现状问题进行总结归纳。

在遗址保护方面:①遗址本体保护方式单一,缺乏辅助保护措施;②忽视遗址环境的保护;③缺乏遗址日常维护与监管。

在遗址展示方面:①遗址本体展示方式单一,展示空间不佳;②遗址文化阐释方式单一,深度不足;③缺乏延伸展示;④缺少相关文化活动。

在公园布局方面:①部分功能分区设置缺失;②局部交通流线不合理。

在公园景观元素方面:①部分植物景观较差,且未起到对遗址的特定作用;②局部硬质铺装残损,与遗址氛围不符;③部分水质不佳,景观性较差;④部分景观小品及构筑物残损。

在公园基础设施方面:部分基础设施不完善及缺乏特色。

在公园管理运营方面:①部分基础设施维护不到位;②卫生状况略差;③缺乏宣传推广。

本节首先针对不同评级的遗址公园,提出不同的优化策略,在此基础上,再针对遗址公园各方面的问题提出优化策略。

### 8.2.1 根据评级分级施策

经过前文使用后评价研究,得出各研究案例得分及评级,其中,大报恩寺遗址公园高于4分,评级为优(A);明孝陵遗址公园、石头城遗址公园、胭脂河遗址公园、明故宫遗址公园、郑和宝船厂遗址公园、阳山碑材遗址公园评级为良(B);窨子山公园得分低于3分,评级为中(C);研究案例中没有出现评级为差(D)的公园。针对不同评级的遗址公园,应采取不同的优化策略,以下分别阐述。

(1) 使用现状评价为优(A)的遗址公园

对于此评级的遗址公园,应采取保持与控制的优化策略。保持主要指的是遗址公园风貌的保持及现状基础设施等的维护,应建立相应的维护机制及公园管理措施,规范使用者行为,加强公园的维护。控制主要针对遗址公园内部的新建及改造,应充分论证之后,再进行新建或改造活动。

(2) 使用现状评价为良(B)的遗址公园

对于此评级的遗址公园,应采取完善与补足的优化策略。对于公园现状较为弱势的方面,有针对性地进行完善;对于公园现状缺失的方面,进行补足。

(3) 使用现状评价为中(C)的遗址公园

对于此评级的遗址公园,应采取更新与改造的优化策略。因各方面现状不佳,尤遗址及相关文化的显示度较低,所以应统筹各个方面,进行系统性的改造。

(4) 使用现状评价为差(D)的遗址公园

在前文的研究案例中,没有出现此评级的遗址公园。若出现此评级遗址公园,应对此公园现状及其内部保护的遗址进行充分的调研,并重新规划设计,进行彻底的改造。

### 8.2.2 针对遗址公园各方面施策

针对前文总结的使用现状问题,根据实地调研、使用后评价研究及文献研究,从遗址的保护、遗址的展示、公园布局、景观元素、基础设施、公园管理运营6个方面进行优化策略的探究。

(1) 遗址的保护方面

① 采取相应的辅助保护措施

对于南京市遗址公园,有大部分遗址为宫室类、城垣类及工程类,尤其以城垣类居多,故大多适合采取露天保护的方式。但是,一方面,由于遗址存在时间久远,本体已有一定程度的损伤;另一方面,露天保护易受到自然侵袭及人为损坏。

针对以上情况,在遗址露天保护的过程中,应采取相应的措施辅助保护,如根据遗址现状,加设栏杆、绿篱等隔离游人以避免人为损坏;依据展示的目的,有选择地对遗址本体进行加固及修缮。

② 加强对遗址环境的保护

对于遗址周边自然环境,应进行合理适当的整治维护,保持其自然风貌;对于遗址历史环境尚存的,应采取适当的保护措施,减少对历史环境的破坏。

③ 加强对遗址的日常维护及监管

对不同类型遗址有针对性地设置维护及监管制度,对遗址进行周期性的监管及维护,及时发现及时维护。

(2) 遗址的展示方面

① 营造良好的展示空间

对于不影响遗址环境的,对展示空间进行维护改善;对于可能会损害遗址环境的,如阳山碑材古采石场,可采用一定的措施,例如架空的平台等,在降低对遗址环境影响的前提下,营造良好的展示空间。

② 增加文化阐释方式

对于遗址文化阐释,南京市遗址公园中大多采取标志牌的文字图片的阐述,较为单一,文化阐释深度不足,应切合遗址本身特点增加文化阐释方式,如:对遗址历史时期的场景进行情景展示;通过虚拟技术、多媒体等多种手段对历史故事进行重现,使参观者得到沉浸式体验;增加体验式文化阐释,通过遗址相关的可参与性的制作活动等,加强游人对遗址文化的理解。

③ 利用线上途径完善延伸展示

微信公众号、微博、B站等新媒体被大众的接受程度较高,传播也较快,可以通过以上平台,同时建立公园官网进行延伸展示。

④ 策划举办相关活动

结合自身遗址内容、特点及文化内涵,对学生、单位及社会群体有针对性地策划举办相关文化活动,促进公众参与,从而加强遗址展示及文化传播。

以上分别从遗址的保护和遗址的展示2个方面提出了优化策略,此处将遗址保护与展示结合考虑,针对遗址保护及展示方式单一的问题,提出多种保护展示方式结合的优化策略。

前文中对遗址保护方法及遗址展示方法已做详细介绍,遗址保护方法主要有露天保护、回填保护、覆罩保护;遗址展示方法主要有露天展示、覆罩展示、标识展示、复建展示、模拟展示。

对不同的遗址应选用适合其特点的保护方式,同时保护方式的选择应在保证保护效果的前提下,结合日后展示需求,以求利于遗址的展示。在已确定保护方式的前提下,应选用合适的展示方式,以最大化地达到遗址展示的目的。

在南京市遗址公园中,采取回填保护或覆盖保护的遗址较少,多为早期人类活动类遗址,如薛子山遗址公园、薛城遗址公园等。

此种保护方式对遗址展示较为不利,一方面应考虑结合其他保护方式,如覆罩保护或露天保护;另一方面应采取多样的展示方式,如标识展示、模拟展示等,在无法有效展示遗址本体的情况下,对遗址内容及价值进行展示。

在南京市遗址公园中,采用覆罩保护的公园较少,但此种保护方式有较好的保护效果,也较利于遗址本体的展示。对于采用覆罩保护不影响其遗址环境及格局的,可以尝试此种保护方式,对于遗址中体量较小较为重要的部分也可以采取此种保护方式,并利用覆罩展示的方式进行展示。

依据遗址保护的方法总结出适用的优化展示方法如表8-1所示。

表 8-1 遗址保护方法对应的优化展示方法

| 遗址保护方法 | 现状情况 | 适用优化的展示方法 |
| --- | --- | --- |
| 露天保护 | 地面有较大型遗存 | 露天展示 |
|  | 地面有较小型遗存 | 覆罩展示 |
|  | 地面无遗存 | 标识展示、复建展示、模拟展示 |
| 回填保护 | 有明显布局形式或结构 | 标识展示、模拟展示 |
|  | 无明显布局形式或结构 | 模拟展示 |
| 覆罩保护 |  | 覆罩展示 |

表格来源：作者自绘

(3) 公园布局

遗址自身大多具有一定的遗址的景观格局，或具有进行某项活动的景观序列。遗址公园功能分区和交通流线的规划应立足遗址本身景观格局，而不是与之脱离开来。

① 明确并完善功能分区

遗址公园规划设计应明确功能分区，保证遗址保护核心区的完整。其他功能分区设置应基于使用者需求，对不合理功能分区重新划分，对缺失的功能区域进行补全。

② 优化交通流线

首先，应充分考虑遗址本身格局规划交通流线，若遗址本身及其环境有历史道路的，应考虑结合其原有流线规划交通流线，从而更好地贴近、还原、展示原有历史格局。

其次，应以遗址保护与展示为重点。交通流线应合理规划以避免游人给遗址的附带伤害，应考虑交通流线的"叙事性"，通过流线引导游人游览路径，加强遗址展示的逻辑，从而提升遗址的可读性。同时，也让使用人群游览更加轻松便捷。

(4) 景观元素

① 分区域有针对性地提升植物景观

a. 遗址区植物景观：保护与阐释结合

应将遗址保护放在首要位置，选择较浅根系的植物进行绿化。对于已进行考古发掘没有地上遗存的，通过考古资料及相关文献，在确保遗址本体完整性、安全性的前提下，通过草坪或绿篱的方式来呈现遗址的格局，增加遗址区域的观赏性，如对城址类遗址建筑基址和城址历史格局进行再现（如明故宫遗址公园），对陵寝墓室类遗址墓室墓道进行模拟等（王茜，2019）。对于已经进行过考古勘探、有地上遗存的区域，经过专家论证对现状植物进行清除或保留。对于未经考古发掘的区域，应首先考虑到遗址保护，边界采取绿篱保护的形式，内部应采取浅根系植物进行绿化。

b. 非遗址区植物景观：烘托遗址氛围，丰富植物配置

应考虑与遗址整体氛围符合历史背景，同时将遗址周边环境纳入考虑范围，选择适合的植物配置。优先选择符合遗址氛围的乡土树种进行植物配置，凸显地方特色。同时，植物各自蕴含着独特的文化气质，不同的遗址氛围应选择对应的植物进行烘托。以如下类型举例：

对于城址城墙类遗址，在气候条件合适的情况下，可以考虑选用该遗址存在的特定历史时期的植物种类进行植物配置；帝王陵寝类遗址庄重肃穆，适合配置松柏类高大常青树种，营造松柏常青的氛围；对于聚落活动类遗址时期一般较早，故选择富有野趣和原生态的植物种类，营造原生态的氛围。

同时，在游人休闲活动区域，适当丰富植物配置，常绿与落叶植物相结合，常绿与色叶植物相结合，重要区域适当点缀多年生花卉，提升植物景观观赏性。

② 修补硬质铺装残损，选取与遗址氛围相融的硬质铺装

硬质铺装既要满足使用需求也要满足景观功能，要权衡好两者的关系。对残损铺装进行修补，从而能满足使用者活动、交通的需求，同时保证安全性。在此基础上，铺装的色调、材质、工艺都应与遗址内容融洽，并烘托遗址氛围。

③ 分类提升水景观

遗址公园中的水景观大致可以分为三类：水景本身属于遗址、水景属于遗址环境、水景为后期设计增加。第一类水景观应遵循遗址保护的原则，除水质保持外不干预；第二类水景观应在维持历史自然环境格局的前提下，进行一定的景观提升，如对于明孝陵中的水体，应对水质进行提升，并对水体驳岸进行整修，对驳岸植物进行修整；第三类水景观应在不影响遗址本体的基础上进行设计。遗址区域内的设计应以烘托遗址本体或营造遗址氛围为目的，多为静水面；遗址区域外的设计应符合遗址氛围，并为游客提供丰富的游憩体验。

④ 结合遗址内容设计景观小品、构筑物及景观建筑

景观小品用于表现公园主题、文化内涵，应紧密结合遗址内容及历史文化，作为遗址文化阐释的载体。景观构筑物及景观建筑有其自身的功能，其设计的样式、材质、元素、色彩、技艺应与遗址内容及历史背景相符，以求与遗址和谐共处，烘托遗址氛围。

(5) 公园基础设施方面

公园基础设施中，对于缺乏的，进行补足；对于破损的，进行维护修缮或替换；对于与遗址氛围不相融、不协调的，进行重新设计及替换。其中，标识导览设施尤为重要，其风格形式应与遗址氛围相符，其内容及放置位置应最大限度辅助使用者游览遗址。

(6) 公园管理运营方面

首先，应定期维护公园内的基础设施，满足使用者基本使用需求；其次，应注意保持公园的基本卫生状况，尤其是遗址区域的卫生状况，对游客量较大区域的公厕、垃圾

桶等卫生设施重点清洁，推进符合公园自身情况的卫生清洁制度建设；第三，建立健全公园运维架构，优化组织机构和人员配置，提高管理者水平，加强工作人员的服务意识及理论知识素养，建立反馈与激励机制；第四，加强公园的宣传力度，可以采取新媒体等方式宣传公园及遗址文化；最后，制定本公园的管理规定，明确使用者的行为准则，加大对使用者的监管力度。

## 8.3 南京市遗址公园实例优化构想

本节依据前文提出的分级施策的优化策略，选取评价等级分别为 A、B、C 的 3 个研究案例作为优化实例，尝试提出基于前文使用后评价研究结果、优化策略的优化建议及方案，以期为其他存在共性问题的相关案例带来一定的启发。由于 A 级仅有大报恩寺遗址公园，C 级仅有窨子山遗址公园，故将两者作为优化实例。由于南京市遗址公园中，城址城墙类遗址公园数量占比较大，故 B 级选取石头城遗址公园作为优化实例更具示范意义。

(1) 评级为优(A)——大报恩寺遗址公园

大报恩寺遗址公园总体评级为优(A)，应采取保持与控制的优化策略。其在遗址的保护、遗址的展示、公园布局与景观元素、基础设施、公园管理运营 5 个方面评级均为优(A)，且得分较高，以下对其仍可改进的方面提出优化建议：目前公园广场空间中使用人群多坐在石质围栏上，可适当增加休息座椅，满足使用者休息需求；游人普遍反映饮水问题，为避免饮料等可能对遗址的损坏，可以增设自助饮水机等设施，满足游人饮水需求。

(2) 评级为良(B)——石头城遗址公园

石头城遗址公园总体评级为良(B)，应采取完善与补足的优化策略。对于石头城遗址公园较为弱势的方面，有针对性地进行优化改造，对于公园现状缺失的方面，进行补足。

石头城遗址公园在遗址的保护、遗址的展示、基础设施、公园管理运营 4 个方面评级均为良(B)，公园布局与景观元素评级为优(A)。

① 遗址保护方面

对城墙遗址增设辅助保护措施，设立绿篱或栏杆，防止游客跨过草坪对城墙进行损坏。

② 遗址展示方面

对于遗址文化阐释，首先，应增加展板数量，丰富展板文字及图片内容；其次，可以增加情景雕塑演绎城墙历史故事；最后，可以建立展馆对城墙城砖实体、相关历史文化、诗词歌赋进行展示，也可以在展馆中通过模型展示城墙及城墙建设情景。

对于相关文化活动，可以组织中小学及社会各界团体前来参观、参与活动。活动内容可以围绕遗址文化，组织如主题征文、诗歌朗诵等活动；也可以围绕遗址本体及周边环境，如石城活力跑等。

③ 基础设施方面

首先，应满足使用人群诉求，适当增添健身设施；其次，应完善公园导览标识系统。

④ 公园管理运营方面

首先，对少数有一定损坏的基础设施进行修缮；其次，搭建微信公众号、微博、官方网站等网络平台；最后，加强与各旅游网站的合作，加强宣传推广。

(3) 评级为中(C)——窨子山遗址公园

窨子山遗址公园评级为中(C)，对于此评级的遗址公园，应采取一定的改造与更新的优化策略。以下为窨子山遗址公园更新改造设计的构想。

窨子山遗址公园现状：窨子山遗址公园规模极小，占地面积仅 1 hm²，是一个"口袋型"公园，公园基本情况不再赘述。在前文的使用后评价中，窨子山遗址公园遗址的保护、公园布局与景观元素、基础设施方面评级为良(B)，公园管理运营方面评级为中(C)，遗址的展示方面评级为差(D)。

窨子山遗址公园现状问题主要有以下几点：①公园遗址保护区域现状较差。土墩上土地裸露，植物杂乱，部分人行道路无铺装，且使用者自行开辟出一块活动区域，不利于遗址保护与展示。②公园功能空间单一，只有树阵广场一种类型，无法满足使用者活动需求。③遗址文化阐释极度缺乏，导致目前窨子山遗址公园与普通游园无异。

综上，结合前文使用后评价研究结果及优化策略，将窨子山遗址公园定位为：妥善保护遗址，彰显遗址文化内涵，满足周边居民游憩需求的"口袋型"公园，并从几个方面对窨子山遗址公园展开优化，优化总平面图如图 8-1 所示。

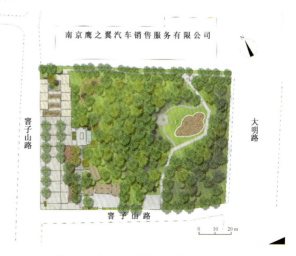

图 8-1 窨子山遗址公园优化总平面图

① 遗址的保护方面

由于窨子山遗址类型，应维持其原有适合的保护方式，即露天保护和回填保护，但应对遗址自然环境进行整治。

② 遗址的展示方面

遗址本体展示通过浅根系植物如花草等，对考古区域进行标识展示，同时，采取模拟展示的方式，将考古发掘现场和发掘文物利用模型进行展示。遗址文化阐释通过文化展示区中的浮雕墙，将遗址文化及历史通过文字及图形展示给使用者。同时，利用功能服务区中的闲置建筑，可以对发掘文物进行陈列展示。

③ 公园布局方面

针对目前功能分区单一的问题，丰富其功能区域，将功能分区重新划分为遗址保护核心区、文化展示区、休闲活动区、体育活动区，现状功能分区见图8-2，优化功能分区见图8-3。针对使用者自行开辟道路的情况，对交通流线进行梳理整合并适当增加。现状交通流线见图8-4，优化交通流线见图8-5。

④ 景观元素方面

对于植物景观，在维持遗址保护核心区域乔木不变的基础上，对杂乱的植物进行整治，采用浅根系植物及花卉，将土球裸露部分覆盖，并在遗址发掘区域利用浅根系植物或花卉进行区域的展现，同时达到防止使用者进入的目的。在遗址保护核心区域以外，可以选择富有野趣的植物种类，坚持乔灌草搭配，营造植物空间层次；丰富植物种类，增加色叶树种及开花植物，塑造季相变化。

对于硬质铺装，保持原有硬质区域基本不变，在不同功能分区适当采用贴近遗址氛围的不同的铺装材料及形式，例如利用陶片进行铺装的点缀。遗址保护核心区中利用轻质碎石铺装在不影响遗址保护的前提下，设置活动小广场，取代现状中使用者自行开辟的土地裸露的活动空间。

图8-2 窨子山遗址公园现状功能分区

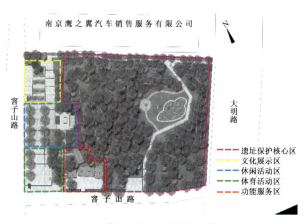

图8-3 窨子山遗址公园优化功能分区

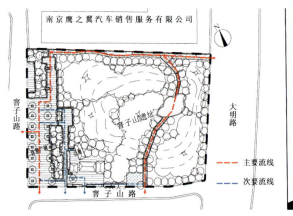

图8-4 窨子山遗址公园现状交通流线

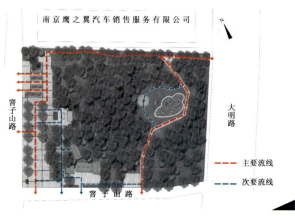

图8-5 窨子山遗址公园优化交通流线

对于景观小品及构筑物，增加遗址文化相关的情景雕塑及浮雕艺术，增强遗址氛围，利用浮雕树池作为文字载体，增进文化阐释。同时，在休闲活动区设置廊架，满足使用者休憩需求。浮雕树池形式为台型，形式缩移模拟自台型遗址本身，文化休闲区浮雕树池及灯柱立面示意图见图8-6。

对于景观建筑，利用原有闲置景观建筑，不做更改。

⑤ 基础设施层面

增加垃圾桶等必要卫生设施，增加座椅等休憩设施，对照明设施位置及形式重新设计。

⑥ 公园管理运营层面

提出合理的管理办法，并树立告示牌，规范使用者行为。

窖子山遗址公园各功能分区节点如图8-7所示，优化效果如图8-8所示。

图8-6 文化展示区浮雕树池及灯柱立面示意图

功能服务区节点

文化展示区

遗址保护核心区

体育活动区

体闲活动区节点

图8-7 窖子山遗址公园功能分区节点图

图 8-8 休闲活动区优化效果图

**参考文献**

薛伟.遗址公园保护与景观规划研究[D].合肥:安徽大学,2013.

阮仪三.历史环境保护的理论与实践[M].上海:上海科学技术出版社,2000.

宋莹.国家考古遗址公园遗址阐释与展示体系规划:以唐桥陵国家考古遗址公园为例[J].中国人口·资源与环境,2015,25(S2):402-405.

樊淳飞.遗址保护建筑规划设计研究[D].西安:西安建筑科技大学,2005.

王茜,2019.基于保护理念下的考古遗址公园植物配置浅析[J].自然与文化遗产研究,4(8):15-17.

# 下篇 微观层面
## ——遗址公园典型案例研究

　　本篇对江苏省遗址公园典型案例进行研究,主要包括三个方面:从规划、方案、设计等层面对无锡鸿山国家考古遗址公园、淮安洪泽湖周桥大塘-信坝段与信坝遗址公园,以及南京曾水源墓遗址公园进行研究,研究大、中、小不同尺度的遗址公园规划实践;从历史文化景观角度对南京西安门遗址公园、南京下马坊遗址公园分别进行缓冲区、禁约碑注释与景观诠释方面的研究;从网络角度对常州春秋淹城遗址公园、南京大报恩寺遗址公园进行研究。

# 9 无锡鸿山国家考古遗址公园规划研究

无锡鸿山国家考古遗址公园是国家文物局公布的首批国家考古遗址公园之一,也是江苏省内的第一个国家考古遗址公园。作为国家考古遗址公园在南方地区的首次实践,鸿山国家考古遗址公园以"坚持科学发展、谋求多方共赢"为核心理念,依托鸿山遗址,以吴越文化的遗存为遗址核心内涵,以自然生态湿地为公园特色,整合区域内历史文化、生态湿地、田园风光资源,兼顾文化遗产遗址、湿地资源的保护,集结遗址保护、教育科普、旅游休闲、科学研究等多个功能,追求人与历史遗产、自然的和谐相处。无锡鸿山国家考古遗址公园对鸿山遗址的保护与利用形成了遗址公园建设独特的"无锡模式",为全国所推广。因此,选取无锡鸿山国家考古遗址公园作为遗址公园规划设计案例讨论具有较强的代表性与典型性。

## 9.1 公园概况

### 9.1.1 区位概况

无锡鸿山国家考古遗址公园位于江苏省无锡市新吴区飞凤路与欣鸿路交叉路口,距离无锡市中心 33.24 km,在交通不甚便捷的城市远郊。遗址公园保护范围面积约为 342 hm$^2$,包括较大面积的农田、水体等(图 9-1)。

图 9-1 无锡鸿山国家考古遗址公园区位图
图片来源:根据无锡鸿山博物馆内区位图描绘

### 9.1.2 遗址概况

无锡鸿山遗址为我国长江下游地区春秋战国时期墓葬类遗址。遗址墓群的分布范围约为 750 hm$^2$,遗址范围内至今共发现有 108 个土墩,其中,已有 51 座确认为春秋战国时期的大型土台、土墩遗址,并呈群体状分布。南京博物院考古研究所与无锡市博物馆、无锡市文物管理委员会1992年联合在沪宁高速公路无锡段进行考古调查及抢救性考古,考古过程中首次发现了鸿山遗址,并于 2001 年开始对遗址之一老虎墩进行考古调查。经国家文物局的批准同意,2003 年南京博物院考古研究所和无锡市锡山区文物管理委员会成立了考古队,对老虎墩北面的老坟墩和邹家墩 2 处遗址敦进行了考古发掘。2003—2005 年期间,遗址范围内相继考古发掘了 7 座墓葬,共出土文物 2 300 余件,其中,特大型墓葬邱承墩共出土文物共 1 100 余件。遗址分布状况如图 9-2 所示。

鸿山遗址的发现、保护与利用是吴文化考古研究的重大突破,为研究春秋时期吴越两国的历史提供了重要的物质基础,其出土的珍贵文物也有助于陶瓷、音乐、艺术等学科对春秋战国早期吴越地区相关文化的研究。鸿山遗址于 2004 年被评为"全国十大考古新发现",2006 年由国务院与国家文物局列入第六批全国重点文物保护单位及"十一五"期间 100 处重大遗址保护专项。2010 年 11 月,国家文物局公布了全国首批 12 处国家考古遗址公园名单,鸿山遗址公园为其中之一。

图 9-2 无锡鸿山国家考古遗址公园遗址分布状况图
图片来源:根据无锡鸿山博物馆内无锡鸿山国家考古遗址公园遗址分布状况图描绘

## 9.2 遗址价值

### 9.2.1 历史价值

无锡鸿山遗址是自绍兴印山越王陵和苏州真山大墓之后的最重大的春秋战国时期古墓考古发现,有助于人们认识吴文化的起源,同时遗址也填补了环太湖地区的考古资料的空缺,证明了人类在无锡地区活动已有6 000余年历史(赵文斌,2012)。

### 9.2.2 学科价值

无锡鸿山遗址的发现对中国考古学科有着巨大价值。鸿山墓群的分布、内容展示了春秋战国时期贵族墓葬的埋葬制度与埋葬规律,体现了春秋时期墓葬等级的森严,同时揭示了当时的社会性质,为历史学家系统研究越国埋葬制度、规律与习俗以及春秋时期礼乐制度等提供了新的研究课题与方向。

无锡鸿山遗址的发现对我国陶瓷、音乐等学科的历史研究也有着巨大的价值,通过其出土的大量青瓷器、礼器、乐器及玉器,能够反映越国的强盛与辉煌,同时推动了相关学科历史的发展与研究。如:青瓷器能够用于研究我国瓷器的起源与发展,低温琉璃釉陶器的发现对我国陶瓷史的研究有着重要价值;鸿山遗址出土的礼器,同样出现在西汉时期的闽越国和南越国,因此对百越文化的研究有着深远影响;遗址出土的组合完整的打击乐器,展现了春秋时期越国乐器的特征,使得中国音乐史的研究有了新的领域;遗址出土的玉器则展现了越国高超的玉器制作工艺,尤其为微雕工艺的研究提供了大量实物研究基础。

### 9.2.3 艺术价值

无锡鸿山遗址出土的随葬青瓷器、礼器、乐器、玉器等文物,均工艺精美,有着极高的艺术造诣与价值,尤其表现在玉器方面。其出土的玉器"玉飞凤",雕琢工艺精良,作为一种古老的图腾,其象征着"凤凰起飞赢朝阳"。2007年,无锡市以其造型为主题,将山体、市花与其共同组成了无锡市的徽标,将"玉飞凤"的秀逸之形用于暗喻无锡人的聪慧杰秀,以此来寓意无锡的风光秀美。将"玉飞凤"作为无锡的城市标志并将其设计于市徽中,既是对吴文化的传承,也是对无锡城市精神的展现与宣传(图9-3)。

### 9.2.4 社会价值

无锡鸿山遗址是无锡市重要的文化遗产,其发现与挖掘为城市带来了更加深厚的历史底蕴,同时也成了重要的文化资源。建设无锡鸿山国家考古遗址公园,带动了无锡地区的旅游、文化等产业的发展,实现了遗址保护、生态保护、乡村振兴等多方面的有机统一,其形成的特色大遗址保护"无锡模式"得到了国家文物局的肯定,为无锡申报国家级历史名城提供了有力的支持。

图9-3 "玉飞凤"与无锡市徽

图片来源:左图源自https://m.sohu.com/a/279168987_579022;右图源自https://baike.baidu.com/item/%E6%97%A0%E9%94%A1/135983

## 9.3 公园建设实践研究

### 9.3.1 遗址保护规划

无锡鸿山遗址是一处重大考古发现,对吴越文化研究、考古界及其他相关学科均有重大的价值,因此,无锡鸿山国家考古遗址公园的建设必须以遗址保护为基础。自遗址发现以来,无锡市政府和新区管委会先后委托联合各专业机构制定了《鸿山墓群保护总体规划》《鸿山遗址保护考古工作计划》《鸿山国家考古遗址公园总体规划》等一系列遗址保护规划,其中,《鸿山墓群保护总体规划》从综合保护与利用土地、生态、文化3种资源的角度出发,研究了对江南经济发达地区土墩墓群的保护区划方式,综合考虑了如何安全、完整地保护遗址本体及其周围环境,探究了生态保护工程与遗址公园建设工程相结合的可行性。规划确定了鸿山遗址的保护利用原则,划定其保护范围及功能分区,从遗址保护原则、遗址保护区划分级、公园规划基本策略等多个方面提出了建立鸿山考古遗址公园的建议。

(1) 遗址保护原则

《鸿山墓群保护总体规划》确定遗址保护原则如下:

① 整体保护遗址本体及其环境的真实性、完整性和延续性;

② 遗产保护与生态环境保护相结合;

③ 遗产保护与地方社会发展相和谐。

(2) 遗址保护区划分级

根据保护要求,《鸿山墓群保护总体规划》确定了遗址保护区区划分级,即"将保护区划分为保护范围、建设控制地带、环境控制区3个层次;总占地面积748.97 hm²。其中保护范围不分级;建设控制地带划分为2类;环境控制区划分为3类(图9-4)。各保护范围面积见表9-1。

一类建设控制地带主要为墓地背景环境,在公园建设中作为农业观赏区与湿地观赏区;二类建设控制地带主要为公园游客服务中心、遗址博物馆。环境控制地带均为城市建设用地,一类环境控制地带以田园风光的形象展示,控制其区域内的景观风貌、建设强度;二类环境控制地带

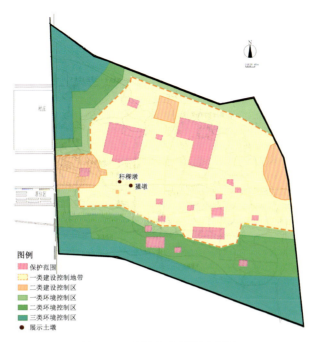

图 9-4 无锡鸿山遗址保护规划图

图片来源：根据无锡鸿山国家考古遗址公园内无锡鸿山遗址保护规划图描绘

表 9-1 鸿山遗址保护区划分级

| 区划名称 | | 面积/hm² | | 比例/% | |
|---|---|---|---|---|---|
| 保护范围 | | 65.73 | | 8.78 | |
| 建设控制地带 | 一类建设控制地带 | 307.52 | 343.51 | 41.06 | 45.86 |
| | 二类建设控制地带 | 35.99 | | 4.80 | |
| 环境控制地带 | 一类环境控制地带 | 88.13 | | 11.77 | |
| | 二类环境控制地带 | 186.07 | 339.73 | 24.84 | 45.36 |
| | 三类环境控制地带 | 65.53 | | 8.75 | |
| 总计 | | 748.97 | | 100 | |

表格来源：根据《鸿山墓群保护总体规划》整理。

和三类环境控制地带均以新农村社区形象进行展示，控制区域内建设强度，二类环境控制地带还需要限定其区域内的用地功能。

（3）公园规划基本策略

根据《鸿山墓群保护总体规划》，公园规划基本策略如下：

① 把遗产保护与生态环境建设、经济发展结合起来，合理协调文物保护与展示利用、农业生产三者之间的关系，探讨文化遗产资源、土地资源和水资源等综合资源的保护与利用。

② 探讨整体保护方式，实现遗产的整体保护。文物保护区划的范围应能满足文物环境保护的有效性和完整性。

③ 强调文物环境保护，尽最大可能修复历史环境，整治危害文物安全、破坏文物历史风貌的建筑物、构筑物。

④ 不改变文物原状，实施原址保护，保护现存实物原状与历史信息。保护措施应提高科技含量，尽可能减少干预，按照保护要求使用保护技术。

⑤ 非物质文化遗产保护与物质文化遗产保护相结合。注重以人为本，谋求地方经济社会和谐发展。

### 9.3.2 规划理念

基于上述遗址保护规划，鸿山国家考古遗址公园秉承"坚持科学发展、谋求多方共赢"的核心理念，将当地经济社会发展、人居环境改善、新农村建设等工程加入大遗址保护与规划中。

大遗址保护要将遗址与文物保护作为第一要义，发挥历史文化遗产在社会发展中独特的作用，展现遗址与文物本体的特色和价值，同时还与当地社会经济、文化、生态发展相结合，成为一项系统工程，推动当地经济发展与文化服务。鸿山遗址公园大遗址保护在保护遗址本体的基础上，要更多地考虑到保护遗址的文化生态环境，促进当地经济社会文化生态共同发展。

### 9.3.3 公园规划设计

鸿山考古遗址公园根据大遗址保护规划与区划分级，在遗址公园内形成三层保护圈。最内层为遗址保护范围，是公园核心的遗址保护与展示区域；中间层为建设控制地带，用以保护与展示遗址历史环境；最外层为环境协调区，用以协调城市与公园间的生态关系。三个层次形成点、线、面的格局，系统又全面地展示遗址。

公园以保护遗址为首要任务，以文化生态保护展示为主题，在公园规划遗址博物馆、遗址模拟展示区、遗址现场展示区、湿地生态展示区、农业生态展示区、功能服务区等（图9-5）。

（1）遗址博物馆展示区

遗址博物馆展示区靠近遗址公园的主入口，以鸿山遗址博物馆为主体，收藏、保护、研究、宣传展示鸿山遗址出土的文物和春秋战国时期吴越文化，占地6 000 m²，建筑总面积约9 139 m²。

博物馆由中国建筑设计研究院崔愷工作室设计，其平面造型宛如张开的弓箭，以象征吴地人民的力量和进取心。建筑墙体仿先秦时期的泥质古城墙，暗喻春秋时期吴越争霸之局，屋顶融入青铜屋瓦的元素，呈双斜坡顶，加上青砖铺地，将"秦风吴韵"风格融入建筑的设计中，体现了江南区域的建筑特色，具有鲜明的时代和地域特色（图9-6）。

鸿山遗址博物馆共由鸿山遗址博物馆、邱承墩贵族墓原址及中国吴文化博物馆3部分组成，分别对鸿山墓群及其出土文物、邱承墩贵族墓原址、吴地历史文化进行了展示。

鸿山遗址博物馆通过文物展陈的方式，结合数字化手段，展示了遗址的发现和发掘过程以及遗址出土的文物（图9-7）；邱承墩贵族墓原址展示是对遗址进行覆盖保护，避免风吹日晒及人为破坏，同时展示遗址原貌，吴文化博物馆则通过场景再现、文物展陈等方式充分展示了吴国建立、崛起到称霸的过程与事迹。

除此以外，遗址博物馆充分尊重遗址本体与周边环境，保留原有的地形地貌、水文、农田等条件，使整个区域保持原生态（图9-8）。

（2）遗址模拟展示区

遗址模拟展示区位于遗址博物馆南侧，用于展示遗址考古发掘的文物的复原，通过对随葬品的复原、开展野外模拟考古等活动，提高游客的兴趣与参与度，从而达到科普教育的目的。

（3）遗址现场展示区

遗址现场展示区包括两个区域，主要展示了伯渎港与东新桥港之间的墓葬密集区域。遗址现场展示区内尝试通过修复遗址历史环境、展示遗址覆土植被等方式，向参观者呈现了春秋战国时期墓群荒芜的景象。

（4）湿地生态展示区

湿地生态展示区位于公园东部，以"原地形、原生态"为规划设计建设的原则，通过恢复河岸植被景观等措施，加强对园内湿地及其生物多样性的保护，发挥湿地的功能与效益，使其成为湿地保护、教育科普、观光游览于一体的湿地。

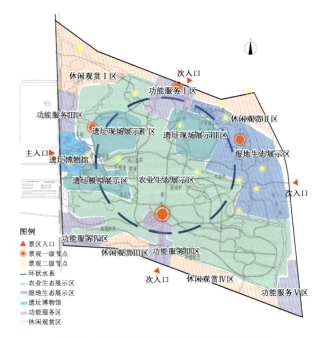

**图9-5　无锡鸿山国家考古遗址公园功能分区图**

图片来源：根据无锡鸿山博物馆内无锡鸿山国家考古遗址公园功能分区图描绘

**图9-6　鸿山博物馆**

图 9-7 鸿山遗址博物馆展厅

图 9-8 鸿山遗址博物馆与周边环境

(5) 农业生态展示区

农业生态展示区位于公园中部区域,是"无锡模式"的重要部分。区域以"生态、生活、生命"为核心理念,在区域内搭配种植不同的经济作物,将遗址保护与农业观光旅游进行结合而推动农业与农村经济增长方式的转变,实现经济、社会、生态效益的增长。

(6) 功能服务区

功能服务区位于公园的四周,紧邻公园各个入口布置。功能服务区主要提供餐饮、住宿、茶室等休闲服务项目,对当地的农产品、工艺品进行推销,为游客提供优质游览服务,同时一定程度地宣传当地文化。

### 9.3.4 公园现存问题及策略研究

(1) 遗址本体认识与保护方面

鸿山国家考古遗址公园对遗址信息的挖掘、展示、传播有待进一步完善。公园内目前能体现其遗址公园内涵的项目只有遗址博物馆与杆棵墩、獾墩两个土墩墓保护展示项目和一些正在开展的保护展示工程,且范围内除了在遗址博物馆有较为完善的遗址信息的解析,在其他遗址点几乎没有遗址相关文化的阐释,降低了遗址公园的历史文化教育价值。历史文化教育是遗址公园的主要功能之一,在公园的建设中除了应建立一套完整的科普教育标识系统,还可以考虑互动装置、开展专题活动等方式,充分挖掘遗址信息,提高遗址宣传度。

鸿山国家考古遗址公园作为无锡政府重点打造的遗址公园项目,其在建设场馆、周边配套设施等硬实力方面有着较大的优势,但在文化软实力的开发上有待加强。作为兼具旅游观光功能的遗址公园,公园应该将其丰富的历史元素转换为公园的形象代表,增加宣传点。

遗址公园需要加强对遗址本体及其蕴含的文化信息进行有效保护与开发,充分挖掘其文化内涵,展现更多的遗址文化;同时,公园可以设计特色文创产品,发掘具有代表性的遗址元素,提高大众对遗址的认知与兴趣。

（2）遗址公园规划与建设方面

由于鸿山国家考古遗址公园实行边建设边开放的理念，因此在遗址公园范围内只有部分设施是完善的，整体游览线路不清晰，遗址点开放与否信息不明，对游客的游览体验有着极大的影响。对此应优先完善遗址公园内主要游览道路贯通及相应设施的配套，设有专门遗址信息公开处，说明遗址公园范围内各遗址点基本情况。

**参考文献**

鸿山遗址博物馆官网:http://wxshsyzbwg.com/

崔愷,张广源,2010.无锡鸿山遗址博物馆[J].城市环境设计,(Z2):68-73.

逯俊宁,2021.鸿山遗址博物馆的空间建设:从一方遗址走向大千世界[J].文物鉴定与鉴赏,(6):124-126.

申爽,杨茂川,2013.融合地域文化的博物馆景观设计:以无锡鸿山遗址博物馆景观设计为例[J].大众文艺,(10):57-58.

王卿,2019.试谈遗址博物馆的建筑设计:以鸿山遗址博物馆为例[J].文物鉴定与鉴赏,(24):114-115.

徐婧,2014.基于考古遗址保护与展示的国内遗址博物馆案例调查研究[D].西安:西安建筑科技大学.

赵文斌,2012.国家考古遗址公园规划设计模式研究[D].北京:北京林业大学.

# 10 淮安洪泽湖周桥大塘-信坝段概念性规划与信坝遗址公园方案设计

## 10.1 项目背景

### 10.1.1 区位背景

洪泽湖是中国第四大淡水湖,位于苏北平原中部西侧,淮安、宿迁两市境内,同时也是淮河中游与下游的分界处,是淮河入海、入江分流的地方。洪泽湖古堰是世界文化遗产和全国重点文物保护单位,沿线拥有多处历史遗迹,遗址价值高。随着中国大运河成功申遗和大运河国家文化公园建设方案的印发,洪泽湖古堰景区也被纳入大运河国家文化公园淮安段建设中,景区内的遗址保护与利用受到重视(图10-1)。

**图10-1 洪泽湖古堰景区区位图**

图片来源:根据《近三百年来洪泽湖演变过程及其原因分析》(卞宇峥等,2021)洪泽湖示意图描绘

项目地点位于洪泽湖东岸的洪泽湖古堰景区,以道光信坝遗址和周桥大塘遗址为中心。道光信坝,是清朝道光年间洪泽湖大堤五处减水坝之一信坝的遗址,坝宽约200 m。周桥大塘为清朝道光年间洪泽湖决堤冲击而成。两处遗址相距约5 km,均于2006年被列为全国重点文物保护单位(图10-2)。

**图10-2 项目区位图**

图片来源:《洪泽湖古堰景区旅游总体规划(2015—2030年)》

### 10.1.2 历史文化背景

洪泽湖历史悠久,最初是以富陵湖、破釜涧、泥墩湖、万家湖等组成的小湖群,随后小湖不断消失,湖面缩小。三国时期,魏邓艾在此筑堤造湖以供屯田之用,称白水塘,史载"周围250里,开八水门,溉田1.2万顷"。唐朝时改称洪泽湖。南宋绍熙五年,黄河于阳武决口,至梁山泊分为南北两支,南支与泗水汇合,黄河自此改道南流入淮,即"黄河夺淮"。在之后近七百年间,由于淮河失去了入海水道,开始在今洪泽湖一带潴水,加上黄河居高临下,倒灌入淮,洪泽湖一带的大小湖泽逐渐连成一片。

洪泽湖完全形成于明清时期,其决定性因素便是洪泽湖大堤的修筑。在中国古代,漕运是最重要的运输方式,通过漕运将江淮以南的粮米运往北方,供给帝王城与军队,京杭大运河是古代最为重要的漕运通道。由于黄河夺淮入海,泥沙淤积,导致入海的水道河床不断增高,黄河水患频繁,严重威胁京杭大运河的安全,因此在明嘉靖时期,工部尚书兼右都御史潘季驯主持治理黄河和运河,发明了束水冲沙法,提出"筑堤束水,以水攻沙"的治黄方略和"蓄清刷黄济运"以保漕运的治运方略,即将洪泽湖作为水库,拦蓄淮水,冲刷清口的淤沙,调剂运河水量达到漕运畅通的目的。在多次河涨湖低,堰高湖涨的过程中大堤不断加高加固。最终,形成北自清口南至蒋坝的人工大坝,把淮

图 10-3 周桥大塘遗址公园

图 10-4 信坝遗址指示碑

水拦蓄成大湖。由此可见，洪泽湖与洪泽湖大堤的形成早在一开始便与中国古代的农业生产及运输有关。

洪泽湖古堰景区拥有悠久的历史，而洪泽湖古堰作为一座千年古堰，不仅仅是捍淮古堰，更是一座融汇了历史与现代治水理念的文化长廊。在过去 1 800 多年的历史长河中，洪泽湖古堰凝聚了华夏文化的精华，成为文化内涵丰富的艺术产物，其历史文化价值可与万里长城相媲美。2006 年 5 月，洪泽湖大堤被列为第六批全国重点文物保护单位。大堤上的建筑三河闸、二河闸、高良涧 3 座泄洪闸和镇水铁牛被列入省级文物保护单位；康熙御坝、御制重修惠济祠碑、码头三坝遗址等 7 处建筑物、碑、遗址被列入市级文物保护单位；三河闸历代石刻遗存、头坝遗址被列入县级文物保护单位。除此以外，数位古代治水专家通过在洪泽湖的治理实践总结了丰富的治水理论与技术成果，包括减水坝技术、石工墙技术等治水技术，同时留下众多口头传说，这些均是宝贵的非物质文化遗产，是中国古代人民治水精神的体现（简培龙等，2016），记载着古人治水的坚定决心和卓越智慧，具有很高的历史文化价值。

周桥大塘形成于清道光四年（1824 年）洪泽湖决堤冲击，朝廷令林则徐前来现场指挥。道光十年（1830 年）筑成高 8 m、顶宽 33 m、长 737 m 的内堤，并用条石砌成护墙，是洪泽湖大堤保存最为完整的石工墙。由于形状如月，周桥大塘遗址又称"月潭"。2006 年周桥大塘遗址被确定为全国重点文物保护单位（图 10-3）。

信坝遗址建成于道光十二（1832）年，坝宽 200 m，两侧的金刚墙贯穿堤身（图 10-4）。洪泽湖大堤 1 800 多年历史上至少有 37 座减水坝，清朝时，洪泽湖大堤上设有 5 座减水坝，分别以儒家"五常"仁、义、礼、智、信来命名，故又称"上五坝"，仅信坝保存完好，仍保留雁尾翅（翼墙）。

综上可见，项目规划区域是古堰文化的浓缩，洪泽湖文化核心治水文化的代表，是各个朝代治水专家和人民前仆后继、不屈不挠、团结拼搏、勇敢顽强治水精神的真实写照。

### 10.1.3 上位规划

2014 年中国大运河成功申遗，洪泽湖古堰景区成为大运河江苏段旅游带的重要节点，一系列重要规划相继颁布。

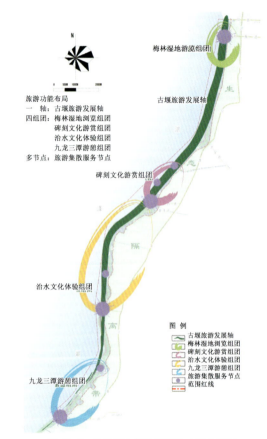

图 10-5 洪泽湖古堰景区旅游功能布局图

图片来源：《洪泽湖古堰景区旅游总体规划（2015—2030 年）》

2015 年洪泽县（现洪泽区）A 级景区工作领导小组办公室委托香港深远智慧产业集团、南京尔目旅游研究机构编制了《洪泽湖古堰景区旅游总体规划（2015—2030 年）》，力求以全新的理念引领古堰景区的旅游发展。

景区总体定位：以大湖风光为基底，以治水文化为内涵，突出水利科普教育与治水文明体验为亮点，以森林体验、湿地游憩、摄影写生、渔趣渔乐、爱情感悟、滨水休闲等为延展，实现高品质打造。

景区旅游功能：呈"一轴、四组团、多节点"的形态（图 10-5）。项目规划区域属于治水文化体验组团，以文化旅游产业为主导，依托水利遗址，开发文化旅游产品，培育文化旅游产业发展。

景区资源分类：项目场地内千年古堰为五级人文资源，其中周桥大塘遗址为四级自然资源，信坝遗址为四级人文资源（图10-6）。

遗产保护与生态保育规划：将周桥大塘遗址、信坝遗址等国家级文物保护单位，以及九龙湾石工墙遗址、洪泽湖碑等需要重点保护与谨慎开发的资源划分为核心区管控，实行最严格的管控措施，严禁一切形式的开发建设活动；将遗址遗迹周边范围实行缓冲区管控，以生态保护为重点，实行差别化的管控措施，严禁有损主导生态功能的开发建设活动。

由此可见，项目为景区旅游规划中生态修复及水文化展示项目的重要环节，承担了塑造景区形象，展示景区历史文化、景区生态保护的职能。

图10-6　洪泽湖古堰景区资源分布图

图片来源：《洪泽湖古堰景区旅游总体规划（2015—2030年）》

## 10.2 现状问题分析及解决策略

### 10.2.1 现状问题分析

**(1) 遗址可达性较差**

由图10-7可知,周桥大塘遗址距古堰景区北入口9.2 km,信坝遗址距离古堰景区南入口6.4 km,均距离入口较远,且两入口均需收取门票,游客游览消费不合理;项目用地范围内距离周边交通设施距离也较远,造成两处遗址可达性均较差。

**(2) 文化展示能力弱**

周桥大塘遗址、信坝遗址为全国重点文物保护单位,但资源开发利用不足,遗址间联系弱,遗址展示规划无明确体系、整体性差,无法充分展示遗址风貌和文化内涵。

**(3) 信坝遗址的问题**

① 遗址边界感模糊,整体性较差,遗址两端由于树木遮挡视线不通畅,无法展现道光信坝遗址历史原貌。

② 内塘缺乏规划设计,景观效果较差。

③ 遗址两侧植物缺乏规划设计,遮挡视线,无法形成视觉通廊,影响景观效果。

信坝遗址的现状照片如图10-8所示。

### 10.2.2 解决策略

首先,为解决场地可达性差、文化资源发掘不足、各遗址点联系弱、场地整体性差的问题,项目方案根据《洪泽湖古堰景区旅游总体规划(2015—2030年)》,划定设计区域,以信坝遗址与周桥大塘遗址为端点,连通信坝遗址与周桥大塘遗址的中间绿地,形成带状整体,打造"一带两核"边界感明确、整体性较强的遗址公园。同时梳理场地内交通体系,形成陆上与水上两种交通方式,为游客提供不同游览方式的选择,同时展示该地区传统交通方式。

图10-7 项目场地周边分析图

图10-8 信坝遗址现状照片

其次,根据现状场地的遗址资源,深入挖掘场地历史文化。以展示治水文化为主体,整合场地沿线遗址及古堰文化、石工文化、碑刻文化、生态文化、儒学文化等文化内涵,形成明确的展示体系,展示历史风貌,弘扬精神。

最后,对现状景观进行梳理,对项目区域内水域进行整理与疏通,对沿岸遮挡视线的植物在确保生态安全与防汛需要的基础上进行梳理,打开视线走廊,拓宽游览视野。

## 10.3 设计方案

### 10.3.1 设计主题

从古至今,治水就是国之大事,是"河清海晏、民族富强"的保障,水利是农业的命脉。1934年1月毛主席在江西瑞金召开的中华苏维埃第二次全国工农代表大会上,就发出了"水利是农业的命脉,我们也应予以极大的注意"的号召。1951年5月,《人民日报》发表毛泽东主席的题词"一定要把淮河修好"。从古时独立入海至今三七分水,千百年来众多仁人志士各服艰难险阻,守望着"江河安澜",保护着两岸的"天下粮仓"和运河"南北通畅"。

设计以"从根源展示治水保障农业生产,致敬先辈智慧与精神"为主题,结合治水文化,围绕"为什么要治水""哪些人治理"两方面内容进行展示,利用信坝遗址、周桥大塘遗址、洪泽湖大堤3处全国重点文物保护单位展示洪泽湖水利文化,跳出技术的视角,除了展示治水的技术,还要探寻治水的根源,展示治水对保障农业生产的重要性,同时向为治淮事业奉献了力量的先人致敬。

### 10.3.2 设计原则

(1) 坚持遗址保护优先的原则

公园建设规划从遗址保护的角度出发,保证遗址的完整与真实性,再现昔日周桥大塘、信坝等遗址的历史风貌、文化内涵。

(2) 坚持有效保护和合理利用有机结合的原则

以保护促进利用,以利用促进保护,带动洪泽湖大堤全线旅游开发。

(3) 坚持突出遗址文化特色的原则

深度挖掘遗址相关历史文化及内涵,通过各种景观设计形式,展现历史悠久的水利文化,突出特色水利科普教育与治水文明。

(4) 坚持高起点、高标准、高品位的原则

从长计议,精益求精,将区域建设成为集遗址保护、科普教育、旅游观光为一体的具有丰富文化内涵的遗址公园。

### 10.3.3 设计目标

设计目标如下:

① 打造集遗址保护、科普教育、旅游观光为一体的遗址公园。

② 打造大运河江苏段开发、环洪泽湖地区的示范性工程。

③ 建设具有地方代表性的遗址保护示范基地,成为国内一流遗址公园。

### 10.3.4 场地布局

(1) 总体布局

总体布局如下:

① 场地北起洪泽湖碑,南至信坝遗址以南200 m,东至顺堤河向东100 m处,形成遗址公园用地范围。

② 以顺堤河为界,顺堤河以西为遗址保护区,以东为乡村风貌区,遗址公园边界至洪三路段为风貌控制区。

③ 以信坝遗址、周桥大塘遗址为核心,保护遗址本体,再现遗址风貌,展示遗址文化。本次设计以道光信坝遗址段为主。

④ 设"仁义礼智"四个节点,与信坝遗址结合象征康熙五坝,展现儒家五常文化。

总平面图如图10-9所示,功能平面图如图10-10所示。

(2) 交通布局

交通布局如下:

① 顺堤河西岸保留现有车行道,拓宽背水面防汛通道至2 m;东岸沿顺堤河增设人行道串联"仁义礼智"四节点,连接周桥大塘遗址与信坝遗址。

② 沿顺堤河设置水上游线,依靠各景观节点设置游船码头,丰富公园游览线路,增加游人游览方式。

交通布局图如图10-11所示。

① 周桥大塘遗址
② 顺堤河
③ 水湾
④ 信坝遗址
⑤ 停车场

**图10-9 总平面图**

### 10.3.5 景观方案

（1）设计思路

信坝遗址公园包括信坝遗址与水湾处两部分，信坝遗址平面如图10-12所示，鸟瞰图如图10-13所示，其设计思路主要考虑2个方面。

以信坝遗址范围为基础，梳理洪泽湖大堤迎水面与泄

图 10-10　功能分区及主要节点图

图 10-11　交通布局图

图 10-12　信坝遗址平面图

图 10-13　信坝遗址鸟瞰图

图 10-14　信坝遗址设计鸟瞰图

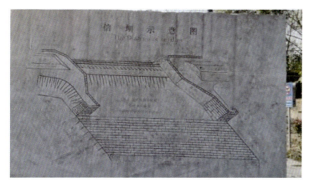

图 10-15　信坝原貌示意图

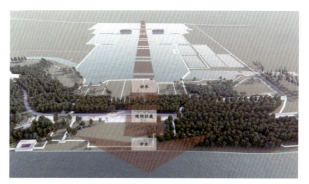

图 10-16　"冲水—泄水"过程示意图

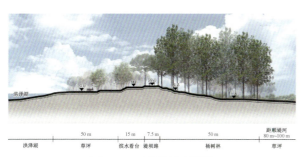

图 10-17　观景平台剖面图

图 10-18　观景平台鸟瞰图

图 10-19　观景平台效果图

水面两侧植被，在迎水面设 200 m 观景平台、泄水面设林间栈道，扩大顺堤河水面至洪三路，形成场地轴线（图10-14）。

水湾处以坝顶路为界，道路以西以遗址保护展示为主，展示水利安全相关信息，道路以东至顺堤河展示儒家信文化，顺堤河以东以乡村风貌展示为主。

该段设计以恢复信坝历史风貌，模拟信坝功能为主题，以信坝原貌示意图（图 10-15）为参考，在信坝遗址范围内设置 200 m 宽看台，再现信坝风貌，同时以景观的形式模拟"冲水—泄水"的过程（图 10-16）。

(2) 信坝遗址设计方案

① 观景平台

信坝遗址宽 200 m，在迎水面沿遗址建一观景平台，面向洪泽湖，视野开阔。同时，不同的层级代表不同的水位，模拟洪水来临时的冲水过程。

景观平台的剖面图、鸟瞰图、效果图分别如图 10-17、图 10-18、图 10-19 所示。

② 林间栈道

洪泽湖大堤东侧现状生长大片杨树林，且存在高差。设计利用场地现状，梳理原有树木，在不同高程的树木中间设林间步道，在步道间布置攀爬网来模拟水浪，重现大堤泄水场景。

林间栈道效果图如图10-20所示。

③ 信坝遗址长廊

洪泽湖大堤1800年历史上至少有38个老减水坝遗址，而信坝遗址保存较好。信坝遗址历史悠久，信坝遗址长廊按照信坝建设历史脉络，以长景墙以及石碑的形式展现信坝历史文化（图10-21）。

（3）水湾段设计方案

① 设计思路

水湾段的平面图、功能分区图、鸟瞰图分别如图10-22、图10-23、图10-24所示。其设计思路为：以坝顶路和顺堤河为界，坝顶路以西以遗址保护展示为主，展示水利安全相关信息，路东至顺堤河展示儒家信文化，顺堤河以东以乡村风貌展示为主。

② 设计方案

水文化展示区以水文化展示为主题，设计景墙、构筑物等进行水利安全相关科普教育，建设文化精炼、环境生态的洪泽湖大堤水工文化科普展示区。将历史上洪泽湖大堤的洪灾事件以景墙的形式放置于场地节点中，提高人们对水安全的意识，发挥洪泽湖大堤的社会价值（图10-25）。

图10-20　林间栈道效果图

图10-21　信坝遗址长廊效果图

图10-22　水湾段平面图

图10-23　水湾段功能分区图

图10-24　水湾段鸟瞰图

设水安全宣传广场,以地刻形式宣传水安全(图 10-26)。设计灯塔,为船只指引方向,保障船只出行安全。同时作为向先辈铸造的洪泽湖大堤和水利智慧、精神致敬的纪念(图 10-27)。

信文化展示区依托信坝遗址与康熙五坝历史背景,挖掘"仁义礼智信"儒家五常。"五常"中的"信"意为诚信,是中国价值体系中的最核心因素之一。信文化展示区围绕中国传统诚信观的形成过程,利用景观元素将其表现。"信"字共9笔,设计以9个节点表现诚信观从萌芽至成熟的4个发展阶段,以"信"字写法的演变对应文化展示的开始与结束(图 10-28)。

图 10-25　景墙展示效果图

图 10-26　水安全广场效果图

图 10-27　灯塔效果图

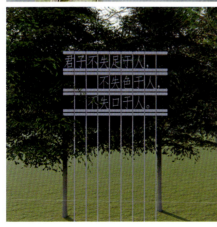

图 10-28　"信"文化节点分布及部分节点效果图

图 10-29 道班房现状照片

游客服务中心以现状一处废弃信坝道班房为基础作为改造,对废弃资源实现再利用。现状问题包括:建筑闲置,功能定位不清;建筑缺乏修缮,外立面破损严重,院落杂乱,且建筑与周边风景受围墙遮挡,视觉效果差(图10-29)。改造策略包括:将建筑改造为游客服务中心,承担景区引导、咨询、售票、餐饮、休憩、集散等功能;在现有建筑基础上进行改造,拆除院落围墙,扩建二层楼,使用坡屋顶与玻璃外墙面的元素,使建筑与景区其他建筑风格一致,同时融入更多现代感(图10-30)。

(4) 乡村风貌展示区

以分季节种植不同作物为主,创作四季轮作大地景观,展现乡村风貌,形成公园景观与控制段农田的过渡,体现治水保障农业生产的主题。如:

① 水稻:早稻(4—7月)、中稻(5—9月)、晚稻(6—10月);

② 油菜:9—10月;

图 10-30 信坝道班房改造效果图

③ 小麦:9月—次年6月;

④ 向日葵:4—6月。

**参考文献**

简培龙,简丹,2016.浅议洪泽湖大堤水文化的保护与弘扬[J].水利发展研究,16(3):75-79.

卞宇峥,薛滨,张风菊,2021.近三百年来洪泽湖演变过程及其原因分析[J].湖泊科学,33(6):1844-1856.

# 11 南京曾水源墓遗址园设计及遗址活化实践

## 11.1 曾水源墓遗址背景

曾水源,广西武宣人,太平天国天朝元勋,太平天国定都天京后,官至天官正丞相,位居天朝群官之首,是太平天国前期重要领导人之一。1855年被东王杨秀清误杀,曾水源昭雪后为其建墓葬于南京挹江门内戴家巷睦寡妇山。墓于1953年10月被发现,系黄土堆积而成,是已发现唯一的太平天国高级将领墓葬,发现后曾多次维修保护。

1957年,曾水源墓被列为江苏省文物保护单位。现墓冢用城砖砌成,前立青石墓碑。1975年加修墓道,用古城砖砌筑台阶,共44级,道中建墓亭,四周砌围墙。景观整治前,墓地被包围在棚户区内。由于墓地被围墙、铁门封围,游人不能入内,加之常年失修,因此几近荒芜。墓冢所在的小山包杂树丛生,野草遍布,藤蔓纠葛,幽暗森然。

## 11.2 问题的提出

曾水源是南京这座古都中的一个不太起眼的城市故事、历史片断,正是因为这些众多的城市故事和历史片断才组成了南京深厚的城市历史文化。改革开放以来,随着中国的经济高速发展,现代化浪潮席卷中国大地,南京和其他历史文化名城一样进入快速城市更新时期。在这样的一个古都换新颜的特殊背景下,如何保存和保护历史文化遗存、如何表达和回顾逐渐遗忘和湮没的历史信息、如何使这些古老的历史文化遗存能够很好地切合现代化城市发展需求是遗址园林营建重点关注的问题。曾水源墓遗址景观设计正是从以上3个方面问题的探索和思考而展开的。曾水源遗址园方案平面图、建成全景分别如图11-1,图11-2所示。

① 龙凤币图案铺装空间　⑥ 休息亭
② 太平天国题名景墙　　⑦ 生卒年石刻墓道台阶
③ 太平天国叙事景墙　　⑧ 墓冢
④ 墓道入口北侧景观　　⑨ 林中小径
⑤ "天朝元勋"文字石刻　⑩ 休憩娱乐活动空间

图11-1　曾水源墓遗址园方案平面图

图 11-2　曾水源墓遗址园建成全景

## 11.3　景观设计策略

### 11.3.1　文物保护

文物保护是历史文化遗存景观整治最基本的原则,这一点应该是在任何情况下都不能改变的。由于清政府对与其作战多年的太平军恨之入骨,因此,在太平天国运动失败后,清政府几乎毁坏了一切太平天国的宫殿、衙署、府第、墓葬,就连洪秀全的尸体也被挖出来,刀戮火焚。所以,曾水源作为一个太平天国的高级官员,其墓葬能够幸存下来就显得尤其可贵,具有重要的历史文化价值。一般墓葬都是坐北朝南,曾水源墓却是位东面西,这是该墓格局最有特点的地方。目前,原曾水源之子曾启彬所立的墓碑已移至南京太平天国博物馆内妥善保存,现有的墓道、墓碑及墓冢都是该墓1953年被发现后所逐年修建的。景观整治中,对现有墓道、墓碑及墓冢均加以保护并根据损毁情况进行了适当的修缮。

### 11.3.2　历史文化展示

遗址景观的设计中,提取了特定历史元素,以隐喻和叙事相结合的方式来展示太平天国的历史文化和曾水源人物本身。其设计内容如下:

（1）太平天国主题文化广场

太平天国主题文化广场位于墓冢山包西北侧较为平坦的用地。太平天国历史文化内容众多,在这样的一个小型场地中不可能也不必要一一展示,用什么样的景观形式来有趣而巧妙地表达太平天国文化主题是笔者一直苦苦思索的问题。最终,设计的灵感来源于太平天国时期的重要代表性文物——残缺的半块龙凤币。笔者采用此残币的平面形状设计了一个类似半圆形的铺装空间,并以此来隐喻太平天国这个破碎而不完整的王朝历史（图11-3）。铺装材质为花岗岩,上刻有龙凤纹样及"太""天"字样,这一切造型均与残币图案完全相同。残币铺装空间的方形钱眼处设计了一段平面折形的仿青砖贴面景墙,其上用青石阴刻的"太平天国"4个字,以点明广场主题。景墙顶部做从低至高、然后又从高到低的阶梯造型处理,以喻示

图 11-3　龙凤币图案铺装空间

注:右下角为残缺的龙凤币文物照片。

这段从开始至高潮并最终归于失败的农民起义历史。另外,阶梯造型墙顶所形成的残破状意向同时也喻示了这个王朝的不完整。残币铺装空间东侧设计了一段太平天国叙事景墙,景墙刻上太平天国大事记等内容以直观的叙事方式向市民展示太平天国历史。

（2）墓道景观

在墓道入口处设置了一个展示曾水源人物本身的小空间,小空间与西侧的街道之间密布竹林,以形成障景,遮挡城市街道杂乱景观。墓道入口对面设计半斜面景墙,上刻"天朝元勋"4个字,以点明曾水源在太平天国中的身份与地位（图11-4）。在墓道台阶的侧面刻上从1831年到1855年的曾水源生卒年数字,以喻示曾水源所走过的人生历程（图11-5）。墓道入口北侧与太平天国主题文化广场相衔接,其景观结合原有地形做台阶处理,以形成较为丰富的空间效果（图11-6）。

### 11.3.3　创造市民休闲娱乐活动空间

由于曾水源墓为城市居民闹市区所环绕,并且其附近缺少公园绿地,因此,曾水源墓经过景观整治后已成为一个当地居民休闲娱乐的重要活动场所。景观整治中拆除了墓地中违建棚户及原有的围墙与铁门,使得整个墓地变为人们可以自由游憩活动的公共绿地空间。墓地外围山包

图 11-4　墓道入口景观及"天朝元勋"文字石刻

图 11-5　刻有生卒年数字的墓道台阶石

（第一级与最后一级台阶石分别所刻
的数字就是曾水源的生年与卒年）

图 11-6　墓道入口北侧的景观

图 11-7　市民小型活动空间

下的北侧场地整治为市民小型活动空间，以满足市民跳舞、晨练、健身、休息等种种娱乐休闲活动需求（图 11-7）。山包下西南侧场地建传统形式的四角攒尖顶亭一座，使居民在此休息的同时也能感受过去岁月的印记（图 11-8）。

图 11-8　四角攒尖顶亭

## 11.4 实施效果

笔者认为,对待城市历史文化遗产,僵化的、封存起来的保护策略是没有生命力的。曾水源墓此前一直被围挡起来封闭保护,但其内近于荒芜,几乎成为城市中无人问津、难以接近的一块死地。通过整治,曾水源墓现已成为城市中非常具有活力的一个场所,老人在此闲坐聊天,孩子在此嬉戏打闹,年轻人在林间寻古探幽……在这里,历史文化已真正融入市民的现代休闲娱乐生活。笔者似乎已看到,曾水源已从百年坟茔中走出来,与当下的人们一起欢歌共舞,享受现代的生活。

# 12 南京西安门遗址公园缓冲区研究

近二十年来，随着城市人口的快速增长，城市工业化也在飞速地发展，城市的地域也在不断地扩张，这种不断扩张所带来的必然结果就是越来越多的耕地、森林等地区消失。与此同时，也有许多文化遗址被"包含"在城市中，形成了城市遗址。由于嘈杂的环境与频繁的社会活动，这部分遗址相比于远离城镇的遗址更难保护，因此发展城市遗址保护措施与方法便成了当务之急。在众多的遗址保护措施中，遗址缓冲区的建设是一个较为有效的保护措施。目前，遗址缓冲区的设计已经在国外大范围使用。比如：挪威维加群岛建设农业缓冲区；印度建设Nanda Devi生物保护圈旅游缓冲区；韩国在2006年也引进了世界文化遗址缓冲区建立的概念，等等。关于建立缓冲区的方法有很多，其中一个行之有效的方法是由Kozlowski等（1981）提出的缓冲区划定（Buffer Zone Planning, BZP）方法，主要是针对城市遗址的缓冲区设计，也在自然保护地缓冲区建设的诸多研究中加以引用。例如：Vass-Bowen等人将BZP方法应用在伊普斯维奇的城市遗址保护区中，减缓了该区域的外界威胁（Vass-Bowen, 1994; Kozlowski et al., 1997）；波兰共和国塔特拉国家公园也应用了BZP方法，制定了区域性的保护政策（Kozlowski et al., 1992）。

本章将BZP方法应用在南京西安门遗址中，针对西安门遗址的不同保护要素，归纳出每种要素对应的威胁，制定出相应的分析保护区（Analytical Protection Zone, APZ）子区域，再通过整合得到针对每个外界威胁的元素保护区（Element Protection Zone, EPZ）子区域，最终通过将EPZ子区域进行叠加得到的遗址缓冲区和土地利用分区，并为管理者提供相应的保护对策参考。

## 12.1 西安门遗址公园概况

### 12.1.1 地理位置

西安门遗址位于南京中山东路与城东干道交叉口，东面紧邻商业楼，与居民区仅一条城市支路之隔，西面紧邻龙蟠中路，南面紧邻建筑施工地，北面紧邻城市主干道中山东路；遗址附近有西安门地铁站，地铁2号线从北面中山东路下穿过（图12-1）。

### 12.1.2 西安门遗址现状

西安门城门主体遗址占地面积约1 500 m²，高约10 m，附属遗址残存占地约1 700 m²，多为墙基石柱，可推测出西安门当年规模较大。虽然西安门曾经有着辉煌的地位，但是在城市快速发展的今天，西安门已被埋没于高大的建筑之下，隐藏于复杂的城市环境中。而且，西安门仅剩下独立的一座城门，周围并没有其余的城墙与此相连，仅有遗址西面的玄津桥遗址尚存完好，但是被城东干道贯穿而过，将西安门与玄津桥阻隔东西（图12-2）。

图12-1 西安门遗址地理位置示意图
图片来源：百度地图

图 12-2　西安门遗址现状图

图 12-3　西安门遗址周围不合理的现象

建成于 2003 年的西安门遗址公园占地面积约 11 000 m²。公园的空间布局围绕西安门展开，植物、座凳的布置亦围绕着西安门主体。虽然遗址公园的建设为人们提供了各种对古城门不同的欣赏空间与欣赏距离及角度，但是行为观察与访问调查显示，该公园主要是一个城市休闲性场所，人们欣赏遗址的行为较少，其他的休闲娱乐活动较多，一些不恰当的行为活动对遗址造成了一定程度的影响（图 12-3）。

虽然已建成的遗址公园对西安门遗址进行了保护，但实际仅仅是用一定距离将其与周围用地相隔离。由于四周用地紧张的缘故，西安门遗址公园已成了此区域唯一的一块绿地兼活动场地。周边的群众会在城门脚下遛狗、乘凉、对须弥座进行踩踏等。

## 12.2　缓冲区及其划定方法

缓冲区的概念往往同"过渡区""排除区"或"分离区"等概念画上等号，然而，Kozlowski 等（1992）认为这些定义都不完全能表述缓冲区的理念，因为它们往往是为划分不同土地利用所具有的固定距离的领域，然而缓冲区是为了减少外界威胁对核心位置破坏的一种保护区域。Kozlowski 等（1992）认为 BZP 是有前瞻性的，因为它明确表达了保护地与周边环境之间存在着固有不均匀性和永久关联性这两大特点的观点。所设计的目标区域总会包含着多种不同的活体要素（如植被、动物、水源、土壤等）和表观特征（如形貌、听觉环境等），这些活体要素和表观特征共同构成了该区域所要保护的因素。而相对于不同的因素而言，外界环境的影响也是不同的。例如：嘈杂的聚会对动物的生活有着严重的影响，而对植被的生长则影响甚微；反之，空气质量对植物的生长有着巨大的威胁，而动物则相对适应空气质量的改变。因此，有针对性地对目标区域的每个要素建立相对应的缓冲区，是 BZP 方法的核心思想。

BZP 方法主要由 2 种类型的缓冲区组成，即 APZ 与 EPZ。APZ 保护单一元素不受多种外界威胁所划定的保护区；EPZ 保护多种元素不受单一外界威胁所划定的保护区。BZP 技术的步骤主要就建立在这 2 类缓冲区的划分上。通常来说，BZP 方法主要分为 7 个步骤(Schou et al., 2008；Kozlowski et al., 1981, 1992)，如表 12-1 所示。

表 12-1　BZP 方法的 7 个步骤

| 步骤 | 过程 |
| --- | --- |
| 1 | 确定给定保护区域（保护地）的特定价值和特征 |
| 2 | 识别该区域及其周围环境之间的相互关系，以确定现有的和潜在的威胁 |
| 3 | 初步制定划分和界定 APZ 内土地利用原则的标准，以保护特定价值 |
| 4 | 基于综合负面影响类型的标准和原则，确定 EPZ |
| 5 | 划定 EPZ 范围，并根据范围制定土地利用原则 |
| 6 | 基于步骤 5 中确定的多个 EPZ，合成描绘该保护区域（保护地）周围的缓冲区 |
| 7 | 制定关于缓冲区内不同形式的使用和活动的准则或原则，并将这些原则纳入发展计划，在计划的正式批准之后具有法律约束力 |

BZP 方法体系是基于以下相关原则的：

① 管理规范原则。保护区的法定边界和对内部管理战略的依赖不会为环境敏感地区提供长期的保护。这就需要在划定的缓冲区内消除或减少外界对保护区所带来的负面影响，并制订一套管理指南。

② 政策准确化原则。环境的性质在保护区内及其周围环境中是异质的，这必须反映在定义缓冲区的过程中。这可以通过调查对有关保护区的要素（例如植物群或动物群）和特征（如安静的环境）的一系列负面外部影响来实现。应制定具体的土地利用措施和管理政策，以消除或减少已查明的外部威胁。

③ 大众参与原则。在确定缓冲区的过程中必须考虑当地社区的需要和愿望，因此从早期规划阶段起，该方法应纳入周围社区和人民的意见。

④ 规划应变原则。规划程序必须考虑环境的不断变化性，因此对保护区现存的和未来潜在的威胁应全盘考虑，以便产生更积极主动的规划形式。

⑤ 分区叠加原则。由于保护区不同元素的现有和潜在威胁的空间分布是可变的，对不同保护要素的同一个负面影响的影响范围可能非常不同，因此应该有不同的特定区域，以消除或减少这些个别影响，在 BZP 方法中确定的 2 个这样的区域如下：APZ 区域旨在如何保护保护区的特定元素和特征（如水文，动植物或安静的环境）免受外部威胁（如水污染或噪音）。EPZ 区域旨在如何保护整个区域免受特定威胁（如水污染对水文或动植物的影响），EPZ 可以通过 APZ 的定义导出，或者直接导出。

⑥ 分区定策原则。为 APZ 和 EPZ 制定的规划政策或指南不应笼统地用于整个缓冲区内，而应反映每个已识别威胁的影响区域。最终的异质缓冲区应该是所有 EPZ 的综合，从而允许在缓冲区内定义不同的保护性土地利用措施和管理策略。这些政策应尽可能纳入法定发展计划，并须经正式批准，这将确立其法律地位。

## 12.3　BZP 在国外典型案例中的应用

BZP 方法在国外已经是一个较为成熟的应用体系，很多学者已经将其用于国家公园、自然保护区和城市遗址等需要全面保护的环境敏感区域，本节选择了 2 个非常具有代表性的区域来阐述 BZP 方法在国外的应用。

### 12.3.1　伊普斯维奇城市遗址保护区

Vass-Bowen(1994)对位于伊普斯维奇市历史遗址保护区的中心区域进行了缓冲区划定研究。这个保护区位于昆士兰州首府布里斯班市的东南方向约 40 km 的位置，并长期受到该地区快速增长的人口以及当地城市规划建设计划的严重威胁。这些威胁使得该区域的历史遗址特性逐渐消失。因此 Vass-Bowen(1994)选取了这个区域进行了针对城市遗址的缓冲区划定设计。

Vass-Bowen(1994)通过实地考察调研，总结了该区域的 7 个需要受保护的特征因子进行针对性定策：远观视觉特征、近观视觉特征、远观视觉相互作用、近观视觉相互作用、结构完整性、功能性以及感官特性。针对这 7 个特征因子，作者又找出了 6 个威胁因素并划分了干扰等级：周围建筑物高度与质量、周围建筑物屋顶样式、景观、标志牌、交通干扰以及施工干扰。作者根据以上特征划分了 3 个 APZ 和 5 个 EPZ，并最终得到了该区域的缓冲区总规划图（图 12-4）。

作者在完成缓冲区划定后还指出，尽管缓冲区的规划很大程度上减缓了该遗址区域的外界威胁，该区域的完全保护仍然还需 3 个因素：指导性的原则方针、不动摇的控

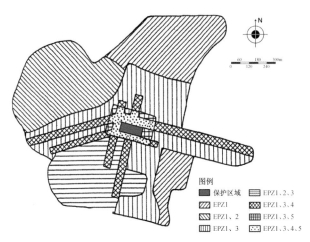

图 12-4　伊普斯维奇城市遗址缓冲区总图
(Vass-Bowen,1994；Kozlowski et al.,1997)
图片来源：根据原图改绘

制体系以及与城市发展相协调的政策。只有将政策与缓冲区区域相结合，才能更好地保护遗址的建设(Vass-Bowen,1994；Kozlowski et al.,1997)。

### 12.3.2　塔特拉国家公园

波兰共和国塔特拉国家公园，塔特拉山跨越波兰与斯洛伐克边界的两侧，属于喀尔巴阡山脉，塔特拉公园在克拉科夫往南 100 km 处，因其独特的山地风景而成为最受欢迎的国家公园。塔特拉国家公园是一个山区生态系统，是在喀尔巴阡山脉中的最高部分，并且它的高山特点和自然价值的积累是波兰的主要"自然纪念碑"之一。它是一个有壮观的全景地平线的区域，拥有丰富的岩层，以及具有丰富视、听、闻体验的感官特质，如树木和植物的气味、流水的潺潺声、优美沉静的暮色，等等。此外，该地区所具有的丰富的植物和动物物种，有些在其他地方是很少见的。由于所有的这些原因，它被赋予了国家公园的地位，以试图保护其多重价值。

规划者通过 BZP 方法规划塔特拉国家公园缓冲区，先确定了 8 个 EPZ(图 12-5)，分别为水体变化影响区域、自然安静环境影响区域、动物阶段性迁徙影响区域、针对游客的水质管理影响区域、局域空气污染影响区域、气候影响区域、温度变化影响区域以及城市开发影响区域(EPZ1—EPZ8)。我们可以看到，通过 BZP 的规划，使得每个区域都得到了功能性的划分，再通过针对性的政策制定，预防每一种威胁。最后，将这个所有 EPZ 层层叠加，就可以得到一个最终的缓冲区(图 12-6)。在这个缓冲区内部，不仅有范围的区分，更有不同的功能区分和不同的保护策略，这就使得塔特拉国家公园得以既具有针对性又具有整体性的保护。

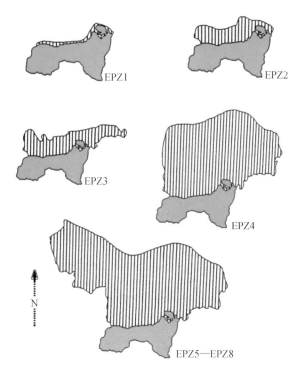

图 12-5　塔特拉国家公园 EPZ 子区域图(Kozlowski et al.,1992)
图片来源：根据原图改绘

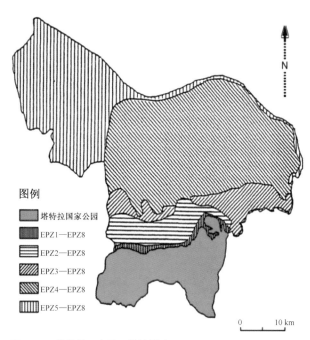

图 12-6　塔特拉国家公园最终缓冲区总图(Kozlowski et al.,1992)
图片来源：根据原图改绘

从前文所述的 2 个国外实际案例的 BZP 应用中可以看出，BZP 方法不仅可以在历史文化遗址领域中适用，还可以在自然保护区中适用，这说明 BZP 方法在各类环境敏感区中都具有一定的可行性。

## 12.4 BZP方法构建西安门遗址景观缓冲区

借鉴BZP方法,笔者将其应用于西安门遗址的缓冲区建设与评估中,严格按照BZP的7步法对西安门遗址缓冲区进行详细的讨论。为了更好地在城市中应用BZP方法,在7步法开始之前,在西安门遗址周围设定一些观察视点,将其用于对西安门遗址的整体调研。

为了使调研和观测更全面,从近观(Micro View,MI)和远观(Macro View,MA)2个不同层面选取了7个不同的视点进行后续研究,这7个视点中有3个近观视点和4个远观视点,位置如图12-7所示。这7个观测点的选取具有多视角覆盖、平均分布、具有停留空间的共有特征,但各自承担着不同的研究功能。3个近观视点(MI)都接近遗址本身,位于西安门遗址公园的3个入口处,都有适当区域供人们休息停留,分别是图中MI1、MI2、MI3的位置。这3个近观视点承担着观察遗址本体状况以及距城门墙基30 m范围内所有活动的功能。4个远观视点(MA)距离遗址较远,每个视点距离遗址约125 m,位置选择在原则上采用东西南北4个方向均衡设置,便于全方位地观察西安门遗址及周围情况。MA1位于从南至北方向上的一个次要路口处,是从南至北到遗址的顺行方向且便于行人停留;MA2位于从北至南方向上的十字路口处,是从北至南到遗址的顺行方向且便于行人停留;MA3位于从东至西到达遗址的顺行方向且位于地铁出入口集散地上;MA4位于东南部的道路转角处,现状情况是没有主要通行道路且人流量较小,根据调研发现,未来建设会对道路有所改善。这4个远观视点承担着了解遗址周边、观赏遗址景观的功能。通过以上均衡分布的这7个视点以及在这7个视点上观察西安门遗址所拍摄的图片(图12-8、图12-9),可以让BZP方法的后续工作更加全面。

从MA1观测点拍摄的图中可以看出,现有围栏已几乎将西安门遗址完全遮挡,只能看见城门顶部,这严重阻碍了南面的观赏视线。远处的新建高楼和原南京军区总医院体量大,建筑高度分别在70 m和45 m左右,由于西安门遗址本身地平就低于现有城市道路地平,所以周边邻近建筑高度超高必然会导致西安门遗址被遮掩,失去原有的地标价值以及现有的观赏价值。MA2和MA3观测点拍摄的图片,整体和谐度较之MA1观测点拍摄的图片相对较高,仅有一些零散分布的超高建筑存在。从MA4观测点拍摄的图中可以看出,一栋三层高的建筑物将西安门遗址完全遮挡,这就说明从此处通行的客流将无法欣赏西安门遗址景观的风貌。根据资料查阅发现,该建筑的建设高度并未违反《南京城墙保护条例》中"在建设控制地带(建设控制地带由保护范围向外延伸不少于五十米)内建

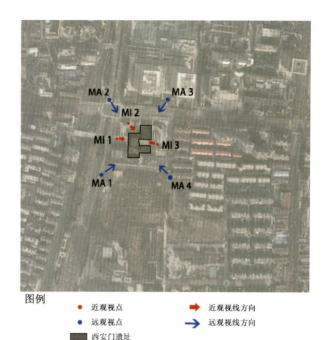

图例
- ● 近观视点
- ● 远观视点
- ■ 西安门遗址
- → 近观视线方向
- → 远观视线方向

图12-7 观察视点分布图

设建(构)筑物的,其高度不得超过所在地区城墙高度,其中遗址、遗迹段不超过十二米,建设控制地带以外至一百米范围内不超过十八米"的规定,但建设距离违背了建设控制地带有保护范围向外延伸不少于50 m的范围,导致该建筑物严重遮挡了观赏西安门遗址的视廊。

从MI1、MI2和MI3可以看出,在距墙基周围30 m范围之内,有一定的植被与园林小品存在,从视觉角度出发,并未产生严重的不良影响。但是散落的须弥座本是和西安门遗址是一体的,却被分散的用草地保护着,经常会有人踩踏草坪,这将给散落的遗址带来较大的威胁隐患。

### 12.4.1 影响西安门遗址缓冲区的特征因子选择

首先进行第一步,即定义研究对象与其周边环境的一些基本特征。通过对南京市西安门遗址现状特征的分析,基于评价因子的主导型、代表性和可操作性原则,使得特征因子的选取尽可能反映西安门遗址的自身景观特点和周边环境状况。基于上述条件以及对现场的调研发现,西安门遗址是现实存在的遗址本体景观,具有一定体量与高度,具备特有的观赏价值,因而选择视觉特征因子作为研究因子;由于西安门遗址年代久远,外界环境以及自然承载力等原因会造成遗址本体存在结构安全,因而选取结构因子作为研究因子;由于外界环境纷繁复杂,遗址存在于这种环境中会给人产生一种感性的意识,所以为了给遗址景观营造一种良好的环境氛围,选择感官因子作为研究因子。结合现场调研以及群众寻访,对视觉特征因子、结构因子和感官因子这3个特征因子进行分析研究,对这3个特征因子再细分,找出需要保护的要素。

图 12-8 远观视点（MA）拍摄图

（图中箭头为西安门遗址所处位置）

图 12-9 近观视点（MI）拍摄图

在 7 个不同视点处选择不同的工作日和非工作日进行随机问卷调查，调查问卷根据研究视角不同，做了近观视觉特征与远观视觉特征的问卷内容区分，调查问卷内容主要包括：①对西安门遗址的观赏感受，如多远能看见、是否有视线遮挡、西安门遗址的整体视觉效果如何等；②对西安门遗址公园的感受，如景观、管理、噪音等；③对西安门遗址保护的体验：对西安门的了解、对西安门遗址保护状况评价；④对西安门遗址公园的改进意见，如更多绿化、休闲设施、面积扩大等。通过实地调研和问卷调查，总结出西安门遗址景观的特征要素，如表 12-2 所示。

## 12.4.2 根据西安门遗址需要保护的要素（特征因子）找出与其对应的威胁因素

在第一步的归纳中，特征因子和研究区域的关系的两种基本形式已经确定。第一种形式是确定邻近保护地的各要素之间的视觉联系及微观层面的可视化分析。第二种形式是与研究区域具有一定距离的视觉联系及宏观层面的可视化分析。

**表 12-2 特征因子的划分**

| 特征因子 | 需要保护的要素 |
|---|---|
| 视觉特征（远观） | 地标性 |
|  | 视廊（看向遗址） |
|  | 色调 |
| 视觉特征（近观） | 建筑细节 |
|  | 色调 |
| 结构特征 | 遗址完整性 |
| 感官特征 | 听觉 |
|  | 嗅觉 |

通过对7个特定视点现场分析，我们能直接找出那些与西安门遗址相干扰的威胁因素，例如，从宏观视点 MA1 和 MA3 出发可以清楚地看到西安门遗址几乎被植被与围栏完全遮挡（图12-8）；从实地调研拍照的图片（图12-3），可以发现很多不合理的因素影响着西安门的遗址特征，如城墙上乱印的广告、乱钉的钉子，在遗址上随意践踏、遛狗、跳广场舞以及离遗址过于接近的路灯和酒楼等。除此之外，背景里高大的建筑也是与保护区地标特征相冲突的。

随着大型建筑和高层建筑的逐渐增多，西安门遗址的地标特征逐渐减弱甚至消失，大型和高层建筑的影响已成为影响西安门遗址地标价值的主要因素。因此建筑的高度和样式的影响被认为是远观视觉特征的威胁因素之一。通过调查问卷中的问题与建议总结，可以找出那些在现场观察中不能直观体现的威胁因素。经过归纳，对每一个研究因素都进行外界威胁的分析，最终选取保护价值最突出和威胁最为明显的要素并进行列举，见表12-3。

**表 12-3 每种外界威胁对保护区中各要素的影响程度**

| 保护要素 | 近观视觉 | | | 远观视觉 | | | 结构 | | 感官 | | | |
|---|---|---|---|---|---|---|---|---|---|---|---|---|
|  | 建筑细节 | | 色调 | | 地标性 | | 色调 | 视廊（看向保护区） | 遗址完整性 | 听觉 | | 嗅觉 | |
| 威胁因素 | 威胁程度 | | | | | | | | | | | | |
|  | 现存 | 潜在 | 现存 | 潜在 | 现存 | 潜在 | 现存 | 潜在 | 现存 | 潜在 | 现存 | 潜在 | 现存 | 潜在 |
| 周边建（构）筑物 |  |  | ✓ | ✓ | ✓ | ✓ |  |  |  |  |  |  |  |  |
| 植被种植 |  |  | ✓ |  |  | ✓ | ✓ | ✓ |  |  |  |  |  |  |
| 园林小品\公共设施 |  |  |  |  |  |  | ✓ | ✓ |  |  |  |  |  |  |
| 交通干扰 |  |  |  |  |  |  |  |  | ✓ | ✓ | ✓ | ✓ |  |  |
| 施工干扰 |  |  |  |  |  |  |  |  | ✓ | ✓ |  |  |  |  |
| 其他人为因素 | ✓ |  |  |  |  |  |  |  | ✓ | ✓ |  |  | ✓ | ✓ |

从表12-3中总结出6个最主要的外界威胁因素。

（1）周边建（构）筑物

周边建（构）筑物包括遗址周围建（构）筑物的高度和样式等与建筑相关的因素，是指研究区域周边存在着与研究对象的高度和样式不协调的高大建筑，这些高大的建筑往往会对研究对象的视觉观赏效果造成一定的影响，例如远观的色调统一度、地标性特征等，这就要求直接通过限制建筑物的规模，例如建筑的高度限制、容积率限制等方式保护研究对象。

（2）植被种植

在研究区域的周边或研究区域内，植被种植可直接影响到研究对象的生态环境或该研究区域的主导色调，植物过高可能会影响欣赏遗址的视线，攀缘类植物可能会导致遗址的结构稳固等，所以在应用中会采取筛选植被种植、控制植被高度和改善种植形式的措施来降低研究对象被植被遮挡以及生态环境被破坏的程度。

（3）园林小品和公共设施

各式各样的园林小品虽然赏心悦目，给环境中增添了季风颜色，给人们的生活增添了乐趣，但形态各异、色彩斑斓却与西安门遗址格格不入，这就需要在对园林小品的选择上从多方面考虑。公共设施包括一些街道上悬挂式标识牌和高大密闭的围栏，这些高低错落的设施阻碍了街道产生的视廊，使研究对象的视觉特征受到了阻碍。城市环境需要控制指示牌、围栏的位置、样式和尺寸来消除对重要视廊的潜在影响。

（4）交通干扰

研究区域四周的行车道路和地铁交通往往会产生各种各样的扰动，交通的噪音会对遗址本身沉静的氛围造成影响，隐形的交通震动会对保护对象的结构稳定性产生破坏，所以需要通过制定一些政策解决交通所带来的干扰，这种控制包括通行车辆禁止大型货车同行,此路段禁止鸣笛,等等。

(5) 施工干扰

邻近研究区域的施工场地施工也会产生不同程度的扰动,如施工震动、施工噪音、施工废弃物等。这些干扰都会直接影响到研究对象的结构稳定性,以及对研究对象自身和环境产生一定程度的破坏,所以要求通过土地利用措施的制定解决建造活动现存和潜在的威胁,减少对研究区域整体环境和建筑完整性造成的威胁。这种控制包括地基采用旋挖打桩而不是传统的打桩技术、施工噪音严格控制在城市噪音许可标准内。

(6) 其他人为因素

紧邻研究区域的饭店是距离遗址最近的现代建筑,虽然在高度上受到了严格控制,但饭店所带来的种种隐患还是给研究区域造成了潜在威胁,例如废弃物、火灾等。周边的居民区会产生很多生活垃圾、生活噪音,到遗址公园内休闲娱乐的人们会给保护地带来不同程度的影响。这些都需要制定一定的政策法规对在研究区域内活动的人们进行管控。

### 12.4.3 西安门遗址相关 APZ 的划界

将 BZP 方法中的第三步和第四步作为统一步骤进行研究,即 APZ 子区域的确定。前两步已经基本确定了研究区域的各保护要素和与之相关的各种威胁,总结了西安门遗址中的 6 个保护要素,因此,针对这 6 个保护要素,需要规划 6 个 APZ 子区域。这 6 个保护要素分别是:近观视觉特征的色调因素、远观视觉特征的地标性因素、远观视觉的色调因素、视廊(看向保护区)因素、遗址完整性因素以及听觉因素。针对这些要素,按照以下原则进行 APZ 子区域范围的划定(图 12-10)。

(1) APZ1(近观视觉特征的色调因素)

影响该因素的主要外界威胁为植被种植,在冬季植物的色彩并不丰富,多以深绿色和枝干颜色褐色等为主,在画面中与西安门整体色调并不显突兀。但在春夏季可能会出现颜色较为丰富的花卉,这就需要注意色彩的搭配与选种。所以从色相、明度和纯度相近原则出发,宜选用明度和纯度较低的黄色或蓝色植物颜色。根据《南京市城墙保护条例》第十三条规定"现存城墙两侧八米以内不得种植乔木和危害城墙的藤蔓类植物;城墙两侧八米以外、保护范围以内应当选择不遮挡城墙和根系不破坏城墙的树种。现有树木影响城墙安全的应当迁移,遮挡城墙的应当修剪或者迁移。墙体两侧和墙顶危害城墙安全的植物应当定期清理",将近观视觉特征中色调保护要素预防植被种植威胁的区域的范围规定在沿城墙两侧 15 m 以内。

(2) APZ2(远观视觉特征的地标性因素)

影响该因素最主要的外界威胁为周边建筑物高度和样式。具体来说,首先,周边建筑物的高度影响着其与受保护遗址的相互协调性,建筑物过高会使得受保护遗址不够突出,从而不利于游客欣赏,在远观视觉上会给人造成特点不明显的印象。其次,建筑物的高度和样式应该和受保护遗址的样式相辅相成,这样才能给人以远观视觉的享受,使得遗址能很好地融入城市中。从人体工学原理(贾丽奇,2015),距离在 300 m 范围以内,人们能够感知到建筑个体的细节,在 300~1 500 m 范围内可感知建筑群体。因此为了避免西安门周围建筑影响到景区的协调性,应当由 4 个观察试点分别向东南、西南、东北、西北 4 个方向设定 30°角视锥,延伸 300~500 m 进行该子区域初步规划,再根据 4 个观察试点的实地调研照片进行完整的规划。通过人体工程学原理,划定远观视觉特征的地标因素预防外界威胁的子缓冲区 APZ1。

(3) APZ3(远观视觉的色调因素)

影响该因素的主要是周边建筑与植被种植,周边建筑的色调应该和受保护遗址的色调相互协调,才能使得人们从远观视觉上更好地欣赏目标遗址,差异过大的色调会使得整个遗址体系非常突兀,颜色一致又会使得遗址景观被弱化。其次,显而易见,植被的种类、高度和颜色也同样影响着整个遗址体系的协调性。因此,在总结归纳之后,将这些不和谐因素所在范围都划进了影响色调因素的子缓冲区内,即产生了对色调(远观)保护要素预防外界威胁的子缓冲区 APZ3。

(4) APZ4(视廊因素)

现代城市道路上的标识牌以及路边的围栏,如果位置不恰当或高度和体量过大,会阻挡人们从远处观赏遗址的视线通道;同样,植物的乱栽培以及乔木的高度和大小也会严重影响远视线通道的通透性,阻挡最佳远观视点。因此,根据这些设施和植被所在位置,划定对视廊因素预防外界的子缓冲区 APZ4。

(5) APZ5(遗址完整性因素)

不同程度的环境扰动会对遗址造成不同程度的破坏,因此适当地防止周边环境的干扰,控制通行车辆的质量以及施工力度势在必行,也必须划定缓冲区限制周边的扰动活动。对此,根据实际调研划定对结构因素预防外界威胁的子缓冲区 APZ5。

(6) APZ6(听觉因素)

遗址本身有着独特的历史韵味,有着沉静、凝重的古老氛围,周边任何与之不符的噪音都将打破这种气氛,为了提供一个宁静的环境供游人驻足欣赏遗址的美,消除诸如交通噪音、生活噪音、施工噪音这些不和谐声音,根据对周边地块的实地调研与卫星影像的结合,划定对听觉因素预防外界威胁的子缓冲区 APZ6。

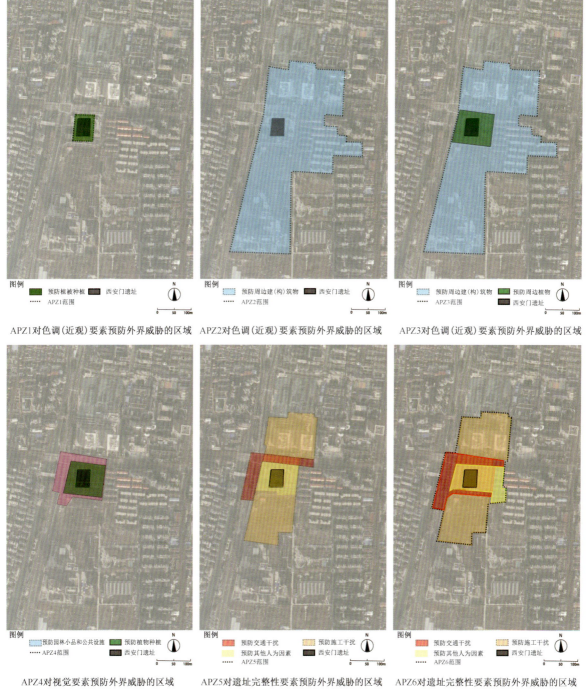

图12-10 西安门遗址APZ的划定

### 12.4.4 西安门遗址缓冲区EPZ的划分及相关政策的制定

在完成了APZ划定与简单分析工作后,接下来进行EPZ的划定和定策。根据上述6个APZ的所有子区域综合考虑,可以对每个单一外界威胁划分出相应的EPZ子区域(图12-11)。

首先,关于周边建筑对整个西安门遗址的威胁,可以通过对APZ2和APZ3中预防该威胁区域的叠加,得到对整个西安门遗址预防该威胁的子缓冲区EPZ1;再将APZ2和APZ3中关于预防周边建筑威胁的相关政策整合,可以列表得到关于周边建筑这一威胁的详细阐述,包括构建该子缓冲区的目的、范围和相关预防策略(贾丽奇等,2015),如表12-4所示。

其次,关于植被种植对整个西安门遗址的威胁,通过对APZ1、APZ3和APZ4中预防该威胁区域的叠加,得到预防植被种植威胁的子缓冲区EPZ2;用上述方法将构建

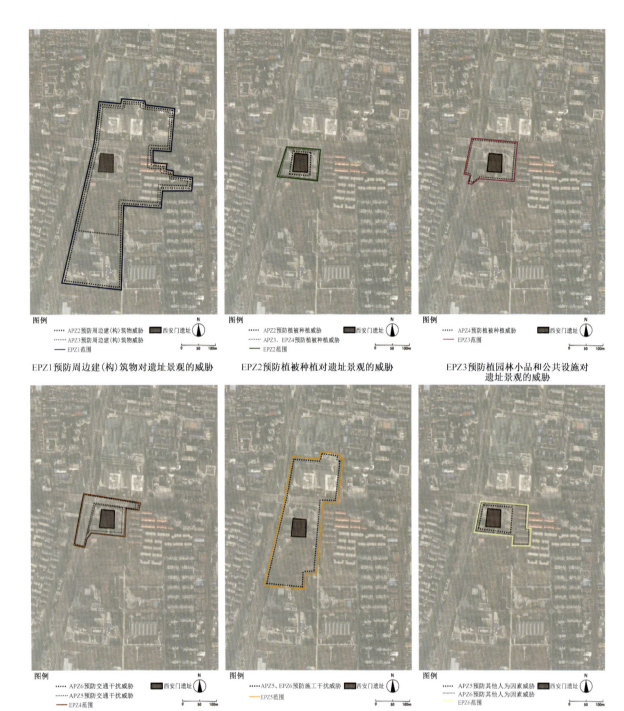

图 12-11 西安门遗址 EPZ 的划定

此子缓冲区的目的、范围域和预防策略整理如表 12-5 所示(贾丽奇等,2015)。

再次,关于园林小品和公共设施的威胁,从 APZ 的划分中可以看到,该威胁只对视廊这一个保护要素造成了明显的影响,因此 APZ4 中的预防该威胁的区域即是预防该威胁对整个西安门遗址造成威胁的子缓冲区 EPZ3;同样的将区域划分目的、范围和预防策略整合成表 12-6。

按照从 APZ 得出 EPZ 的方法,依次可以划分出预防交通干扰对西安门遗址造成威胁的子缓冲区 EPZ4、预防施工干扰对西安门遗址造成威胁的子缓冲区 EPZ5、预防其他人为因素对西安门遗址造成威胁的子缓冲区 EPZ6。如上述方法一样,将每一个关于子缓冲区的相关内容都详细概述并列表,如表 12-7、表 12-8、表 12-9 所示。

表 12-4　EPZ1 土地利用政策

| | |
|---|---|
| 目的 | 降低周边建筑对西安门遗址产生的各种影响，最大限度凸显遗址风采 |
| 范围 | 包括金城科技大厦、军区总医院及部分西华东村社区在内，对西安门遗址造成了不同影响的区域范围，如图12-11 所示 |
| 预防策略 | ① 在该区域内建设建（构）筑物的，距城墙 100 m 范围内的其高度不得超过西安门城门高度，100 m 以外至边界内不超过 18 m<br>② 该区域范围内的所有建（构）筑物体量、风格、色调、密度应当符合城墙保护规划要求，与周边环境风貌相协调，并依法办理相关审批手续 |

表 12-5　EPZ2 土地利用政策

| | |
|---|---|
| 目的 | 在美化环境的同时减少植被种植对西安门遗址所产生的不必要影响 |
| 范围 | 包括现有公园范围、东侧饭店与北侧中山东路部分路段的区域范围，如图12-11 所示 |
| 预防策略 | ① 植物选种应避免选用颜色艳丽种类，最好所选植物品种颜色色调统一<br>② 乔灌木选种应注意常绿与落叶相配合，忌全部采用常绿或全部采用落叶<br>③ 现存城墙两侧 8 m 以内不得种植乔木和危害城墙的藤蔓类植物；可种植草坪或摆放盆栽植物；城墙两侧 8 m 以外划定范围以内应当选择不遮挡城墙和根系不破坏城墙的树种<br>④ 现有树木影响城墙安全的应当迁移，遮挡城墙的应当修剪或者迁移；墙体两侧和墙顶危害城墙安全的植物应当定期清理 |

表 12-6　EPZ3 土地利用政策

| | |
|---|---|
| 目的 | 防止一些园林小品和公共设施的不合理摆放或其不和谐的体量对西安门遗址造成不利影响 |
| 范围 | 包括现有西安门遗址公园南、北、西侧道路部分路段和公园北侧入口区域，如图12-11 所示 |
| 预防策略 | ① 园林小品的选择应注意体量、色彩和形式，不宜选用体量过大、颜色艳丽、形式复杂的园林小品<br>② 公共设施如指示牌、交通指示灯应尽量避免建在视廊上<br>③ 公共设施如围栏应选择通透的材质，或用植被作为天然围栏进行区域分割 |

表 12-7　EPZ4 土地利用政策

| | |
|---|---|
| 目的 | 预防周边车辆通行对西安门遗址带来的交通干扰，对遗址环境及遗址本体带来威胁 |
| 范围 | 包括西安门遗址四周所有道路范围，如图12-11 所示 |
| 预防策略 | ① 对城市主干道上大型货车限制通行量<br>② 在该区域内禁止通行车辆鸣笛 |

表 12-8　EPZ5 土地利用政策

| | |
|---|---|
| 目的 | 预防周边施工的噪音与震动对西安门遗址带来干扰 |
| 范围 | 包括西安门遗址南北两侧现有大型施工场地范围，如图12-11 所示 |
| 预防策略 | ① 施工时地基采用旋挖打桩而不是传统的打桩技术<br>② 在施工过程中减少粉尘的产生从而影响周边环境<br>③ 严格控制施工时间，工作日早上 8:00—12:00，下午 14:00—18:00，其余时间和周末禁止施工作业<br>④ 提高施工人员的遗址保护意识，施工过程中如发现遗址遗迹必须停止施工作业并且联系相关文物保护单位 |

表 12-9　EPZ6 土地利用政策

| | |
|---|---|
| 目的 | 防止周边地区各种人为活动对西安门遗址造成的影响 |
| 范围 | 包括现有遗址公园范围和遗址西侧饭店和部分居住区范围，如图12-11 所示 |
| 预防策略 | ① 禁止在遗址（城门）内部及划定范围内进行娱乐活动，如唱歌、跳舞、遛狗等<br>② 禁止在城墙上擅自打钉、破坏遗址文物等<br>③ 禁止在遗址（城门）内和遗址周围囤放生活垃圾 |

EPZ 的划分和相关政策的制定能够避免单一的某种威胁对整个西安门遗址的影响，在某个时期，某种威胁特别显著或加速蔓延时，就可以通过相对应的预防政策在划定的区域内加以实施，达到对症下药的作用。通过图义并茂、表格分列的方式可以使未来的规划者、设计者和决策者们以更直观的方式参考借鉴上述划分的区域范围，更好地进行土地利用划分和土地利用政策的实施。

### 12.4.5　西安门遗址缓冲区划定构想

通过将所有 EPZ 子缓冲区的叠加，最终可以得到两个总图。第一个是整个遗址缓冲区的总范围图，如图12-12。第二个是土地利用分区图，如图12-13，这个图就是 BZP 方法最终的精华所在，表示总范围内的不同土地利用划分和每个子分区内相应的、具体的土地利用措施。这个最终的综合地图将给土地开发者和计划者们提供一个参考，如何在西安门遗址和其周围地区进行开发应用。从这个"参考"地图中，计划者们可以参考需要开发的地块属于哪个子区域，并且将此区域所涉及的相关土地利用措施纳入项目审批过程。

针对图12-12 所示的西安门遗址缓冲土地利用图，结合 APZ 提供的保护要素以及 EPZ 显示的外界威胁，对最终缓冲区的 8 个分区制定土地利用措施（贾丽奇等，2015；沈承宁，2007；姜武堂等，2001），见表12-10。

## 12.5　结论与不足

本章根据 BZP 方法，以南京西安门遗址公园为主要研究对象，尝试对其遗址景观进行缓冲区划定，并以此提出具

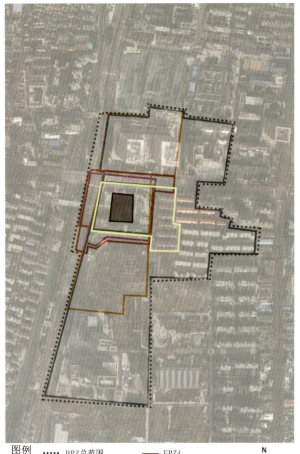

| 图例 | | | |
|---|---|---|---|
| ‥‥‥ BPZ总范围 | ━━ EPZ4 | | |
| ━━ EPZ1 | ━━ EPZ5 | | |
| ━━ EPZ2 | ━━ EPZ6 | | |
| ━━ EPZ3 | ■ 西安门遗址 | | |

图 12-12　西安门遗址缓冲区总范围图

| 图例 | | |
|---|---|---|
| A: EPZ1 | E: EPZ1、EPZ4 | ■ 西安门遗址 |
| B: EPZ2 | F: EPZ3、EPZ4 | |
| C: EPZ1、EPZ5 | G: EPZ1、EPZ3—EPZ5 | |
| D: EPZ1、EPZ6 | H: EPZ1—EPZ6 | |

图 12-13　西安门遗址缓冲土地利用图

表 12-10　西安门遗址缓冲区最终土地利用措施

| 区域标号 | 威胁管控 | 土地利用措施 |
|---|---|---|
| A | 周边建(构)筑物 | ① 在该区域内建设建(构)筑物的,距城墙 100 m 范围内的其高度不得超过西安门城门高度,100 m 以外至边界内不超过 18 m<br>② 该区域范围内的建(构)筑物体量、风格、色调应当符合城墙保护规划要求,与周边环境风貌相协调 |
| B | 交通干扰 | ① 大型货车通行量须严格限制或严禁通行<br>② 在该区域内车辆禁止鸣笛 |
| C | 周边建(构)筑物、施工干扰 | ① 在该区域内建设建(构)筑物的,距城墙 100 m 范围内的其高度不得超过西安门城门高度,100 m 以外至边界内不超过 18 m<br>② 该区域范围内的建(构)筑物体量、风格、色调应当符合城墙保护规划要求,与周边环境风貌相协调<br>③ 施工时地基采用旋挖打桩而不是传统的打桩技术<br>④ 在施工过程中减少粉尘的产生从而影响周边环境<br>⑤ 严格控制施工时间,工作日早上 8:00—12:00,下午 14:00—18:00,其余时间和周末禁止施工作业<br>⑥ 提高施工人员的遗址保护意识,施工过程中如发现遗址遗迹必须停止施工作业并且联系相关文物保护单位 |
| D | 周边建(构)筑物、其他人为因素 | ① 该区域内的建(构)筑物,高度不得超过西安门城门高度<br>② 该区域范围内的所有建(构)筑物体量、风格、色调应当符合城墙保护规划要求,与周边环境风貌相协调<br>③ 禁止随意围放生活垃圾,垃圾存放点需采用分类密封收集并定时清理<br>④ 禁止在该范围内进行高分贝的娱乐活动,如 KTV 等 |

续表

| 区域标号 | 威胁管控 | 土地利用措施 |
|---|---|---|
| E | 周边建(构)筑物、交通干扰 | ① 在该区域内建设建(构)筑物的其高度不得超过西安门城门高度<br>② 该区域范围内的建(构)筑物体量、风格、色调应当符合城墙保护规划要求,与周边环境风貌相协调<br>③ 大型货车通行量须严格限制或严禁行<br>④ 在该区域内禁止通行车辆鸣笛 |
| F | 园林小品和公共设施、交通干扰 | ① 公共设施如指示牌、交通指示灯应尽量避免建在视廊上<br>② 大型货车通行量须严格限制或严禁通行<br>③ 在该区域内禁止通行车辆鸣笛 |
| G | 周边建(构)筑物、园林小品和公共设施、交通干扰、施工干扰 | ① 该区域内的建(构)筑物其高度不得超过西安门城门高度<br>② 该区域范围内的建(构)筑物体量、风格、色调、密度应当符合城墙保护规划要求,与周边环境风貌相协调,并依法办理相关审批手续<br>③ 公共设施如指示牌、交通指示灯应尽量避免建在视廊上<br>④ 公共设施如围栏应选择通透的材质,或用植被作为天然围栏进行区域分割<br>⑤ 大型货车通行量须严格限制或严禁通行<br>⑥ 在该区域内禁止通行车辆鸣笛<br>⑦ 施工时地基采用旋拧打桩而不是传统的打桩技术<br>⑧ 在施工过程中减少粉尘的产生从而影响周边环境<br>⑨ 严格控制施工时间,工作日早上 8:00—12:00,下午 14:00—18:00,其余时间和周末禁止施工作业<br>⑩ 提高施工人员的遗址保护意识,施工过程中如发现遗址遗迹必须停止施工作业并且联系相关文物保护单位 |
| H | 周边建(构)筑物、植物种植、园林小品和公共设施、交通干扰、施工干扰、其他人为因素 | ① 该区域内的建(构)筑物其高度不得超过西安门城门高度<br>② 该区域范围内的建(构)筑物体量、风格、色调应当符合城墙保护规划要求,与周边环境风貌相协调,并依法办理相关审批手续<br>③ 植物选种应避免使用颜色艳丽的种类,最好所选植物品种颜色色调统一<br>④ 乔灌木选种应注意常绿与落叶相配合,忌全部采用常绿或全部采用落叶<br>⑤ 现存城墙两侧 8 m 以内不得种植乔木和危害城墙的藤蔓类植物;可种植草坪或摆放盆栽类植物;城墙两侧 8 m 以外划定范围以内应当选择不遮挡城墙和根系不破坏城墙的树种<br>⑥ 现有树木影响城墙安全的应当迁移,遮挡城墙的应当修剪或者迁移;墙体两侧和墙顶危害城墙安全的植物应当定期清理<br>⑦ 园林小品的选择应注意体量、色彩和形式,不宜选用体量过大、颜色艳丽、形式复杂的园林小品<br>⑧ 周边道路大型货车通行量须严格限制或严禁通行<br>⑨ 在该区域周边禁止通行车辆鸣笛<br>⑩ 施工时地基采用旋拧打桩而不是传统的打桩技术<br>⑪ 严格控制施工时间,工作日早上 8:00—12:00,下午 14:00—18:00,其余时间和周末禁止施工作业<br>⑫ 提高施工人员的遗址保护意识,施工过程中如发现遗址遗迹必须停止施工作业并且联系相关文物保护单位<br>⑬ 禁止在遗址(城门)内部及划定范围内进行娱乐活动,如唱歌、跳舞、遛狗等<br>⑭ 禁止在城墙上擅自打钉、破坏遗址文物等<br>⑮ 禁止在遗址(城门)内和遗址周围囤放生活垃圾 |

有针对性的土地利用政策和相应的遗址景观保护措施,希望为文物保护、历史文化景观规划设计与管理等工作提供参考与借鉴。

### 12.5.1 主要结论

尽管南京西安门遗址是一个体量、面积较小的城市型历史文化遗址,但本方法应用了广泛的研究视角,几乎涵盖了研究对象所有的需要保护的特征要素。从最终缓冲区的划定可以看出,BZP 方法不仅能够划定保护研究对象的缓冲范围,同时也能够非常针对性地对每一个子区域进行功能性的划分从而更为有效地制定管理政策和土地利用策略,免除任一保护要素所受的外界威胁。同时,BZP 方法是一个具有协同效应的方法,受保护的对象不会孤立存在,而是和周边环境融为一体进行大规模的保护,从而更为综合地实行保护措施。这种整体性充分体现受保护区域和周边环境的协调发展,是目前其他遗址保护方法所欠缺的。

BZP 方法所划定的缓冲区,可以有效地避免一些不必要且不具有针对性的保护,这也主要得益于 BZP 方法对每个子区域的重视。正因为这种层层递进的保护区域划定和整体区域叠加,从而产生了有针对性的缓冲区划定和保护管理措施。

西安门遗址的缓冲区划定是对遗址保护与周边用地未来规划的一个构想,有些因素可能在实际应用中很难去实现,但这样综合、全面的思维方式体系能够对未来的城市历史文化遗址保护与利用提供更为广泛的思路。

### 12.5.2 不足之处

本章的研究虽然是建立在国外理论研究体系之上，但是BZP方法体系在国内的应用较少，国内也没有成熟的应用案例作为参考，BZP方法需要与实际工作进一步结合。

由于历史文化遗址缓冲区研究较少，在国内缺乏较为成熟的可供借鉴的方法，因此，本章的研究中在具体特征因子的选择、APZ与EPZ范围划分上不免存在一定的主观性，这些对最终的分析结果都会有直接的影响，因此，未来必须对此进行更深入的研究。

本章以南京西安门遗址公园这种地处城市中心区域的小型历史文化遗址景观为研究对象，而国内的遗址景观多种多样，面临的环境也是复杂多变的，因此，针对不同类型的遗址缓冲区的研究还需具体情况具体分析。

### 参考文献

贾丽奇，郭华敏，2015.《实施世界遗产公约的操作指南》中关于"缓冲区"条款的修订解读[J]. 规划师，31(S2)：42-45.

姜武堂，杨国庆，2001.南京城墙旅游资源的潜在价值亟待开发[J].南京社会科学，(3)：87-90.

沈承宁，2007.论南京城墙之历史价值与世界文化遗产之申报[J].现代城市研究，22(6)：47-55.

Kozlowski J, Ptaszycka-Jackowska D, 1981. Planning for buffer zones [M]. Brisbane：University of Queensland：244-238.

Kozlowski J, Vass-Bowen N, 1997. Buffering external threats to heritage conservation areas：A planner's perspective [J]. Landscape and Urban Planning, 37 (3/4)：245-267.

Kozlowski J, Ptaszycka-Jackowska D, Peterson A, 1992. Buffer zones for protected areas：A planning approach [C]// IV World Congress on National Parks and Protected Areas. Venezuela：Caracas：29.

Schou J S, Schaarup P, 2008. Buffer zones [M]//Applications in Ecological Engineering, Amsterdam, Netherland：Elsevier：41-43.

Vass-Bowen N W, 1994. A role for buffer zone planning in urban heritage conservation? [D]. Brisbane：University of Queensland.

# 13 南京下马坊遗址公园禁约碑注译及景观诠释研究

## 13.1 研究背景

规划师、设计师与学者们对规划原则、设计准则和规范人类行为的规章都很感兴趣。例如，埃及人为了有更好的来生而遵守各种生活行为规范，这些行为规范包括行动准则以及如何对待自然的祈祷，包括大地、植物和动物等（Faulkner et al., 2008）。又例如，Prince von Pückler Muskau 提出了 9 项景观处理的规划设计原则（Newton, 1971）。通常这些被书写下来的规章与行动准则使我们有机会洞察人们如何理解文化以及对待环境的看法，也包括对古代中国人的景观处理、设计原则和信仰的理解。

中国遗留下来的历史文献和石碑可以有助于这种洞察和理解，例如研究对象南京下马坊遗址公园中的明孝陵禁约碑及其碑文（图 13-1，图 13-2）。石碑是崇祯皇帝 1641 年下令所立，碑文记载了如何对待明孝陵景观的行为规章（孝陵博物馆，2004）。笔者对此进行了研究，期望可以更好地理解古代中国环境规划设计的思想。

## 13.2 研究内容与方法

明孝陵是明朝开国皇帝朱元璋之墓（Fenby, 2008）。陵墓由下马坊、大金门、神功圣德碑、神道、明楼和宝顶等构成（Loures et al., 2009）。如今它既是一个历史性的场所，也是一个旅游胜地。2003 年，明孝陵作为"明清皇家陵寝"扩展项目被列入世界遗产名录，成为世界遗产成员（孝陵博物馆，2004）。

朱元璋从元朝手中取得了对王朝的统治权之后宣称顺应天命而领导国家，元朝因为腐败而丧失了上天赋予它的权利。明朝的历代皇帝为了维护统治则必须履行义务从而不丧失上天给予他们的职责。这也意味着明朝的每一位皇帝必须忠于和尊重天上的祖先，因此，明朝历代皇帝都特别重视朱元璋陵墓的保护。然而，在明朝的最后一位皇帝崇祯的统治期间，因为有太多的争斗伴随着王朝，来自上天的委托似乎要被撤销（Fenby, 2008）。为了使情形好转，崇祯皇帝相信，只要自己更加地尊重先帝就可以安抚上天，维持自己对王朝的统治。他认为朱元璋陵墓的年久失修是造成帝国衰弱的原因之一，所以他迫切希望阻止人们对陵墓的破坏，并保持对陵墓的敬意。

书文对石碑上的碑文进行了注译，碑文以《明孝陵志》中禁约碑的录文为蓝本（王焕镳，2006），并结合《明孝陵碑刻》禁约碑碑文拓本进行了校核（王鹏善，2006）。

碑文*如下：

南京神宫监[(1)]钦奉[(2)]皇帝敕谕[(3)]，为禁约[(4)]事。窃炤[(5)]从古埋金[(6)]，有天子郁葱[(7)]之气。我朝奠鼎[(8)]，为国家丰芑[(9)]之基。洪惟[(10)]太祖高皇帝驱逐胡元[(11)]，首辟方

图 13-1　明孝陵禁约碑

图 13-2　禁约碑上的碑文

图片来源：汪辉，Jon Bryan Burley，陈思. 明孝陵禁约碑注译及景观诠释[J]. 建筑师，2014(1)：84-88.

---

\* 由于石碑上文字缺失，故缺失的文字写作"□"。

夏<sup>(12)</sup>，在天之灵，妥侑<sup>(13)</sup>于斯。仰瞻孝陵，关系根本。祖脉<sup>(14)</sup>发自茅山，鲜原<sup>(15)</sup>开于钟阜<sup>(16)</sup>。龙蟠凤翥<sup>(17)</sup>，属<sup>(18)</sup>万年弓剑<sup>(19)</sup>之藏<sup>(20)</sup>；虎踞牛眠<sup>(21)</sup>，衍<sup>(22)</sup>千载园陵之祚<sup>(23)</sup>。抔土<sup>(24)</sup>为重，岂容损伤！国初刊有榜文<sup>(25)</sup>，大彰明禁。无奈年久迹湮，法弛人玩，或过陵不敬，或翦伐树株，或开窑烧造，或采取土石。因而凿伤龙脉<sup>(26)</sup>，妨碍风水。巡缉<sup>(27)</sup>官军，足迹不到。晨昏洒扫，视为虚文。除张其蕴等已经重拟大辟<sup>(28)</sup>外，其余懵念无知，概从宽典<sup>(29)</sup>。合行再申禁谕，勒之碑石，以垂永久。今后大小官员、军民人等，敢有仍前不法，故违明禁者，即据实指参，按律处以极刑，决不轻贷！昭告中外，咸使闻知。

计开<sup>(30)</sup>：

一<sup>(31)</sup>天下诸司<sup>(32)</sup>官员人等，车马过陵，百步外下马，违者以大不敬<sup>(33)</sup>论。

一 该监掌印提督<sup>(34)</sup>本监官属及长随内使<sup>(35)</sup>，晨昏奉祀，常川<sup>(36)</sup>洒扫，并管领一卫五所<sup>(37)</sup>官军，昼夜防守，不许偷安疏纵，违者治罪。

一 墙垣内□□□□树木，敢有擅自砍伐者，正犯<sup>(38)</sup>处死，家属□□□□遇救不宥。

一 系龙□□□□身，不许轻易樵采。

一 大金门、王道<sup>(39)</sup>等处，遇有枯橘树木，或雷火□□伤损，务要以时补栽，枯木即行移运。仍具疏奏闻。

一 白武歧山之西燕冈，花山之石龙冈，孔山之武燕冈，汤山之黄□冈，今字山之分水冈，白云峰之横堰，武冈山之宴公冈，俱系来脉过峡<sup>(40)</sup>，不许骑脊<sup>(41)</sup>穿窑，凿山锻炼，违者处斩。

一 官军有科敛<sup>(42)</sup>、馈送，不行用心巡视及该管贪图贿赂，不严加约束，以致下人恣肆作弊，定行重治。

一 殿宇、碑亭、厨库、房屋及墙垣、水洞等项，或有损坏，经管各官即时修理，毋得任其倾圮<sup>(43)</sup>，自干罪戾<sup>(44)</sup>。

一 巡山官军，凡遇骑坐马嬴<sup>(45)</sup>、赶喝头畜，于园林内边墙作践，行走裹慢，略无敬畏，即拿送该衙门究问如律。亦不许借端生事，妄拿平民，肆行扰害，事发并究。

一 掌敕官遇有前项不法事情，通同纵庇，容隐不举，许内外守备<sup>(46)</sup>及南京部院科道<sup>(47)</sup>即时纠参。如违，一体论治。

崇祯十四年五月。

## 13.3 结果

### 13.3.1 注释

（1）南京神宫监：又名孝陵神宫监。明朝设置，负责孝陵内部防守，为南京守备太监所直辖。设太监、左右少监、左右监丞、典簿各一人，长随奉御无定员，负责香火、洒扫、种植、饲养等各种事务。还有掌印太监，辖金书、掌司及谪南种菜净军(内官监有罪，发孝陵种菜，叫净军)人等。参见《明孝陵志》第64、72、73页。《明孝陵志》全书，除禁约碑碑文外，未提"南京神宫监"，"南京神宫监"当为"孝陵神宫监"。

（2）钦奉：接到皇帝的谕旨。钦，旧时对皇帝所行事情的敬称。参见《辞源》第1655页（商务印书馆编辑部，1996）；奉，恭敬地捧着，拿着，参见《辞源》第717页。

（3）敕谕：明朝皇帝的诏令文书，是皇帝对臣工和地方官员的训示或委任时，使用的一种下行文书，参见《中国历代文书》第260页（常林瑞等，1996）。

（4）禁约：指禁止某种活动或某种行为的规定，参见《古今公文文种辞典》第115页（白焕然，1999）。

（5）窃照：旧公文领述词，用以领述事实清楚、不必查阅案卷就能明白的问题。窃，私下之意；照，明亮、清楚之意。参见《历史文书》第197页（裴燕生等，2003）。

（6）埋金：借代金陵。《首都志》第3页记载："【景定志】周显王三十六年，楚子熊商败越。尽取吴地。以此地有王气。因埋金以镇之。号曰金陵。"（王焕镳，1935）

（7）郁葱：气盛的样子。参见《辞源》第3493页。

（8）奠鼎：建都或建立王朝，参见《汉语大词典》第2册第1558页（汉语大词典编辑委员会等，1990）。奠，确定、建立之意。参见《汉语大字典》第230页（汉语大字典编辑委员会，1995）。鼎，指王位或国家政权。参见《汉语大字典》第1968页。

（9）丰芑：意指南京，国家建都之地。明太祖建都于南京，成祖北迁，仍建为留都。明代诗文时以"丰芑"指南京。参见《汉语大词典》第9册第1351页。

（10）洪惟：语首助词，无义、起发声作用。参见《古书虚词通解》第267页（解惠全等，2008）

（11）胡元：对元朝的贬称。参见《汉语大词典》第6册第1206页。

（12）首辟方夏：恢复中华或统一中国，做了皇帝。辟，天子、国君。参见《汉语大字典》第1680页。方夏，中国。参见《辞源》第1383页。

（13）妥侑：劝酒，本文意为享用祭品。《诗·小雅·楚茨》："以妥以侑。"毛传："妥，安坐也；侑，劝也。"后以"妥侑"谓劝酒。参见《汉语大词典》第4册第309页。

（14）祖脉：意为祖山龙脉。龙脉就是山脉。堪舆术所指的龙脉，其实就是山脉。参见《中国古代堪舆》第107页（李城志等，2008）。古代人一般这样寻找祖山：先登高远望，从一个比较大的范围内，寻找众山中最高大的一座山即祖山。参见《中国风水学初探》第57页（曾涌泉，2010）。

(15) 鲜原：有小山的平原，参见《辞源》第3510页。

(16) 钟阜：即钟山，参见《辞源》第3204页。

(17) 龙蟠凤骞：与"虎踞牛眠"，均形容山的形势，形成好的风水。"龙蟠"同"龙盘"，参见《辞源》第3616页。凤骞，指凤飞。骞，飞举，参见《辞源》第2508。龙蟠虎踞，形容地形雄壮险要，参见《辞源》第3616页。不同种类的风水景观，如"卧牛形"和"飞凤形"，竟能差前差后产生相似的吉凶效应。参见《中国古代风水的理论与实践》第238页（于希贤等，2005）。

(18) 属：连接，跟随；聚集，聚会。参见《辞源》第915页。

(19) 弓剑：神话，黄帝仙去，堕弓、剑。后因以弓剑为对皇帝寄托哀思之词。参见《辞源》第1038页。

(20) 藏：收藏，储藏，储存东西的地方。参见《辞源》第2727页。

(21) 虎踞牛眠：参见注释(17)。

(22) 衍：溢出常态之外；扩大，推广。参见《辞源》第2205页。

(23) 祚：福，赐福。参见《辞源》2277页。

(24) 抔土：一把土。抔：量词，把、捧、握。参见《汉语大字典》第770页。

(25) 榜文：公开张贴的文书、告示。参见《辞源》第1613页。据《明孝陵志》第53页记载：洪武二十六年，公布陵寝禁例。

(26) 龙脉：参见注释(14)。

(27) 巡缉：巡查缉捕，参见《辞源》第952页。

(28) 大辟：死刑，参见《辞源》第219页。

(29) 宽典：宽刑，参见《辞源》第861页。

(30) 计开：总共包括以下几方面的意思。参见《旧志标点概论》第453页（张森材，1999）。

(31) 一：旧公文所罗列的各个条目，并不像现代公文那样用"一""二""三"等数词来表示其序号，"计开"之下各段文字开头部分所使用的"一"，其实也并非汉字数词"一""二""三"的"一"。它只是一个条目开始的标记。参见《旧志标点概论》第453页。

(32) 司：对官员的统称，参见《汉语称谓大词典》第1247页（吉常宏，2000）。

(33) 大不敬：指蔑祖、侵犯帝王的尊严或人身安全的行为，参见《法学大辞典》第57页（邹瑜等，1991）。北齐、隋刑律定大不敬为重罪十条之一，唐以大不敬为十恶之一，历代封建王朝因之。参见《辞源》第677页。

(34) 掌印提督：掌印，主管用印，亦喻指主持事务或掌握政权。参见《汉语大词典》第6册第631页。提督，提调监督。参见《汉语大词典》第6册第746页。

(35) 长随内使：官名，不详，《中国历代官制词典》、《明孝陵志》（禁约碑文除外）、《首都志》、《南京建置志》等书均无记载，参见注释(1)。

(36) 常川：连续不断之意，参见《辞源》第980页。

(37) 一卫五所：一卫，为孝陵卫；五所，为牧马千户所等五所。参见《明孝陵志》第66页。

(38) 正犯：又称"实行犯"。在共同犯罪中直接参加实施犯罪行为的人。参见《法学大辞典》第298页。

(39) 王道：大道。"王"有物大之意。参见《辞源》第2042页。

(40) 来脉过峡：可以这样描述，在连绵的群山重嶂叠岭，前峰后岗，不时地显露出有规则地排列成一层一层的岩石，与山的走向成水平的、垂直的或倾斜的方向，不同方向的岩石往往忽隐忽现显露一种连续的趋势，这种可以追踪的趋势就是龙脉。倘若岩石连续的趋势被峡谷河流所切断，或倾斜方向的岩石层逐步没入地中，形成"断脉"，但是被切断的岩石在对岸以同一方向继续延伸，或没入地下的岩石经这一切断地带又明显地露出地面来，这就称为龙脉的"过峡"。参见《中国风水学初探》第57页。

(41) 骑脊：山脊的两边。骑，兼跨两边之意。参见《辞源》3459页。

(42) 科敛：科派；凑份子。参见《汉语大词典》第8册第57页。

(43) 倾圮：倒塌。参见《汉语大词典》第1册第1044页。

(44) 罪戾：意指罪过。参见《辞源》第2483页。

(45) 马羸：意指马瘦弱，疲病。参见《辞源》第2501页。

(46) 内外守备：明朝以防守城堡的武官作为守备。参见《中国历代官制词典》第452页（徐连达，1991）。明仁宗洪熙元年(1425)又设南京内、外守备，总理南都各衙署名事务。参见《南京建置志》第139页（马伯伦，1994）。

(47) 南京部院科道：明朝迁都北京后，保留在南京的中央机构。部，据《首都志》516页记载："明永乐十九年迁都北京，以南京为留都。而置户吏礼兵刑工六部如故。"都察院，为中央监察领导机关。参见《南京建置志》第142页。科道，据《中国历代官制词典》728页记载："明清都察院六科给事中与各道监察御史的合称。掌监察之责。"

### 13.3.2 译文

南京神宫监恭敬接到皇帝谕旨：为禁止破坏孝陵风水的事情。

金陵自古以来，王气兴旺。我朝建立，金陵成为国都南京。太祖高皇帝朱元璋赶跑元朝统治者，在中国做了开国皇帝。他在天的神灵，在这里享用祭品。瞻仰高皇帝葬

地南京孝陵,这是国家根本大事。龙脉从茅山出发到钟山,在钟山开辟为带有小山的平原。这是龙盘虎踞、凤飞牛眠的风水宝地,连接着皇帝永久的葬地,流溢出了园陵无限的福祉。孝陵一捧土这么重要,怎么能容许有人损伤呢!国家建立初期,曾用石碑刊刻过告示,大力彰明禁止事项。但因年月已久,这些遗迹无可奈何地消失。因为法令宽弛,所以被人忽视。有的人经过皇帝陵墓不恭恭敬敬,有的人砍伐树木,有的人取土开窑、烧灰造砖,有的人采土取石。因而凿伤龙脉,妨碍风水。巡查缉捕的官军,足迹不到这里。早晨傍晚洒水扫除污秽的规定,也成空文。除罪犯张其蕴等已经慎重打算被定为死刑外,其余人姑且考虑他们无知,一律宽刑。应该再次申明禁止事项的告示,把它刻在石碑上,以便永远垂传下去。今后,大小官员和军民百姓仍敢犯有前述的不法之事,故意违反明令禁止的法令,对他们要立即根据事实向皇帝检举揭发,按照法律处以重刑,决不轻易饶恕。明白地告诉中央和地方每一个人,使他们全部知道。

全国各部门官员,乘车骑马经过孝陵的时候,应在百步以外的地方下马。违反的人,以大不敬皇帝的罪名定罪处刑。

神宫监主持人安排监督属官及长随内史,早晨傍晚供奉祭祀,经常不断洒水扫除污秽,并管领一卫五所的官军,日夜站岗守卫,不许苟且安乐,疏忽放纵,违反的人要被定罪处刑。

墙垣内栽有树木,敢有擅自砍伐的人,直接砍伐的人,则判处死刑,其家属牵连犯法,遇到国家大赦,也不得赦免。

关系到龙脉的山体或树林(不清楚内容),不得随便打柴。

在大金门、大道等地方,如发现枯槁树木,或遇到雷电火灾而有所毁坏损伤的树木,务必要按季节补栽,枯木立即移走,这些事要书面上奏皇帝知道。

从武岐山的西燕冈,孔山的武燕冈,汤山的黄□冈,今字山的分水冈,白云峰的横堰,到武冈山的宴公冈,全都关系到钟山的来去龙脉,不许在山脊两边开窑、凿山冶炼,违反者处以死刑。

官兵有人科敛、馈赠,不用心巡视,及主管负责人贪图贿赂,没有严加管束,以致下属放纵舞弊,一定受到从重定罪处刑。

殿宇、碑亭、厨库、房屋及墙垣、水洞等方面,若有损坏,主管各官应立即进行修理,不能任其倒塌,否则自取罪过。

巡山的官兵,只要发现有人乘坐的马瘦弱、疲惫,他们吆喝着赶牲畜,在园林内边墙践踏,行走轻慢,没有一点恭敬害怕的意思,应立即将其捉拿押送到有关衙门深入追问,依法处理,同时也不许借端生事,胡乱捉拿平民百姓,放纵的行为,侵扰害民。事情一旦发生,一并追究。

负责管理皇帝文书的官员如遇到上述违法的事情,对其通融包庇,隐瞒不报,准许内、外守备及南京部、院、科、道等官员即时督察检举揭发。如果违抗,那么一律定罪处刑。

崇祯十四年(1641年)五月。

## 13.4 讨论

石碑上的内容总的说来与现代景区的规章制度类似。所不同的是碑文并非一般性规章,而是明确的法规(Rutledge,1971)。如果有人不按法规行事,将会受到严厉的惩罚。

碑文显示了王朝的繁荣是与信仰体系相联系着的,这个体系涉及了人类对于植被、山体、动物、建筑和人类礼仪行为的处理态度。碑文可以被认为是具有广泛影响力的儒家和道家信仰的融合,以及对于环境的处理态度是如何影响着王朝兴衰的说明。

儒家信仰是以尊敬祖先和行为道德为蓝本的(Lothar,2006)。孔子的教导督促着人们应该时刻谦虚、仁义并保持礼仪。孔子的教导为政府提供了一个好榜样。因此,崇祯皇帝要求他的臣民们对先帝的陵墓保持敬意。

道家思想是天人合一的思想(Miller,2003)。道教提倡尊重自然并与自然共存,这就意味着在对水、植被、土地和动物的处理方式上需要周到的互相考虑。由于自然空间常常被认为是神圣的空间,因此崇祯希望对待景观能够尊重自然,例如能够尊重大自然中的山体、植被。

此外,中国文化也与趋利避害广泛联系在一起。碑文上涉及对陵墓的对待方式可以被认为是为明朝的昌盛和好运而做的祈福。

而对于西方世俗主义的学者来说这些神秘的立场、迷信的信仰和非宗教哲学观点可能看上去不太寻常。同时期的西方,许多虔诚的宗教统治者深信"君权神授"(Divine Right of Kings)。西方的领导人认为他们地位由神赋予,有时凌驾于世俗法律之上。因此在这个时期,不管是东方还是西方,在国家的统治中都包含了非世俗信仰体系的元素。

明朝面对着盗匪横行、农民起义、内部腐败、统治阶层长期内斗、自然灾害和社会动荡等诸多问题(Fenby,2008),对明孝陵再多的重视也不能解决明朝所面临的这些问题。尽管对陵墓加以了保护,但是崇祯在1644年还是结束了他的皇帝生涯并在北京紫禁城北侧的景山自杀,明朝就此灭亡。

## 13.5 结论

禁约碑上列出了一系列礼仪行为和环境规章以表示对明孝陵的敬意,这种精心竭虑对待景观的态度反映了当时特定的历史环境。如今,人们去游览明孝陵,这块禁约碑已成为一个景点。对禁约碑的保护是为了让来自世界各地世世代代的人们去参观、体验,同时对历史进行思考,它见证了明朝开国皇帝到最后一位皇帝的全过程。

**参考文献**

白焕然,1999. 古今公文文种辞典[Z]. 赤峰:内蒙古科学技术出版社.

常林瑞,张金涛,1996. 中国历代文书[M]. 北京:中国城市出版社.

汉语大词典编辑委员会,汉语大词典编纂处,1990. 汉语大词典[M]. 上海:汉语大词典出版社.

汉语大字典编辑委员会,1995. 汉语大字典[Z]. 成都:四川辞书出版社.

吉常宏,2001. 汉语称谓大词典[Z]. 石家庄:河北教育出版社.

李城志,贾慧如,2008. 中国古代堪舆[M]. 北京:九州出版社.

马伯伦,1994. 南京建志[M]. 深圳:海天出版社.

南京市地方志编纂委员会,1994. 南京建置志[M]. 深圳:海天出版社.

裴燕生,何庄,李祚明,等,2003. 历史文书[M]. 北京:中国人民大学出版社.

王焕镳,1935. 首都志[M]. 南京:正中书局.

王焕镳,2006. 明孝陵志[M]. 周钰雯,王韦,点校. 南京:南京出版社.

王鹏善,2006. 明孝陵碑刻[M]. 扬州:广陵书社.

孝陵博物馆,2004. 世界文化遗产明孝陵自助游[M]. 南京:南京出版社.

解惠全,崔永琳,郑天一,2008. 古书虚词通解[M]. 北京:中华书局.

徐连达,1991. 中国历代官制词典[Z]. 合肥:安徽教育出版社.

于希贤,于涌,2005. 中国古代风水的理论与实践:对中国古代风水的再认识[M]. 北京:光明日报出版社.

曾涌哲,2010. 中国风水学初探[M]. 北京:华龄出版社.

张森材,1999. 旧志标点疑误汇析[M]. 南京:江苏古籍出版社.

邹瑜,顾明,1991. 法学大辞典[Z]. 北京:中国政法大学出版社.

Faulkner R, Goelet O, Andrews C, et al., 2008. The Egyptian book of the dead: The book of going forth by day [M]. San Francisco: Chronicle Books.

Fenby J, 2008. China's imperial dynasties 1600 BC—AD 1912 [M]. London: Metro Books.

Lothar von F, 2006. Chinese society in the age of confucius (1000—250 BC) [M]. Los Angeles: Cotsen Institute of Archaeology Press.

Loures L, Burley J B, 2009. Conceptual precedent: Seven historic sites revisited [J]. WSEAS Transactions on Environment and Development, 5(1): 55-64.

Miller J, 2003. Daoism: A short introduction [M]. Oxford: Oneworld.

Newton N T, 1971. Design on the land: The development of landscape architecture [M]. Cambridge: Belknap press.

Rutledge A J, 1971. Anatomy of a park, essentials of recreation area, planning and design [M]. New York: McGraw Hill Book Company.

# 14 常州春秋淹城遗址公园网络关注度时空特征及影响因素分析

现代信息时代,互联网已经成为信息传播的主要媒介,更成为广大旅游者关注和了解出游目的地信息的重要方式(曾月娥等,2019),网络信息在旅游者对目的地的印象以及选择等方面具有重要的指引作用。由第 49 次《中国互联网络发展状况统计报告》可知,截至 2021 年 12 月,我国的网民规模已达 10.32 亿,互联网的普及率达到了 73.0%(中国互联网信息中心,2022)。旅游者利用互联网搜索旅游目的地的信息时会留有一定的浏览历史,这些浏览历史即是所谓的"网络关注度"(郝诗雨等,2019)。目前,网络关注度的研究内容大多集中于对一些知名旅游目的地网络关注度的时空演变特征以及影响因素的分析(李明欣等,2022;李慧琴等,2019;曾可盈等,2019),或与客流量建立一定的关系(刘悦,2021)并进行客流量的预测(高许东,2020;Tang et al.,2021)等方面。这些研究主要关注在热门的旅游城市或景区的网络关注度,鲜有以某个公园作为研究对象进行网络关注度变化的研究。遗址公园作为遗产保护和文化传承的重要载体,承载着特定时期的独特人文风貌与文化(高宁,2019;陈宇,2020),近年来对于游客的吸引力也在不断增强。现有文献中,有关遗址公园的研究主要为遗址的保护与开发(Jin,2021)、规划设计(周敏,2021;谢家琪,2021;张政,2020)、管理运营(耿一淏等,2019;曹文哲,2019)以及游客的感知体验(何金璐,2019;李留通,2021)等方面。对于目前在国内还处于研究初期的遗址公园旅游及发展,互联网搜索系统平台提供了丰富的数据信息,可以通过挖掘网络数据丰富研究视角,从而扩大遗址公园的网络影响力,更有利于促进遗址公园文化的保护和传承。

因此,本章以遗址公园的网络关注度为切入点,以常州春秋淹城遗址公园为研究对象,以 2016—2020 年的百度指数为研究数据,对常州春秋淹城遗址公园网络关注度的时空演变特征以及相关影响因素进行研究分析,为提升常州春秋淹城遗址公园的网络关注度、促进遗址公园的可持续发展提供理论依据和具有价值的建议。

## 14.1 数据来源及研究方法

### 14.1.1 研究地概况

常州春秋淹城遗址公园位于江苏省常州市武进区,是我国 5A 级景区中国春秋淹城旅游区的四大区块之一。淹城遗址是我国目前留存的最为完整的春秋地面城池遗址,同时其古城墙也是典型的三城三河形制,由子城、内城、外城三重城垣组成,每座城墙都有护城河环绕,形制罕见独特。因此,被誉为"中国第一龟城"(张光伟,2009),具有极高的历史文化、艺术观赏和考古研究的价值。

### 14.1.2 数据来源

百度指数是基于百度用户的大量搜索数据而建立的数据统计分析平台,用以反映某一关键词或某几个关键词在特定时间段或特定区域搜索量的动态演变特征(生延超,2019)。本章通过对常州春秋淹城遗址公园进行搜索,选取与常州春秋淹城遗址公园有关的关键词,如常州淹城春秋乐园,在百度指数平台使用该关键词进行搜索,检索获取 2016 年 1 月 1 日—2020 年 12 月 31 日中国 31 个省、市、自治区(港澳台地区除外)的网络关注度逐日数据作为核心数据。此外,常州市的平均温度和平均湿度数据来源于国家气象科学数据中心,我国各地区 2018、2019 年每年的人均地区生产总值、普通高等学校数量的数据来源于国家数据网,两地间的距离来源于高德地图,各地区旅行社数量来源于国家文化和旅游部官网。

### 14.1.3 研究方法

(1) 弹性系数

弹性系数(TX)用于衡量常州春秋淹城遗址公园网络关注度的年度变化情况。

$$\text{TX} = \frac{\Delta G/G}{\Delta M/M} \quad (14\text{-}1)$$

其中,$\Delta G$ 和 $\Delta M$ 分别代表当年常州春秋淹城遗址公园的网络关注度和网民的变化量,$G$ 和 $M$ 分别代表当年的网络关注度和网民的总量。当弹性系数数值大于 1 时,网络关注度的增长率大于网民的增长率;弹性系数数值等于 1 时,两者的增长率相等。

(2) 季节集中性指数

该指数用于分析常州春秋淹城遗址公园网络关注度每月分布的集中程度(季国斌等,2020)。

$$R = \sqrt{\frac{\sum_{i=1}^{12}(x_i - 8.33)^2}{12}} \quad (14\text{-}2)$$

其中,$x_i$ 代表常州春秋淹城遗址公园第 $i$ 月的网络关注度占当年总量的比重,$R$ 代表季节集中性指数。季节性集中指数数值越大,各月份的网络关注度变化越明显。

(3) 全局莫兰指数

全局莫兰指数(Global Moran's I)用于分析常州春秋淹城遗址公园网络关注度的空间集聚性。

$$\text{Global Moran's I} = \frac{n}{\sum_{i=1}^{n}\sum_{j=1}^{n}w_{ij}} \times \frac{\sum_{i=1}^{n}\sum_{j=1}^{n}(x_i-\bar{x})\times(x_j-\bar{x})}{\sum_{i=1}^{n}(x_i-\bar{x})^2} \quad (14\text{-}3)$$

其中，$i$ 和 $j$ 表示各省(区、市)，$x_i$ 和 $x_j$ 分别表示 $i$ 和 $j$ 省(区、市)的网络关注度，$n=31$，$w_{ij}$ 为空间权重矩阵的元素。全局莫兰指数的取值范围为 $-1\sim1$。当指数越接近于 1，空间格局集聚性越高；当指数越接近 $-1$，空间格局分散程度越高；当指数等于 0 时，空间不存在自相关性。

## 14.2 常州春秋淹城遗址公园网络关注度的时空演变特征

### 14.2.1 常州春秋淹城遗址公园网络关注度的时间演变特征

(1) 年度演变特征

通过对 2016—2020 年各年度的网络关注度取平均值，得到了 2016—2020 年连续五年的年度演变特征图(图 14-1)。由图 14-1 可以得出，2016—2020 年常州春秋淹城遗址公园的网络关注度呈逐年下降的趋势。表 14-1 中的弹性系数值均小于 1，可以得出网民对常州春秋淹城遗址公园的关注热情较低，总体网络关注度仍为负增长的状态。

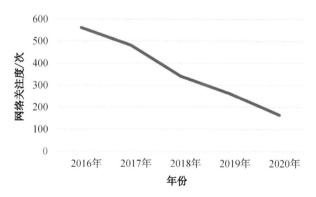

图 14-1 常州春秋淹城遗址公园网络关注度年度演变特征图

表 14-1 常州春秋淹城遗址公园网络关注度的弹性系数值

| 年份 | 2016 年 | 2017 年 | 2018 年 | 2019 年 | 2020 年 |
|---|---|---|---|---|---|
| 弹性系数 | — | $-3.2193$ | $-6.0136$ | $-3.6406$ | $-6.8242$ |

(2) 月演变特征

对 2016—2020 年度的网络关注度按照不同的月份取平均值，得到了 2016—2020 年的月演变特征图(图 14-2)。

由图 14-2 可以得出，除 2020 年受疫情影响外，2016—2019 年的网络关注度月演变特征都呈现出相似的特征：每年网络关注度的高峰集中在 4 月、8 月和 10 月，这三个时间段临近每年的劳动节、暑假和国庆节，游客有充足的闲暇时间开展游玩活动，其中 8 月为每年网络关注度的最高峰；另外，每年 12 月到次年 1 月为气温最低、较为寒冷的时候，也是网络关注度的低谷时期。

图 14-2 常州春秋淹城遗址公园网络关注度月演变特征图

通过对每年的季节集中性指数进行计算得到表 14-2，计算结果显示：季节集中性指数均位于 8.2 左右，表明全年各月常州春秋淹城遗址公园的网络关注度存在较大的时间差异，季节波动性较大，且这种波动状态各年度基本相似。

表 14-2 常州春秋淹城遗址公园网络关注度的季节集中性指数值

| 年份 | 2016 年 | 2017 年 | 2018 年 | 2019 年 | 2020 年 |
|---|---|---|---|---|---|
| 季节集中性指数 | 8.2468 | 8.2443 | 8.2468 | 8.2432 | 8.2467 |

(3) 节假日演变特征

每年的各种大型节假日都是全国各地游客出行的高峰期，同样也是各旅游景点网络关注度的搜索量高峰期。本章选取春节和国庆节假期作为研究的时间段，分别提取了每年春节和国庆节前 5 天和后 10 天共 15 天的网络关注度数据，得到了相应的节假日演变特征图(图 14-3、14-4)。

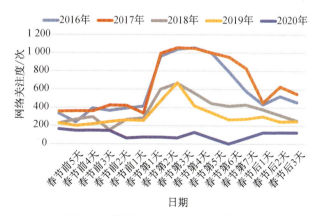

图 14-3 常州春秋淹城遗址公园春节前后 15 天的网络关注度演变特征图

由图14-3和图14-4可以看出，每年春节和国庆节期间的网络关注度都在假期刚开始时产生了一个关注度顶峰，本章认为可能与近年来互联网和智能手机等设备的普及有关，游客可以随时随地、更加便捷地搜索景区资讯。另外，由于春节期间我国有较多的风俗习惯，活动内容也较多，所以春节假期比国庆节假期的网络关注度顶峰出现得稍晚。

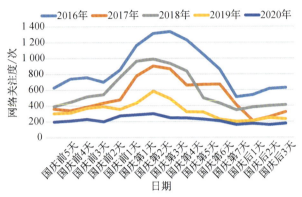

图14-4　常州春秋淹城遗址公园国庆节前后
15天的网络关注度演变特征图

### 14.2.2　常州春秋淹城遗址公园网络关注度的空间演变特征

利用GeoDa软件对常州春秋淹城遗址公园2016—2020年各年度不同省份的网络关注度进行计算分析，得到各年度的全局莫兰指数（表14-3）。由表14-3可得出，2016—2020年各年份的$Z$值都大于2.56，$P$值都小于0.05，因此全部通过显著性检验。并且，各年份的全局莫兰指数均大于0，表明各地区的网络关注度与空间分布存在一定的空间自相关性，属于聚类空间分布类型。

表14-3　2016—2020年各年份网络关注度全局莫兰指数值

| 年份 | 全局莫兰指数 | $Z$ | $P$ | 分布类型 |
| --- | --- | --- | --- | --- |
| 2016年 | 0.337 | 4.744 4 | 0.001 | 聚类分布 |
| 2017年 | 0.353 | 5.814 5 | 0.001 | 聚类分布 |
| 2018年 | 0.408 | 6.410 2 | 0.001 | 聚类分布 |
| 2019年 | 0.445 | 6.524 7 | 0.001 | 聚类分布 |
| 2020年 | 0.289 | 5.444 1 | 0.001 | 聚类分布 |

利用ArcGIS软件对2016—2020年各地区的网络关注度均值进行分析，得出了可视化均值图（图14-5—图14-9）。由图可以得出：①各省份的网络关注度大体上呈现出由东部到西部逐渐下降的趋势，经济水平发达的地区网络关注度也较高，如北京市、上海市等地；经济水平落后的地区，网络关注度也相对较低，如西藏自治区、青海省等地。②网络关注度也基本符合"距离衰减规律"，与距离呈负相关，即随着距离的增加网络关注度逐渐下降，江苏省的网络关注度最高，西部地区较低。

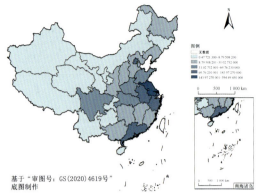

图14-5　2016年网络关注度均值

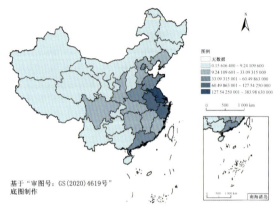

图14-6　2017年网络关注度均值

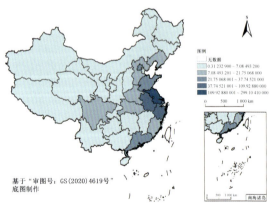

图14-7　2018年网络关注度均值

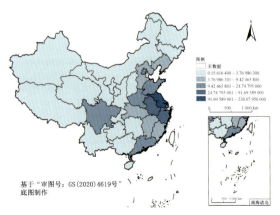

图14-8　2019年网络关注度均值

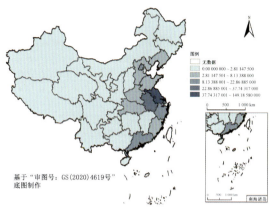

图 14-9 2020 年网络关注度均值

## 14.3 常州春秋淹城遗址公园网络关注度时空演变特征的影响因素分析

### 14.3.1 常州春秋淹城遗址公园网络关注度时间演变特征的影响因素分析

（1）旅游地生命周期

通过 2016—2020 年常州春秋淹城遗址公园网络关注度的年度演变特征可知,连续五年的网络关注度呈现逐年下降的趋势。根据 Butler(1980) 提出的"旅游地六阶段演化"理论可知,由于常州春秋淹城遗址公园的开发建设较早,自 2008 年开始进行淹城遗址景区的开发利用,当旅游景区发展到一定阶段后会受到其容量的限制,因此,常州春秋淹城遗址公园目前已处于旅游地生命周期的衰退阶段,因此网络关注度的增速也会相对放缓。由此可知,遗址公园的相关主体应尽快采取有力的措施,提升遗址公园对游客的吸引力。

（2）自然气候环境

良好舒适的气候环境是绝大多数游客出游的先决条件,因此也导致了不同地域和气候环境的景点在不同季节的访客量的差异性。本章选取常州市 2016—2020 年度各月份的平均温度（$X_1$）和平均湿度（$X_2$）作为自变量（表 14-4）,每年各月份的网络关注度均值（$Y$）为因变量,利用 SPSS 软件建立多元线性回归方程组。

表 14-4 2016—2020 年度各月份平均气温和湿度的均值

| 月份 | 1 | 2 | 3 | 4 | 5 | 6 | 7 | 8 | 9 | 10 | 11 | 12 |
| --- | --- | --- | --- | --- | --- | --- | --- | --- | --- | --- | --- | --- |
| 月平均温度/℃ | 4.4 | 6.1 | 11.6 | 17.1 | 22.1 | 25.3 | 29.0 | 29.6 | 24.4 | 18.4 | 13.0 | 6.6 |
| 月平均湿度/% | 78 | 71 | 68 | 67 | 68 | 76 | 77 | 74 | 77 | 76 | 76 | 74 |

通过 SPSS 软件建立了回归方程组 $Y = 7.682 X_1 - 15.524 X_2 + 1374.565$,$R^2$ 为 0.692,拟合效果较优;德宾·沃森值为 2.023,位于 1.5—2.5,具有一定的相关性。平均温度的 $P$ 值为 0.006,小于 0.05,通过显著性检验;平均湿度的 $P$ 值为 0.011,小于 0.05,通过显著性检验。因此,平均温度能够显著正向影响网络关注度,随着气温的升高,游客的关注度随之上升,反之下降;平均湿度能够显著负向影响网络关注度,随着湿度的增加,游客的关注度随之下降,反之上升。

（3）节假日

现代社会的学生和工作者在工作日大都忙于功课和工作,双休日更倾向于在家中放松休闲、恢复体力,因此节假日较长的空暇时间将是一年中人们最佳的出游时间。结合图 14-2 的月演变特征也可以得出总体上每年网络关注度的三个高峰为 4 月、8 月和 10 月。本章认为 4 月临近清明假期和劳动节假期,10 月的第一周为国庆假期,因此网络关注度较高;8 月则正值学生暑期,是亲子、朋友出游的好时机,因此是一年中网络关注度的最高点。12 月到次年 1 月期间的节假日较少,且气候较为寒冷,不利于出行,因此该时间段的网络关注度较低。

### 14.3.2 常州春秋淹城遗址公园网络关注度空间演变特征的影响因素分析

已有研究表明,地区的经济发展水平、网络的发达程度、空间距离与网络关注度具有密切的关系（季国斌等,2020;白子康,2022）。常州春秋淹城遗址公园属于遗址公园,对具有更高文化素养的游客可能相对存在较大的吸引力。同时,地区的旅游业发展规模也会影响人们对于旅游地的兴趣和关注度。基于此,结合常州春秋淹城遗址公园的发展和特点,可以推测地区的经济水平、网络发达程度、空间距离、文化程度和旅游业规模都会对空间演变特征产生一定程度的影响。另外,网络发达程度在一定程度上也与经济发展水平密不可分,经济发达的地区相对的网络普及率也较高。因此,本章将选取人均地区生产总值、地区普通高等学校数量、各地区与常州淹城遗址公园的距离、地区旅行社数量作为影响因子进行相关性的分析。基于数据的可得性,本章以 2018—2020 年三年的数据为例进行分析,结果如表 14-5—表 14-7 所示。

（1）经济水平

人均地区生产总值水平高即代表着地区的经济水平较为发达,当地人们的生活条件较好,相对更加追求丰富的娱乐生活和精神文化体验,因此对旅游地的关注度和质量要求也较高。由表 14-5—表 14-7 可知,人均地区生产总值与网络关注度呈显著的正相关,因此人均地区生产总值的提高对于常州春秋淹城遗址公园的网络关注度提升具有积极的正向影响。例如,北京市、上海市、江苏省等人均地区生产总值较高的地区的网络关注度也相对较高;西藏自治区、青海省等人均地区生产总值较低的地区的网络关注度也较低。

(2) 文化程度

普通高等学校的数量代表着一个地区的文化水平和当地的文化氛围,一个文化气氛浓厚的地域必定会培养出许多学识高尚的高素质人才,因此对于文化类旅游地的关注度也会更高。由表14-5－表14-7可知,普通高等学校数量显著正向影响网络关注度,表明了此影响因子对于网络关注度有较强的正向影响,山东省和江苏省等省份的普通高等学校数量较多,因此网络关注度也较高;西藏自治区、青海省、宁夏回族自治区等省份的普通高等学校数量较少,因此网络关注度也较低。

(3) 空间距离

旅游者与旅游目的地之间的距离会影响旅游者的出游意愿,当两地间距离较大时会使旅游者降低出游兴趣,从而间接影响旅游目的地的网络关注度。通过表14-5－表14-7的分析结果可以看出,两地间的距离显著地负向影响网络关注度,即:当旅游者与旅游目的地的距离越近,网络关注度越高;反之,下降。关注度较高的地区主要是江苏省以及与其临近的山东省、上海市等。

(4) 旅游业规模

地区旅游业的发展规模会对人们日常旅游兴趣和关注度产生影响。由表14-5—表14-7可知,地区旅行社的数量显著地正向影响网络关注度。旅行社数量多的地区人们对于旅游的兴趣相对较大,对于目的地的关注度也较高;反之,较低。

注:** 表示在 0.01 级别(双侧)相关性显著,* 表示在 0.05 级别(双侧)相关性显著。

## 14.4 结论与讨论

### 14.4.1 结论

(1) 时间演变特征

年度演变特征上,常州春秋淹城遗址公园的网络关注度在 2016—2020 年度连续五年呈现逐年下降的趋势。从月度演变特征来看,除 2020 年外每年的 4 月、8 月和 10 月为网络关注度的高峰期;每年 12 月到次年 1 月为网络关注度的低谷期。并且每年的季节波动性较大,这种波动状态各年度相似。从节假日的演变特征来看,各年度的春节(除 2020 年)和国庆节两个假期都在假期刚开始时产生了一个关注顶峰。

表14-5　2018年网络关注度空间分布影响因素相关性分析

| 影响因子 | Pearson 相关性 | 显著性(双侧) |
|---|---|---|
| 人均地区生产总值 | 0.561** | 0.001 |
| 普通高等学校数量 | 0.467** | 0.008 |
| 空间距离 | -0.498** | 0.004 |
| 旅行社数量 | 0.595** | 0.000 |

表14-6　2019年网络关注度空间分布影响因素相关性分析

| 影响因子 | Pearson 相关性 | 显著性(双侧) |
|---|---|---|
| 人均地区生产总值 | 0.549** | 0.01 |
| 普通高等学校数量 | 0.440* | 0.013 |
| 空间距离 | -0.497** | 0.004 |
| 旅行社数量 | 0.577** | 0.01 |

表14-7　2020年网络关注度空间分布影响因素相关性分析

| 影响因子 | Pearson 相关性 | 显著性(双侧) |
|---|---|---|
| 人均地区生产总值 | 0.476** | 0.007 |
| 普通高等学校数量 | 0.412* | 0.021 |
| 空间距离 | -0.443* | 0.012 |
| 旅行社数量 | 0.531** | 0.002 |

(2) 空间演变特征

网络关注度与空间分布存在一定的空间自相关性,属于聚类空间分布类型。网络关注度呈现出由东部到西部逐渐下降的趋势。另外,网络关注度总体上也与相距旅游目的地的距离呈负相关,随着距离的增加网络关注度也逐渐降低。每年各省份的网络关注度分布特征基本相似,大体上都是由东部向西部呈递减态势,并且网络关注度随着距离的增加而减少。

(3) 影响因素

旅游地生命周期、气候环境和节假日是影响网络关注度时间演变特征的重要因素。地区经济发展水平、文化教育程度、相距旅游目的地的距离和旅游业规模是影响网络关注度空间演变特征的主要因素。

由结论可知,常州春秋淹城遗址公园的网络关注度时间的演变特征符合"旅游地生命周期"的理论,随着旅游地的发展时间逐渐增加,网络关注度逐渐下降,因此,该遗址公园需要根据旅游者的需求合理地进行遗址公园的景观风貌提升以及针对性地进行相关的宣传推广工作。同时,遗址公园的季节性特征明显,这与自然环境和气候条件、节假日等因素具有较大关系,但网络关注度的低谷期也是不容忽视的,利用低谷期创造性地开展活动,吸引游客也能够相应增加遗址公园的影响力。常州春秋淹城遗址公园网络关注度空间分布上,因为地区的经济发展水平、文化程度、空间距离和旅游业规模的共同作用,形成了区域差异性的分布格局,这对于遗址公园相关主体在政策制定和决策等方面具有重要的参考价值,从而更有利于遗址公园的持续性发展。

### 14.4.2 讨论

结合以上特征和影响因素,探讨提升公园活力的有效策略。

(1) 通过政策手段激活公园活力

根据前文所述,常州春秋淹城遗址公园目前正处于旅游地生命周期中的衰退阶段,亟须通过相关政策制度的保障来改变当前逐渐下降的关注度。遗址公园的相关主体应主动作为,加大对于遗址公园的维护力度,保证遗址公园的环境效益,为游客提供一个较好的游览环境,增强对于游客的吸引力。同时,要创造性地制定遗址公园的宣传方案,根据不同的季节和地区特点制定有效的宣传方案,使得遗址公园重新焕发活力。

(2) 实施精准定位的宣传策略

由于常州春秋淹城遗址公园每年的网络关注度呈现出季节性和地域性的演变规律,因此管理人员可以根据不同季节和地区的特点进行宣传推广。

首先,对于每年网络关注度的低谷期,尤其是12月到次年的1月,要加大各平台的推广,通过旅游产品、民俗活动体验、冬季主题活动或门票优惠等创新手段来平抑季节性对网络关注度的消极影响。同时,对于每年的高峰期,应在做好公园游人容量监测和设施完善的基础上,推出季节性的特色活动,例如在暑假期间推出"亲子文化探秘""淹城遗址消暑行"等活动,从而更大程度地吸引游人游览。其次,由于不同地区的网络关注度具有差异,因此对于网络关注度较高的地区,景区的管理人员应加大宣传的力度,由此持续地吸引游人前来游览,实现营销利益的最大化;对于网络关注度较低的地区应着重宣传,挖掘市场需求,提升遗址公园的公众知名度。另外,由于地区经济水平与网络关注度成正相关,因此对于经济发达的地区例如长三角地区应加大宣传力度,深度挖掘潜在市场。

(3) 搭建"互联网+遗址公园"智慧游览平台

由前文分析可知,常州春秋淹城遗址公园的网络关注度在逐年降低,这一趋势预示着网络用户对该公园的关注热情的下降。因此,遗址公园的相关管理人员应积极地借助互联网技术,关注网络数据及其背后的旅游者需求,整合相关的旅游诉求,构建"互联网+遗址公园"的智慧游览平台,满足游客的检索、分享、点评等多种需求,同时合理采纳平台游客的有利建议,从而推动常州春秋淹城遗址公园的发展。

### 参考文献

白子康,陆文婧,2022.敦煌旅游网络关注度时空特征及因素分析[J].河北省科学院学报,39(3):75-80.

曹文哲,2019.国家考古遗址公园保护管理模式研究[D].长春:吉林大学.

陈宇,2020.遗产活化视角下的考古遗址公园规划设计研究:以南昌汉代海昏侯国考古遗址公园为例[D].北京:北京林业大学.

高宁,2019.基于公众享用的国家考古遗址公园游憩功能研究[D].西安:长安大学.

高许东,2020.基于关键词网络搜索指数的城市游客量预测研究:以广州市为例[D].兰州:兰州大学.

耿一淏,顾雪玲,徐丽砚,等,2019.国家考古遗址公园旅游产品发展初探:以曲阜鲁故城为例[J].旅游纵览(下半月),(12):140-142.

郝诗雨,赵媛,2019.中国邮轮旅游网络关注度的时空格局及影响因素研究[J].首都师范大学学报(自然科学版),40(2):69-78.

何金璐,2019.文化自信视角下大明宫国家考古遗址公园旅游体验质量研究[D].西安:西北大学.

季国斌,刘明月,施伟秋,等,2020.国家湿地公园网络关注度时空特征与影响因素研究:以西溪国家湿地公园为例[J].生态经济,36(8):133-138.

李会琴,李丹,董晓晴,等,2019.中国5A级景区分布及网络关注度空间格局研究[J].干旱区资源与环境,33(10):178-184.

李留通,2021.城郊型国家考古遗址公园使用后评价研究[D].西安:西北大学.

李明欣,张贞,付艳华,2022.基于百度指数的盘山风景区网络关注度时空特征研究[J].天津城建大学学报,28(3):204-209.

刘悦,吕兴洋,周晓丽,2021.冰雪旅游景区网络关注度和实际客流量之间的关系研究:以成都西岭雪山景区为例[J].山西师范大学学报(自然科学版),35(4):96-102.

牟婷婷,2021.旅游地生命周期理论的评述及浅析[J].技术与市场,28(4):154-155.

生延超,吴昕阳,2019.游客满意度的网络关注度演变及空间差异[J].经济地理,39(2):232-240.

谢家琪,2021.基于活态展示的明长城遗址公园规划设计:以北京大庄科明长城遗址公园为例[D].北京:北京林业大学.

曾可盈,周丽君,2019.基于百度指数的东北三省4A级及以上景区网络关注度分析[J].东北师大学报(自然科学版),51(1):133-138.

曾月娥,陈晓颖,李子蓉,2019.基于百度指数的景区旅游网络关注度时空特征:以武夷山景区为例[J].泉州师范学院学报,37(6):101-108.

张光伟,2009.淹城遗址文化资源再挖掘探讨[J].山西建筑,35(30):20-22.

张政,2020.大运河遗址公园规划设计策略研究:以北京白浮泉遗址公园为例[D].北京:北京建筑大学.

中国互联网络信息中心,2022.第49次中国互联网络发展状况统计报告[R/OL].(2022-02-25)[2022-07-09]. https://www.doc88.com/p-54959708212473.html.

周敏,2021.基于保护与展示的遗址公园规划设计研究:以蔡国故城内城遗址公园规划设计为例[D].北京:北京林业大学.

Butler R W,1980. The concept of a tourist area cycle of evolution: Implications for management of resources[J]. Canadian Geographer,24(1):5-12.

Jin C Y,2021. Research on protection and redevelopment strategies of industrial heritage from the perspective of urban innovation[J]. Sustainability in Environment,6(1):154.

Tang L,Zhang C Y,Li T F,et al,2021. A novel BEMD-based method for forecasting tourist volume with search engine data[J]. Tourism Economics,27(5):1015-1038.

# 15 基于网络文本和照片分析的南京市大报恩寺遗址公园形象感知研究

## 15.1 研究背景

随着互联网的不断普及，各种网络社交媒体平台成为广大网民发布原创信息、表达需求的特殊阵地。旅游业作为信息密集型产业，其与互联网的结合更是紧密。越来越多的游客会在旅游结束后，在各种社交平台发布游览体验（邓均方，2019）。这些具有个人情感因素的网络文本和照片数据为研究旅游地公众感知形象提供了重要的数据基础。

遗址公园既是遗址保护最有效和最具操作性意义的保护方式之一（徐凤阳，2016），也是人们了解历史文化的重要旅游地类型之一。本章旨在基于网络数据挖掘的背景下，以南京大报恩寺遗址公园为对象，运用相关软件对所爬取到的网络文本和照片数据进行分析，描绘出公众对于南京大报恩寺遗址公园的感知形象，以期对遗址公园的建设提出相对应的优化策略。

（1）理论意义

现阶段对于遗址公园的研究，大多是通过实地调研，分析场地的规划设计为主，即更多地关注开发管理者对于遗址公园的形象的塑造、定位以及发展方向的研究。然而，遗址公园的存在意义除了对遗址进行保护之外，更多地指向为公众提供服务。因此，研究遗址公园的公众感知形象具有十分重要的意义。本章立足于公众本身，从旅游者的视角出发，以网络文本和照片数据为分析对象，侧重于遗址公园形象的感知研究，对遗址公园形象感知理论的完善具有重要作用。

目前对于遗址公园研究数据的收集大多局限于实地调研、问卷调查等传统方式，这些方法具有一定时间、空间上的局限性。本章主要依靠的是网络文本和照片的挖掘与利用，与传统的方法相比，其获取数据的方式更加简洁方便并且可得数据量大、更加可靠。

（2）实践意义

本章基于网络文本和照片的分析，从游客角度感知遗址公园的形象，对于遗址公园的发展具有重要作用，具体包括：①有利于遗址公园明确其发展中所存在的问题，为提升遗址公园的公众形象提供优化策略；②通过细化游客的具体感知，确定游客的兴趣点所在，从而确立相对应的反馈机制，提高游客满意度；③对于促进遗址公园可持续性发展有十分重要的意义。

## 15.2 相关概念

### 15.2.1 网络数据

网络数据是广大互联网用户在各类网络社交媒体平台上发布的具有原创性与互动交流性的数据信息，不仅包括单纯文字形式的评论与记叙，还包括图片、视频、音频等多种形式。本章的网络数据主要是与遗址公园旅游体验相关的文本和照片数据，这些数据多是游客以自身的旅游经历为基础，记录了游客在旅游地的所见所闻所悟所感，具有很大的研究价值。网络数据具有以下三个特点。

（1）数据量庞大

随着互联网的快速发展，互联网用户数量也急剧增加，人们的日常生活与网络世界的关系日益紧密，网络平台成为人们分享生活、感受生活的另一重要阵地，网络用户在虚拟世界中对自己感兴趣的事情进行交流并发表评论，因此形成了庞大的网络数据库。

（2）保留时间长久

相比于传统的记录方法，网络数据借助于互联网强大的信息存储功能，数据的完整度和保留时间长度都能得到一定的保证。

（3）数据获取方便

有赖于互联网的关键词搜索功能，大批量数据的获取变得更加简便。

### 15.2.2 形象感知

旅游过程中，游客对旅游目的地的人、事、物不可避免的会产生不同的形象感知（张丹，2019）。一般按照感知客体的不同，将形象感知分为以下三大类。

第一类是对于目的地景观形象的感知，主要是指游客对于旅游目的地风景特色的感知，一般包括自然景观、人文景观、景区风景规划特点等。这是游客对于旅游目的地最直接的形象感知。

第二类是对于目的地周边环境及服务质量形象的感知，主要是指游客对于目的地附近配套设施以及服务质量的感知，主要包括入住酒店的服务、景区内部的公共设施配置以及景区外围相关的硬件服务等。

第三类是对于目的地社会形象的感知，主要是指游客对于当地的风土人情、社会现状等的感知，是对旅游目的地最基础的形象感知。

### 15.2.3 感知形象

感知形象是游客对旅游目的地的印象,是对目的地各方面因素进行综合认知后所产生的整体感知印象。学者们将感知形象按照属性分为认知形象、情感形象和整体形象(王维晴,2019)。认知形象是游客对于旅游目的地景观要素等方面的认知,情感形象是游客对旅游目的地感情与态度的表现,整体形象则是前两者综合之后的认知。对于旅游目的地感知形象的研究,有利于目的地的建设和可持续发展。

## 15.3 研究方法与数据处理

### 15.3.1 研究方法

(1) 内容分析法

内容分析法是基于传播学理论的一种研究方法,主要是针对信息内容(包括文本、图片、音频、视频等可进行互动交流的有价值的资料)进行客观的、系统的定性或定量分析,用以获取简单信息数据下的核心隐藏情报,为深入了解某一事物或现象提供事实依据。本章借助 ROST CM6 软件对从网络社交媒体平台上爬取的文本和照片数据进行分析,提取出与遗址公园相关的高频词汇作为后续形象感知研究的基础。

(2) 扎根理论法

扎根理论法是 1967 年由美国 2 位研究学者所提出的一种质性研究方法,主要是指针对大量简单信息数据进行由下而上逐级编码并由此提炼出相关概念,再将概念上升到理论层次。其核心过程主要分为 3 步:开放式编码、主轴式编码和选择式编码。本章借助 Nvivo 11.0 软件对收集到的照片数据进行 3 段式编码,获取照片中的核心内容,为形象感知研究提供依据。

### 15.3.2 分析工具

(1) ROST CM6

ROST CM6 是由武汉大学 ROST 虚拟学习团队研制开发出来的一款用于信息内容挖掘的人文社会科学数字研究平台软件,该软件可以分析论文、微博、博客、网页、聊天记录、本地文本类格式文件等。目前的分析方法支持字频分析、英文字频分析、汉语频度分析、社会网络和语义网络分析、情感分析等一系列功能性分析。

(2) Nvivo 11.0

Nvivo 是一款功能强大的质性分析软件,能够有效分析多种不同类型数据,例如文字、图片、音频和视频等,通过节点和编码,完成不同格式文件资料的提炼和萃取,是实现质性研究的最佳工具。

### 15.3.3 数据来源

随着网络的快速发展和民众生活水平的日益提高,越来越多的人在旅游出行前选择通过各类网络平台了解旅游目的地的相关情况,其中一部分人还会在旅游后对于本次出行进行一定的反馈评价。这些网络评价一般都是对旅游体验的真实反馈,是较为可靠的 UGC 数据源(张艳荣,2019)。因此,运用爬虫软件获取相关数据,并对其进行分析,具有很强的可靠性和可操作性。

本章以游客对于旅游目的地的网络点评和照片作为研究数据,与旅游评论相关的网络数据的载体主要有在线旅游网站、贴吧、微博、论坛等各类网络社交媒体平台,通过对比分析这些网络平台的优缺点,选取去哪儿旅游网站与携程网站的网络评论作为数据来源。去哪儿网站是全球最大的中文在线旅游网站,位列国内旅游搜索引擎的前列,其为消费者提供机票、酒店、度假产品等的实时搜索,并提供旅游信息服务;携程网站是在线票务服务公司,是中国领先的旅游酒店服务预订中心。

在 2 个网站以"大报恩寺遗址公园"为关键词进行旅游评论的搜索,运用火车采集器对文本数据进行抓取;同时,由于评论的发布时间很大程度上决定了其参考价值,时间越近参考价值越大,为保证数据的时效性,筛选出 2019 年度的相关文字评论 2 497 条和照片信息作为研究样本。

### 15.3.4 数据处理

(1) 高频词选取

借助 ROST CM6 软件中的分词功能对已经获取的 2 497 条文字信息进行分词处理,分词结束且确定无误后,再运用词频分析功能以获取有意义的高频词。本章基于已获取的高频词以提炼出游客对于南京大报恩寺遗址公园的旅游体验与形象感知情况。

(2) 照片编码

将筛选好的照片文件导入 Nvivo 11.0 软件中,对其进行编码,同时撰写备忘录,记录下编码时所产生的各种想法以及有用的信息,为之后的分析做好准备,最后提炼出编码结束后照片中的信息。

(3) 情感信息提取

以"认知-情感"系统理论为研究的理论基础,运用 ROST CM6 软件中的情感分析功能,对已有的评论语句进行情感分析,得出评论中积极情绪词与消极情绪词的所占比例,以此为依据,分析游客对于大报恩寺遗址公园的情感倾向。

## 15.4 南京大报恩寺遗址公园网络文本与照片分析

### 15.4.1 高频特征词汇分析

(1) 数据信息汇总

运用数据采集软件,在去哪儿旅游网站共爬取到 294

条有效评论内容,在携程网站共爬取到2 234条有效内容,将2部分数据同时导入一个Excel表格中,并删除相同用户的重复评论内容,最终得到2 497条可用信息,将其按文本文档的格式存储。

(2) 分词

将整理汇总的文本文档并导入ROST CM6软件中进行分词操作,然而首次分词得到的结果并不理想,因为词库中原有的词语无法覆盖到全部评论用词,因此需要对词库进行补充。在分词自定义词表中补充"大报恩寺""遗址公园""琉璃塔""网红""打卡""汉服"等词汇,随后重新进行分词。

(3) 输出高频词

分词操作完毕之后,就是进行汉语词频分析。首先将分词后得到的文本文档导入软件得到排名前300的高频词汇,其次仔细分析这些词汇并进行过滤词表与归并词表的制作,最后输出排名前100的高频特征词汇。

① 过滤词表,即是存放与南京大报恩寺遗址公园无关的高频特征词汇的表格。举例如下(表15-1):

② 归并词表,即是将意思相同或相近,但表述上有些许差异的词汇放在一起,合并成同一个词汇的表格。举例如下(表15-2):

③ 高频词汇表。举例如下(表15-3):

根据表15-3可见,排名前100的高频特征词汇按词性来分,有名词60个、形容词19个、动词17个、副词4个,

表15-1 词频过滤统计表

| 词名 | 词频 | 词名 | 词频 | 词名 | 词频 | 词名 | 词频 |
|---|---|---|---|---|---|---|---|
| 地方 | 327 | 感受 | 190 | 整个 | 94 | 玩的 | 90 |
| 安排 | 83 | 重建 | 83 | 总体 | 81 | 建议 | 72 |
| 整体 | 68 | 出土 | 67 | 进去 | 58 | 超级 | 54 |
| 慢慢 | 50 | 各种 | 49 | 建造 | 48 | 当年 | 47 |

表15-2 归并词统计表

| 词名 | 词频 | 归并后词名 | 词名 | 词频 | 归并后词名 |
|---|---|---|---|---|---|
| 南京 | 443 |  | 遗址公园 | 218 |  |
| 南京市 | 38 | 南京 | 遗址 | 95 | 遗址公园 |
| 南京城 | 30 |  | 孩子 | 95 |  |
| 遗址 | 379 |  | 儿童 | 40 |  |
| 遗迹 | 53 | 遗址 | 小朋友 | 32 | 孩子 |
| 值得一游 | 415 |  | 小孩 | 25 |  |
| 值得 | 366 | 值得 | 非常好 | 83 |  |
| 现代 | 286 |  | 棒棒 | 52 |  |
| 现代化 | 106 | 现代 | 好评 | 44 | 好评 |
| 现代感 | 22 |  | 好好 | 24 |  |
| 寺庙 | 200 |  | 规模 | 44 |  |
| 寺院 | 46 | 寺庙 | 规格 | 37 | 规模 |
| 佛寺 | 26 |  | 面积 | 28 |  |

表15-3 高频词汇总表

| 特征词 | 词频 | 词性 | 特征词 | 词频 | 词性 | 特征词 | 词频 | 词性 |
|---|---|---|---|---|---|---|---|---|
| 大报恩寺 | 832 | 名词 | 中华门 | 140 | 名词 | 特色 | 62 | 名词 |
| 值得 | 781 | 动词 | 网红 | 136 | 名词 | 下次 | 60 | 副词 |
| 景点 | 504 | 名词 | 晚上 | 134 | 名词 | 完美 | 59 | 形容词 |
| 南京 | 480 | 名词 | 舍利 | 133 | 名词 | 艺术 | 58 | 名词 |
| 历史 | 435 | 名词 | 汉服 | 132 | 名词 | 圣地 | 57 | 名词 |
| 遗址 | 432 | 名词 | 地宫 | 130 | 名词 | 朋友 | 57 | 名词 |
| 现代 | 414 | 形容词 | 建筑 | 128 | 名词 | 千年 | 56 | 形容词 |
| 遗址公园 | 313 | 名词 | 室内 | 126 | 名词 | 曾经 | 55 | 副词 |
| 寺庙 | 272 | 名词 | 开心 | 125 | 形容词 | 丰富 | 55 | 形容词 |
| 佛教 | 256 | 名词 | 景色 | 122 | 名词 | 热情 | 54 | 形容词 |
| 拍照 | 254 | 动词 | 服务 | 120 | 名词 | 最高 | 54 | 形容词 |
| 方便 | 250 | 形容词 | 打卡 | 120 | 动词 | 城墙 | 53 | 名词 |
| 门票 | 238 | 名词 | 规模 | 109 | 名词 | 知识 | 51 | 名词 |
| 文化 | 237 | 名词 | 琉璃 | 103 | 名词 | 上去 | 51 | 动词 |
| 游玩 | 234 | 动词 | 文物 | 102 | 名词 | 技术 | 51 | 名词 |
| 好评 | 203 | 名词 | 小时 | 102 | 名词 | 旅游 | 51 | 动词 |
| 科技 | 198 | 名词 | 效果 | 98 | 名词 | 便宜 | 49 | 形容词 |
| 讲解 | 193 | 动词 | 电梯 | 94 | 名词 | 想象 | 49 | 动词 |
| 孩子 | 192 | 名词 | 行程 | 90 | 名词 | 态度 | 49 | 名词 |
| 震撼 | 191 | 动词 | 不多 | 83 | 副词 | 悠久 | 48 | 形容词 |
| 适合 | 191 | 动词 | 展示 | 82 | 动词 | 精美 | 47 | 形容词 |
| 体验 | 188 | 动词 | 玻璃 | 81 | 名词 | 展品 | 47 | 名词 |
| 琉璃塔 | 186 | 名词 | 交通 | 80 | 名词 | 合理 | 47 | 形容词 |
| 漂亮 | 185 | 形容词 | 场景 | 79 | 名词 | 位于 | 47 | 副词 |
| 博物馆 | 183 | 名词 | 购票 | 77 | 动词 | 网上 | 47 | 名词 |
| 中国 | 178 | 名词 | 环境 | 75 | 名词 | 遗憾 | 46 | 名词 |
| 结合 | 176 | 动词 | 场馆 | 75 | 名词 | 国家宝藏 | 46 | 名词 |
| 设计 | 172 | 动词 | 壮观 | 67 | 形容词 | 古代 | 45 | 形容词 |
| 灯光 | 171 | 名词 | 满意 | 66 | 动词 | 性价比 | 45 | 名词 |
| 导游 | 168 | 名词 | 阿育王塔 | 66 | 名词 | 美轮美奂 | 45 | 形容词 |
| 景区 | 163 | 名词 | 好玩 | 65 | 形容词 | 夜景 | 44 | 名词 |
| 参观 | 155 | 动词 | 明成祖 | 65 | 名词 | 拱门 | 43 | 名词 |
| 好看 | 147 | 形容词 | 视觉 | 62 | 名词 |  |  |  |
| 时间 | 143 | 名词 | 可惜 | 62 | 形容词 |  |  |  |

其中名词主要包括景区景观、文化、历史等,如"寺庙""琉璃塔";形容词主要是游客对于景区景观的评价与游览感受,如"完美""方便";动词主要是游客在景区的行为活动,如"拍照""打卡";副词主要是一些方位词和修饰景区评价的词,如"位于""曾经"。

在前100的高频特征词中,位居前10名的分别为"大报恩寺""值得""景点""南京""历史""遗址""现代""遗址公园""寺庙""佛教"。其中,"大报恩寺"以832的频数位居第一,表明游客对于该遗址公园最主要的实体感知印象

为"大报恩寺";其次的"景点""南京""历史""遗址""遗址公园""寺庙""佛教"这7个次级主题词则表明南京大报恩寺遗址公园能给游客留下深刻印象主要是基于南京的地理位置、遗址公园的开发定位、遗址地段的悠久历史以及佛教主题的建筑这4个方面;"现代"这一词则说明园内的展示设施偏于科技类,较为先进;最后,"值得"则表明游客对于南京大报恩寺遗址公园的旅游感受整体呈正向感受。

运用ROST CM6软件制作出的高频特征词可视化图则可以更加直观地通过图像表达游客对于南京大报恩寺遗址公园的形象感知情况(图15-1)。图片中字体的大小表示词汇在评论信息中出现次数的多少。

表15-4 大报恩寺遗址公园特征词归类细分统计

| 主类目 | 个数 | 总频数 | 次类目 | 个数 | 频数 | 百分比 |
|---|---|---|---|---|---|---|
| 位置区划 | 5 | 971 | 地理位置 | 2 | 173 | 6.80 |
|  |  |  | 行政区划 | 3 | 798 |  |
| 旅游资源 | 39 | 6 153 | 景观 | 26 | 4 556 | 43.09 |
|  |  |  | 文化 | 6 | 791 |  |
|  |  |  | 历史 | 7 | 806 |  |
| 旅游活动 | 17 | 1 985 | 购物 | 5 | 458 | 13.90 |
|  |  |  | 交通 | 4 | 425 |  |
|  |  |  | 游憩娱乐 | 8 | 1 102 |  |
| 服务设施 | 14 | 1 872 | 服务 | 6 | 666 | 13.11 |
|  |  |  | 设施 | 8 | 1 206 |  |
| 旅游体验 | 25 | 3 299 | 同行者 | 2 | 249 | 23.10 |
|  |  |  | 旅游感受 | 23 | 3 050 |  |

表15-5 位置区划高频词表

| 感知类目 | 特征词 | 频数 | 百分比 | 词性 |
|---|---|---|---|---|
| 地理位置 | 室内 | 126 | 0.88 | 名词 |
|  | 位于 | 47 | 0.33 | 副词 |
| 行政区划 | 南京 | 480 | 3.36 | 名词 |
|  | 中国 | 178 | 1.25 | 名词 |
|  | 中华门 | 140 | 0.98 | 名词 |

图15-1 大报恩寺遗址公园高频特征词可视化图

### 15.4.2 认知形象分析

根据网络评论内容的分析结果,通过挖掘高频词间的内在逻辑,将处于前100位的高频特征词进行分类,提炼出12个感知要素,对其进行进一步的整合与分析,最终概括为5个方面,包括位置区划、旅游资源、旅游活动、服务设施与旅游体验(表15-4)。

(1) 位置区划

游客在选择旅游目的地时,地理位置是其必定会考虑的一个重要因素,尤其是南京大报恩寺遗址公园所处的行政区位以及其游览时所处的具体位置。在排名前100的高频词中,表示位置区划的词汇包括"室内""位于""中国""南京""中华门",这5个词占总词频的6.80%(表15-5)。其中,"南京"是这部分占比最多的词汇,由此可见,游客对于大报恩寺遗址公园位置的定位主要为其是属于南京城中的一部分。

(2) 旅游资源

旅游资源是旅游目的地吸引游客的首要因素,主要包括景观、文化与历史3个方面。按照被提及的频数由高至低依次排序为(表15-6):景观被提到4 556次,占总词频的31.90%;文化被提到791次,占总词频的5.54%;历史被提到806次,占总词频的5.65%。

① 景观

景观是指具有特色且可以给人以最直观视觉感受的空间与物质所构成的综合体。在大报恩寺遗址公园旅游资源的感知中,游客对于景观的感知印象最为深刻。前100的高频特征词中几乎没有关于自然资源的词汇,由此可见,南京大报恩寺遗址公园是一个以硬质景观为主的展览体验式公园。"寺庙""琉璃塔""博物馆""灯光""舍利""地宫""建筑"等特征词排在较为靠前的位置,表明上述景点是游客的印象中最能够代表大报恩寺遗址公园的特色景观;这些大多是大型建筑类景观,由此可以推断,遗址公园中的建筑占比极大。"灯光""晚上""夜景"3个相互关联的词汇则表达出遗址公园内受众人欣赏的夜景主要是灯光秀。

② 文化

文化是地域文明、精神和传统的证明和表现。"佛教""文化""特色"表明遗址公园所承载的主要是中国古代的佛教文明;"艺术"则说明遗址公园除却佛教文化,也有着相当浓厚的艺术氛围,尤其是其中的寺庙建筑艺术;"汉服"是指公园会提供汉服体验服务,同时也会有一部分游客身着汉服前来游览体验,可见南京大报恩寺遗址公园传承的核心是中华传统文化与精神。"国家宝藏"是一档讲解中国历史文物的节目,许多游客就是通过这个节目对南京大报恩寺遗址公园产生了兴趣。

③ 历史

历史是指历史人物或是历史事件。"历史""文物""千

表 15-6　旅游资源高频词表

| 感知类目 | 特征词 | 频数/百分比 | 词性 |
| --- | --- | --- | --- |
| 景观 | 大报恩寺 | 832/5.83 | 名词 |
|  | 景点 | 504/3.53 | 名词 |
|  | 遗址 | 432/3.03 | 名词 |
|  | 遗址公园 | 313/2.19 | 名词 |
|  | 寺庙 | 272/1.90 | 名词 |
|  | 琉璃塔 | 186/1.30 | 名词 |
|  | 博物馆 | 183/1.28 | 名词 |
|  | 灯光 | 171/1.20 | 名词 |
|  | 景区 | 163/1.14 | 名词 |
|  | 晚上 | 134/0.94 | 名词 |
|  | 舍利 | 133/0.93 | 名词 |
|  | 地宫 | 130/0.91 | 名词 |
|  | 建筑 | 128/0.90 | 名词 |
|  | 景色 | 122/0.85 | 名词 |
|  | 规模 | 109/0.76 | 名词 |
|  | 琉璃 | 103/0.72 | 名词 |
|  | 效果 | 98/0.69 | 名词 |
|  | 玻璃 | 81/0.57 | 名词 |
|  | 场景 | 79/0.55 | 名词 |
|  | 场馆 | 75/0.53 | 名词 |
|  | 阿育王塔 | 66/0.46 | 名词 |
|  | 圣地 | 57/0.40 | 名词 |
|  | 城墙 | 53/0.37 | 名词 |
|  | 展品 | 47/0.33 | 名词 |
|  | 夜景 | 44/0.31 | 名词 |
|  | 拱门 | 43/0.30 | 名词 |
| 文化 | 佛教 | 256/1.79 | 名词 |
|  | 文化 | 237/1.66 | 名词 |
|  | 汉服 | 132/0.92 | 名词 |
|  | 特色 | 62/0.43 | 名词 |
|  | 艺术 | 58/0.41 | 名词 |
|  | 国家宝藏 | 46/0.32 | 名词 |
| 历史 | 历史 | 435/3.05 | 名词 |
|  | 文物 | 102/0.71 | 名词 |
|  | 明成祖 | 65/0.46 | 名词 |
|  | 千年 | 56/0.39 | 形容词 |
|  | 曾经 | 55/0.39 | 副词 |
|  | 悠久 | 48/0.34 | 形容词 |
|  | 古代 | 45/0.32 | 形容词 |

年""曾经""悠久""古代"都表明南京大报恩寺的遗址留存历经千年时光,历史悠久。

综上,在旅游资源认知的方面,呈现以下特点:一是游客对于景观的认知最为深刻,尤其是以建筑为核心的硬质景观;二是游客对于自然景观的感知微弱,甚至几乎没有;三是遗址公园中灯光既是重要的景观资源,也是更好展示遗址留存的重要手段;因为有灯光的加持,公园的夜景成为一大看点;四是游客对于文化要素的感知以佛教文化为主,以汉服为代表的中国传统文化为辅;五是公园内留存的遗址多是历史悠久,给游客留下较为深刻的印象。

(3) 旅游活动

旅游活动是游客在旅行过程中组主要的一个环节,包括购物、交通与游憩娱乐 3 个方面。按照被提及的频数由高至低依次排序为(表 15-7):购物被提到 458 次,占总词频的 3.21%;交通被提到 425 次,占总词频的 2.97%;游憩娱乐被提到 1 102 次,占总词频的 7.72%。

表 15-7　旅游活动高频词表

| 感知类目 | 特征词 | 频数/百分比 | 词性 |
| --- | --- | --- | --- |
| 购物 | 门票 | 238/1.67 | 名词 |
|  | 购票 | 77/0.54 | 动词 |
|  | 便宜 | 49/0.34 | 形容词 |
|  | 合理 | 47/0.33 | 形容词 |
|  | 网上 | 47/0.33 | 名词 |
| 交通 | 时间 | 143/1.00 | 名词 |
|  | 小时 | 102/0.71 | 名词 |
|  | 行程 | 90/0.63 | 名词 |
|  | 交通 | 80/0.56 | 名词 |
| 游憩娱乐 | 拍照 | 254/1.78 | 动词 |
|  | 游玩 | 234/1.64 | 动词 |
|  | 体验 | 188/1.32 | 动词 |
|  | 参观 | 155/1.09 | 动词 |
|  | 打卡 | 120/0.84 | 动词 |
|  | 上去 | 51/0.36 | 动词 |
|  | 旅游 | 51/0.36 | 动词 |
|  | 想象 | 49/0.34 | 动词 |

① 购物

购物是旅游过程中必定会涉及的活动,但是其在总词频中的占比并不是很多,表明游客在南京大报恩寺遗址公园内的购物行为并不是很多,感知较弱。在统计表中,门票是被提及次数最多的购买物,把"网上"归类到购物中,主要是因为评论中提及这个词基本就是网上订购门票、网上获取优惠信息等,反映出网络已经成为游客了解旅游地的一种主要方式,这也给大报恩寺遗址公园以后的宣传提供了参考,即注重线上宣传;多数游客认为门票价格不贵,"便宜""合理"以将近 50 的频数出现在高频词统计表中就表明了上述观点。

② 交通

交通是旅游者最为关注的问题之一,来南京大报恩寺遗址公园的游客对于公园周边的交通感知是比较方便。如有评论这样写道:"自驾的话有大型地下停车场,很方便。""坐地铁在中华门站下车,走 5 分钟就到了。"

③ 游憩娱乐

游客在南京大报恩寺遗址公园开展的活动是多种多样的,如"拍照""游玩""体验""参观""打卡"等。大报恩寺作为全国重点文物保护单位，其中多是历史遗存类的景点，因此游憩娱乐是以传统的参观式为主。基于园内有部分运用现代科技手段重现的历史遗存，互动体验则成为游憩娱乐的第二大项活动。

综上，在旅游活动的感知方面，呈现以下特点：一是游客们对于购物的感知较弱，主要的购物品类是门票，且多是网上购买，价格合理、便宜；二是游客对于周边交通的感知为比较方便；三是园内的游憩娱乐活动主要是传统的参观式游览，互动体验的项目有限。

（4）服务设施

服务设施包括服务与设施两个方面。按照被提及的频数由高至低依次排序为（表15-8）：服务被提到666次，占总词频的4.66%；设施被提到1 206次，占总词频的8.45%。

① 服务

服务主要涉及的是"导游""讲解"等，因为南京大报恩寺遗址公园是以展示历史留存为主的公园，需要游客有一定的历史知识，因此需要导游的带领与专业人士介绍，而"导游"一词被提及了168次，可见跟团旅游者对导游有极大的关注度。从"热情"一词中可以感受到导游对于讲解工作的态度是非常认真的。

② 设施

表15-8涉及的设施主要是指园内的游览设施，如"电梯"等，而"现代""科技""精美"等词汇都是评论中涉及的有关设施印象的词汇。从高频词汇中可以看出，游客对于园内设施的最深刻印象是科技与现代化。

综上，在服务设施的认知方面，呈现以下特点：一是游客对于服务人员的感知主要是导游，且对其工作态度持以好评；二是游客对于园内游览设施的感知主要是现代化与科技感。

表15-8　服务设施高频词表

| 感知类目 | 特征词 | 频数/百分比 | 词性 |
| --- | --- | --- | --- |
| 服务 | 讲解 | 193/1.35 | 动词 |
|  | 导游 | 168/1.18 | 名词 |
|  | 服务 | 120/0.84 | 名词 |
|  | 展示 | 82/0.57 | 动词 |
|  | 热情 | 54/0.38 | 名词 |
|  | 态度 | 49/0.34 | 名词 |
| 设施 | 现代 | 414/2.90 | 名词 |
|  | 科技 | 198/1.39 | 名词 |
|  | 结合 | 176/1.23 | 动词 |
|  | 设计 | 172/1.20 | 动词 |
|  | 电梯 | 94/0.66 | 名词 |
|  | 最高 | 54/0.38 | 形容词 |
|  | 技术 | 51/0.36 | 名词 |
|  | 精美 | 47/0.33 | 形容词 |

总而言之，在游客的视角中，南京大报恩寺遗址公园是一个历史与现代相结合的地方，它有承载着中国古代文明的遗址留存，也有彰显现代科学技术的设备设施，两者的有机结合最终形成了南京大报恩寺遗址公园的独特魅力。

（5）旅游体验

旅游体验包括同行者与旅游感受2个方面。按照被提及的频数由高至低依次排序为（表15-9）：同行者被提到249次，占总词频的1.74%；旅游感受被提到3 050次，占总词频的21.36%。

① 同行者

同行者即是共同旅游的人，从统计表中的数据来看，多数游客会带着自己的孩子或者与朋友结伴前来。

② 旅游感受

旅游感受是对于一段旅程的最终评价。与旅游感受相关的词汇在旅游体验中占据绝对优势，游客对于南京大报恩寺遗址公园的总体满意度较高，统计表中"值得""好评""震撼""好看"等词汇出现的频率较多，表明遗址公园

表15-9　旅游体验高频词表

| 感知类目 | 特征词 | 频数/百分比 | 词性 |
| --- | --- | --- | --- |
| 同行者 | 孩子 | 192/1.34 | 名词 |
|  | 朋友 | 57/0.40 | 名词 |
| 旅游感受 | 值得 | 781/5.47 | 动词 |
|  | 方便 | 250/1.75 | 形容词 |
|  | 好评 | 203/1.42 | 名词 |
|  | 震撼 | 191/1.34 | 动词 |
|  | 适合 | 191/1.34 | 动词 |
|  | 漂亮 | 185/1.30 | 形容词 |
|  | 好看 | 147/1.03 | 形容词 |
|  | 网红 | 136/0.95 | 名词 |
|  | 开心 | 125/0.88 | 动词 |
|  | 不多 | 83/0.58 | 副词 |
|  | 环境 | 75/0.83 | 名词 |
|  | 壮观 | 67/0.47 | 形容词 |
|  | 满意 | 66/0.46 | 动词 |
|  | 好玩 | 65/0.46 | 形容词 |
|  | 可惜 | 62/0.43 | 副词 |
|  | 视觉 | 62/0.43 | 名词 |
|  | 下次 | 60/0.42 | 副词 |
|  | 完美 | 59/0.41 | 形容词 |
|  | 丰富 | 55/0.39 | 形容词 |
|  | 知识 | 51/0.36 | 名词 |
|  | 遗憾 | 46/0.32 | 名词 |
|  | 性价比 | 45/0.32 | 名词 |
|  | 美轮美奂 | 45/0.32 | 形容词 |

的开发非常之成功。"可惜""遗憾"等词汇的频数较少,表明也有部分游客对于遗址公园并不是非常满意。

综上,在旅游体验的认知方面,呈现以下特点:一是多数游客选择孩子或朋友作为同行者前来旅游;二是游客对于南京大报恩寺遗址公园的旅游感受以好评居多,但也不乏对其不满意的游客。

### 15.4.3 情感形象分析

为了提高分析结果的可信度,选用 2007 年中国知网发布的情感分析用词语集(beta 版),包括正面评价词汇、正面情感词汇、负面评价词汇与负面情感词汇等多个词汇包,将分词完毕的评论文档与情感分析用词语集(beta 版)导入 ROST EA 软件中,得到了情感分布表,如表 15-10 所示。

从表 15-10 的分析结果可以看出,游客对于南京大报恩寺遗址公园的情感形象中,积极情感占比 84.54%,中性情感占比 9.16%,消极情感占比 6.30%。可见游客对于南京大报恩寺遗址的评价以积极情绪为主,但也不能忽视消极情感的表达。

(1) 积极情感

结合表 15-10 与表 15-11,可以分析游客对于南京大报恩寺遗址公园的积极情感。积极情感中的一般情绪评价共 1 461 条,占比 37.71%;中等情绪评价共 905 条,占比 23.36%;高度情绪评价共 909 条,占比 23.47%。由此可见,游客对于南京大报恩寺遗址公园的评价以一般的积极情感为主,中等与高度积极情绪评价占比较少,南京大报恩寺遗址公园在改进其建设方面还有很大的提升空间。

(2) 消极情感

结合表 15-10 与表 15-12,可以分析游客对于大报恩寺遗址公园的消极情感。消极情感中的一般情绪评价共 164 条,占比 4.23%;中等情绪评价共 57 条,占比 1.47%;高度情绪评价共 23 条,占比 0.60%。由此可见,游客对于大报恩寺遗址公园的消极评价中以一般消极情绪为主,高度消极情绪占比极少,说明游客对于大报恩寺有不满意之处,但情感并非十分强烈。

### 15.4.4 拍照指数分析

因携程 PC 端无法显示图片评论内容,因此只爬取到去哪儿旅游网站 2019 年度的 206 张评论照片;又因为去哪儿旅游网站的游客大部分购买的是多景点联票,因此需要删去与南京大报恩寺遗址公园无关的景点照片,最后余下 121 张有效照片。

将筛选好的 121 张照片导入 Nvivo 11.0 软件,把每一张照片定义为一个单独的内容,通过对照片里包含的复杂信息进行编码建立自由节点,然后将包含同一类信息的照片归类到同一个自由节点下。因为照片所包含的信息是复杂且多样的,因此同一张照片需要被打碎成多个信息元素进行编码,这就造成一张照片可能同时归属于多个的不同自由节点。

表 15-10 情感分布表

| 情感倾向 | 情感分段 | 频数 | 百分比/% | 总比例/% |
|---|---|---|---|---|
| 积极情感 | 一般 | 1 461 | 37.71 | 84.54 |
| | 中度 | 905 | 23.36 | |
| | 高度 | 909 | 23.47 | |
| 中性情感 | | 355 | 9.16 | 9.16 |
| 消极情感 | 一般 | 164 | 4.23 | 6.30 |
| | 中度 | 57 | 1.47 | |
| | 高度 | 23 | 0.60 | |

表 15-11 正面评价文本

| 正面评论原文(示例) | 正面评价词语 |
|---|---|
| "确实是很值得去的一个地方!" | 值得 |
| "这次来到报恩寺遗址公园,感觉真的很漂亮,场景很好看……" | 漂亮、好看 |
| "设计太赞了,建筑形式、内部布展方式美轮美奂……" | 设计赞、美轮美奂 |
| "文化底蕴深厚,内容丰富。文物保存完好,可以登塔瞭望。" | 文化深厚、文物完好 |
| "网红景点,人不多,体验感很好。最好能蹭导游,不然看的不是很明白。景区还是蛮大的,整个参观下来要 2 个小时左右。总体感觉很值!" | 体验感好、景区大、感觉很值 |

表 15-12 负面评价文本

| 负面评价文本(示例) | 负面评价词语 |
|---|---|
| "大报恩塔的底层给人一种惊艳的感觉,就是门口的饭太坑了,又难吃又贵。" | 配套较差 |
| "项目比较鸡肋……" | 项目不好玩 |
| "没有什么可以看的。" | 不好玩 |
| "内容比较少,两个多小时就观赏完了。" | 园区项目少 |
| "不错,就是取票太麻烦,而且检票员对业务不熟悉。" | 服务欠缺 |

依据照片中包含的信息,对照片逐个进行编码,如图 15-2 所示,照片中有大报恩塔,因此将照片编码为"大报恩塔",由此生成了一个自由节点;同时照片中还包含了灯光,于是将照片再次编码为"灯光",生成一个自由节点。

照片编码结束之后得到如表 15-13 所示的自由节点统计表,这是照片中包含的大报恩寺遗址公园内景观节点

图 15-2　编码照片示例

表 15-13　自由节点统计表

| 自由节点 | 数量 | 自由节点 | 数量 | 自由节点 | 数量 |
|---|---|---|---|---|---|
| 灯光 | 55 | 许愿风铃 | 9 | 城墙 | 4 |
| 生命之树 | 25 | 舍利佛光 | 8 | 秦淮河 | 4 |
| 大报恩塔 | 23 | 大报恩寺碑巨石 | 7 | 月台遗址 | 3 |
| 阿育王塔 | 19 | 经藏如海 | 6 | 儿童考古区 | 2 |
| 琉璃拱门 | 16 | 长干佛脉 | 6 | 复原大报恩寺塔模型 | 2 |
| 佛像 | 14 | 南朝四百八十寺 | 6 | 北景区 | 2 |
| 报恩体验区 | 14 | 前世今生 | 5 | | |
| 千年对望 | 10 | 室内遗址留存 | 5 | | |

所出现的次数。

据表 15-13 可知，景观节点中灯光、生命之树、大报恩塔、阿育王塔与琉璃拱门拍照指数较高。总体来看，拍照指数较高的地点多位于室内展馆处，这与大报恩寺遗址公园以室内展览为主有关。"灯光"位于第一位，因为多数景观节点都是以灯光效果来复原大报恩寺过去的样貌，且夜晚的大报恩塔塔身通体都有灯光，场景很美。"生命之树"居于第二位，因其场景令游客最为震撼，参天的生命之树延伸出冠状枝条，垂下数万条犹如柳枝般的光纤，游客仿佛置身梦幻星河，意境非常美，此处的出片率极高。大报恩寺塔因为是整个遗址公园最具代表性的核心景点，多数游客会在进入公园的时候就拍下照片；阿育王塔与琉璃拱门则是室内展馆中最受欢迎的两件展品，它们本身的历史意义吸引了很多游客为其驻足。之后的各处景点的拍照指数并不是很高，尤其是那些原样留存的遗址，并未引起多数游客的拍照兴趣。

结合对于照片内容的分析，游客拍照指数高的景观节点有以下几个特点：①景区的代表性核心景观节点是游客拍照的主要位置，如大报恩寺塔；②场景布置精美的景观节点尤其会吸引游客前来拍照，如生命之树；③文化底蕴与历史含蕴深厚的景观节点会吸引相当多的游客前来观赏，驻足时间长便会拍摄很多照片，如阿育王塔和琉璃拱门；④体验与互动活动丰富会让游客有沉浸式体验，给游客带来乐趣的同时，游客会花更多时间在此停留，拍摄更多照片，如报恩体验区。

## 15.5　南京大报恩寺遗址公园形象优化策略

### 15.5.1　动机视角优化

游客选择某一景区作为旅游目的地，除了自身的需求外，最重要的就是旅游目的地本身对于游客的吸引力。南京大报恩寺遗址公园可以从以下几个方面着手，吸引游客前来旅游。

一是注重景区的宣传。由前文对于高频词的分析可知，游客对于南京大报恩寺遗址公园的了解与订票等动作都是基于网络开展的，因此必须加强网络方面的宣传营销，如通过网络播放宣传片、社交媒体开帖讨论等，提高大报恩寺遗址公园的知名度（方琴，2019）。

二是塑造景区优质服务的口碑。游客本身就是一种宣传媒介，景区良好的服务态度会使游客对于南京大报恩寺遗址公园的印象更上一层，偶尔对亲朋好友提起就会产生很好的宣传效果。

### 15.5.2　游客情感感知视角优化

游客对于南京大报恩寺遗址公园的情感感知以积极情感为主，但也不能忽视消极情感的存在，可以从以下几个方面着手。

一是利用现有资源，打造更加多样化的活动。目前南京大报恩寺遗址公园主要以历史留存的遗址复原与展示为主，游客在园内的活动主要是参观；大部分展品位于室内展馆，用此类历史资源打造更多互动体验项目能够更好地满足游客的需求。

二是完善周边配套服务，提高服务质量。消极情绪中有提及"周边的饭不太好吃""取票太麻烦"等负面评论，因此，完善周边配套设施要注意以下的点：丰富周边餐馆的种类，使前来旅游的游客有选择的余地；并且需要监督周边餐馆的卫生状况，务必使其达标。至于提高服务质量，首先得要解决好部分游客取票难的问题，升级购票、取票系统，提高服务效率。

### 15.5.3　游客拍照指数视角优化

照片是游客对于景区主观认知的最直观反映，一个景区运营的成功与否可以从该景区着重建设的景观是否游客拍照较多的景点来判断(方琴,2019)。景区可以参照游客拍照指数,进而优化运营策略,使南京大报恩寺遗址公园以更好的面貌呈现在世人眼前。一方面,尽量满足游客的需求,对于拍照指数较高的景观节点进行完善,如对"生命之树"景点进行完善,使其能吸引更多游客前来观赏拍照;另一方面,按照现有的拍照指数较高的景观节点的建设经验,打造新的拍照指数高峰节点。

**参考文献**

邓钧方,2019.基于网络文本分析的张家界大峡谷玻璃桥旅游体验研究[D].吉首:吉首大学.

方琴,2019.国家一号风景大道自驾体验研究:基于网络文本和照片分析[D].北京:北京交通大学.

王维晴,2019.基于网络文本分析的旅游目的地形象感知研究:以明月山旅游区为例[D].南昌:江西财经大学.

徐凤阳,2016.陕西神木石峁遗址公园展示设计研究[D].西安:西安建筑科技大学.

张丹,2019.基于网络文本的旅游目的地形象感知群体差异研究:以太白山景区为例[D].西安:西安外国语大学.

张艳蓉,2019.龙虎山世界地质公园旅游形象的游客感知研究:基于网络文本与问卷调查的分析[D].抚州:东华理工大学.

# 附 录

## 附录一：江苏省部分城市遗址公园基本情况

### 1 南京市

#### 1.1 南京薛城遗址公园

遗址公园位于南京市高淳区淳溪镇薛城村，紧邻石臼湖南岸，遗址占地约 6 hm²。薛城遗址在 1997 年的抢救发掘中被确定为新石器时代的人类活动遗址，距今 5 000～6 300 年。遗址文化堆积分为上下 2 层，上层为一处氏族墓地，下层为一处居址，并出土了大量的陶器、石器、玉器、骨器等文化遗物。薛城遗址是南京地区已知面积最大、年代最早的新石器时代遗址，其所蕴含的文化内涵填补了长江中下游南岸苏浙皖交会地带史前考古的空白，于 2013 年被列为第七批全国重点文物保护单位[①]。

遗址公园面积约 3.3 hm²，分为发掘现场展示区、出土文物陈列馆和万株牡丹园 3 个区域[②]。公园的遗址保护与展示方法主要为钢结构玻璃大棚覆罩保护与展示，并配合展馆对出土文物进行陈列展示。

遗址公园的平面图、调研图如附图 1、附图 2 所示。

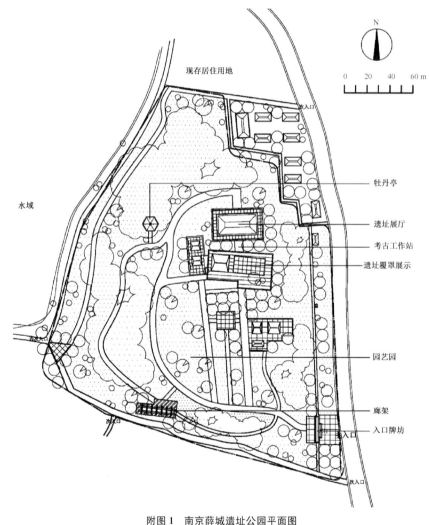

附图 1　南京薛城遗址公园平面图

---

① 沈尉,汪永平.城郊背景下的大遗址保护模式探索：以南京高淳薛城遗址为例[J].江苏建筑,2010(3):16-17.
薛城考古队.南京史前考古的重大收获：高淳薛城遗址的发现及初步认识[J].南京史志,1998(2):36-38.
② http://dfz.nanjing.gov.cn/gzdt/202009/t20200922_2413767.html

陈列展示

牡丹亭

出入口大门

附图 2　南京薛城遗址公园调研图

## 1.2 南京宝塔山遗址公园

遗址公园位于南京市江宁区宝塔北路，南邻句容河，占地面积约3 hm²[①]。园内主要遗址为距今约3 600年的台形人类聚落遗址，全面展现了中国江南地区的史前文化——湖熟文化[②]。

遗址公园以遗址墩为构图核心，向四周作发散式布局。公园中部为遗址保护展示区，西侧为主入口景观区，西部为游憩活动区，其自然山林气息与遗址保护展示区的大气雄浑气韵相得益彰。承载纪念价值的遗址墩上部建有硬质活动广场，为园内制高点，并以浮雕墙与石碑等构筑物对湖熟文化进行展示宣传。遗址墩西侧、南侧紧邻道路，设公园主次出入口。遗址墩北侧、东侧为凹地形湿地，并建有水中栈道等。

遗址公园的平面图、调研图如附图3、附图4所示。

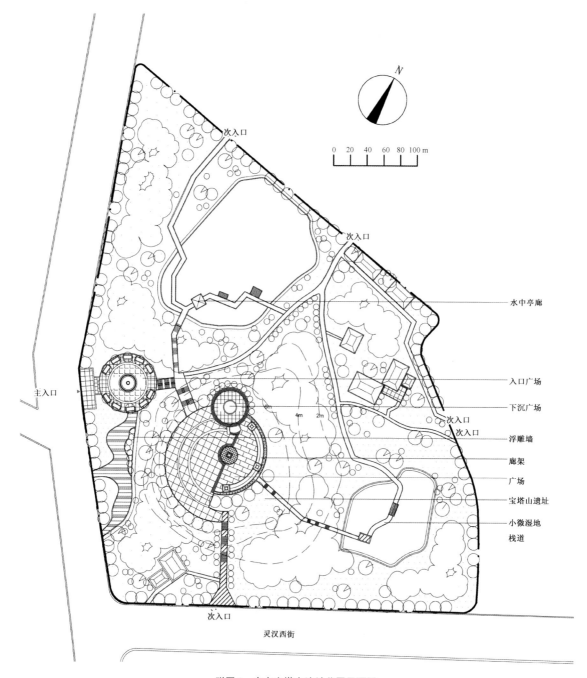

附图3　南京宝塔山遗址公园平面图

---

① 资料来源：公园简介
② 刘宗意.湖熟：南京附近史前遗址考察记（七）[J].江苏地方志,2018(2):4-16.

廊架

利用遗址墩设置浮雕墙

入口广场

入口台阶

小微湿地栈道

附图4　南京宝塔山遗址公园调研图

### 1.3 南京窨子山遗址公园

遗址公园位于南京市秦淮区大明路与窨子山路交叉口,占地约 1 hm²。园内主要遗址为一处 80 m×90 m 的平顶土墩,属于青铜器时代的古人类活动遗址。该土墩是湖熟文化的典型物质载体,揭示了场地所蕴含的自然过程和人文脉络[①]。该遗址被列为江苏省文物保护单位。

场地结构以遗址墩为单点核心,道路沿周边呈环状布置。遗址墩西侧为林荫广场,为当地居民提供了休闲活动空间。遗址墩东侧、南侧紧邻城市道路,北侧为围墙。

遗址公园的平面图、调研图如附图 5、附图 6 所示。

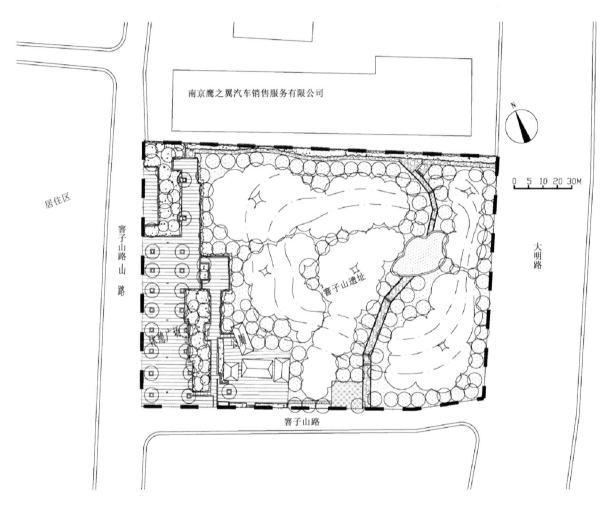

附图 5　南京窨子山遗址公园平面图

① https://baike.baidu.com/item/窨子山古文化遗址

登山步道

浮雕墙

遗址墩登山道入口

休憩广场

附图 6　南京窨子山遗址公园调研图

### 1.4 南京石头城遗址公园

遗址公园位于南京市鼓楼区虎踞路，北起石头城路南端，南至汉中门红土山，水陆面积共约 20 hm²。园内遗址多为城墙城垣类遗址，以鬼脸城、龟石群、清凉门、明城墙等六朝遗址为典型代表，将石头城的悠久历史与自然山水有机结合，将古代战场与现代国防教育融为一体，以古城墙为轴线，体现历史文化古都的特色。石头城遗址是全国第三批重点文物保护单位①。

遗址保护与展示方法为露天保护与展示，并利用绿化进行一定隔离，遗址公园以"石城怀古"为主题，内设以城墙展示为主的遗址保护与展示区和以滨水体验、广场观览为主的游憩活动区。主园路依托线性城墙展开，支路多分布于场地北部。公园按照规模、年代与性质类型，对遗址进行保护性直观展示，并建有博物馆、清凉寺、旅游中心等景观节点，集中展示以六朝文化为主的多元特色文化②。

遗址公园的平面图、调研图如附图 7、附图 8 所示。

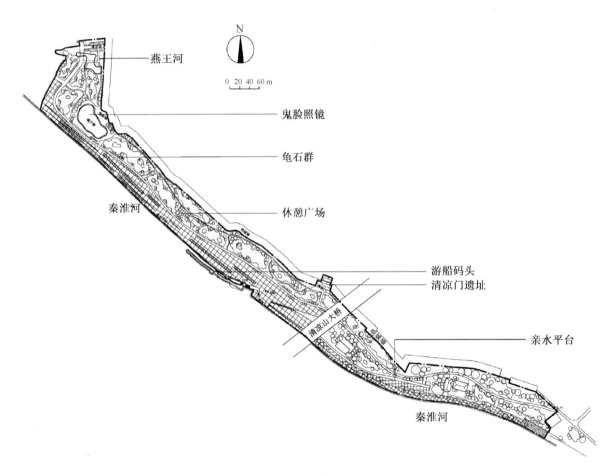

附图 7 南京石头城遗址公园平面图

---

① 资料来源：公园简介
② 中国建筑工业出版社.《场所景观：成玉宁景园作品选》[J]. 中国园林，2016,32(4):15.

城墙休憩广场

城墙遗址

鬼脸照镜

明城墙

鬼脸照镜全景

附图 8　南京石头城遗址公园调研图

### 1.5 南京大报恩寺遗址公园

遗址公园位于南京市秦淮区中华门外雨花路，整个园区占地约14 hm²。公园内主要遗址为大报恩寺遗址，包括寺庙遗址、水工遗址、大殿遗址、画廊遗址等。大报恩寺可追溯至东吴时期，明永乐年间重修，后在19世纪60年代毁于太平天国运动，直至20世纪80年代开展寺庙修复保护工作[①]。大报恩寺遗址是中国规模最大、规格最高、保存最完整的寺庙遗址之一，是2010年"全国十大考古新发现"之一，2013年被列为全国重点文物保护单位。

公园主要由入口广场、中心广场、环形围廊展馆（遗址博物馆）3个部分组成，呈"回"字形。遗址保护方法多样，有露天保护、覆罩保护等。遗址展示方法有露天展示（香水河桥）、覆罩展示（画廊遗址）、复建展示（琉璃塔）、多媒体展示。公园功能分区为遗址区、展示区、服务区及休闲活动区。公园交通流线主要在环形围廊展馆中。公园遗址保护完善，遗址展示生动，功能分区及交通流线清晰，各基础设施配套完善。

公园以遗址博物馆的形式对遗址本体的主体进行保护与展示，并在塔基和宋代地宫上方建造塔形轻质保护建筑。该塔形建筑以玻璃覆面，在形式上"重现"明代五色琉璃塔。公园的空间结构与明代大报恩寺的格局相呼应，主、副轴与原有南北向轴线相叠合，主要道路多为南北向道路，以此再现场地记忆、延续场地肌理[②]。

遗址公园的平面图、调研图如附图9、附图10所示。

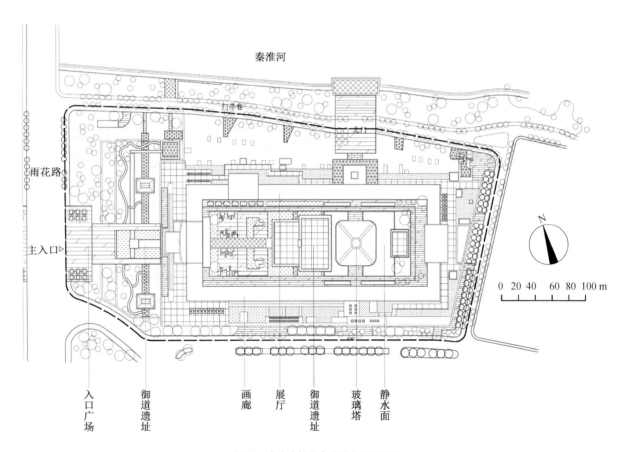

**附图9　南京大报恩寺遗址公园平面图**

---

① http://www.besdchina.com/
邵一戈. 南京大报恩寺遗址公园展示设计研究[D]. 南京：南京航空航天大学，2018.
② 王建国. 金陵大报恩寺遗址公园规划设计刍议[J]. 建筑学报，2017(1)：8-10.

静水面

街道遗址

展厅内部

琉璃塔

中心广场

附图 10　南京大报恩寺遗址公园调研图

## 1.6 南京东水关遗址公园

遗址公园位于南京市秦淮区龙蟠中路通济门大桥西侧,占地面积为 4.15 hm²①。公园内部主要遗址为东水关及明城墙。东水关是南京历史上保存至今的最大水关,其建设历史可追溯至东吴时期,后在明代得以扩建,曾是古秦淮重要的交通枢纽,是秦淮河流入南京城的入口,明代在水关的基础上修建明城墙,其将水关与城墙建筑结合的方式在中国建筑史上也有一定的价值。该遗址为全国重点文物保护单位。

公园整体格局完全依托遗址格局,以东水关为核心,结合城墙设置道路。公园对遗址采取露天展示方式,并利用自然植物群落的分割、美化空间功能,尽量减少游览活动对遗址的消极影响和破坏。该遗址公园是秦淮风光带中的重要一环,也是明代文化的重要载体之一。

遗址公园的平面图、调研图如附图 11、附图 12 所示。

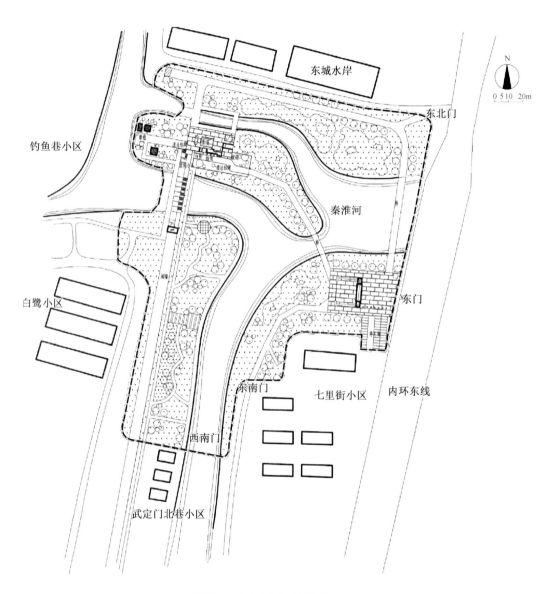

附图 11 南京东水关遗址公园平面图

---

① http://njfzm.net/ctt/38/25.htm

谢玉航,杨荣清.基于空间句法理论的遗址公园优化研究:以南京东水关遗址公园为例[J].安徽建筑大学学报,2020,28(5):42-49

城墙 1

城墙 2

城墙 3

秦淮河

入口广场

水闸遗址

附图 12　南京东水关遗址公园调研图

### 1.7 南京桃叶渡遗址公园

公园位于南京市秦淮区,东起淮阴桥,西至平江府路,总面积约 0.5 hm²[①]。桃叶渡是"十里秦淮"的一处古渡口,曾是六朝时期著名的送别点。现存遗址有门牌、石碑、码头等。

公园依托于桃叶渡码头而建,公园以六朝文化为场地脉络,以沿河历史性景点为基址节点,以历代文人诗词为场所特色,发展了场地特有的景观风貌。

遗址公园的平面图、调研图如附图 13、附图 14 所示。

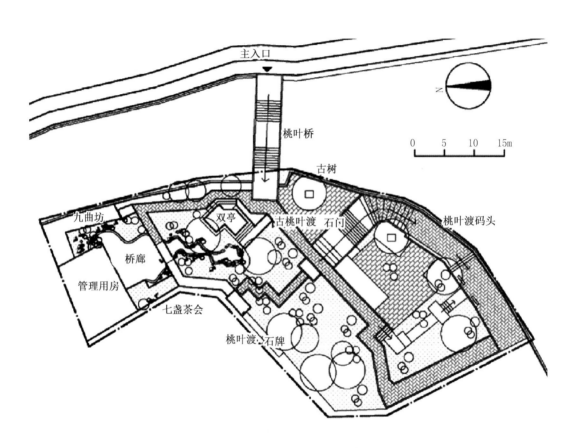

附图 13 南京桃叶渡遗址公园平面图

---

① 思平,剑飞. 南京建设桃叶渡遗址公园[N]. 新华日报,2003-05-27(B2).

大门

桥廊

石牌坊

桃叶渡码头

附图 14　南京桃叶渡遗址公园调研图

### 1.8 南京萧宏墓石刻遗址公园

遗址公园位于江苏省南京市栖霞区学则路与灵山北路交叉口，占地约 5.67 hm²[①]。公园主要遗址为南朝梁石刻，具体包括辟邪二、神道柱二和石碑二[②]。南京萧宏墓石刻遗址公园所处位置原是梁临川靖王萧宏墓前的神道，现皇家陵园的森严已不再，仅存遗留下的石刻作为公园的展示主体。遗址已于 1988 年被列为全国重点文物保护单位。

遗址公园整体以水中石刻为展示中心，沿周边设置自然式参观道路。各分区内部景观设计遵循场地历史文脉和游人行为特征，显得匠心独运且内涵深远。如园内自然式水体聚散兼备，并在水中置四周为玻璃的亭以对现存石刻进行覆罩保护展示，景亭顶端的装饰仿自六朝文物龙纹金铛，是历史文化在当代环境中的符号化再现。

遗址公园的平面图、调研图如附图 15、附图 16 所示。

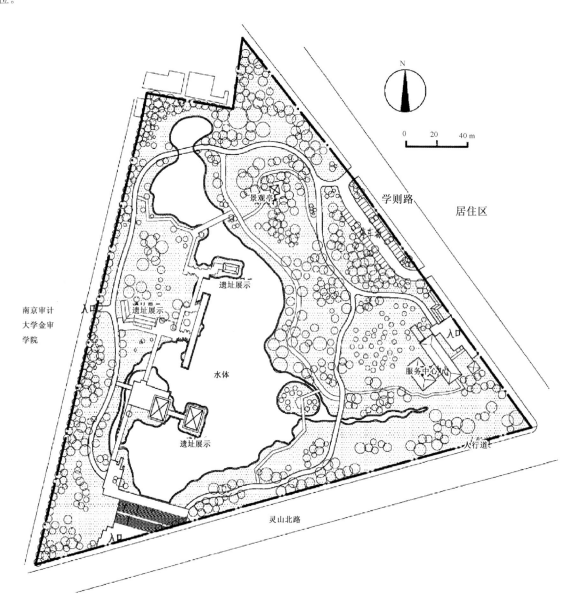

附图 15　南京萧宏石刻公园平面图

---
① 陈华炼. 明外郭—秦淮新河百里风光带　萧宏墓石刻公园建成[M]//张立新. 南京年鉴. 南京:南京年鉴编辑部,2016:153.
② 王志高,贾维勇. 梁朝萧宏及其陵墓石刻[J]. 南京史志,1998(2):42-44.

公园入口景墙

水边栈道

遗址展示

附图 16　南京萧宏石刻公园调研图

### 1.9 南京牛首山遗址公园

南京牛首山遗址公园位于南京市江宁区宁丹大道,用地面积为 4 937 hm²[①]。公园主要遗址有郑和墓、弘觉寺塔、摩崖石刻等。

牛首山遗址公园以"补天阙、修圣道、藏地宫、现双塔、兴佛寺、弘文化"为核心设计理念,全面保护牛首山历史文化遗存,修复牛首山自然生态景观[②]。牛首山遗址公园共有佛顶圣境、宝相献花、隐龙禅谷、谧境禅林、天阙小镇五大功能区,公园以佛顶宫、佛顶塔等组成的佛顶圣境为核心,结合地形地貌,布置环状道路串联五大功能区。园内对遗址多采用露天保护的方式,例如岳飞抗金故垒、明代摩崖石刻等古代遗址,均采取露天保护方式,将保护与游览结合,展示遗址风貌。园内对遗址文化展示采取多种方式,如露天展示、复建展示、标识展示、陈列展示,多方面展示牛首山文化。公园分区明确,流线清晰,基础设施完善,遗址及宗教氛围浓厚。

遗址公园的平面图、调研图如附图17、附图18所示。

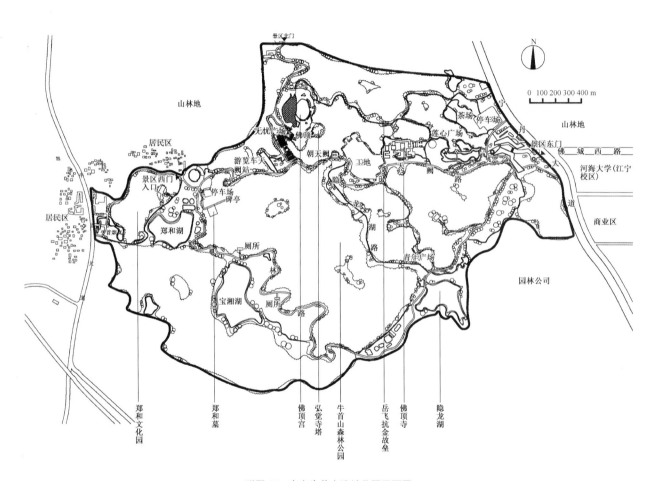

**附图 17　南京牛首山遗址公园平面图**

---

① 中国建筑工业出版社.《场所景观：成玉宁景园作品选》[J].中国园林,2016,32(4):15.
向左元.南京市牛首山遗址公园落成开园[M]//徐耀新.江苏文化年鉴.扬州：广陵书社,2016:178.
② https://www.niushoushan.net/gaikuang.html

公园部鸟瞰

弘觉寺

佛顶宫

佛顶塔

佛顶寺

佛顶寺一角

入口景观

附图 18　南京牛首山遗址公园调研图

### 1.10 南京南唐二陵遗址公园

南京南唐二陵遗址公园位于南京市江宁区祖堂山南麓,占地约50.4 hm²,南京博物馆于1950年对其进行挖掘[①]。主要遗址为南唐先主李昪及其妻宋氏的钦陵和中主李璟及其妻钟氏的顺陵,前者的装饰更加富丽堂皇。二陵是五代十国时期规模最大的帝王陵墓,1988年被列为全国重点文物保护单位。

公园以南唐二陵本体为收束,遗址本体略偏东侧,西侧为水景和遗址公园办公休息区;公园主要建筑为文物陈列馆。公园主路由公园南侧主入口而入,由南向北,成回环形,在北部的末端通向二陵所在。园内遗址展示方式有陈列展示、复建展示、露天展示。南唐二陵遗址展区主要以文物陈列馆为中心,通过碑廊、碑亭等纪念性构筑物,到达园区最北段的二陵。文化展区展示了南唐二陵的两位墓主生平事迹与南朝的历史人文,出土的文物更展示当时陶俑工艺的高超。

遗址公园的平面图、调研图如附图19、附图20所示。

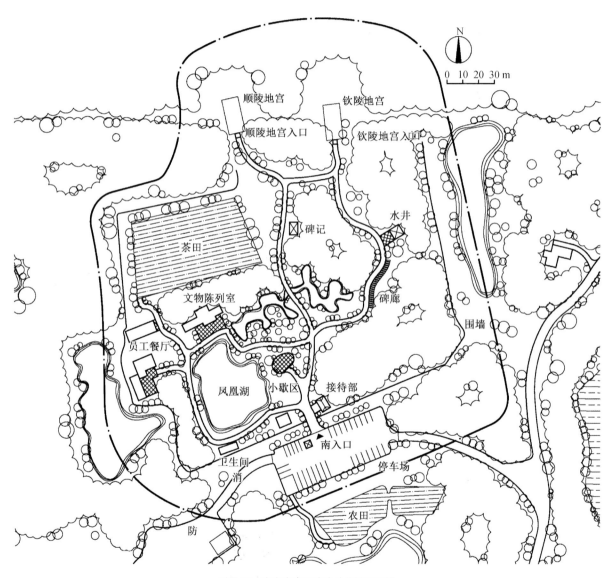

附图19 南京南唐二陵遗址公园平面图

---

① 汪晓茜.南京历代经典建筑[M].南京:南京出版社,2018.

碑廊

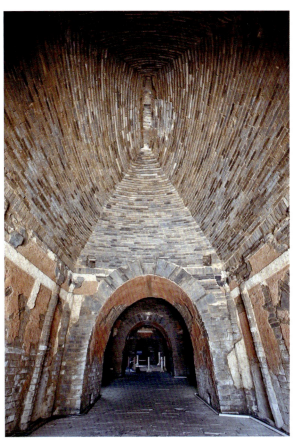
地宫内部

钦陵地宫入口

顺陵地宫入口

林间道路

附图 20　南京南唐二陵遗址公园调研图

### 1.11 南京明故宫遗址公园

遗址公园位于南京市主城区中山东路，东邻南京博物院，占地 6.7 hm²[①]。南京明故宫是中国古代都城宫殿建筑的集大成者，是中国 14 至 19 世纪都城建设的重要原型，其整体布局、建筑形制是北京故宫的蓝本，首创了皇宫、城市轴线合二为一的模式，是地理因素、礼法结合的杰作。园内主要遗址有原奉天殿、花盖殿、谨身殿的基址和宫殿柱础[②]。南京明故宫遗址于 1956 年被列为江苏省重点文物保护单位，2006 年列为全国重点文物保护单位。

遗址公园的整体格局以明故宫历史布局为依据，呈规则式布局，功能组织和流线设置围绕南北向中轴线展开。中轴线部分以保护与展示明故宫遗址为核心形成遗址保护与展示区；出入口处仿明代建筑形成出入口广场空间，提供售票、咨询、导游、购物、后勤等服务；轴线两侧为游客提供游览休闲活动的游憩活动空间。公园遗址保护方面，采用露天保护的方式，部分有围栏等辅助保护措施。公园遗址展示方面，公园内建筑基址区域采用草坪及台基进行标识展示，柱础区域进行了露天展示，并设有遗址信息导览。

遗址公园的平面图、调研图如附图 21、附图 22 所示。

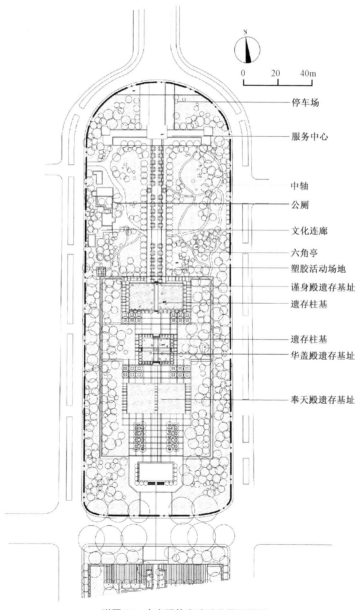

**附图 21　南京明故宫遗址公园平面图**

---

[①] 陈华炼. 古都风貌保护：建成开放明故宫遗址公园[M]//王能伟. 南京年鉴. 南京：江苏古籍出版社，1993：174.
[②] 韩颖，王海英，戴军. 南京明故宫地区的历史性建筑保护与更新[J]. 金陵科技学院学报，2007，23(1)：51-55.

奉天殿介绍

华盖殿遗存基址

遗存柱基

入口建筑

附图 22　南京明故宫遗址公园调研图

### 1.12 南京午朝门遗址公园

遗址公园位于南京市中山东路与御道街交会处南侧，北邻明故宫遗址公园，占地约 3.25 hm²[①]。公园内主要遗址为午朝门遗址及明故宫部分遗址，是明代南京城市中轴线的重要组成部分，被列为全国重点文物保护单位。

午朝门遗址公园整体格局主要依照明故宫历史格局，空间组织和交通流线服从南北向的中轴线，布局规整有序。园内对遗址主要采取露天展示、栏杆围挡的保护方式，并在原状展示的基础上设置宣传展牌以具体阐述遗址文化。

遗址公园的平面图、调研图如附图23、附图24所示。

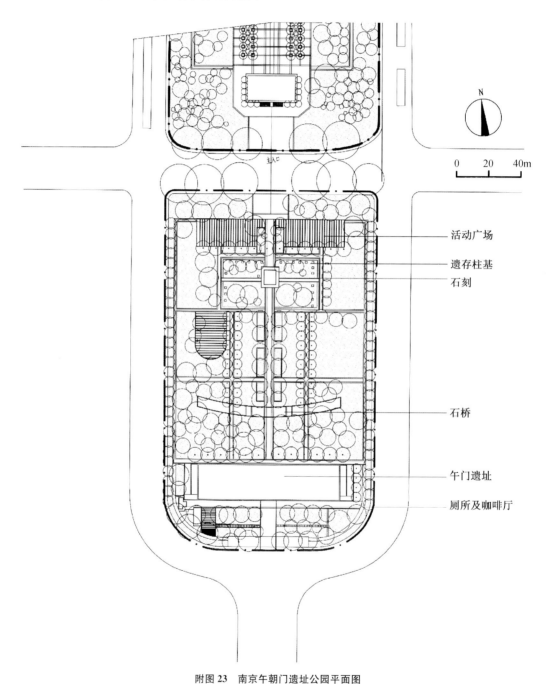

附图23 南京午朝门遗址公园平面图

---

① 罗菁.市政建设：改造午朝门公园[M]//常康平.白下年鉴.北京：方志出版社，1997：137.
王军围.南京明朝城市遗址景观的保护与开发：以午朝门公园为例[D].南京：南京林业大学，2010.

石刻

石刻园介绍

石桥

午门遗址

遗存柱基露天展示

附图 24　南京午朝门遗址公园调研图

### 1.13 南京西安门遗址公园

遗址公园位于南京市中山东路与城东干道交叉口,占地面积约 1.1 hm²[①]。公园主要遗址为明城墙西安门遗址及一些遗存柱基,已被列为全国重点文物保护单位。

公园整体围绕西安门遗址展开,以西安门中轴线为场地主轴线,四周设置多处活动场地对轴线进行烘托强调。较大面积的硬质铺装的铺设使公园可容纳更多人群进行游憩活动,从而激发场地活力。遗址保护方面,对现存遗址采用露天保护的方式,没有增加围栏等辅助保护措施。遗址展示方面,采用露天展示的方式,仅有一处浮雕石碑进行文化阐释。公园较好地保存了城墙遗址,展示了南京明城墙风貌。

遗址公园的平面图、调研图如附图25、附图26所示。

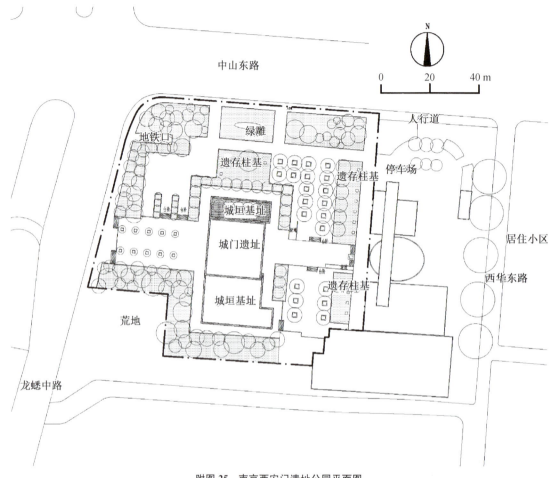

附图 25　南京西安门遗址公园平面图

城门遗址

城垣基址

附图 26　南京西安门遗址公园调研图

---

① 夏非. 公共空间和公共生活:南京阳光广场、西安门、汉中门市民广场调研报告[J]. 现代城市研究,2007,22(3):81-88.
王军围. 南京明朝城市遗址景观的保护与开发:以午朝门公园为例[D]. 南京:南京林业大学,2010.

### 1.14 南京东华门遗址公园

遗址公园位于南京市秦淮区中山东路,北邻原国民政府旧址,占地约 0.85 hm²[①]。园内主要遗址为东华门城门,位于公园中部,是现在南京明代宫城仅存的一座城门,被列为全国重点文物保护单位。

从宏观场地格局到微观景观元素,公园均布置有序,秩序井然,主要以南北向延伸态势控制空间表达形式,并增强文化雕塑、东华门遗址等人工历史遗址和自然造景元素之间的沟通呼应关系。城门遗址为公园中心,南北入口处设置小广场以承载密集人流。园内活动场地尺度合宜,对周边各年龄层人群都具备一定的吸引力。园内对遗址保护方法主要为露天保护、无栏杆等辅助保护措施,遗址展示方法为露天展示,遗址文化阐释较少,但通过浮雕小品强化了遗址氛围,达到了一定的文化阐释效果。

遗址公园的平面图、调研图如附图 27、附图 28 所示。

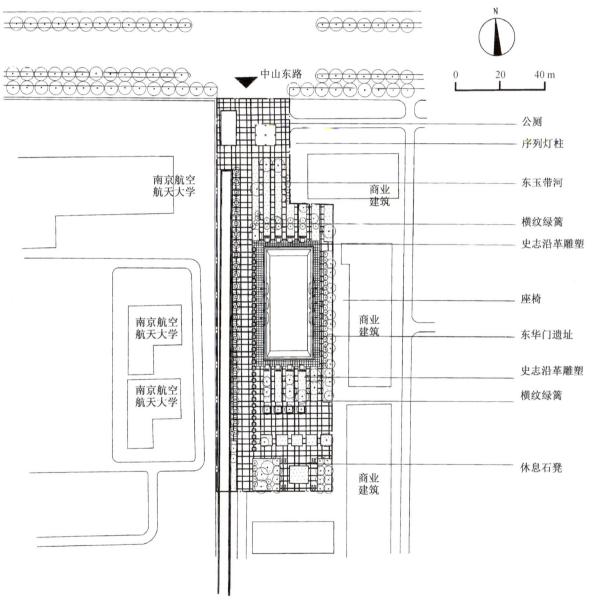

附图 27 南京东华门遗址公园平面图

---

① 王玥. 城市历史地段中城门广场设计研究:以溧水永安门为例[D]. 南京:东南大学,2021.

东华门遗址

石质遗址说明牌

遗址风貌

附图 28　南京东华门遗址公园调研图

## 1.15 南京神策门遗址公园

遗址公园位于南京市龙蟠路,占地约 4.6 hm²[①]。神策门是南京十三座城门中保存最好的一段,且神策门段明城墙是唯一建造外瓮城的城墙,还保留了民国前镝楼的城门[②]。神策门遗址公园与其他十二座城门构成了南京城的城门城墙文化,对中国传统文化传承极具历史价值。

遗址公园总体呈东西向带状布局,内部主要园路沿护城河呈线性展开。公园交通流线清晰,主路沿护城河展开。公园主要对其采用露天保护的展示方式,另在神策门瓮城内部建有展馆进行遗址文化阐释。

遗址公园的平面图、调研图如附图 29、附图 30 所示。

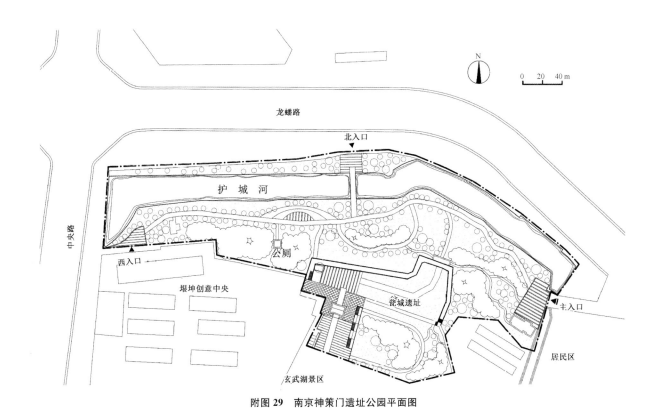

附图 29 南京神策门遗址公园平面图

---

① 资料来源:公园简介
② 于富业,史天亮.南京神策门段明城墙的保护与开发研究[J].江苏第二师范学院学报,2016,32(3):50-53.

公园入口

和平门

护城河

入口景观

神策门

附图 30　南京神策门遗址公园调研图

### 1.16 南京胭脂河天生桥遗址公园

遗址公园位于南京市溧水区城西,规划占地 600 hm²,核心占地 200 hm²[①]。明代为了沟通南京与两浙地区的漕运,明太祖开凿胭脂河与天生桥,前者享有"江南小三峡"的美誉,后者是国内仅存的因人工建设而形成的天然巨石桥梁,两者均于 1995 年被列为江苏省文物保护单位。

遗址公园以胭脂河及凌驾于其上空的天生桥为展示主体,主要对其进行露天展示,出土的文物则在天生桥博物馆中进行陈列展示。目前公园中的景区分为爱情海观赏区、凤凰井游览区、天生音乐谷主题活动区、胭脂河景观观赏区、河西休闲体验区和游客中心服务区,以胭脂河景观观赏区为主要游赏区,以胭脂河和天生桥为核心,景区内的路线成树枝状网络结构,串联起园内各节点。公园配套设施完善,出行游览便捷。

遗址公园的平面图、调研图如附图 31、附图 32 所示。

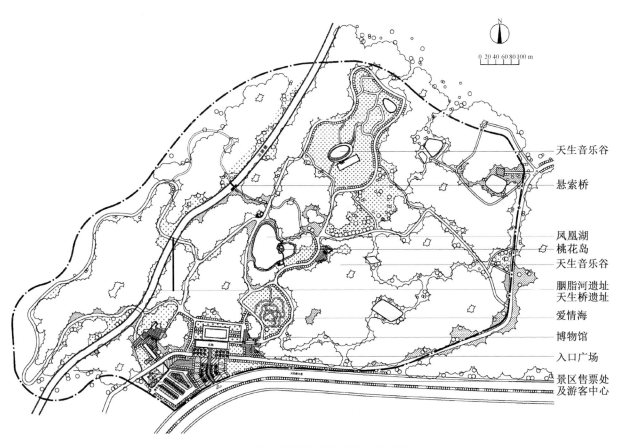

附图 31　南京胭脂河天生桥遗址公园平面图

① http://www.njtsq.com/

博物馆外观

博物馆入口

天生桥

胭脂河

枕腰石

附图32 南京胭脂河天生桥遗址公园调研图

### 1.17 南京明孝陵遗址公园

遗址公园位于南京市玄武区紫金山南麓，占地约 170 hm²①。明孝陵是我国现存建筑规模最大的古代帝王陵墓之一，1961 年被国务院公布为全国第一批文物保护单位；2003 年 7 月，明孝陵及明功臣墓被列为世界文化遗产②。公园展现了明太祖之墓及明东陵遗址等帝陵文化以及明朝功臣之墓，并建设博物馆，展现明孝陵历史文化以及南京明文化。明孝陵作为明清皇陵之首，对研究我国古代帝陵文化和历史、传统建筑有着极大的价值，也是研究明清时期经济、社会、文化的重要依据。公园中主要遗址为明孝陵各式建筑及基址、柱础、栏杆、神道、各式石像等。

遗址保护方面，公园采用露天保护、局部增加围栏等辅助保护措施。遗址展示方面，主要陈列形式为露天保护与展示，并配合各种展板进行历史文化阐释，明楼上利用 VR（虚拟现实）技术对地宫进行展示。公园在保护古遗址的基础上进行合理开发，以完整的空间序列营造良好的历史环境氛围。主要陵寝建筑遗址及其周边环境被划为一级保护区，禁止建设与原建筑性质无关的工程项目。外部设二级保护区，保证陵区整体的环境良好③。

遗址公园的平面图、调研图如附图 33、附图 34 所示。

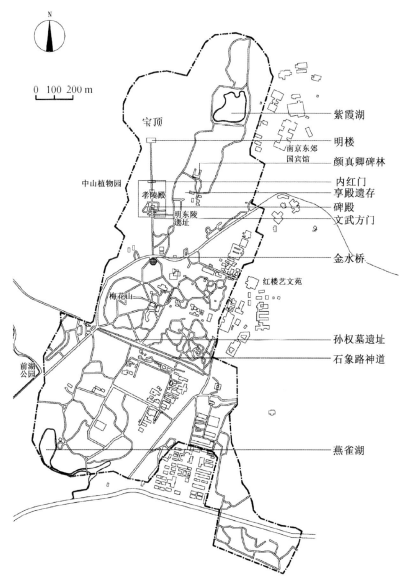

附图 33　南京明孝陵遗址公园平面图

---

① https://xuewen.cnki.net/R2006090010000665.html
② 丁宏伟.明孝陵保护规划：陵区历史环境恢复与遗址保护探讨[J].古建园林技术，1996(1)：45-48.
③ 马艳艳，郭群娜.明孝陵景区存在的问题及改进措施[J].洛阳师范学院学报，2013，32(4)：99-102.

| 建筑台阶 | 明楼 | 石像路神道 |

附图 34　南京明孝陵遗址公园调研图

1.18　南京下马坊遗址公园

遗址公园位于南京市中山门外,占地面积约 1.3 hm²[①]。下马坊遗址公园的遗源于 600 多年前的大明帝国精锐部队"孝陵卫"的驻扎地,是以明孝陵入口处标志性建筑为依托所建立的遗址公园。公园内展示了下马坊、神烈山碑、禁约碑、三则碑等历史遗迹[②]。

下马坊遗址公园以保护历史文化遗址为主导,利用园林植物进行特色化造景,并融人文和自然景观于一体。孝陵卫牌坊为场地空间构图核心与游览序列上的高潮点,以其内部规整有序的布局引发游人对历史的追思,其他景点与其构成隐性对话关系。园内遗址保护方法为露天保护,遗址展示方法为露天展示与模拟展示,另将老手表厂房改造为南京十朝文化展览馆、金陵石道馆和明孝陵博物馆等系列历史展览馆,对出土文物进行陈列展示。

遗址公园的平面图、调研图如附图 35、附图 36 所示。

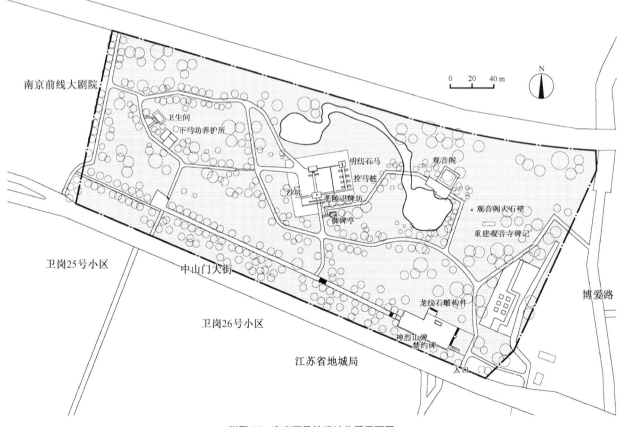

附图 35　南京下马坊遗址公园平面图

---

① 资料来源:公园简介
② 贺云翱,陈思妙.考古发掘与世界文化遗产申报:以明孝陵为例[J].东南文化,2019(1):21-27.

入口标识

禁约碑

拴马桩

大柱础

孝陵卫国兵大营

入口石门

附图 36　南京下马坊遗址公园调研图

### 1.19 南京阳山碑材遗址公园

遗址公园位于南京市江宁区汤山镇西北侧的阳山南坡,占地约 23 hm²[①]。主要遗址有阳山碑材、袁机墓等,被列为全国重点文物保护单位[②]。

遗址公园由明文化村、怪石林和阳山碑材等景区组成。公园以碑座、碑身、碑额和袁机墓为展示核心,利用主路串联,周围辅以次要道路连接其他节点。园内遗址保护方式以露天保护为主,有"天下第一碑"之称的碑材遗址置于蓊郁山林中,碑体下部界面抬高,以此烘托遗址的古拙雄浑气势。遗址展示方面,采用露天展示并配合部分展板阐释其历史文化,并仿明朝建筑复原采石期间村落景象。

遗址公园的平面图、调研图如附图37、附图38所示。

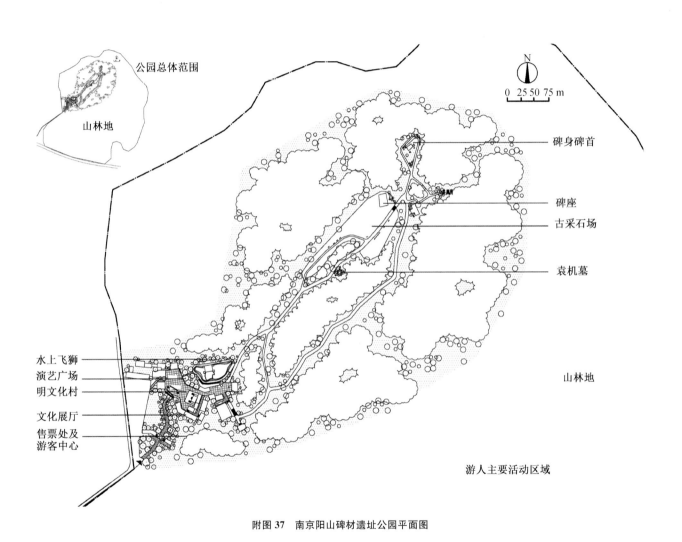

附图37 南京阳山碑材遗址公园平面图

---

① http://www.njjnlib.cn/home/books/show/id/120.html
② http://www.njysbc.com/showzx.asp?id=20

公园入口

古采石场

明文化村

阳山问碑

附图 38　南京阳山碑材遗址公园调研图

### 1.20 南京郑和宝船厂遗址公园

遗址公园位于南京市西部鼓楼区中保村，占地约 13.2 hm²[①]。明代龙江造船厂遗址是古代生产生活类遗址，展现了明代造船厂的恢宏规模和精湛技术，代表了明代高度发达的生产工艺。该遗址已被列为全国重点文物保护单位。

公园主要遗址为宝船厂的"作塘"，也就是现状的 3 条水体，公园总体呈平行四边形，与作塘格局保持一致，主要活动空间及流线均围绕龙江船厂 3 个作塘遗址展开。园内 3 条东西向带状水体及滨水景观道构成公园的空间格局，水体即为宝船厂"作塘"遗迹，主要采取露天展示的方式，使游人展开亲水游览活动。室外设有相应的服务设施和标识系统，将寓教于游理念贯彻全园。对于出土文物，则建立文化展览馆对其进行集中性陈列展示。公园由六大景区构成：由郑和文化墙、古船模型、古代使节墙组成的郑和文化体验区；由航海科技雕塑、宝船部件雕塑组成的航海科技体验区；由诸多制作坊组成的作坊体验区和提举官衙体验区、船厂生活体验区、巨锚广场体验区。

遗址公园的平面图、调研图如附图 39、附图 40 所示。

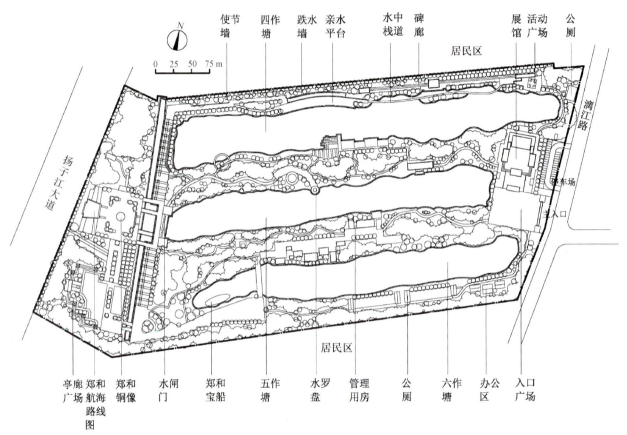

附图 39　南京郑和宝船厂遗址公园平面图

入口牌坊

亭廊广场

郑和宝船

附图 40　南京郑和宝船厂遗址公园调研图

---

① 资料来源：公园简介

### 1.21 南京浡泥国王墓遗址公园

遗址公园位于南京市雨花台区安德门外石子岗乌龟山南麓，规划面积 17 hm²，截至 2021 年已建成 8 hm²①。浡泥国王墓是中国现存仅有的两处国外国王墓之一，是中国与文莱友好交往的历史见证，2012 年被列入中国世界文化遗产预备名单。公园内主要遗址为古浡泥国王墓，包括墓冢、神道、石刻等。2001 年展开一期修复工程，对迁碑亭、牌坊、墓冢、神道等文物古迹展开保护性修复；后进行二期工程，建造一处具有浓郁文莱地域特色和人文景观的文莱风情园②。

园内主要景点为古浡泥国王墓、神道、碑亭、中国文莱友谊馆、荷塘月色等，古浡泥国王墓为景观核心。道路系统顺应场地地形地貌，因山就势，呈"人"字形布局。目前遗址以露天展示为主，辅以陈列展示、回填保护等方式，以具象实体延续场地记忆。

遗址公园的平面图、调研图如附图 41、附图 42 所示。

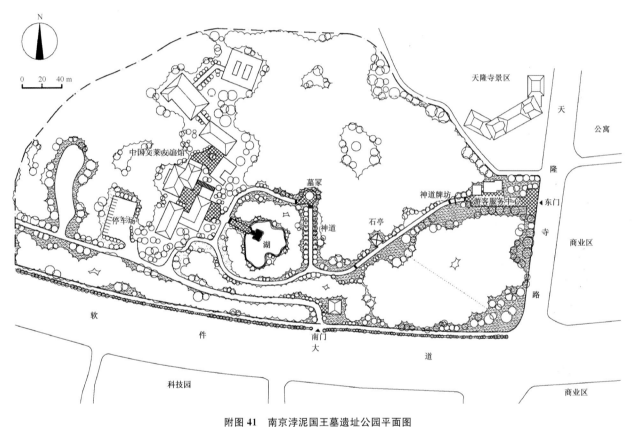

附图 41 南京浡泥国王墓遗址公园平面图

---

① 资料来源：公园简介
② 邢定康，陆乃高，李致磊. 文化遗产旅游开发模式研究：以浡泥国王墓为例[J]. 旅游学研究，2007，2：198-202.

碑亭

神道

碑亭内部

历史陈列馆

休闲广场

中国文莱友谊馆

附图 42　南京浡泥国王墓遗址公园调研图

## 2 徐州市

### 2.1 徐州龙雾桥遗址公园

徐州龙雾桥遗址公园位于江苏省徐州市丰县县城城北，公园占地 6 hm²。徐州龙雾桥遗址公园保护了龙雾桥、龙雾桥石碑、碑亭及其他相关遗址，展现了徐州地区丰富的汉代文化。

徐州龙雾桥遗址公园分为遗址保护与展示区、游憩活动区、入口景观区三个区域，以带状交通结构串联个园各个节点。园内对遗址实体实行露天保护与展示，但园内现存遗址及文化内容较少，科普性弱，缺乏公园特色，没有充分展示相关遗址文化及内涵，需要增加遗址的展示内容，且在遗址公园的建设中充分融合遗址要素。

遗址公园的平面图、调研图如附图 43、附图 44 所示。

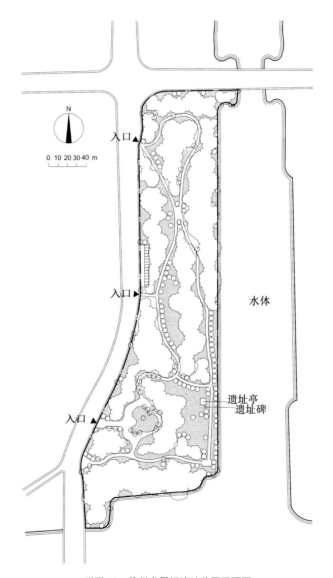

附图 43 徐州龙雾桥遗址公园平面图

碑体细部

碑亭

感应碑

公园入口

入口轴线对景广场

石刻浮雕

附图44　徐州龙雾桥遗址公园调研图

## 2.2 徐州驮蓝山汉文化遗址公园

遗址公园位于江苏省徐州市鼓楼区荆山路,公园占地 14.3 hm²①,为全国重点文物保护单位。园内遗址为在驮蓝山南坡开凿的两座墓葬类遗址,规模宏伟壮观,结构奇特,工艺卓越,对研究汉代历史是很好的实物资料,但其中的文物发掘出来后由于缺乏相应的保护政策与经济支持,遗址用地整体呈现荒废状态,原址只留下一些封门石,墓葬遗址本体未做相应的保护与展示。

遗址公园的平面图、调研图如附图45、附图46所示。

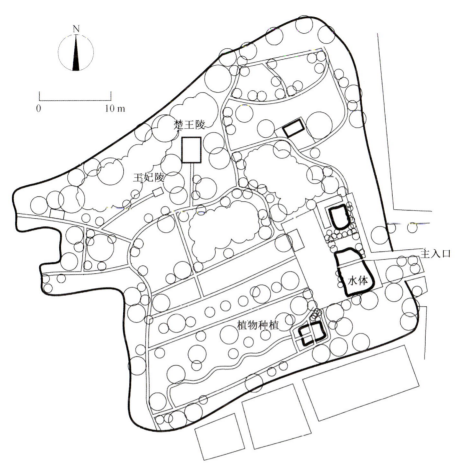

附图 45　徐州驮蓝山汉文化遗址公园平面图

遗址公园入口

附图 46　徐州驮蓝山汉文化遗址公园调研图

---

① http://news.sohu.com/20041130/n223251834.shtml

### 2.3 徐州狮子山楚王陵考古遗址公园

徐州狮子山楚王陵遗址公园位于江苏省徐州市云龙区三环兵马俑路，公园占地约 93 hm²[①]，为全国重点文物保护单位。该遗址于 1991 年被发现，1994 年由徐州汉兵马俑博物馆与南京博物院组建考古队进行发掘，1995 年 3 月考古队完成发掘。遗址被评为 1995 年"十大考古发现"之一，名列"中国 20 世纪 100 项考古大发现"。徐州狮子山楚王陵遗址公园展示了汉代诸侯王的陵墓，是徐州地区所有汉代陵墓中规模最大、保存最好、出土文物最多、内涵最丰富、历史及文物考古价值最高的一处特大型西汉楚王陵墓。

徐州狮子山楚王陵遗址公园是以西汉楚王陵墓为保护和展示的核心，是集遗址保护、科普、游览于一体的大型遗址公园。全园以楚王陵、王后陵、水下兵马俑等两汉遗址为核心，以南门主入口到楚王陵的景观为全园的中心轴线，两侧设施布置、广场形式都呈规则式布局，其余的遗址点呈放射状、组团状的布局结构，将全园划分为若干主题空间，全园采用多种空间结构形式，形成混合式结构全貌。遗址公园对重要展示遗址点楚王陵进行覆罩保护与展示，并建设博物馆对此处遗址出土文物进行陈列展示。

遗址公园的平面图、调研图如附图 47、附图 48 所示。

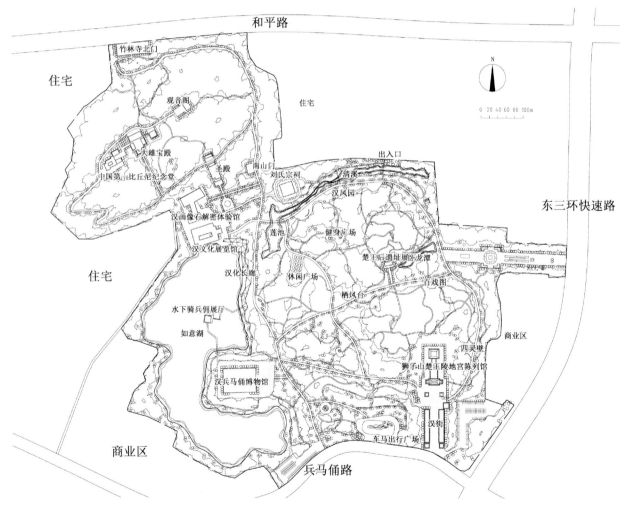

附图 47　徐州狮子山楚王陵考古遗址公园平面图

---

① http://www.xzta.com/a/38774.html

汉陵遗香

水下骑兵俑展厅外部景观

徐州汉兵马俑博物馆

徐州汉兵马俑博物馆内部空间

徐州汉画像石解密体验馆

**附图 48　徐州狮子山楚王陵考古遗址公园调研图**

### 2.4 徐州珠山宕口遗址公园

徐州珠山宕口遗址公园位于金龙湖东岸，总用地面积 34 hm²，分两期建设，分别由上海锦展园林设计工程有限公司、苏州金螳螂企业（集团）有限公司设计。公园于 2015 年 7 月全面开放。

公园以生态、休闲精致园林为主导，一期工程的设计理念为"修复生态、覆绿留景、凝练文化、拉动经济"，建成观止、云梯、瀑布、彩虹桥、日·月潭等景观小品；二期工程延续了一期工程的自然、生态、野趣、依山就势的设计理念，串联一期景观节点，重点建成入口广场、石林听涛、秀谷韵乐、唱竹揽翠、彩径观花、天台林海、山潭、城市生活广场等景点，打造"虽由人作、宛自天开"的山体地域魅力与人文气质的大地艺术景观。

遗址公园的平面图、调研图如附图 49、附图 50 所示。

**附图 49　徐州珠山宕口遗址公园平面图**

| 彩虹桥与杉木道 | 日潭中心亭 | 宕口夜景 |

月潭

朗星湖

附图50　徐州珠山宕口遗址公园调研图

## 3　淮安市

### 3.1　淮安泗州城考古遗址公园

淮安泗州城考古遗址公园位于江苏省淮安市盱眙县淮河镇,为全国重点文物保护单位。2020年1月,盱眙县人民政府召开泗州城遗址保护规划、考古遗址公园规划成果汇报会,明确了加快泗州城遗址公园的规划建设项目,充分挖掘和弘扬大运河文化。古泗州城遗址,呈椭圆形,共有5个城门,城墙厚达17 m至24 m,长2.05 km,宽1.2 km,部分遗址淹没在河里,总占地约250 hm²[①]。泗州城遗址于1999年实施第一次勘探,2011年被江苏省列为重点文物保护单位,并于2013年被国务院公布为第七批全国重点文物保护单位。

---

① 政协江苏省盱眙县委员会,文史资料委员会.盱眙文史资料(第十五辑)[M].2010:10.

泗州城遗址　　　　　　　　　　　遗址说明牌

附图51　淮安泗州城考古遗址公园调研图

遗址公园的调研图如附图51所示。

### 3.2　淮安大云山西汉王陵遗址公园

遗址公园位于江苏省盱眙县马坝镇云山村，占地25 hm²，为全国重点文物保护单位。该遗址公园是以西汉第一代"江都王"的王陵墓、王妃墓、陪葬墓为保护与展示核心的帝王陵寝类遗址公园[①]，2022年初步建成，但各项设施尚不完备，在不久的将来会以完整的遗址公园面貌面向公众。

淮安大云山西汉王陵遗址公园以遗址本体为核心，东侧为山体，西侧为平地与水体，交通路线以自然式形式串联起各遗址点。园内对各主墓、陪葬墓、陪葬坑等遗址本体进行覆罩保护与展示，并建立博物馆对出土文物进行陈列展示。

遗址公园的平面图、调研图如附图52、附图53所示。

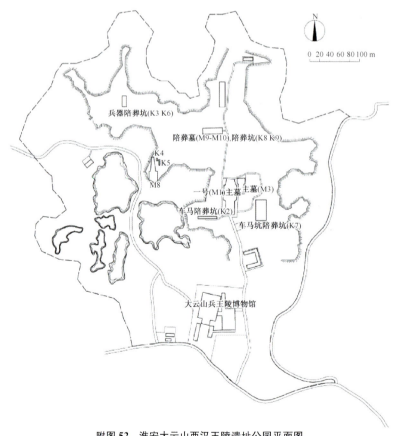

附图52　淮安大云山西汉王陵遗址公园平面图

---

① 吕春华.从"江苏大遗址"到考古遗址公园：江苏大遗址保护工作探索与实践[J].艺术百家，2011,27(S1)：4-6.

车马坑陪葬坑

博物馆侧门

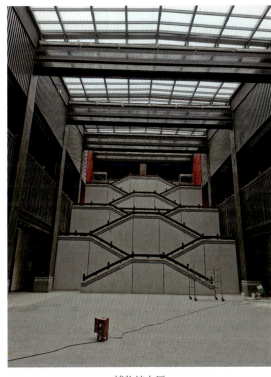
博物馆大厅

博物馆外观

大云山汉王陵博物馆

立牌

附图 53　淮安大云山西汉王陵遗址公园调研图

### 3.3 淮安总督漕运部院遗址公园

遗址公园位于江苏省淮安市淮安区院东街 22 号，建设于 2008 年，占地 3 hm²。淮安总督漕运部院遗址于 2002 年被确定为省级文物保护单位，2006 年作为京杭大运河江苏段文化遗存，被列入全国重点文物保护单位[①]。漕运在中国历史经济发展过程中占有重要地位，淮安总督漕运部院是明、清两代统管全国漕运事务的漕运总督的官署建筑群，是历史上主管全国漕运的唯一机构，规模宏大，布局严谨，因此建立该遗址公园有助于帮助人们了解当时的经济政治文化。

公园呈规则式构图，有明确中轴线，主要遗址、遗址博物馆都位于中轴线之上。园内对遗址及相关文物的保护与展示方法多样，漕运广场展示台上有序陈列着石构件；建设中国漕运博物馆，利用投影卷轴、沙盘模型、船型互动桌等多媒体手段进行科普展示并集中陈列文物。该园有效保护了漕运总督部院建筑遗址，展示了漕运文化。

遗址公园的平面图、调研图如附图 54、附图 55 所示。

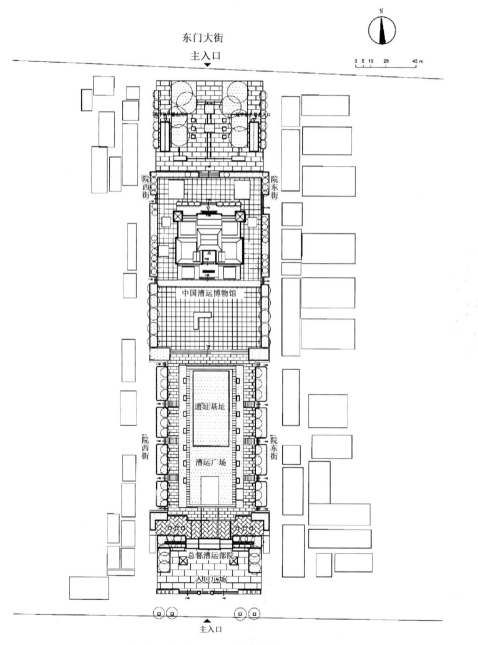

**附图 54　淮安总督漕运部院遗址公园平面图**

---

① 江苏省文物局. 江苏省文博论文集 2010[M]. 南京：南京师范大学出版社，2011.

二堂遗址

公园入口

遗址覆罩展示

遗址露天展示

中国漕运博物馆

总督漕运部院南入口广场

附图 55　淮安总督漕运部院遗址公园调研图

### 3.4 淮安古城墙遗址公园

遗址公园位于江苏省淮安市淮安区楚州大道75号，公园占地 2.5 hm²[①]。园内展示遗址为明代古城墙，但自1958年后，淮安城墙逐渐被拆除，损毁严重，基本不复存在，现仅存一段长约 500 m 的旧城土垣，因此园内现有遗址为现代复建，从而再现淮安古城风貌。

公园以园内的水体为中心，沿其周围设置环路主路，并沿主路设置环状道路串联园内各节点。园内亭、榭等园林建筑均采用传统风格。

遗址公园的平面图、调研图如附图56、附图57所示。

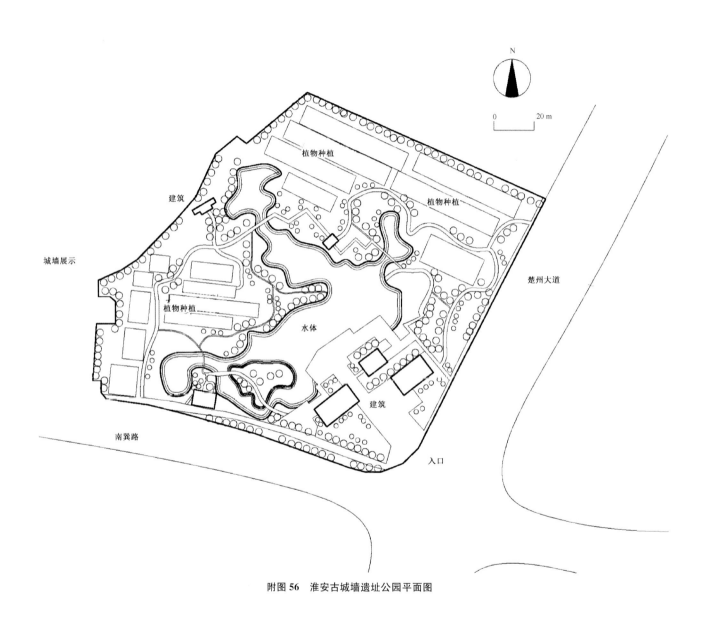

附图 56　淮安古城墙遗址公园平面图

---

① 陈妙如,凌宁.浅谈公园规划设计与历史文化的传承：以江苏淮安市古城墙遗址公园为例[J].广东园林,2015,37(6):48-50.

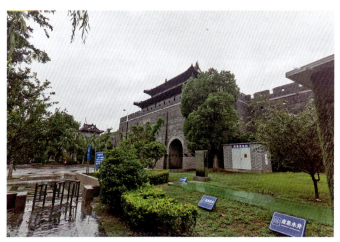
古城墙

临水平台

六角休憩亭

园林建筑

附图 57　淮安古城墙遗址公园调研图

## 4 扬州市

### 4.1 扬州龙虬庄遗址公园

遗址公园位于江苏省扬州市高邮市龙虬镇龙虬庄村，占地 38 hm²，是一处以遗址实体和遗址文化为重点的遗址公园。该遗址距今 5 000～7 000 年，是新石器时代古人类活动的聚落遗址，代表了江淮地区的史前文化，记录了中国稻作农业变迁。遗址本体于 2001 年被列为第五批全国重点文物保护单位，2017 年入选国家考古遗址公园立项名单。

该遗址公园以文物陈列馆、遗址展示厅为核心，重要建筑集中于西侧入口处，以环形游览路线贯穿公园，其内穿插原始人客厅、历史标尺墙、文字乐园、各类主题雕塑等节点。园内对遗址考古现场进行大棚覆盖保护与展示，游客可近距离接触、观看遗址。园内设有小型博物馆，以保护遗址出土文物，进行陈列展示。除博物馆外，园内多用景墙、雕塑及复刻建筑，生动展示古人生活场景。园内还建设"龙虬部落"，其主要用于举办各类遗址教育科普活动。

遗址公园的平面图、调研图如附图 58、附图 59 所示。

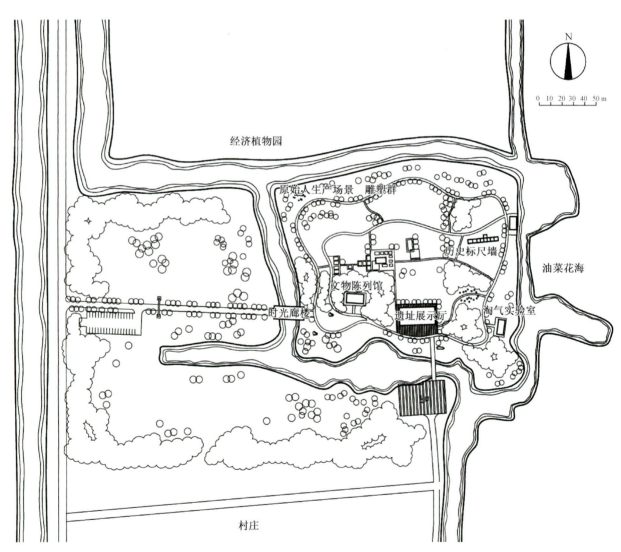

附图 58　扬州龙虬庄遗址公园平面图

从时光廊桥看龙虬庄人主题雕塑

中华第一结

历史标尺墙

龙虬庄人主题雕塑

文物陈列馆

遗址保护与展示

附图 59　扬州龙虬庄遗址公园调研图

## 4.2 扬州槐泗隋炀帝陵

扬州槐泗隋炀帝陵位于江苏省扬州市邗江区隋炀路102号,占地3 hm²,全国重点文物保护单位。清嘉庆年间大学士阮元经考证并为其立碑建石,扬州知府伊秉绶隶书"隋炀帝陵"。2013年扬州曹庄隋炀帝墓被确认为隋炀帝和夫人萧后最后埋葬地之后,此地被认为是隋炀帝的"伪陵"[①]。

20世纪80年代以后,该处经过多次整修,已经成为扬州著名的旅游景点。帝陵由石牌楼、陵门、城垣、石阙、侧殿、墓冢等组成,呈隋唐建筑风格。陵区采用规则式布局结构,有明确中轴线,周围是平整开阔的草坪。

遗址公园的平面图、调研图如附图60、附图61所示。

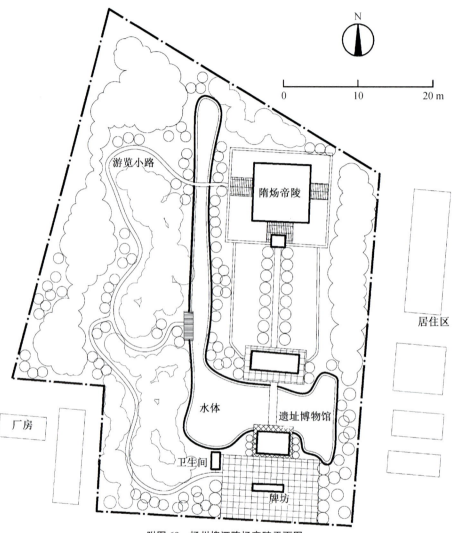

附图60 扬州槐泗隋炀帝陵平面图

景观桥

隋炀帝陵

隋炀帝陵入口牌坊

附图61 扬州槐泗隋炀帝陵调研图

---

① https://baike.baidu.com/item/%E9%9A%8B%E7%82%80%E5%B8%9D%E9%99%B5/1441639?fr=aladdin

### 4.3 扬州南门遗址公园

遗址公园位于江苏省扬州市荷花池路与南通西路交叉口东南,占地1.63 hm²,为全国重点文物保护单位。南门遗址是扬州城遗址的重要组成部分,叠加了多个时代的城门遗存,包括唐、北宋、南宋、明、清等多个时期修筑或修缮的陆门遗存和水门、水关遗址,被誉为"中国城门的通史"。作为扬州历代瓮城和城市大门,扬州南门遗址具有重要历史、科技和艺术价值[①]。

公园以保护遗址所建造的博物馆为核心,道路游线沿周围分布,结构简单清晰。园内建设博物馆对南门遗址进行覆罩保护与展示,其设计较有特色。

遗址公园的平面图、调研图如附图62、附图63所示。

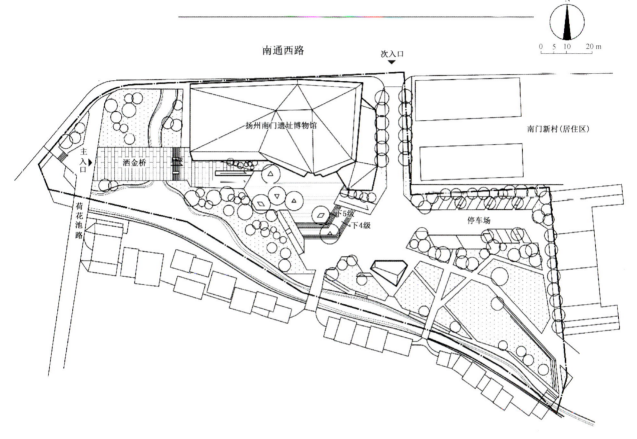

附图62 扬州南门遗址公园平面图

公园入口标识

扬州南门遗址博物馆内部空间

附图63 扬州南门遗址公园调研图

---

① http://www.yzcdyz.com/

### 4.4 扬州宋大城西门遗址公园

遗址公园位于江苏省扬州市邗江区四望亭路,面积是江苏省遗址公园中最小的,仅有 0.04 hm²,是以展示城墙文化为核心的一处遗址公园,为全国重点文物保护单位。扬州城遗址是目前国内保存最为完好的古代城池遗址之一,作为扬州的主城门之一,西门遗址是扬州城遗址的重要组成部分。西门遗址原位于遗址公园北部四望亭路中部,因对遗址保护与城市道路建设的需要,将遗址迁移至现在的位置。该遗址在建筑史上占有重要地位,是城门由木构过梁式向砖砌券顶式转变的最早实例,对研究古代建筑史、军事史具有十分重要的意义①。

公园以遗址为核心,沿遗址本体布置规则式游览道路,整体公园结构较为简单。城墙遗址的保护与展示方式主要为露天保护与展示、覆罩保护展示,并修建遗址博物馆对遗址相关文化进行陈列展示。

遗址公园的平面图、调研图如附图64、附图65所示。

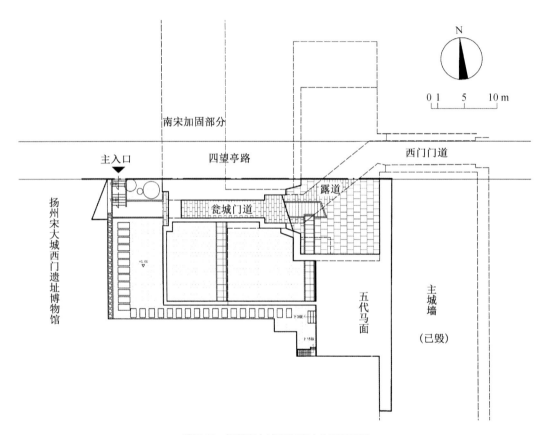

**附图64　扬州宋大城西门遗址公园平面图**

---

① http://www.yzcdyz.com/

五代马面

南宋瓮城内铺装地面

五代马面说明牌

遗址覆罩保护

遗址展牌

附图65　扬州宋大城西门遗址公园调研图

## 4.5 扬州宋夹城考古遗址公园

遗址公园位于江苏省扬州市邗江区长春路,占地 66.7 hm², 为全国重点文物保护单位。扬州宋代有"一地三城"之说,分别为宋大城、保祐城、宋夹城。而宋夹城在保祐城和宋大城之间,呈南部略偏东、北部略偏西的狭长方形,至今已有近 800 多年历史,虽然后来经历战乱等历史因素影响,但城池地貌特征依稀可见。如今的宋夹城考古遗址公园就是在原址上复建的,园内各城门均为根据遗址与史料而复原,只有少量遗址本体存于园中。该遗址有助于研究扬州城历史,彰显扬州城古老底蕴①。

遗址公园呈规则式布局,遗址公园中间以十字形道路规则划分,周围环以自然式道路串联各节点。园内对遗址的保护与展示方式包括露天保护展示、覆罩保护展示、复建展示、陈列展示,博物馆用于相关遗址的科普宣传。

与常规遗址公园以遗址的保护与展示为核心不同,宋夹城考古遗址公园又名宋夹城体育休闲公园,每年都在此举办各种运动健身活动,这使得宋夹城考古遗址公园的主要功能发生了悄无声息的置换:转化为以体育运动为主的城市休闲活动场所。

遗址公园的平面图、调研图如附图 66、附图 67 所示。

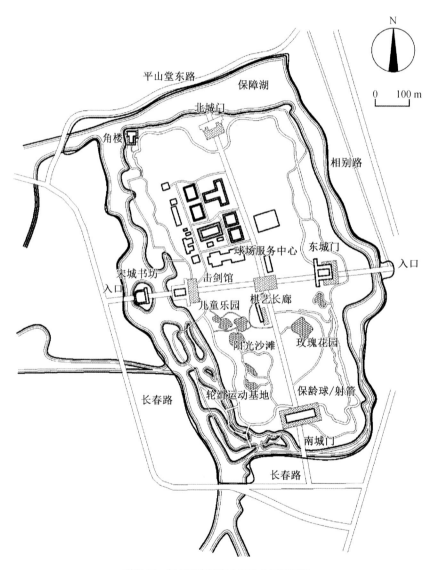

附图 66　扬州宋夹城考古遗址公园平面图

① http://www.yzcdyz.com/

北城门

公园内部道路

护城河

特色雕塑小品

附图 67　扬州宋夹城考古遗址公园调研图

## 5　镇江市

### 5.1　镇江凤凰山遗址公园

镇江凤凰山遗址公园位于丹阳市西南隅，241 省道与 122 省道相交处正南 300 m 处，总占地面积 4.59 hm²。公园内的遗址为新石器时代古人类活动留下的遗址墩，距今已有 6 000 年历史。凤凰山遗址是镇江地区夏西周时期人类生产生活的历史和实物见证，是镇江地区丰厚的历史文化的载体，已被列入江苏省文物保护单位①。

园内遗址核心是一处 4～5 m 高的椭圆形台地，整个公园也以此为核心，周围设置环形放射状道路。遗址公园共有四个功能分区，分别为遗址保护与展示区、入口景观区、游憩活动区、综合服务区。公园在保护遗址的前提下，因地制宜地规划建设了遗址展示馆、遗址山林、文华广场、图腾广场、石器广场、栖凤湖等节点，充分展示了该处遗址的历史文化风貌。园内对遗址墩进行回填保护，对出土文物利用展示馆进行陈列展示，再现了新石器时代江苏丹阳地区人类聚落活动的历史面貌。

遗址公园的平面图、调研图如附图 68、附图 69 所示。

---

① https://baike.baidu.com/item/凤凰山遗址公园

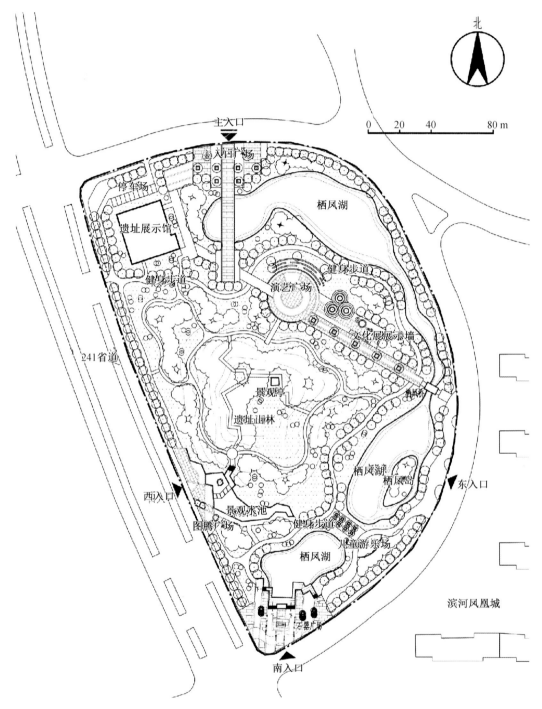

附图 68　镇江凤凰山遗址公园平面图

南入口石器广场

特色雕塑小品

入口图腾广场水中步道

石器雕塑

西入口图腾广场

文化层展示墙

遗址山林

附图 69　镇江凤凰山遗址公园调研图

## 5.2 镇江龙脉团山遗址公园

遗址公园位于江苏省镇江市润州区的团山路,占地 2.43 hm²,现为江苏省文物保护单位。遗址主要内容是夏商周时期古人类活动的台型遗址墩。该遗址是镇江市区保存较少且较为完好的商周遗址,是古代人类聚落活动的历史和实物见证,为吴文化的研究提供了基础,展示了镇江地区的"湖熟文化"[①]。

公园以团山遗址本体为核心,围绕团山遗址本体布置交通流线,通过遗址本体、建筑、水系、绿化等景观要素进行组合,彰显此处的遗址文化。遗址本体略偏东,西侧为一狭长湖面;主要建筑为龙脉团山遗址展示馆,居于公园西南角,公园对台形遗址墩进行回填保护,对出土文物利用展示馆进行陈列展示,利用博物馆作为辅助展示。

遗址公园的平面图、调研图如附图70、附图71所示。

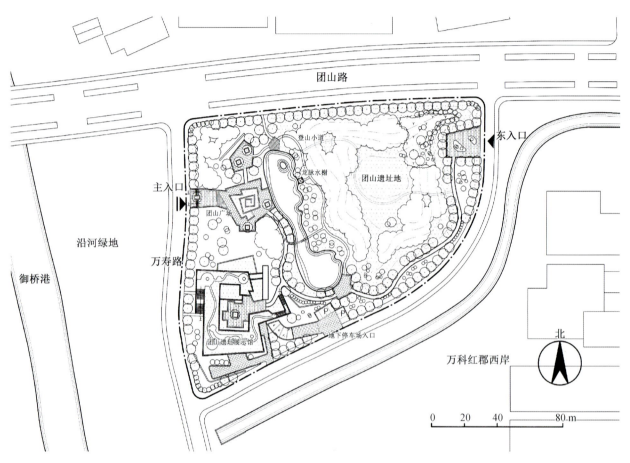

附图70 镇江龙脉团山遗址公园平面图

入口

团山遗址展示馆  休闲广场

附图71 镇江龙脉团山遗址公园调研图

---

① https://gaoloumi.cc/forum.php?mod=viewthread&tid=2787918

### 5.3 镇江铁瓮城遗址公园

遗址公园位于江苏省镇江市京口区东吴路,是江苏省镇江市文化广电新闻出版"十二五"规划中提出的"加强文化遗产保护,建成铁瓮城遗址公园"的任务目标,也是镇江"十三五"规划的重点项目,共投资约60亿元。公园的具体建设大致分为西门考古、北固山景区和铁瓮城遗址串联、建设镇江第一个快时尚消费综合体三个阶段进行,将对已经征收的片区,采取修旧如故的方式进行有机改造,以展现铁瓮城遗址,配套建设铁瓮城历史文化街区,着力打造镇江文化旅游的新名片[①]。铁瓮城遗址公园的建设是镇江市为加强遗址保护、利用、传承而大力推行的项目。

镇江铁瓮城遗址规模为 10.68 $hm^2$,是全国重点文物保护单位,主要内容是六朝时期城墙城垣类遗址和镇江铁瓮城遗址,公园内有遗址实体但不做具体展示。该遗址是保存至今的三座三国时期的东吴古都之一,以建造年代最早、保存的遗迹最完整并唯一建有砌筑护城砖墙而独具特色。

遗址公园的调研图如附图72所示。

遗址考古现场

遗址文化墙

**附图72 镇江铁瓮城遗址公园调研图**

### 5.4 镇江花山湾古城遗址公园

遗址公园位于江苏省镇江市京口区东吴路,占地 12 $hm^2$,是江苏省文物保护单位。该遗址建于晚唐时期,是目前江南遗留至今的几座依山而建的六朝及唐代城址中最为典型、保存最为完整的古城墙遗迹,对研究六朝时期、唐朝时期的历史文化具有参考作用。

镇江花山湾古城遗址公园整体呈现带状布局结构,沿城墙布置带状交通结构串联全园各节点。公园以线性城墙遗址所在位置为核心,在城墙旧址上进行回填保护,并在其上设置线性游览道路。该遗址公园对遗址的展示内容较少,更偏向于公园的休闲部分,基本作为居民公共休闲空间使用。

遗址公园的平面图、调研图如附图73、附图74所示。

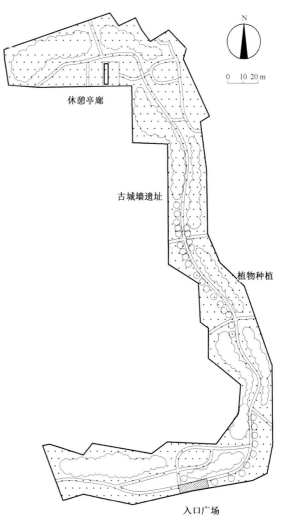

**附图73 镇江花山湾古城遗址公园平面图**

---

① https://gaoloumi.cc/forum.php?mod=viewthread&tid=2787918

景观亭

入口标识

附图 74　镇江花山湾古城遗址公园调研图

## 6 苏州市

### 6.1 苏州草鞋山考古遗址公园

遗址公园位于江苏省苏州市苏州工业园区阳澄环路与阳澄湖大道交叉口,核心区面积 4 hm²,苏州草鞋山遗址是全国重点文物保护单位,遗址内容为新石器时代的古人类活动类草鞋山遗址墩。遗址文化层可分为 10 层,最厚处有 11 m,遗址连续跨越马家浜文化、崧泽文化、良渚文化、春秋吴越文化等文化序列,拥有 6 000 多年历史,被考古界称为"江南史前文化标尺"。

草鞋山考古遗址公园核心区,集合了时空之门、主题展、考古现场展示、考古工作站等多种功能空间。未来,该遗址公园的建设将遵循"边发掘、边保护、边展示、边研究、边宣传"的原则,建设成为一个位于中国开发区典范——苏州工业园区的充分展示史前完整文化序列、稻作文化原乡、江南文化源头的科普型国家考古遗址公园[①]。

遗址公园的平面图、调研图如附图 75、附图 76 所示。

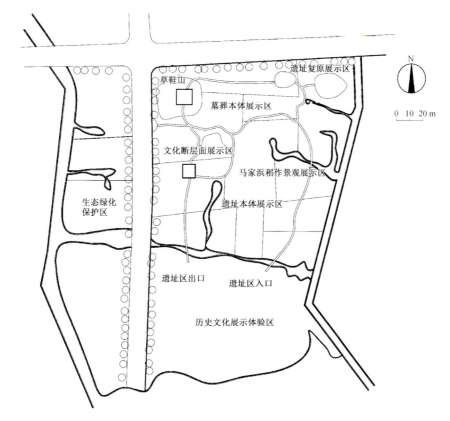

附图 75　苏州草鞋山考古遗址公园平面图

老重元寺

遗址场景

附图 76　苏州草鞋山考古遗址公园调研图

---

① https://baijiahao.baidu.com/s?id=1735327883266574455&wfr=spider&for=pc

## 6.2 苏州御窑遗址园

遗址公园位于江苏省苏州市阳澄湖西路,面积3.89 hm$^2$。苏州御窑遗址是江苏省文物保护单位,是生产生活类遗址。遗址公园主要展示明清时期的御窑生产用房和窑群,窑里烧出的砖一直是皇家专用,故宫里的每一块地砖均出自这里。它以御窑遗址为核心进行露天展示,通过展示整窑、半窑、残窑等多种状态的窑,形成整体氛围感,再现当时金砖生产场景,创造一种沉浸式的历史环境,展现出"御窑"的精神内涵。

遗址公园采用以遗址为核心,周边围合的布局形式,营造园林式的内向型空间。园内对遗址的保护展示可分为室外与室内两种方式。室外对御窑遗址本体进行露天保护与展示,通过展示整窑、半窑、残窑等多种状态的窑,形成整体氛围感,再现当时金砖生产场景,创造一种沉浸式的历史环境,展现出"御窑"的精神内涵;室内则建设御窑金砖博物馆,通过建筑的组织营造,结合文物陈列、场景复原、科技模拟等手段,再现御窑金砖从生产、运输、运用的过程,展现其丰富的历史文化。

遗址公园的平面图、调研图如附图77、附图78所示。

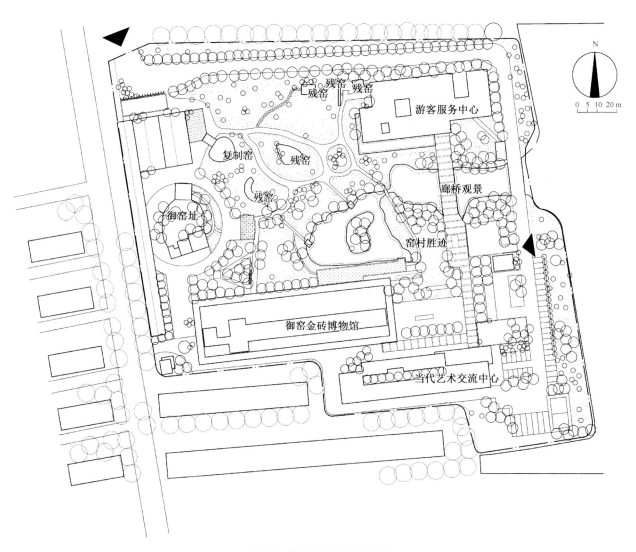

**附图77 苏州御窑遗址园平面图**

博物馆内部空间

博物馆外立面 1

博物馆外立面 2

特色长廊

博物馆主馆大厅

遗址园入口景墙

游客服务中心外环境

御窑址

御窑址内部空间

附图 78　苏州御窑遗址园调研图

### 6.3 苏州锦溪祝甸古窑遗址公园

遗址公园位于江苏省苏州市昆山市锦溪镇祝家甸村，遗址公园面积 2.4 hm²。苏州锦溪祝甸古窑遗址是江苏省级文物保护单位，遗址主要内容为清代古窑遗址，为生产生活类遗址。它是华东地区数量最多、面积最大、保护最好的古砖瓦烧制古窑群，对研究江南地区古代窑炉发展史具有重要的参考价值。公园主要以在此集中形成的御用金砖官窑集群为核心，展示御窑遗址文化。

遗址公园以古窑遗址为核心，利用自然式园路串联起分散布局的古窑遗址群，形成以古窑遗址群为核心的遗址保护与展示区。公园内将遗址实体进行露天保护与展示，并将其作为主要展示方式，无博物馆。

遗址公园的平面图、调研图如附图79、附图80所示。

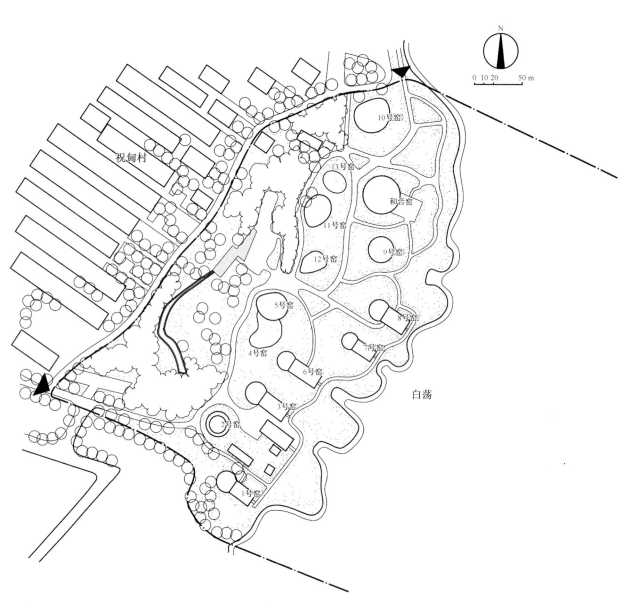

**附图 79 苏州锦溪祝甸古窑遗址公园平面图**

白荡水景

二号窑

古窑群

古窑外部造型

古窑内空间

三号窑

附图 80　苏州锦溪祝甸古窑遗址公园调研图

281

# 7 无锡市

## 7.1 无锡仙蠡墩遗址公园

遗址公园位于江苏省无锡市梁溪河北岸,占地 5.5 hm²。仙蠡墩是新石器时代的古人类活动遗址墩,是无锡古城内外已发现的最早的先民聚居遗址。公园主要是以仙蠡墩遗址和蠡公池为主景,展示无锡先民的稻作文化、渔猎文化,对展示无锡先民历史文化具有一定意义。园内展示的另一个主题是范蠡与西施泛舟五湖时曾驻留过的仙蠡墩的传说。仙蠡墩遗址为江苏省文物保护单位。

公园以遗址为中心,用树枝状、自然式道路进行各节点的串联。公园对遗址墩进行回填保护,设计雕塑墙、先民石雕像、先民住所等景观,仿制古人类活动场所,展现古人类历史。公园内保留了梁溪河水环境综合整治工程在改造仙蠡墩过程中保护留存下来的一片原生态树林,形成野树林景观,为各种太湖鸟类提供了天然的栖息地;天然的巨石与溪流创造了天石地溪的景观,与野树林共同增添了遗址公园的生态野趣,赋予了公园生态保护的意义。

遗址公园的平面图、调研图如附图81、附图82所示。

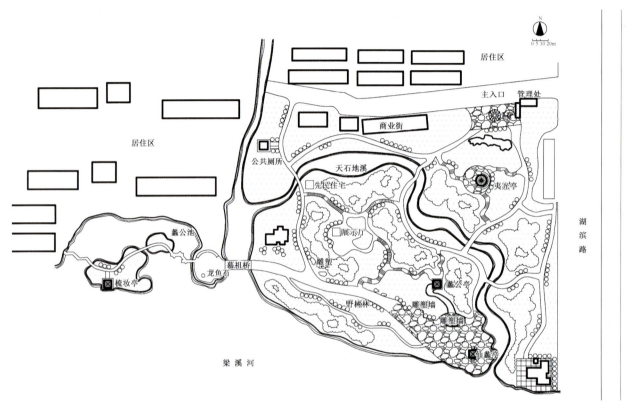

附图 81　无锡仙蠡墩遗址公园平面图

木亭

仙蠡亭

园内建筑

附图 82　无锡仙蠡墩遗址公园调研图

### 7.2 无锡鸿山国家考古遗址公园

遗址公园位于江苏省无锡市新吴区飞凤路与欣鸿路交叉路口，公园规划面积 748.97 hm²，是江苏省内首个国家考古遗址公园。鸿山遗址是春秋战国时期长江下游地区吴越文化的墓葬类遗址，分布范围 750 hm²，共有 108 个墩，现已挖掘 7 座，出土 2 300 余件文物。鸿山遗址展现了越国等级森严的墓葬制度，有利于了解吴越的政治、经济和文化面貌，其出土的瓷器、玉器等文物是研究早期吴越地区陶瓷史、音乐史和工艺美术史的重要实物资料。鸿山遗址于 2004 年被评为全国十大考古新发现，2006 年被列入全国重点文物保护单位，是"十一五"全国 100 项、"十二五"全国 150 项及"十三五"全国 150 项重点保护大遗址工程之一。

鸿山国家考古遗址公园以"坚持科学发展、谋求多方共赢"为核心理念，依托鸿山遗址，以吴越文化的遗存为内涵，以自然生态湿地为特色，将历史文化、生态湿地、田园风光融为一体，兼具对文化遗产、湿地资源的保护，集遗址保护、科学研究、教育科普、旅游休闲等多功能于一体，追求人与历史文化遗产、自然的和谐相处，从而形成独特的"无锡模式"。公园有明确的主遗址点，以春秋时期贵族墓葬群为保护与展示的核心，并作重点保护与展示。其布局形式为多遗址点、遗址集群分散布局，以混合结构连通各处。公园对遗址的保护方式多样，如露天保护、覆罩保护、回填保护等。对遗址内出土文物多达 1 100 余件的邱承墩，公园对其进行覆罩保护，并与鸿山遗址博物馆、中国吴文化博物馆共同构成鸿山遗址博物馆，分别以鸿山墓群及其出土文物展示、邱承墩贵族墓原址展示、吴地历史文化为主题展示，对遗址、文物进行陈列展示、模型展示、多媒体展示。公园对已完成考古但暂不展示的遗址进行回填保护。

由于古人类活动类遗址文化要素丰富、遗迹遗存情况复杂未知，考古挖掘的要求高、时间久，存在许多由于技术或时间原因暂时无法挖掘的遗址，而遗址公园的建设也并非朝夕之间的事，如果等遗址充分开发、遗址公园完全建成再向公众开放，时间跨度必然非常大，会造成这段时间中遗址文化传播的空档与浪费，因此遗址公园实行边建设边开放、核心区先建设先开放的方式。

遗址公园的平面图、调研图如附图 83、附图 84 所示。

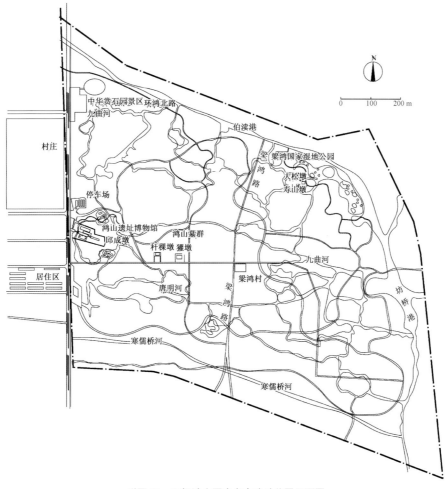

**附图 83 无锡鸿山国家考古遗址公园平面图**

标识牌

博物馆入口

獾墩遗址

獾墩遗址说明牌

景石

遗址墩

遗址博物馆内景

附图 84　无锡鸿山国家考古遗址公园调研图

### 7.3 无锡阖闾城考古遗址公园

遗址公园位于江苏省常州市雪堰镇城里村与无锡市胡埭镇湖山村之间,公园面积 2 400 hm²。公园内的遗址类型为城池城址类,是春秋时期的阖闾城遗址,遗址已有 2 500 年的历史,是第一个有论断的春秋吴国的都城。阖闾城遗址被评为"2008 年度全国十大考古新发现"之一,2011 年被评为江苏省首批八大重点保护遗址之一,2013 年被列为全国重点文物保护单位,入选"十二五"期间 150 项重大遗址保护名录,目前公园已被列入国家考古遗址公园立项名单,是一处集保护、展示、旅游为一体的超大型遗址公园。

公园内有多处主要遗址点,遗址集群分散布局,以混合道路结构连通各处。公园对已完成考古但暂不展示的遗址进行回填保护,出土相关文物保护陈列于阖闾城遗址博物馆中。博物馆通过建设吴地探古、薪火相传、阖闾雄风、吴风古韵四大固定主题展厅及临展厅,对春秋时期阖闾城的遗址文化进行全方位展示与传播。通过文物陈列、场景模拟、动画演示等手段,全面展现遗址文化;博物馆内还设立多媒体厅、3D影院等展厅,运用数字化手段,生动展现遗址文化及其内涵。另外,2017 年开始公园还对古城遗址进行了展示与修复,影视基地、遗址文化村及景区主干道也已优先建设并逐步开放,后续还有相应外环境的建设与配套设施的完善。建成后的阖闾城考古遗址公园为集遗址展示、考古研究、文化娱乐和历史传承于一体的国家考古遗址公园,进一步向公众展示春秋时期的人们在此筑城生活的概况,是研究、展示、传承中国吴文化的载体。

遗址公园的平面图、调研图如附图 85、附图 86 所示。

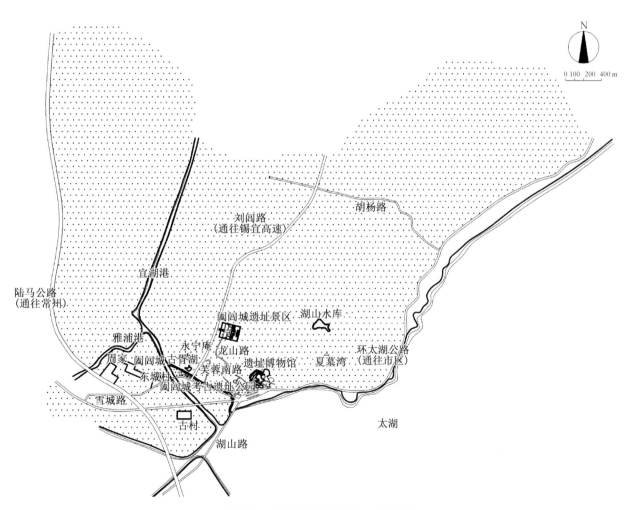

**附图 85　无锡阖闾城考古遗址公园平面图**

博物馆内景

公园入口标识景墙

遗址标识景石

东小城遗址

遗址博物馆前水景

附图 86　无锡阖闾城考古遗址公园调研图

# 8 常州市

## 8.1 常州圩墩遗址公园

遗址公园位于江苏省常州市戚墅堰圩墩遗址的西侧，面积 15.3 hm²，由圩墩公园改造建成。圩墩遗址是新石器时代的古人类聚落活动类遗址墩，为研究太湖流域史前文化和分析常州地区在新石器时代的文化发展提供了珍贵的实物参考，是江苏省文物保护单位。

公园以遗址为核心，沿河面设置主要环形道路，与主出入口的景观轴线形成"一环两轴"的格局，公园的遗址展示形式以博物馆和园林景观为主，对遗址文化、出土文物在博物馆内以陈列形式进行展示，公园中各种形式的雕塑、园林小品等很好地表达了遗址相关文化。

遗址公园的平面图、调研图如附图 87、附图 88 所示。

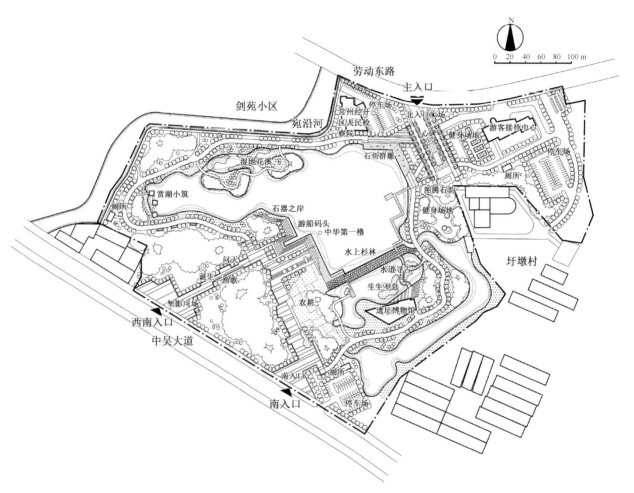

附图 87 常州圩墩遗址公园平面图

博物馆入口的高差处理

入口广场

赏湖小筑

水景小品

水上木栈道

圩墩遗址博物馆

主入口景观轴线

**附图 88　常州圩墩遗址公园调研图**

## 8.2 常州春秋淹城遗址公园

遗址公园位于常州市武进区,距离常州市中心向西南约 9 km 处,面积 283.3 hm²。淹城遗址属于古代城池城址类遗址,其历史悠久,形制独特,是中国保存最好的春秋地面城池遗址,被列为全国重点文物保护单位。

遗址公园以淹城遗址的保护与展示为核心,主道路按照三城三河格局呈环状路设置。公园以春秋淹城遗址本体为保护与展示核心,对淹城遗址进行了露天保护与展示,并对出土的独木舟、青铜器、原始青瓷器等文物收于博物馆进行保护与展示。该遗址公园的建设带动了周边地区的经济发展,形成了以遗址文化为特色的产业链。

遗址公园的平面图、调研图如附图89、附图90所示。

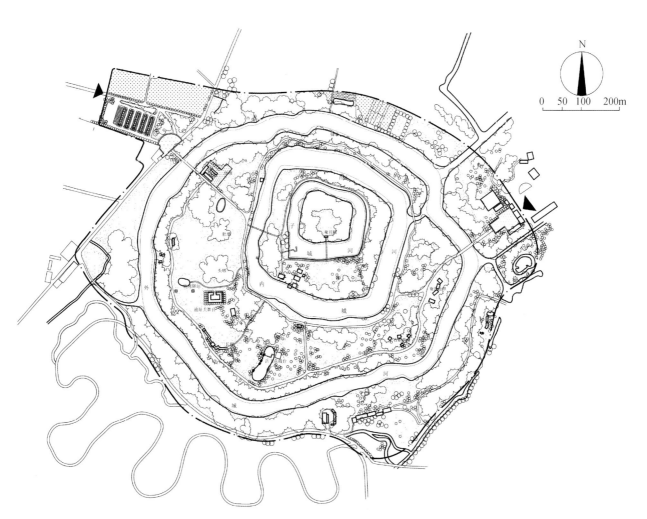

附图 89 常州春秋淹城遗址公园平面图

独木舟出土处

休息亭

景观桥

游步道

子城入口

附图 90　常州春秋淹城遗址公园调研图

# 附录二："十一五"至"十四五"时期大遗址保护项目名录江苏部分

（1）扬州城遗址：位于中国东部江苏省的扬州市西北蜀岗上，遗址总面积约 2 025 hm²[①]。遗址由大城和小城相连组成，大城始建于唐代中晚期，城墙局部残高 3 m，小城利用隋代宫城重加修筑而成。遗址内有唐代木船、古河道、碑刻等遗迹及遗物。2010 年遗址被列入第一批国家考古遗址公园立项名单，是"全国重点文物保护单位"，"十一五"期间至"十四五"期间均被国家发改委和国家文物局列入大遗址保护总体规划。

（2）无锡鸿山墓群：位于江苏省无锡市鸿山镇东部，北依太伯渎，南靠九曲河，遗址总面积约 750 hm²。鸿山墓群首次完整地揭示了春秋战国时期越国贵族墓葬在同一墓地的埋葬规律，小型、中型、大型和特大型墓的规模分级代表了越国贵族的 5 个等级。7 座墓葬共出土 2 000 件随葬品，其中一座长 57 m 的特大型越国贵族墓葬是仅次于绍兴印山越王墓的越国第二大墓。2006 年 6 月被公布为全国重点文物保护单位。"十一五"期间至"十四五"期间均被国家发改委和国家文物局列入大遗址保护总体规划。

（3）徐州汉墓群：徐州汉墓群共包括 18 座汉代王陵墓葬，分别坐落于徐州楚王山、东洞山、南洞山、北洞山、驮篮山、狮子山、龟山等地，今年来已调查和发掘了 8 座楚王陵，为探讨西汉楚国的历史积累了殷实的实物资料。其中楚王山汉墓群开岩洞墓先河，被列为国家重点文物保护单位。"十二五"期间至"十四五"期间徐州汉墓群均被国家发改委和国家文物局列入大遗址保护总体规划。

（4）常州淹城遗址：位于江苏省常州市武进区武宜中路 201 号，是春秋时期地面城池遗址。淹城遗址由子城、内城和外城及三道护城河组成，东西长 850 m，南北宽 750 m，遗址总面积达 65 hm²。淹城遗址"三城三河"相套的形制，是江南地区新石器时代环壕聚落的进一步发展，与中原的城池形制截然不同，为研究长江下游地区的先秦城市发展史提供了资料。1988 年，淹城遗址被国务院核定并公布为第三批全国重点文物保护单位。"十二五"期间淹城遗址被国家发改委和国家文物局列入大遗址保护总体规划。

（5）无锡阖闾城遗址：位于江苏省常州市雪堰镇城里村与无锡市胡埭镇湖山村之间，遗址总面积约 294 hm²。该春秋时期城池遗址是扼守太湖北部的军事战略要地。现出土遗址有大型建筑群、护城河、残陶片等遗迹及遗址，为研究春秋晚期吴国历史和无锡的吴文化提供了宝贵资料。遗址 1982 年被公布为省级文物保护单位，2013 年被公布为第七批全国重点文物保护单位。"十二五"期间至"十四五"期间均被国家发改委和国家文物局列入大遗址保护总体规划。

（6）高邮龙虬庄遗址：位于江苏省高邮市龙虬镇北首，是一处具有新石器时代典型代表性的村落遗址，遗址总面积约 4 hm²。龙虬庄孕育着文化面貌独特、文化特征稳定、发展序列完整的原始文化——龙虬文化，其证明了长江流域和黄河流域同为中华民族古文化的摇篮。1993 年该遗址的发掘被评为全国十大考古新发现。"十三五"期间遗址被国家发改委和国家文物局列入大遗址保护总体规划。

（7）南京南唐二陵：位于南京市江宁区祖堂山南麓，是五代十国时期规模最大的帝王陵墓，总面积约 5.8 hm²[②]。二陵即葬有李昪及其皇后的钦陵和李璟及其皇后钟氏的顺陵，发掘出 600 多件出土文物，其中玉哀册、陶俑等尤为珍贵，为研究五代十国时期的帝王丧葬制度提供了重要的实物资料。南唐二陵 1988 年被列为全国重点文物保护单位，"十三五"期间被国家发改委和国家文物局列入大遗址保护总体规划。

（8）板闸遗址：位于江苏省淮安市生态新城翔宇大道、枚皋路和里运河交汇的三角地带。淮安板闸是目前所发现的全国唯一一座木板衬底的水闸遗址，它与历史上的移风、清江等四闸构成了大运河淮安段的闸运体系，闸座启闭有度，发挥着调节水位和疏通河道的重要作用，随着黄、淮、运水道的变迁，直到奠切于明中期、成熟于清康乾时期的清口水利枢纽建成后，才逐渐失去了调节水位、保障漕运的作用。板闸遗址是中国大运河项目成功入选世界文化遗产名录之后的重大考古发现。2021 年 11 月，国家文物局印发《大遗址保护利用"十四五"专项规划》的通知，板闸遗址入选了跨省、自治区、直辖市大遗址中的大运河项目[③]。

（9）明清海防大遗址："明清海防"工程即明清时期构筑的以卫城、所城为骨干，堡、寨、墩、烽堠和障碍物相结合的军事工程设施，横亘绵延辽宁、河北、天津、江苏、浙江、海南等地，规模庞大。现出土遗址以汕尾炮台、烟墩、坎下城、龙牙寨较有代表性。"十三五"期间被国家发改委和国家文物局列入大遗址保护总体规划。

（10）张家港黄泗浦遗址：位于江苏省苏州市张家港市杨舍镇庆安村与塘桥镇滩里村交界处，遗址面积约 1 200 hm²[④]，探出三处遗迹密集区，涉及水系、港口、寺庙和当时人们的

---

① http://www.yzcdyz.com/index.php?m=content&c=index&a=lists&catid=51

② http://www.nanbeiyou.com/feature/125831

③ 胡兵,赵李博.江苏淮安板闸遗址发掘简报[J].文物,2019(2):23-36.

④ http://js.cnr.cn/2011jsfw/dfyw/20190404/t20190404_524568343.shtml

生活状况等内容。2011年,黄泗浦遗址被列为第七批江苏省文物保护单位。2013年,黄泗浦遗址被国务院核定公布为第七批全国重点文物保护单位。2019年,黄泗浦遗址入选"2018年度全国十大考古新发现"。"十四五"期间黄泗浦遗址被国家发改委和国家文物局列入大遗址保护总体规划。

(11) 南京南朝陵墓群:位于江苏省,包括南京市、丹阳市等市南朝陵墓,以南朝石刻为代表。南朝是中国石刻艺术的巅峰时代,南京南朝陵墓群保留17处,丹阳南朝陵墓群保留20多处,对研究古代石刻艺术与我国南朝时期陵寝发展历程有重要价值。"十四五"期间南朝陵墓群被国家发改委和国家文物局列入大遗址保护总体规划。

(12) 南京明故宫遗址:位于南京市主城东部中山东路南北两侧,又称"南京故宫",旧称"紫禁城",现存遗址总面积约 5 $hm^2$①,是中世纪世界规模最大的宫殿建筑群,被称为"世界第一宫殿"。1956年,江苏省人民政府公布明故宫遗址为江苏省文物保护单位;2006年,国务院公布明故宫遗址为全国重点文物保护单位。"十四五"期间明故宫遗址被国家发改委和国家文物局列入大遗址保护总体规划。

## 附录三:江苏省大遗址名录

(1) 南京明孝陵:位于南京市玄武区紫金山南麓独龙阜玩珠峰下,东毗中山陵,是明太祖朱元璋与其皇后的合葬陵寝,占地约 170 $hm^2$。明孝陵是南京最大的帝王陵墓,也是中国最大的帝王陵寝之一,有"明清皇家第一陵"的美誉。明孝陵1961年被公布为首批全国重点文物保护单位,2003年被列为世界文化遗产。

(2) 徐州汉楚王墓群:徐州汉墓群共包括十八座汉代王陵墓葬,分别坐落于徐州楚王山、东洞山、南洞山、北洞山、驮篮山、狮子山、龟山等地。近年来已调查和发掘的八座楚王陵,为探讨西汉楚国的历史积累了殷实的实物资料。其中楚王山汉墓群开岩洞墓先河,被列为国家重点文物保护单位。

(3) 姜堰天目山遗址:位于江苏省泰州市姜堰区北郊,新通扬运河南侧,占地约 4 $hm^2$②。天目山遗址是一座西周时期的古城址,分为内城和外城,外城外侧设有环城河道。该遗址是江苏省首次在长江以北发掘的商周城址,也是江淮地区所发现的最早的城址遗迹,2006年遗址被公布为第六批全国重点文物保护单位。

(4) 张家港黄泗浦遗址:位于江苏省张家港市杨舍镇庆安村与塘桥镇滩里村交界处,占地约 200 $hm^2$。遗址内有唐代和宋代时期的文化堆积,局部有六朝和隋代的遗迹,出土器物以青瓷片为主。遗址2011年被列为第七批江苏省文物保护单位,2013年被公布为第七批全国重点文物保护单位。

(5) 无锡阖闾城遗址:位于江苏省常州市雪堰镇城里村与无锡市胡埭镇湖山村之间,总面积约 294 $hm^2$。该春秋时期城池遗址是扼守太湖北部的军事战略要地。现出土遗址有大型建筑群、护城河、残陶片等遗迹及遗物,为研究春秋晚期吴国历史和无锡的吴文化提供了宝贵资料。遗址1982年被公布为省级文物保护单位,2013年被公布为第七批全国重点文物保护单位。

(6) 高邮龙虬庄遗址:位于江苏省高邮市龙虬镇北首,是一处具有新石器时代典型代表性的村落遗址,总面积约 4 $hm^2$。龙虬庄孕育着文化面貌独特、文化特征稳定、发展序列完整的原始文化——龙虬文化,其证明了长江流域和黄河流域同为中华民族古文化的摇篮。1993年该遗址的发掘被评为全国十大考古新发现之一。

(7) 盱眙大云山遗址:位于江苏省盱眙县马坝镇云山村的大云山顶,总面积约 25 $hm^2$。遗址是一处西汉早期的诸侯王级别的夫妻同茔异穴合葬墓,墓主为江都王刘非。墓园内发现有大墓3座,武器坑2座,车马坑1座,各种等级的陪葬墓13座。

(8) 连云港藤花落遗址:位于江苏省连云港市连云区中云办事处南部,总面积约 30 $hm^2$。藤花落遗址为一处龙山时期至岳石时期的聚落遗址,是中国龙山文化城址之一,为龙山文化城址研究等学术课题提供了实物资料。2006年遗址被公布为第六批全国重点文物保护单位。

(9) 新沂花厅遗址:位于江苏省新沂市马陵山丘陵地南端,总面积约 70 $hm^2$。花厅遗址主要由墓葬分布区和遗址居住区2部分组成,是中国史前文化遗址中同时存在南北2种不同文化类型的遗址,为认识中国史前时期不同文化区之间的文化交流提供了例证。2006年遗址被公布为第六批全国重点文物保护单位。

(10) 泗洪顺山集遗址:位于江苏省泗洪县梅花镇大新庄西南处,总面积约 17.5 $hm^2$③。该史前聚落遗址经考古发掘,出土陶器、石器、玉器、骨器400余件,填补了淮河中下游史前聚落考古的空白,2019年被公布为第八批全国重点文物保护单位。

(11) 南京人化石地点:位于南京市江宁区汤山街道附近,面积约 0.2 $hm^2$。整体呈东西走向,由于堆积物将长形洞穴拦腰收束,而成葫芦状,故称"葫芦洞"。南京人化石地点揭示了江苏古人类和旧石器文化的基本面貌,建立了

---

① 李文彬. 南都旧阙今犹在 南京明故宫遗址[J]. 大众考古, 2016(6): 74-81.

② http://www.mytaizhou.net/folder114/folder44/folder51/2020-06-13/417125.html

③ http://www.ncha.gov.cn/art/2022/5/23/art_2610_174437.html

区域性古人类和旧石器文化的发展序列,2006年被公布为第六批全国重点文物保护单位。

(12) 南唐二陵:位于南京市江宁区祖堂山南麓,是五代十国时期规模最大的帝王陵墓,总面积约 5.8 hm²。二陵即葬有李昪及其皇后的钦陵和李璟及其皇后钟氏的顺陵,发掘出 600 多件出土文物,其中玉哀册、陶俑等尤为珍贵,为研究五代十国时期的帝王丧葬制度提供了重要的实物资料。1988 年南唐二陵被列为全国重点文物保护单位。

(13) 溧阳中华曙猿化石地点:位于江苏省常州市溧阳上黄镇水母山,属于旧石器时代遗址。该化石地点出土了距今大约 4 500 万年的哺乳动物化石上万块,其中包括曙猿的牙齿化石,后者暗示高等灵长类的起源地更可能是在东方,历史价值巨大。2013 年中华曙猿化石地点被国务院核定为第七批全国重点文物保护单位。

(14) 张家港东山村遗址:位于苏州张家港市金港镇南沙东山村香山东侧的斜坡上,总面积约 27 hm²①。东山村遗址主要出土一处崧泽文化时期的聚落,包括房址和墓地,首次揭露了崧泽文化早中期高等级大墓,另发现多座史前墓葬与房址,是一处马家浜和崧泽文化类型的新石器时代大型村落遗址。

(15) 盱眙泗州城遗址:位于江苏省淮安市盱眙县,具体归属年代为唐朝至清朝,总面积约 240 hm²。泗州城城市布局保存完整,出土文物极为丰富,除建筑构件外,还有瓷器、陶器、石器、铁器、铜器、骨器、牙器等生活用品及兵器。2013 年遗址被公布为第七批全国重点文物保护单位。

(16) 邗江甘泉山汉墓群:位于江苏省扬州市邗江区甘泉镇境内,总面积约 120 hm²②。甘泉山是我国历史上人工堆积的最大土墩之一,山上自然散布广陵王家族墓葬 30 余座,形成规模宏大、结构复杂的墓冢群,被列为江苏省文物保护单位。

(17) 兴化蒋庄遗址:位于江苏省兴化、东台两市交界处,分属兴化市蒋庄村及东台市五星村、双溪村,总面积约 47 hm²,现已发掘 0.35 hm²③。遗址出土了丰富的良渚玉器、石器、骨器和陶器,是长江以北地区首次发现的大型良渚文化聚落,填补了长江以北地区良渚文化考古发现的空白。2019 年遗址被公布为第八批全国重点文物保护单位。

(18) 丹阳葛城遗址:位于丹阳市珥陵镇与导墅镇交界的葛城村,占地面积 5.73 hm²④,遗址核心面积 4.27 hm²。该遗址内部分布有窖穴、房基、水井、水沟等,外部分布有土墩墓,是目前发现的最早、延续使用时间最长、保存状况较为完好的吴国城址。2013 年遗址被公布为第七批全国重点文物保护单位。

(19) 溧阳秦堂山遗址:位于南京溧阳市上兴镇东塘村西约 300 米处,核心区面积 4.5 hm²⑤。遗址属于长江下游地区的新石器时代文化中期的马家浜文化,出土有大量陶片、石器及骨器,是目前已知保存面积最大、最为完整的马家浜遗址。

(20) 仪征庙山汉墓:位于江苏省仪征市新集镇庙山村。遗址以庙山为主墓,以西北团山、东南舟山为陪葬墓。其中主墓是一座大型汉代土坑木椁墓,是已知江苏省最大的西汉木结构墓葬。遗址 2002 年被公布为江苏省文物保护单位,2013 年被公布为第七批全国重点文物保护单位。

(21) 常州寺墩遗址:位于江苏省常州市天宁区郑陆镇三皇庙村,总面积约 80~90 hm²⑥。遗址下层为崧泽文化遗存,上层为良渚文化遗存,出土有玉琮、玉璧及数十件项链等重要文物。2019 年遗址被公布为第八批全国重点文物保护单位。

(22) 淮安板闸遗址:位于江苏省淮安市淮安区枚皋路,遗址本体由古河道、水闸、堤坝、码头和建筑基址五个主要部分组成,其范围内还分布着三元宫、淮安钞关遗址等文物遗迹。2019 年被列入第八批全国重点文物保护单位。

(23) 宿迁青墩遗址:位于江苏省宿迁市宿豫区晓店镇沈蔡庄东,总面积约 66.5 hm²。遗址上部为汉代文化层,下部为西周文化层,出土了大量陶器、青铜剑、戈、镞等遗物。青墩遗址地层清晰、空间分布完整,对宿迁地方历史研究具有重大意义。2013 年遗址被核定为第七批全国重点文物保护单位。

(24) 连云港桃花涧遗址:位于江苏省连云港市锦屏山南麓,总面积约 0.5 hm²。该古人类活动遗址出土有舟伏、漏斗状石器等文物,与日本九州出土石器的形制大体相同,是两岸古人类往来交流的真实写照。桃花涧遗址是中国东部沿海地区迄今发现的唯一含有小石叶工艺的遗址,文化类型上属于龙山文化和大汶口文化。

(25) 海安青墩遗址:位于江苏省南通市海安市南莫镇青墩村,总面积约 7 hm²。遗址出土了大量的新石器时代建筑木构件和柱洞遗迹,为江淮东部面积最大、文化层堆积最厚且保存最完好的新石器时代遗址,为江淮东部最重要的新石器时代遗址之一。2006 年遗址被公布为第六批全国重点文物保护单位。

---

① https://www.zjg.gov.cn/zjg/aboutgwhyz/201709/b9c04ef87e7e493f88b68cad7fd3fed4.shtml
② http://www.kaogu.cn/cn/xccz/20170720/58976.html
③ http://www.kaogu.cn/zixun/kaoguxueluntan__2015zhongguokaoguxinfaxian/20160113/52740.html
④ http://discovery.cctv.com/20071016/101545.shtml
⑤ http://www.wenwuchina.com/a/21/258938.html
⑥ http://www.czmuseum.com/topNewsList/detail?id=1635&cid=41&tname=whgj&isDetial=true

## 附录四：南京市各级文物保护单位名单

### 1 全国重点文物保护单位名单（49处103点）

#### 古遗址（7处7点）

| 序号 | 名称 | 时代 | 地址 |
|---|---|---|---|
| 1 | 南京人化石地点 | 旧石器时代 | 江宁区汤山街道 |
| 2 | 钟山建筑遗址 | 六朝 | 玄武区紫金山南麓 |
| 3 | 明故宫遗址 | 明 | 玄武区\秦淮区午朝门前后 |
| 4 | 龙江船厂遗址 | 明 | 鼓楼区江东街道漓江路57号 |
| 5 | 薛城遗址 | 新石器时代 | 高淳区 |
| 6 | 固城遗址 | 春秋至汉 | 高淳区 |
| 7 | 大报恩寺遗址 | 东晋至清 | 秦淮区 |

#### 古墓葬（6处14点）

| 序号 | 名称 | 时代 | 地址 |
|---|---|---|---|
| 1 | 明孝陵（玄武区）【含徐达墓（玄武区）、李文忠墓（玄武区）、吴良墓（玄武区）、吴桢墓（玄武区）、常遇春墓（玄武区）、仇成墓石刻（玄武区）、邓愈墓（雨花台区）、李杰墓（雨花台区）】（共9个点） | 明 | 紫金山南麓 |
| 2 | 南唐二陵 | 南唐 | 江宁区江宁祖堂山 |
| 3 | 浡泥国王墓 | 明 | 雨花台区雨花镇东向花村 |
| 4 | 象山王氏家族墓地 | 东晋 | 鼓楼区幕府西路 |
| 5 | 上坊孙吴墓 | 三国 | 江宁区 |
| 6 | 仙鹤观六朝墓地 | 三国、晋、南北朝 | 栖霞区 |

#### 古建筑（8处8点）

| 序号 | 名称 | 时代 | 地址 |
|---|---|---|---|
| 1 | 南京城墙（玄武区）（鼓楼区）（秦淮区） | 明 | 南京市区 |
| 2 | 栖霞寺舍利塔 | 南唐 | 栖霞区栖霞山栖霞寺东侧 |
| 3 | 瞻园 | 明、清 | 秦淮区瞻园路128号 |
| 4 | 甘熙宅第 | 清 | 秦淮区南捕厅15、17、19号 |
| 5 | 七桥瓮 | 明 | 秦淮区 |
| 6 | 蒲塘桥 | 明 | 溧水区 |
| 7 | 朝天宫 | 清 | 秦淮区 |
| 8 | 杨柳村古建筑群 | 清 | 江宁区 |

#### 石窟寺及石刻（3处20点）

| 序号 | 名称 | 时代 | 地址 |
|---|---|---|---|
| 1 | 南京南朝陵墓石刻（共17个点）：<br>徐家村失考墓石刻<br>梁桂阳简王萧融墓石刻<br>梁安成康王萧秀墓石刻<br>梁始兴忠武王萧憺墓石刻<br>梁吴平忠侯萧景墓石刻<br>梁鄱阳忠烈王萧恢墓石刻<br>梁临川靖惠王萧宏墓石刻<br>梁新渝宽侯萧暎墓石刻<br>陈文帝陈蒨永宁陵石刻<br>北家边失考墓石刻<br>梁建安敏侯萧正立墓石刻<br>陈武帝陈霸先万安陵石刻 | 南朝 | 栖霞区金陵石化化工一厂内<br>栖霞区南京炼油厂内<br>栖霞区甘家巷小学<br>栖霞区甘家巷西<br>栖霞区新合村<br>栖霞区甘家巷西<br>栖霞区仙林大学城<br>栖霞区甘家巷董家边<br>栖霞区新合村狮子冲<br>栖霞区尧化北家边<br>江宁区秣陵街道南京海事学院东<br>江宁区东山街道上坊 |

续 表

| 序号 | 名称 | 时代 | 地址 |
|---|---|---|---|
|  | 宋武帝刘裕初宁陵石刻 |  | 江宁区麒麟门 |
|  | 宋墅失考墓石刻 |  | 江宁区秣陵街道宋墅村 |
|  | 侯村失考墓石刻 |  | 江宁区秣陵街道 |
|  | 方旗庙失考墓石刻 |  | 江宁区江宁街道建中村 |
|  | 耿岗失考墓石刻 |  | 江宁区秣陵街道耿岗村 |
| 2 | 千佛崖及明征君碑（2个点） | 南朝、唐（676年） | 栖霞区栖霞山、栖霞寺前 |
| 3 | 阳山碑材 | 明 | 江宁区 |

**近现代重要史迹及代表性建筑（25处54点）**

| 序号 | 名称 | 时代 | 地址 |
|---|---|---|---|
| 1 | 中山陵（含邓演达墓、廖仲恺何香凝墓、谭延闿墓、国民革命军阵亡将士公墓）（共5个点） | 1929年 | 玄武区中山陵园内 |
| 2 | 太平天国天王府遗址 | 太平天国 | 玄武区长江路292号 |
| 3 | 堂子街太平天国壁画 | 太平天国 | 秦淮区堂子街108号 |
| 4 | 雨花台烈士陵园 | 1927—1949年 | 雨花台区 |
| 5 | 国立紫金山天文台旧址 | 1931年 | 玄武区紫金山第三峰 |
| 6 | 中共代表团办事处旧址 | 1946年 | 玄武区梅园新村 |
| 7 | 原国民政府旧址（共9个点） | 民国 |  |
|  | 国民政府考试院旧址 |  | 玄武区北京东路41、43号 |
|  | 国民政府主席官邸旧址 |  | 玄武区中山陵9号 |
|  | 国民党中央监察委员会办公楼旧址 |  | 玄武区中山东路311号 |
|  | 国民党中央党史史料陈列馆旧址 |  | 玄武区中山东路309号 |
|  | 国民政府外交部旧址 |  | 鼓楼区中山北路32号 |
|  | 国民政府最高法院旧址 |  | 鼓楼区中山北路101号 |
|  | 国民政府行政院旧址 |  | 鼓楼区中山北路252、254号 |
|  | 国民政府交通部旧址 |  | 鼓楼区中山北路303号 |
|  | 临时政府参议院旧址 |  | 鼓楼区湖南路10号 |
| 8 | 中央体育场旧址 | 1929年 | 玄武区南京体育学院内 |
| 9 | 国民大会堂旧址 | 1935年 | 玄武区长江路264号 |
| 10 | 中央大学旧址（含梅庵） | 1930年 | 玄武区四牌楼2号 |
| 11 | 金陵大学旧址（含汇文书院钟楼）（2个点） | 1916年（1888年） | 鼓楼区汉口路22号（中山路169号） |
| 12 | 金陵女子大学旧址 | 1923年 | 鼓楼区宁海路122号 |
| 13 | 侵华日军南京大屠杀死难同胞丛葬地（17个点） | 1937年 | 江东门（建邺区）、上新河（建邺区）、中山陵西洼子村（玄武区）、北极阁（玄武区）、普德寺（雨花台区）、花神庙（雨花台区）、燕子矶（栖霞区）、清凉山（鼓楼区）、汉中门（鼓楼区）、五台山（鼓楼区）、南京大学（鼓楼区）、正觉寺（秦淮区）、挹江门（鼓楼区）、煤炭港（鼓楼区）、中山码头（鼓楼区）、鱼雷营（鼓楼区）、草鞋峡（鼓楼区） |
| 14 | 金陵刻经处 | 清 | 秦淮区 |
| 15 | 金陵兵工厂旧址 | 清至民国 | 秦淮区 |
| 16 | 浦口火车站旧址 | 清至民国 | 浦口区 |
| 17 | 孙中山临时大总统府及南京国民政府建筑遗存 | 1912—1949年 | 玄武区长江路292号 |
| 18 | 北极阁气象台旧址 | 1928年 | 玄武区 |
| 19 | 中央陆军军官学校旧址 | 1928年 | 玄武区 |
| 20 | 励志社旧址 | 1929—1931年 | 玄武区 |
| 21 | 国民政府中央广播电台旧址 | 1932年 | 鼓楼区 |
| 22 | 国立中央研究院旧址 | 1933—1935年 | 玄武区 |
| 23 | 拉贝旧居 | 1934—1938年 | 鼓楼区 |
| 24 | 美国驻华使馆旧址 | 1946年 | 鼓楼区 |
| 25 | 英国驻华使馆旧址 | 1946年 | 鼓楼区 |

## 2 江苏省文物保护单位名单（109处116点）

### 古遗址（5处5点）

| 序号 | 名称 | 时代 | 地址 |
| --- | --- | --- | --- |
| 1 | 牛头岗遗址 | 新石器 | 浦口区汤泉农场 |
| 2 | 南城遗址 | 春秋时代 | 高淳区 |
| 3 | 琉璃窑窑址 | 明 | 雨花台区窑岗村 |
| 4 | 朝墩头遗址 | 新石器 | 高淳区固城镇 |
| 5 | 窨子山遗址 | 商周 | 秦淮区红花街道 |

### 古墓葬（8处8点）

| 序号 | 名称 | 时代 | 地址 |
| --- | --- | --- | --- |
| 1 | 王德墓 | 南宋 | 栖霞区燕子矶镇伏家桥 |
| 2 | 邓廷桢墓 | 清 | 栖霞区仙林灵山 |
| 3 | 刘智墓 | 清 | 雨花台区花神庙 |
| 4 | 沐英家族墓群 | 明 | 江宁区东山街道将军山 |
| 5 | 宋瑛墓 | 明 | 溧水区乌山乡团山 |
| 6 | 郑和墓 | 明 | 江宁区谷里乡 |
| 7 | 魏家村土墩墓群 | 西周-春秋 | 溧水区晶桥镇魏家村 |
| 8 | 洪保墓 | 明 | 江宁区谷里街道周村祖堂山 |

### 古建筑（23处30点）

| 序号 | 名称 | 时代 | 地址 |
| --- | --- | --- | --- |
| 1 | 石头城遗迹 | 东汉 | 鼓楼区清凉山西侧 |
| 2 | 保圣寺塔 | 南宋 | 高淳区双塔乡 |
| 3 | 鼓楼 | 明 | 鼓楼区 |
| 4 | 灵谷寺无梁殿 | 明 | 玄武区灵谷寺西南 |
| 5 | 定林寺塔 | 南宋 | 江宁区方山 |
| 6 | 东坝戏台 | 清 | 高淳区东坝镇胥河北岸 |
| 7 | 沧溪戏台 | 清 | 高淳区沧溪镇 |
| 8 | 胭脂河天生桥 | 明 | 溧水区城西亭山东麓 |
| 9 | 六合文庙 | 明、清 | 六合红旗大街136号 |
| 10 | 栖霞寺 | 五代 | 栖霞区栖霞山 |
| 11 | 牛首山弘觉寺塔及摩崖石刻 | 明 | 江宁区牛首山 |
| 12 | 长乐桥 | 明 | 溧水区群力乡 |
| 13 | 永寿寺塔 | 明 | 溧水区城西 |
| 14 | 净觉寺 | 明、清 | 秦淮区升州路28号 |
| 15 | 秦淮民居群（8个点） | 明、清 | |
| | 三条营古建筑 | | 秦淮区三条营20号 |
| | 刘芝田故居 | | 秦淮区殷高巷14,14-1、2、3、4号 |
| | 程先甲故居 | | 秦淮区大百花巷11号 |
| | 秦大士故居 | | 秦淮区长乐路57、59、61号 |
| | 糖坊廊河房 | | 秦淮区糖坊廊61号 |
| | 钞库街河房 | | 秦淮区钞库街38号 |
| | 钓鱼台河房 | | 秦淮区钓鱼台192号 |
| | 棋峰试馆 | | 秦淮区钞库街52号 |
| 16 | 淳溪老街 | 清 | 高淳区 |
| 17 | 瓮堂 | 明 | 秦淮区悦来巷2号 |
| 18 | 刘家垱万寿台戏楼 | 清 | 高淳区 |
| 19 | 水阳江水牮 | 明 | 高淳区砖墙镇 |
| 20 | 玄津桥 | 明 | 秦淮区逸仙桥南侧 |

续 表

| 序号 | 名称 | 时代 | 地址 |
|---|---|---|---|
| 21 | 天隆寺塔林 | 明-现代 | 雨花台区菊花台公园 |
| 22 | 高淳周氏宗祠 | 清 | 高淳区砖墙镇三和村 |
| 23 | 朝天宫(江宁府学) | 清 | 秦淮区朝天宫 |

### 石窟寺及石刻(6处6点)

| 序号 | 名称 | 时代 | 地址 |
|---|---|---|---|
| 1 | 铜钟 | 明 | 玄武区大钟亭1号 |
| 2 | 天妃宫碑 | 明 | 鼓楼区朝月楼116号静海寺内 |
| 3 | 大报恩寺碑 | 明 | 秦淮区中华门外北山门 |
| 4 | 定林寺摩崖题刻 | 宋 | 玄武区紫金山紫霞洞 |
| 5 | 江南贡院 | 明、清 | 秦淮区金陵路1号 |
| 6 | 姚南村明墓石刻 | 明 | 雨花台区西善桥姚南村 |

### 近现代重要史迹及代表性建筑(66处66点)

| 序号 | 名称 | 时代 | 地址 |
|---|---|---|---|
| 1 | 天堡城遗址 | 太平天国 | 玄武区紫金山西峰 |
| 2 | 曾水源墓 | 太平天国 | 鼓楼区挹江门寡妇山 |
| 3 | 罗廊巷太平天国建筑及壁画 | 太平天国 | 秦淮区罗廊巷17号 |
| 4 | 天朝总圣库、英王府遗址 | 太平天国 | 秦淮区升州路346号 |
| 5 | 金沙井太平天国建筑 | 太平天国 | 秦淮区金沙井34、36号 |
| 6 | 江南水师学堂遗迹 | 1890年 | 鼓楼区挹江门七二四所内 |
| 7 | 矿路学堂遗迹 | 清·光绪 | 鼓楼区中山北路283号 |
| 8 | 天主教堂 | 清末 | 秦淮区石鼓路110号 |
| 9 | 粤军阵亡将士墓 | 1912年 | 建邺区莫愁湖公园内 |
| 10 | 两浦铁路工人"二七"大罢工指挥所旧址 | 1923年 | 浦口区浴堂街34号 |
| 11 | 八路军驻京办事处旧址 | 1937年 | 鼓楼区青云巷41号、高云岭29号 |
| 12 | 新四军一支队司令部旧址 | 1938年 | 高淳区城中山大街吴家祠堂 |
| 13 | 陶行知墓 | 1946年 | 栖霞区中央门外晓庄崂山 |
| 14 | 渡江胜利纪念碑 | 1979年 | 鼓楼区热河路广场 |
| 15 | 原国立中央博物院旧址 | 1936年 | 玄武区中山东路321号 |
| 16 | 前驻外使节九烈士墓 | 1947年 | 雨花台区菊花台公园 |
| 17 | 马林医院旧址 | 1892年 | 鼓楼区中山路321号 |
| 18 | 浦镇车辆厂英式建筑 | 1909年 | 浦口区浦镇车辆厂内 |
| 19 | 扬子饭店旧址 | 1914年 | 鼓楼区宝善街2号 |
| 20 | 和记洋行旧址 | 1912年 | 鼓楼区宝塔桥西街168号 |
| 21 | 汤山温泉别墅 | 1920年 | 江宁区汤山镇 |
| 22 | 金陵协和神学院 | 20年代 | 鼓楼区大铜银巷7号 |
| 23 | 中央医院旧址 | 1933年 | 玄武区中山东路305号 |
| 24 | 首都饭店旧址 | 1933年 | 鼓楼区中山北路178号 |
| 25 | 航空烈士公墓 | 1932年 | 玄武区太平门外王家湾 |
| 26 | 交通银行南京分行旧址 | 1933年 | 玄武区中山东路1号 |
| 27 | 南京地质调查所陈列室旧址 | 1935年 | 玄武区珠江路700号 |
| 28 | 南京大华大戏院旧址 | 1935年 | 秦淮区中山南路67号 |
| 29 | 中国国货银行旧址 | 1935年 | 鼓楼区中山路19号 |
| 30 | 基督教莫愁路堂 | 1936年 | 秦淮区莫愁路350号 |
| 31 | 范鸿仙墓 | 1929年 | 玄武区紫金山东五棵松 |
| 32 | 国际联欢社旧址 | 1933年 | 鼓楼区中山北路249号 |

续 表

| 序号 | 名称 | 时代 | 地址 |
|---|---|---|---|
| 33 | 法国驻中华民国大使馆旧址 | 1937 年 | 鼓楼区高云岭 56 号 |
| 34 | 汪精卫公馆旧址 | 1938 年 | 鼓楼区颐和路 8 号 |
| 35 | 马歇尔公馆旧址 | 1945 年 | 鼓楼区宁海路 5 号 |
| 36 | 宋子文住宅旧址 | 1946 年 | 玄武区北极阁 1 号 |
| 37 | 孔祥熙住宅旧址 | 1946 年 | 玄武区高楼门 80 号 |
| 38 | 杨廷宝住宅 | 1946 年 | 玄武区成贤街 104 号 |
| 39 | 童寯住宅 | 1947 年 | 秦淮区文昌巷 52 号 |
| 40 | 李宗仁公馆旧址 | 1948 年 | 鼓楼区傅厚岗 30 号 |
| 41 | 孙科公馆旧址 | 1946 年 | 玄武区中山陵 8 号 |
| 42 | 皖南事变三烈士墓 | 1945 年 | 雨花台区雨花台望江矶 |
| 43 | 江苏邮政管理局旧址 | 民国 | 鼓楼区大马路 62 号 |
| 44 | 南京赛珍珠旧居 | 民国 | 鼓楼区汉口路 22 号南京大学北园内 |
| 45 | 中国银行南京分行旧址 | 民国 | 鼓楼区大马路 66 号 |
| 46 | 原国民政府立法院、监察院旧址 | 民国 | 鼓楼区中山北路 105 号 |
| 47 | 陵园新村邮局旧址 | 民国 | 玄武区钟山风景区 |
| 48 | 何应钦公馆旧址 | 民国 | 鼓楼区南京大学北园斗鸡闸 4 号 |
| 49 | 张佩伦宅 | 清 | 秦淮区白下路 273 号 |
| 50 | 美国军事顾问团公寓旧址 | 民国 | 鼓楼区北京西路 67 号 |
| 51 | 于右任公馆旧址 | 民国 | 鼓楼区宁夏路 2 号 |
| 52 | 陈裕光旧居 | 民国 | 鼓楼区汉口路 71 号 |
| 53 | 荷兰驻中华民国大使馆旧址 | 民国 | 鼓楼区老菜市 8 号 |
| 54 | 南京邮电局旧址 | 民国 | 秦淮区建康路 146 号 |
| 55 | 国立中央图书馆旧址 | 民国 | 玄武区成贤街 66、68 号 |
| 56 | 国立美术陈列馆旧址 | 民国 | 玄武区长江路 266 号 |
| 57 | 基督教圣公会圣保罗堂 | 1922 年 | 秦淮区太平南路 396 号 |
| 58 | 中南银行南京分行旧址 | 1929 年 | 秦淮区白下路 155 号 |
| 59 | 上海商业储蓄银行旧址 | 1933 年 | 秦淮区建康路 145 号 |
| 60 | 福昌饭店旧址 | 1933 年 | 鼓楼区中山路 75 号 |
| 61 | 华侨招待所旧址 | 1933 年 | 鼓楼区中山北路 81 号 |
| 62 | 国民政府行政院长官邸旧址 | 1933 年 | 鼓楼区中山北路 254 号 |
| 63 | 日本神社旧址 | 1939 年 | 鼓楼区五台山 1-3 号 |
| 64 | 横山县抗日民主政府旧址 | 1941 年 | 江宁区横溪镇呈村 |
| 65 | 加拿大驻中华民国大使馆旧址 | 1946—1949 年 | 鼓楼区天竺路 3 号 |
| 66 | 汉口西路傅抱石旧居 | 1963—1965 年 | 鼓楼区汉口西路 132 号 |

其他（1 处 1 点）

| 序号 | 名称 | 时代 | 地址 |
|---|---|---|---|
| 1 | 古天文仪器 | 明、清 | 玄武区紫金山天文台内 |

## 3　南京市文物保护单位名单（358 处 368 点）

古遗址（40 处 40 点）

| 序号 | 名称 | 时代 | 地址 |
|---|---|---|---|
| 1 | 船墩古文化遗址 | 新石器 | 江宁区湖熟镇赵家边 |
| 2 | 磨盘山古文化遗址 | 新石器 | 江宁区秣陵街道建康村 |
| 3 | 神墩古文化遗址 | 新石器 | 江宁区秣陵中学内 |
| 4 | 神墩古文化遗址 | 新石器 | 江宁区湖熟镇新墩村 |
| 5 | 梁台古文化遗址 | 新石器 | 江宁区湖熟镇 |

续表

| 序号 | 名称 | 时代 | 地址 |
|---|---|---|---|
| 6 | 老鼠墩古文化遗址 | 新石器 | 江宁区湖熟镇曹家边 |
| 7 | 前岗古文化遗址 | 新石器 | 江宁区湖熟镇耀华村 |
| 8 | 橙子墩古文化遗址 | 新石器 | 江宁区东山街道岔路口 |
| 9 | 昝庙古文化遗址 | 新石器 | 江宁区禄口街道昝庙 |
| 10 | 营盘山古墓葬群遗址 | 新石器 | 浦口区泰山街道黄姚村 |
| 11 | 杨山头古文化遗址 | 新石器 | 浦口区汤泉镇泉西村 |
| 12 | 大古堆古文化遗址 | 商周 | 浦口区永宁镇侯冲村 |
| 13 | 平顶山古文化遗址 | 商周 | 六合区葛塘街道 |
| 14 | 薛山古文化遗址 | 商周 | 六合区程桥镇 |
| 15 | 曹王城子古文化遗址 | 周 | 浦口区桥林镇双桥村 |
| 16 | 蒋城子古文化遗址 | 周 | 浦口区桥林镇西 |
| 17 | 南唐宫城及护龙河遗址 | 南唐 | 秦淮区张府园、洪武路 |
| 18 | 牛首山、韩府山抗金故垒 | 南宋 | 雨花台区铁心桥、江宁区秣陵街道祖堂东善桥林场牛首山 |
| 19 | 江宁织造府西花园遗址 | 清 | 玄武区太平北路19号 |
| 20 | 神山头古文化遗址 | 新石器 | 江宁区江宁镇陆郎 |
| 21 | 程桥大墩子古文化遗址 | 商周 | 六合区程桥镇羊山村 |
| 22 | 钟山定林寺遗址 | 六朝 | 玄武区钟山风景区 |
| 23 | 南唐城墙遗址 | 南唐 | 秦淮区江宁路东侧 |
| 24 | 崇正书院遗址 | 明 | 鼓楼区清凉山 |
| 25 | 泰山庙遗址 | 明 | 浦口区泰山街道泰西路宣化山 |
| 26 | 湖神庙遗址 | 明 | 玄武区玄武湖公园梁洲 |
| 27 | 陶庄乌龟墩遗址 | 新石器、商周 | 浦口区星甸镇陶庄组 |
| 28 | 中和村花庙山遗址 | 商周 | 江宁区江宁街道中和村 |
| 29 | 桂花村鳖墩、拐墩遗址 | 商周 | 六合区程桥街道桂花村 |
| 30 | 茶壶店遗址 | 周 | 浦口区星甸镇茶壶店组 |
| 31 | 大城基遗址 | 周 | 浦口区永宁镇永宁村姚庄组 |
| 32 | 走马岭汉代遗址 | 汉 | 六合区雄州街道李岗村 |
| 33 | 瓜埠太平寺井 | 东汉 | 六合区瓜埠镇保江村 |
| 34 | 六朝建康都城遗址 | 东吴-南朝 | 玄武区汉府街、大行宫南京图书馆、白下区游府西街小学 |
| 35 | 洞玄观遗址 | 东吴 | 江宁区秣陵街道方山南麓 |
| 36 | 东阳街双井 | 宋 | 栖霞区栖霞街道东阳街 |
| 37 | 黄家古井 | 宋 | 溧水区和凤镇黄家村 |
| 38 | 江南第二泉 | 南宋 | 雨花台区雨花台烈士陵园内 |
| 39 | 万福寺遗址(名僧塔林) | 清 | 玄武区紫金山马腰东 |
| 40 | 乾隆行宫遗址 | 清 | 栖霞区栖霞山公园内 |

古墓葬(24处24点)

| 序号 | 名称 | 时代 | 地址 |
|---|---|---|---|
| 1 | 笆斗山古墓葬群 | 汉 | 栖霞区笆斗山 |
| 2 | 石子岗古墓葬群 | 汉 | 雨花台区石子岗 |
| 3 | 邓府山古墓葬群 | 南朝 | 雨花台区邓府山 |
| 4 | 幕府山古墓葬群 | 南朝 | 鼓楼区幕府山 |
| 5 | 孙权墓 | 东吴 | 玄武区梅花山 |
| 6 | 阮籍墓 | 三国·魏 | 秦淮区花露北岗19号 |
| 7 | 郭璞墩 | 西晋 | 玄武区玄武湖环洲 |
| 8 | 温峤墓 | 东晋 | 鼓楼区大庙村、幕府山靶场 |

续表

| 序号 | 名称 | 时代 | 地址 |
|---|---|---|---|
| 9 | 张孝祥墓 | 南宋 | 浦口区老山黄叶岭南 |
| 10 | 杨邦乂剖心处 | 南宋 | 雨花台区雨花台东北角 |
| 11 | 杜茶村墓 | 明 | 玄武区王家湾伊刘村 |
| 12 | 方孝孺墓 | 明 | 雨花台区雨花台烈士陵园内 |
| 13 | 宋晟墓 | 明 | 雨花台区雨花西路113号 |
| 14 | 顾兴祖墓 | 明 | 雨花台区安德门外小行 |
| 15 | 周瑄墓 | 明 | 雨花台区邓愈墓园(由西善桥迁入) |
| 16 | 俞通海墓 | 明 | 雨花台区晨光机器厂内 |
| 17 | 王以旗墓 | 明 | 江宁区东善桥祖堂山南 |
| 18 | 庄昶墓 | 明 | 浦口区珍珠泉风景区定山寺景区 |
| 19 | 程桥东周墓葬群 | 东周 | 六合区程桥镇长青村 |
| 20 | 李家村失考墓 | 唐 | 高淳区固城镇蒋山村 |
| 21 | 福清公主墓 | 明 | 雨花台区邓府山 |
| 22 | 杨邦乂墓 | 南宋 | 雨花台区雨花台烈士陵园内 |
| 23 | 顾起元家族墓 | 明-现代 | 江宁区横溪街道曾庄村顾家山 |
| 24 | 徐蕃墓 | 清 | 六合区程桥街道唐楼村 |

古建筑(98处98点)

| 序号 | 名称 | 时代 | 地址 |
|---|---|---|---|
| 1 | 周处读书台 | 西晋 | 秦淮区老虎头44号 |
| 2 | 台城 | 东晋 | 玄武区鸡鸣寺路北 |
| 3 | 幽栖寺 | 南朝 | 江宁区祖堂山 |
| 4 | 鸡鸣寺 | 梁 | 玄武区鸡鸣寺路3号 |
| 5 | 普德寺 | 梁 | 雨花台区普德村134号 |
| 6 | 光宅寺 | 梁 | 秦淮区老虎头44号 |
| 7 | 惠济寺遗址 | 南唐 | 浦口区汤泉镇 |
| 8 | 王安石故居 | 北宋 | 玄武区半山园海军指挥学院内 |
| 9 | 长芦寺 | 宋 | 六合区长芦街道长芦中学内 |
| 10 | 三宿崖 | 南宋 | 鼓楼区朝月楼116号 |
| 11 | 大中桥 | 明 | 秦淮区大光路北 |
| 12 | 内桥 | 明 | 秦淮区中华路北 |
| 13 | 襟湖桥 | 明 | 高淳区淳溪镇南 |
| 14 | 北门桥 | 明 | 玄武区估衣廊北 |
| 15 | 文德桥 | 明 | 秦淮区夫子庙泮池西 |
| 16 | 淮清桥 | 明 | 秦淮区建康路东 |
| 17 | 石猫坊 | 明 | 秦淮区彩霞街 |
| 18 | 浦口明城墙遗址(中敌台) | 明 | 浦口区浦口老城泰山街道、顶山街道 |
| 19 | 胜棋楼 | 明 | 建邺区莫愁湖公园内 |
| 20 | 扫叶楼 | 明 | 鼓楼区清凉山南麓 |
| 21 | 燕子矶、头台洞、二台洞、三台洞 | 明、清 | 栖霞区燕子矶 |
| 22 | 夫子庙遗迹(孔子问礼图碑) | 六朝、明、清 | 秦淮区夫子庙 |
| 23 | 白鹭洲鹫峰寺 | 明、清 | 秦淮区白鹭洲公园内 |
| 24 | 静海寺遗址 | 明、清 | 鼓楼区朝月楼116号 |
| 25 | 武庙遗址 | 明、清 | 玄武区北京东路43号 |
| 26 | 香林寺 | 明、清 | 玄武区青溪桥36号 |
| 27 | 朱状元巷清代住宅 | 清 | 秦淮区朱状元巷32、34号 |
| 28 | 愚园 | 清 | 秦淮区胡家花园2号 |
| 29 | 颜鲁公祠 | 清 | 鼓楼区广州路221号 |

续 表

| 序号 | 名称 | 时代 | 地址 |
| --- | --- | --- | --- |
| 30 | 魏源故居 | 清 | 鼓楼区龙蟠里20、22号 |
| 31 | 江浦文庙 | 清 | 浦口区珠江街道烈士塔社区 |
| 32 | 万寿宫 | 清 | 六合区长江路112号 |
| 33 | 李鸿章祠堂 | 清 | 秦淮区四条巷77号 |
| 34 | 白下路清代建筑 | 清 | 秦淮区白下路101号 |
| 35 | 陶澍、林则徐二公祠 | 清 | 玄武区长江东街4号 |
| 36 | 毗卢寺 | 清 | 玄武区汉府街6号 |
| 37 | 清真寺 | 清 | 秦淮区草桥（由太平南路迁入） |
| 38 | 惜阴书院旧址 | 清 | 鼓楼区龙蟠里69号 |
| 39 | 瞻园路126号建筑 | 清、民国 | 秦淮区瞻园路126号 |
| 40 | 高座寺 | 西晋 | 雨花台区雨花台风景区内 |
| 41 | 龙泉寺 | 唐 | 雨花台区铁心桥 |
| 42 | 灵谷寺 | 六朝 | 玄武区钟山风景区 |
| 43 | 定山寺 | 南朝梁 | 浦口区珍珠泉风景区 |
| 44 | 浦口城隍庙 | 明 | 浦口区泰山街道 |
| 45 | 兜率寺 | 清 | 浦口区老山狮子岭 |
| 46 | 南门清真寺 | 明 | 六合区雄洲镇清真街1号 |
| 47 | 湖熟清真寺 | 清 | 江宁区湖熟镇 |
| 48 | 淳化云居寺 | 南朝 | 江宁区淳化街道青龙山林场 |
| 49 | 清凉寺 | 五代 | 鼓楼区清凉山 |
| 50 | 永庆庵 | 明 | 高淳区桠溪镇 |
| 51 | 玉泉寺 | 明 | 高淳区固城镇南花山 |
| 52 | 板桥 | 清 | 雨花台区板桥街道板桥街 |
| 53 | 九龙桥 | 明 | 秦淮区东水关公园内 |
| 54 | 寒桥 | 宋 | 栖霞区燕子矶街道 |
| 55 | 茅塘桥 | 明 | 浦口区永宁镇 |
| 56 | 建南和尚桥 | 清 | 江宁区麒麟街道 |
| 57 | 踊跃油坊桥 | 清 | 江宁区丹阳镇 |
| 58 | 大市桥 | 明 | 鼓楼区铁路北街 |
| 59 | 六合城墙 | 明 | 六合区雄洲镇西门 |
| 60 | 览胜楼 | 清末 | 玄武区玄武湖公园梁洲 |
| 61 | 窦村古戏台 | 清 | 江宁区麒麟街道 |
| 62 | 东门染坊 | 清 | 浦口区泰山街道 |
| 63 | 太阳宫 | 清 | 建邺区棉花堤滨江公园 |
| 64 | 泾县会馆旧址 | 清 | 秦淮区大百花巷13、15号 |
| 65 | 江汉会馆旧址 | 清末民国初 | 建邺区棉花堤东南 |
| 66 | 天后宫 | 清 | 秦淮区昇州路488号 |
| 67 | 绫庄巷31号古民居 | 清 | 秦淮区绫庄巷31号 |
| 68 | 牛市古民居建筑 | 清 | 秦淮区牛市64号、颜料坊49号 |
| 69 | 佘村清代建筑群 | 清 | 江宁区上坊街道 |
| 70 | 洪蓝芮氏祠堂 | 清 | 溧水区洪蓝镇 |
| 71 | 石湫魏氏宗祠 | 清 | 溧水区石湫镇 |
| 72 | 和凤杨氏宗祠 | 清 | 溧水区和凤镇 |
| 73 | 和凤诸氏宗祠 | 清 | 溧水区和凤镇 |
| 74 | 晶桥刘氏宗祠 | 明 | 溧水区晶桥镇 |
| 75 | 赛虹桥 | 明 | 建邺区南苑街道长虹南路 |
| 76 | 三藏殿 | 清 | 秦淮区清洁村43号 |
| 77 | 高岗里39号古民居 | 清 | 秦淮区高岗里39号 |

续表

| 序号 | 名称 | 时代 | 地址 |
|---|---|---|---|
| 78 | 吴家账房 | 清 | 秦淮区钓鱼台83、85、87号 |
| 79 | 曾静毅故居 | 清 | 秦淮区荷花塘12号 |
| 80 | 饮马巷古民居 | 清 | 秦淮区饮马巷67、69、71、90号 |
| 81 | 沈家粮行 | 清 | 秦淮区悦来巷1-2号 |
| 82 | 柳叶街41号古民居 | 清 | 秦淮区柳叶街41号 |
| 83 | 郁金堂及水院 | 清 | 建邺区水西门大街132号 |
| 84 | 澄清坊清真寺 | 清 | 六合区雄州街道长江路30号 |
| 85 | 积善桥 | 清 | 江宁区东山街道潘村 |
| 86 | 童男桥 | 清 | 江宁区谷里街道钟家村 |
| 87 | 仙惠桥 | 清 | 江宁区东山街道后潘村 |
| 88 | 疏云桥 | 清 | 江宁区横溪街道镇西街 |
| 89 | 谢氏宗祠 | 清 | 溧水区开发区艾园村 |
| 90 | 蒋山村何氏宗祠 | 清 | 高淳区固城镇蒋山村 |
| 91 | 永定陡门 | 清 | 高淳区阳江镇大月村 |
| 92 | 漆桥、保平井 | 清 | 高淳区漆桥镇漆桥村 |
| 93 | 江夏桥 | 清 | 高淳区古柏镇戴西村 |
| 94 | 戴西村黄氏宗祠 | 清 | 高淳区古柏镇戴西村 |
| 95 | 千顷堂 | 清 | 高淳区古柏镇戴东村 |
| 96 | 嘉会堂 | 清 | 高淳区阳江镇刘家村 |
| 97 | 启后祠 | 清 | 高淳区淳溪镇薛七村 |
| 98 | 杨家龙王庙 | 清 | 高淳区淳溪镇长乐村 |

石窟寺及石刻（24处24点）

| 序号 | 名称 | 时代 | 地址 |
|---|---|---|---|
| 1 | 卞壸墓碣 | 北宋 | 秦淮区朝天宫 |
| 2 | 封至圣夫人碑 | 元 | 秦淮区夫子庙大成殿内 |
| 3 | 封四氏碑 | 元 | 秦淮区夫子庙大成殿内 |
| 4 | 观音阁大石壁 | 明 | 玄武区孝卫街 |
| 5 | 康茂才墓石刻 | 明 | 玄武区白马公园（由安怀村迁入） |
| 6 | 顾昊墓石刻 | 明 | 浦口区珍珠泉风景区佛手湖景区 |
| 7 | 板仓失考墓石刻 | 明 | 玄武区板仓某部队营区 |
| 8 | 珍珠泉摩崖石刻 | 明 | 浦口区珍珠泉风景区源头 |
| 9 | 鲍虎墓石刻 | 清 | 六合区南钢中板厂 |
| 10 | 弘济寺石刻 | 清 | 栖霞区燕子矶永安村3号 |
| 11 | 尹西村失考墓石刻 | 明 | 雨花台区铁心桥街道尹西村晓村 |
| 12 | 周金墓石刻 | 明 | 雨花台区铁心桥街道春江新城 |
| 13 | 狮子坝村失考墓石刻 | 南朝 | 栖霞区马群街道 |
| 14 | 翠云峰摩崖石刻 | 明 | 浦口区老山林场西山分场 |
| 15 | 无想寺摩崖石刻 | 明 | 溧水区洪蓝镇无想寺风景区内 |
| 16 | 泥塘失考墓石刻 | 明 | 江宁区上坊街道泥塘湖西村 |
| 17 | 后岗失考墓石刻 | 明 | 江宁区湖熟镇后山岗村 |
| 18 | 吉山失考墓石刻 | 明 | 江宁区东善桥街道吉山 |
| 19 | 桦墅石佛庵石窟 | 明 | 江宁区汤山镇桦墅村 |
| 20 | 秋湖山古采石场 | 明 | 溧水区永阳镇秋湖山 |
| 21 | 太监义会碑 | 明 | 雨花台区雨花台烈士陵园内 |
| 22 | 乾隆御碑 | 清 | 雨花台区雨花台烈士陵园内 |
| 23 | 太平门缺口碑 | 清 | 玄武区富贵山北麓城墙上 |
| 24 | 定照庵碑刻 | 明 | 栖霞区栖霞山公园内 |

## 近现代重要史迹及代表性建筑（168 处 178 点）

| 序号 | 名称 | 时代 | 地址 |
| --- | --- | --- | --- |
| 1 | 地堡城遗址 | 清 | 玄武区太平门外 |
| 2 | 太平天国军营遗址 | 清 | 高淳区东坝镇东北 |
| 3 | 如意里太平天国壁画 | 太平天国 | 玄武区如意里 40 号 |
| 4 | 曾公祠 | 太平天国 | 秦淮区九条巷 8 号 |
| 5 | 辛亥革命雨花台之役人马合冢 | 1911 年 | 雨花台区雨花台东坡 |
| 6 | 道圣堂旧址 | 1916 年 | 鼓楼区中山北路 408 号 |
| 7 | 陈作霖墓 | 1920 年 | 栖霞区迈皋桥街道永寿陵 |
| 8 | 李瑞清墓 | 1920 年 | 江宁区牛首山林场 |
| 9 | 私立鼓楼幼稚园旧址 | 1923 年 | 鼓楼区北京西路 4 号 |
| 10 | 行知馆 | 1924 年 | 秦淮区白下路 193 号 |
| 11 | 韩恢墓 | 1928 年 | 秦淮区中华门外卫桥 |
| 12 | 恽代英烈士殉难处 | 1931 年 | 建邺区江东门 |
| 13 | 徐绍桢墓 | 1937 年 | 江宁区麒麟门外小白龙山 |
| 14 | 六合竹镇抗日民主政府旧址 | 1939—1945 年 | 六合区竹镇镇 |
| 15 | 云台山新四军抗日烈士墓 | 1939 年 | 江宁区横溪镇云台山 |
| 16 | 九华山三藏塔 | 1943 年 | 玄武区九华山公园内 |
| 17 | 原中央通讯社旧址 | 民国 | 玄武区中山东路 75 号 |
| 18 | 原国民政府经济部旧址 | 民国 | 玄武区中山东路 145 号 |
| 19 | 原国立编译馆旧址 | 民国 | 玄武区天山路 39 号 |
| 20 | 原国民政府教育部旧址 | 民国 | 玄武区成贤街 43 号 |
| 21 | 原国民政府司法部大门 | 民国 | 鼓楼区中山路 251 号 |
| 22 | 原国民政府联勤总部大门 | 民国 | 鼓楼区中山北路 212 号 |
| 23 | 原国民政府资源委员会旧址 | 民国 | 鼓楼区中山北路 200 号 |
| 24 | 中英庚款董事会旧址 | 民国 | 鼓楼区山西路 124 号 |
| 25 | 原国民政府财政部旧址 | 民国 | 秦淮区中山东路 128 号 |
| 26 | 原国立中央政治大学门楼 | 民国 | 秦淮区建邺路 168 号 |
| 27 | 中央饭店 | 民国 | 玄武区中山东路 237 号 |
| 28 | 中山楼 | 民国 | 鼓楼区汉口路 22 号南京大学南园 |
| 29 | 下关火车站 | 清末 | 鼓楼区龙江路 8 号 |
| 30 | 原中华邮政总局旧址 | 民国 | 鼓楼区中山北路 301 号 |
| 31 | 基督教青年会旧址 | 民国 | 秦淮区中华路 26 号 |
| 32 | 基督教百年堂及宿舍旧址 | 民国 | 鼓楼区汉中路 140 号 |
| 33 | 浙江兴业银行旧址 | 民国 | 玄武区中山东路 3 号 |
| 34 | 龙潭会师亭 | 民国 | 栖霞区龙潭街道中国水泥厂 |
| 35 | 和平公园钟楼 | 民国 | 玄武区和平公园内 |
| 36 | 中山植物园 | 民国 | 玄武区前湖后村 1 号 |
| 37 | 原留东同学会会址 | 民国 | 玄武区玄武湖公园翠洲 |
| 38 | 原国民革命军遗族学校旧址 | 民国 | 玄武区钟山风景区卫岗 |
| 39 | 中山陵附属建筑（藏经楼、光华亭、流徽榭、音乐台、行健亭、永慕庐、仰止亭、正气亭、革命历史图书馆旧址）（共 9 个点） | 民国 | 玄武区钟山风景区 |
| 40 | 志公殿与宝公塔 | 民国 | 玄武区钟山风景区 |
| 41 | 卢师谛墓 | 民国 | 玄武区孝陵卫省农科院内 |
| 42 | 尤列墓 | 民国 | 江宁区汤山街道小白龙山 |
| 43 | 邓演达烈士殉难处 | 近代 | 江宁区汤山街道晨光村沙石岗 |
| 44 | 华兴农业公司办公旧址 | 近代 | 雨花台区板桥街道华兴村 |
| 45 | 江上草堂 | 现代 | 浦口区乌江镇林蒲村 |
| 46 | 原天山协会旧址 | 民国 | 秦淮区利济巷 30 号 |

续表

| 序号 | 名称 | 时代 | 地址 |
|---|---|---|---|
| 47 | 南京招商局旧址 | 民国 | 鼓楼区江边路 24 号 |
| 48 | 青岛路民国建筑 | 民国 | 鼓楼区青岛路 33-2、35 号 |
| 49 | 仁寿里民国建筑 | 民国 | 秦淮区仁寿里 18、20、22、24 号 |
| 50 | 颐和路 38 号民国建筑 | 民国 | 鼓楼区颐和路 38 号 |
| 51 | 傅厚岗 32 号民国建筑 | 民国 | 鼓楼区傅厚岗 32 号 |
| 52 | 昆仑路 8 号民国建筑 | 民国 | 玄武区昆仑路 8 号 |
| 53 | 徐悲鸿故居 | 民国 | 玄武区傅厚岗 4 号 |
| 54 | 左所大街 228 号民国建筑 | 清末民国初 | 浦口区泰山街道东门左所大街 228 号 |
| 55 | 颐和路 18 号民国建筑 | 民国 | 鼓楼区颐和路 18 号 |
| 56 | 武夷路 4 号民国建筑 | 民国 | 鼓楼区武夷路 4 号 |
| 57 | 人和街 9 号民国建筑 | 民国 | 鼓楼区人和街 9 号 |
| 58 | 傅抱石故居 | 民国 | 玄武区傅厚岗 6 号 |
| 59 | 高二适故居 | 民国 | 秦淮区六合里 3 号 |
| 60 | 雍园 1 号民国建筑 | 民国 | 玄武区雍园 1 号 |
| 61 | 卫巷 15 号、百子亭 33 号民国建筑（2 个点） | 民国 | 玄武区卫巷 15 号、百子亭 33 号 |
| 62 | 大树根 13 号民国建筑 | 民国 | 玄武区大树根 13 号 |
| 63 | 百子亭 19 号民国建筑 | 民国 | 玄武区百子亭 19 号 |
| 64 | 中山北路 40 号民国建筑 | 民国 | 鼓楼区中山北路 40 号 |
| 65 | 颐和路 34 号民国建筑 | 民国 | 鼓楼区颐和路 34 号 |
| 66 | 颐和路 15 号民国建筑 | 民国 | 鼓楼区颐和路 15 号 |
| 67 | 西流湾 8 号民国建筑 | 民国 | 鼓楼区西流湾 8 号 |
| 68 | 百步坡 1 号民国建筑 | 民国 | 鼓楼区五台山百步坡 1 号 |
| 69 | 天目路 18 号民国建筑 | 民国 | 鼓楼区天目路 18 号 |
| 70 | 沈举人巷 26、28 号民国建筑 | 民国 | 鼓楼区沈举人巷 26、28 号 |
| 71 | 普陀路 15 号民国建筑 | 民国 | 鼓楼区普陀路 15 号 |
| 72 | 普陀路 10 号民国建筑 | 民国 | 鼓楼区普陀路 10 号 |
| 73 | 宁海路 2 号民国建筑 | 民国 | 鼓楼区宁海路 2 号 |
| 74 | 南冬瓜市 20 号民国建筑 | 民国 | 鼓楼区南冬瓜市 20 号 |
| 75 | 珞珈路 5 号民国建筑 | 民国 | 鼓楼区珞珈路 5 号 |
| 76 | 琅琊路 9 号民国建筑 | 民国 | 鼓楼区琅琊路 9 号 |
| 77 | 琅琊路 13 号民国建筑 | 民国 | 鼓楼区琅琊路 13 号 |
| 78 | 金银街 2、4 号民国建筑 | 民国 | 鼓楼区金银街 2、4 号 |
| 79 | 华侨路 81 号民国建筑 | 民国 | 鼓楼区华侨路 81 号 |
| 80 | 牯岭路 10 号民国建筑 | 民国 | 鼓楼区牯岭路 10 号 |
| 81 | 赤壁路 3 号民国建筑 | 民国 | 鼓楼区赤壁路 3 号 |
| 82 | 复成新村 14 号民国建筑 | 民国 | 秦淮区复成新村 14 号 |
| 83 | 常府街 30 号民国建筑 | 民国 | 秦淮区常府街 30 号 |
| 84 | 颐和路 32 号民国建筑 | 民国 | 鼓楼区颐和路 32 号 |
| 85 | 颐和路 29 号、扬州路 18 号民国建筑（2 个点） | 民国 | 鼓楼区颐和路 29 号、扬州路 18 号 |
| 86 | 天竺路 25 号民国建筑 | 民国 | 鼓楼区天竺路 25 号（西康路 44 号） |
| 87 | 天竺路 15 号民国建筑 | 民国 | 鼓楼区天竺路 15 号 |
| 88 | 宁海路 14 号民国建筑 | 民国 | 鼓楼区宁海路 14 号 |
| 89 | 珞珈路 46 号民国建筑 | 民国 | 鼓楼区珞珈路 46 号 |
| 90 | 江苏路 4 号民国建筑 | 民国 | 鼓楼区江苏路 4 号 |
| 91 | 赤壁路 5 号民国建筑 | 民国 | 鼓楼区赤壁路 5 号 |
| 92 | 北京西路 3 号民国建筑 | 民国 | 鼓楼区北京西路 3 号 |

续表

| 序号 | 名称 | 时代 | 地址 |
|---|---|---|---|
| 93 | 中国银行南京分行旧址 | 民国 | 秦淮区白下路 23 号 |
| 94 | 北京西路 56 号民国建筑 | 民国 | 鼓楼区北京西路 56 号 |
| 95 | 颐和路 39 号民国建筑 | 民国 | 鼓楼区颐和路 39 号 |
| 96 | 颐和路 6 号民国建筑 | 民国 | 鼓楼区颐和路 6 号 |
| 97 | 天竺路 21 号民国建筑 | 民国 | 鼓楼区天竺路 21 号 |
| 98 | 莫干路 6 号民国建筑 | 民国 | 鼓楼区莫干路 6 号 |
| 99 | 珞珈路 48 号民国建筑 | 民国 | 鼓楼区珞珈路 48 号 |
| 100 | 赤壁路 17 号民国建筑 | 民国 | 鼓楼区赤壁路 17 号 |
| 101 | 江苏路 17 号民国建筑 | 民国 | 鼓楼区江苏路 17 号 |
| 102 | 江苏路 23 号民国建筑 | 民国 | 鼓楼区江苏路 23 号 |
| 103 | 西康路 58 号民国建筑 | 民国 | 鼓楼区西康路 58 号 |
| 104 | 武夷路 17 号民国建筑 | 民国 | 鼓楼区武夷路 17 号 |
| 105 | 钱塘路 12 号民国建筑 | 民国 | 鼓楼区钱塘路 12 号 |
| 106 | 剑阁路 27 号民国建筑 | 民国 | 鼓楼区剑阁路 27 号 |
| 107 | 五台山 1 号-1 民国建筑 | 民国 | 鼓楼区五台山 1 号-1 |
| 108 | 五台山 1 号-2 民国建筑 | 民国 | 鼓楼区五台山 1 号-2 |
| 109 | 陶谷新村 15 号民国建筑 | 民国 | 鼓楼区陶谷新村 15 号 |
| 110 | 陶谷新村 19 号民国建筑 | 民国 | 鼓楼区陶谷新村 19 号 |
| 111 | 合群新村 6 号民国建筑 | 民国 | 鼓楼区合群新村 6 号 |
| 112 | 百步坡 4 号民国建筑 | 民国 | 鼓楼区五台山百步坡 4 号 |
| 113 | 颐和路 13 号民国建筑 | 民国 | 鼓楼区颐和路 13 号 |
| 114 | 西北文化协会旧址 | 民国 | 鼓楼区中山北路 262 号 |
| 115 | 南京特别市第六区公所旧址 | 民国 | 鼓楼区江路 39 号 |
| 116 | 国民政府导淮委员会办公旧址 | 民国 | 鼓楼区新模范马路 36 号 |
| 117 | 亚细亚火油公司旧址 | 民国 | 鼓楼区察哈尔路 90 号 |
| 118 | 北京西路 27 号民国建筑 | 民国 | 鼓楼区北京西路 27 号 |
| 119 | 北京西路 44 号民国建筑 | 民国 | 鼓楼区北京西路 44 号 |
| 120 | 北京西路 52 号民国建筑 | 民国 | 鼓楼区北京西路 52 号 |
| 121 | 宁海路 15 号民国建筑 | 民国 | 鼓楼区宁海路 15 号 |
| 122 | 民国碉堡群 | 民国 | 鼓楼区八字山、玄武区紫金山、雨花台区雨花台、江宁区汤山 |
| 123 | 颐和路 11 号民国建筑 | 民国 | 鼓楼区颐和路 11 号 |
| 124 | 北京西路 58 号民国建筑 | 民国 | 鼓楼区北京西路 58 号 |
| 125 | 新四军一支队指挥部旧址 | 民国 | 江宁区横溪街道横山社区上庄村 |
| 126 | 南瓜市 3 号民国建筑 | 民国 | 鼓楼区南瓜市 3 号 |
| 127 | 赤壁路 10 号民国建筑 | 民国 | 鼓楼区赤壁路 10 号 |
| 128 | 下关浦口铁路轮渡桥 | 1933 年 | 鼓楼区阅江楼街道、浦口区泰山街道 |
| 129 | 桃源村民国建筑群 | 民国 | 鼓楼区黄土山 |
| 130 | 育群中学旧址 | 民国 | 秦淮区中华路 369 号 |
| 131 | 工兵学校旧址 | 民国 | 秦淮区海福巷 1 号 |
| 132 | 光华门堡垒遗址 | 民国 | 秦淮区光华门外 |
| 133 | 高楼门 42 号民国建筑 | 民国 | 玄武区高楼门 42 号 |
| 134 | 蓝庐 | 民国 | 玄武区汉府街 3 号 |
| 135 | 公余联欢社旧址 | 民国 | 玄武区洪武北路 129 号 |
| 136 | 南京高等师范学校附属小学旧址 | 民国 | 玄武区四牌楼 4 号 |
| 137 | 喇嘛庙、诺那塔 | 民国 | 玄武区玄武湖环洲 |
| 138 | 中央无线电器材有限公司旧址 | 民国 | 玄武区中山东路 303 号 |
| 139 | 桂林石屋遗迹 | 民国 | 玄武区灵谷寺景区 |
| 140 | 浦口电厂旧址 | 1923 年 | 浦口区泰山街道大马路 5 号 |

续表

| 序号 | 名称 | 时代 | 地址 |
| --- | --- | --- | --- |
| 141 | 津浦铁路浦口机务段英式建筑 | 1918年 | 浦口区泰山街道兴浦路206号 |
| 142 | 浦镇火车站英式建筑 | 民国 | 浦口区顶山街道浦镇火车站内 |
| 143 | 浦镇扶轮学校旧址 | 民国 | 浦口区顶山街道南门龙虎巷1号 |
| 144 | 邓子恢旧居 | 民国 | 六合区竹镇居委会后街119-1号 |
| 145 | 和平医院旧址 | 民国 | 六合区雄州街道通玄街1号 |
| 146 | 永利硫酸铔厂旧址 | 1934年 | 六合区西厂门街道 |
| 147 | 江南水泥厂旧址 | 1935年 | 栖霞区摄山镇88号 |
| 148 | 高奇峰墓园 | 民国 | 栖霞区栖霞山公园内 |
| 149 | 栖霞山高僧塔林 | 民国 | 栖霞区栖霞山公园内 |
| 150 | 府前路张氏住宅 | 民国 | 栖霞区龙潭街道府前路10号 |
| 151 | 民国空军第二通讯台旧址 | 民国 | 栖霞区和燕路462号 |
| 152 | 王芃生墓 | 民国 | 栖霞区白龙山公墓内 |
| 153 | 朱培德墓 | 民国 | 雨花台区铁心桥普德寺公墓 |
| 154 | 陆军炮兵学校旧址 | 1934年 | 江宁区汤山街道 |
| 155 | 花园塘21号民居 | 民国 | 江宁区湖熟街道花园塘21号 |
| 156 | 汤泉路5号日式建筑 | 民国 | 江宁区汤山街道汤泉路5号 |
| 157 | 侵华日军骑兵训练基地司令部旧址 | 民国 | 江宁区东山街道双龙街60号气象学院内 |
| 158 | 卢家桥 | 民国 | 江宁区东山街道卢家桥村 |
| 159 | 江宁旅淳公所旧址 | 民国 | 高淳区东坝镇东风村后街87号 |
| 160 | 崇仁局旧址 | 民国 | 高淳区淳溪镇湖井头芮家村 |
| 161 | 沛桥 | 民国 | 高淳区东坝镇沛桥村 |
| 162 | 溧水大金山抗日根据地遗址 | 民国 | 溧水区东屏镇大金山 |
| 163 | 伊村饭店 | 1969年 | 玄武区伊刘村1号 |
| 164 | 下土桥"文革"遗存 | 1969年 | 高淳区固城镇漕塘村 |
| 165 | 安基山水库渡槽 | 1974年 | 江宁汤山街道孟塘村 |
| 166 | 横溪渡槽 | 1974年 | 江宁区横溪街道宁光村、山景村、许高村 |
| 167 | 求雨山"金陵四老"纪念园 | 1992—2005年 | 浦口区江浦街道求雨山 |
| 168 | 利济巷慰安所旧址 | 民国 | 秦淮区五老村街道利济巷2-18号 |

其他(4处4点)

| 序号 | 名称 | 时代 | 地址 |
| --- | --- | --- | --- |
| 1 | 十月村毛泽东塑像 | 现代 | 栖霞区栖霞街道十月村 |
| 2 | 古四眼井 | 南唐 | 秦淮区汉西门大街 |
| 3 | 窦村水系及四方井 | 清代 | 江宁区麒麟镇窦村 |
| 4 | 童子拜观音石 | 宋代 | 玄武区玄武湖公园 |

"附录四"资料来源:南京市文化和旅游局官方网站,数据统计截止于2018年2月。

# 后 记

园林规划设计既需要讲科学，也需要讲人文，光有科学原理而缺乏人文内涵的园林显然是不全面的。所以，作为一个在大学里教授园林规划设计的老师，我的研究方向既有讲科学的生态园林景观（承担了国家自然科学基金课题），也有讲人文的历史文化景观（承担了江苏省文化与旅游科研课题）。而且随着年龄的增加、人生阅历的丰富，我对人文的兴趣越来越大。所以，作为历史文化景观重要内容之一的遗址公园是我一直关注的研究对象。

我上中学时，受好友姚健影响，喜欢讨论唐诗宋词，知道了"一三五不论，二四六分明"之说，那时候也喜读《红楼梦》，把前八十回翻来覆去看了很多遍。在上大学的时候，成玉宁老师给我们讲授园林史，他的古典文化功底非常深厚，通过历史故事来叙述园林，讲得非常精彩。听他的课就是一种享受，引发了我对历史与文化园林的兴趣。进入南京林业大学任教之后，我的这种历史与文化园林的情结也延续下来，主持设计了太平天国早期重要领导人之一曾水源墓遗址的园林设计，项目建成后在《建筑与文化》上发表了论文《让百年古墓中的主人与当下老百姓欢歌共舞：曾水源墓的保护与景观整治》。之后，又与美国密歇根州立大学风景园林学教授 Jon Bryan Burley 在《建筑师》上合作发表了论文《明孝陵禁约碑注译及景观诠释》，翻译了 Jon Bryan Burley 教授撰写的论文《密歇根州旅游地的历史档案信息资源研究：以费耶特历史州立公园为例》并发表于《中国园林》。

在教学中，我在讲授园林规划设计课程时，推荐学生读《红楼梦》《浮生六记》等，并告知他们，只有努力修炼自己，不断提升自己的修为、素养、境界与思想，才能设计出有内涵、有品质的园林。我也常常鼓励我的学生们去探讨历史与文化园林并指导他们完成本科毕业论文，印象比较深刻的有汪洋同学的《〈红楼梦〉中的古典园林艺术》、季超同学的《民国的印记：浅谈南京民国园林》、王振同学的《浅谈中国园林的楹联、匾额艺术与园林意境的创造》、郭志强同学的《居住小区植物造景风水初探》等论文。获得研究生导师资格后，我指导的第一届研究生冷金泽于 2011 年完成了毕业论文《南京近代私家园林的营建特点与转变》，并在 2013 年第 6 届世界科学与工程协会风景园林国际会议（The 6th WSEAS International Conference on Landscape Architecture）上做了题为 Architectural Characteristics and Transformation of Private Gardens of Nanjing in Modern Chinese History 的报告。之后，陆陆续续地又指导完成了钦小蔚同学的《试论巴洛克与洛可可园林》、李文欣同学的《聚类分析法探究北方私家园林、江南私家园林和岭南私家园林的异同》、陈雪梦同学的《南京近代园林造园特征研究》、徐亚坤同学的《南京园林假山的传承与发展研究》、于佳辰同学的《清代南京随园复原设计研究》等有关历史与文化园林的毕业论文。

在遗址公园专题研究方面，我指导完成了章乐雅同学的《南京市遗址公园调查与研究》、王中玥同学的《城市历史文化遗址景观缓冲区划定研究：以南京西安门遗址景观为例》、颜小燕同学的《江苏省遗址公园发展与特征研究》、乔嘉龙同学的《南京市遗址公园使用后评价研究》、黄静如同学的《中国国家考古遗址公园可达性研究》等论文。2019 年与 2021 年，我相继承担了"江苏省文物旅游资源中遗址公园的利用与保护研究"（编号：19YB43）与"江苏遗址公园保护与文化遗产活化利用研究"（编号：21WT06）2 个江苏省文化和旅游科研课题。依托课题，课题组人员对南京、徐州、淮安、镇江、扬州、苏州、无锡、常州等城市数十个遗址公园进行了现场调研，绘制了部分遗址公园平面图，拍摄了大量的现场照片，调研后，对资料进行整理与汇总。本书正是缘起于我的历史与文化园林的情结，并基于前期的课题调研、发表论文、教研成果以及设计实践的总结而完成的。

通过调研，我们发现很多遗址公园规划建设得非常好，并且各有鲜明优点与特色，主要表现在以下几个方面：①一些遗址公园中的遗址博物馆或陈列馆建设水平较高。如南京大报恩寺遗址博物馆建于遗址之上，博物馆建筑与遗址完美结合，建筑室内外空间相互渗透，形成了丰富的体验空间，多媒体展示所呈现的视觉效果美轮美奂；苏州御窑遗址园中的御窑金砖博物馆建筑空间设计得非常有特色，博物馆中的陆慕御窑空间体验让人难忘；淮安总督漕运部院遗址公园中国漕运博物馆为传统建筑风格，其博物馆主体部分建于地下，很好地契合了现场环境；徐州狮子山楚王陵遗址公园的水下兵马俑陈列馆位于景区西部池潭之中，周边山水环绕，风景秀美，水下陈列展示别具一格；无锡鸿山遗址博物馆外部形象已成为遗址公园标志性景观，其内部空间也很有韵味；南京胭脂河天生桥遗址公园天生桥博物馆外观很有个性，体现了与众不同的风格。②一些大型的考古遗址公园实行边开放边建设的先进理

念,在遗址公园周边以农业、森林、湿地观光园的形式设置了大片的缓冲区,既保护了考古预留区域,也为遗址公园未来发展提供了弹性空间,如无锡鸿山国家考古遗址公园、无锡阖闾城考古遗址公园、扬州龙虬庄遗址公园等。③一些遗址公园在遗址原真性保持、遗址氛围营造方面做得很好。比较典型的有常州春秋淹城遗址公园,尽管遗址公园外围依托遗址做了很多商业化文旅建设,但是遗址公园内部却很质朴清幽,除了一些遗址景点的点缀,公园总体来说较少人工堆砌建筑构筑物,在这里,设计师没有唱主角,整个公园较为古朴,富有野趣;苏州溪锦祝甸古窑遗址公园完整地保留了华东地区数量最多、面积最大的古砖瓦烧制古窑群,园区紧邻白荡湖面,古窑、古村、湖面交相呼应,水天一色,让人心旷神怡。④一些坐落于城市中的遗址公园充分利用园林的手法很好地展示了遗址文化,同时也给市民提供了优美的休闲绿地空间。例如苏州凤凰山遗址公园与常州圩墩遗址公园,遗址文化展示手法多样,园林空间体验丰富;扬州宋大城西门遗址公园尽管只是一个数百平方米微型遗址公园,但充分利用了遗址本身的场地特征,因地制宜地营造了一个精致的遗址园林;南京萧宏墓石刻遗址公园的辟邪石刻遗址在四周围合玻璃的亭中进行保护,亭子置于水面之中,形成独特的遗址展示效果;徐州珠山宕口遗址公园通过生态恢复、园林造景等手法,充分利用宕口地形,构建了高低起伏的多样化复合园林空间,把废弃矿山转变成徐州市山清水秀的靓丽景区。

当然,江苏省遗址公园在建设发展中也有一些不足之处,主要存在以下几个问题。

(1) 规划与建设方面

①部分遗址公园中的遗址针对性的保护设施不到位。主要表现为很多遗址缺少物理隔离,遗址周边未设围栏、绿化等隔离设施,导致遗址易受游人撞击、磨损,且缺乏约束游人的警示标牌等。②有些城市遗址公园因为用地等原因周边缺乏缓冲区,或者缺乏对遗址公园周边建筑高度、风格与颜色等要素的控制,造成周边城市环境、建筑物等与遗址公园不协调,衔接生硬,不利于营造遗址历史氛围。③一些城市中的遗址公园遗址历史信息展示不到位,遗址公园的特色不凸显。如有的遗址公园中建设的遗址博物馆长期不开放或改作他用;也有不少遗址公园在室外没有完善的遗址解说系统,遗址节点缺乏详细解释图文标牌,或遗址阐释与展示相关解说描述逻辑性、通俗性不强,展示深度较弱,使得游人游览遗址公园时不能充分了解历史信息。④还有的遗址公园甚至偏离了遗址公园主题,有遗址公园之名而弱化了遗址公园的具体内容,混淆了遗址和公园二者间关系,使遗址成为公园中陪衬,放大公园作用而压缩了遗址主题,把遗址公园主要定位为城市休闲公园、体育公园等。⑤有些遗址公园内部设施不完善,无法满足游人游览的基本需求,如缺乏公共厕所、座椅等常用设施。另外,一些大中型遗址公园在实行边建设边开放理念的同时,缺乏相应的阶段性建设计划,造成遗址公园游览设施并配套不健全,没有系统地向游客说明开放区和非开放区或暂时不具备展示条件的区域,没有向游客提供公园内部参观路线、参观工具等,对游客的参观体验有所制约。⑥有些遗址公园内部小品风格混杂、不统一,破坏了遗址历史氛围。⑦一些大型的遗址公园位于公共交通不便的城郊,公共交通可达性需要改善。散客以公共交通方式到达遗址公园的难易从很大层面上反映了一个遗址公园的方便程度,即可达程度,也在某种程度上决定了这个遗址公园能发挥多大价值。如果通过公共交通到达耗时漫长,会消磨人们前去游玩的热情,使很多人望而却步,使遗址公园难以发挥其应有的价值。⑧有些立项的遗址公园虽然早有规划或建设计划,但在实际落地过程中建设进展缓慢或很长时间以来尚未启动建设。在"十二五"期间,江苏计划要努力实现每个省辖市都有1处以上大型的考古遗址公园,建设3~5处省级考古遗址公园,申报成功2~3处国家考古遗址公园,但遗址公园的建设进程比较缓慢,许多早有意向规划或立项的遗址公园未完成建设目标。⑨江苏省作为文化大省,遗址数量很多,截至2018年2月,仅南京市目前就拥有全国文物保护单位49处,省级文物保护单位109处,南京市级文物保护单位358处。然而全江苏省建成遗址公园的数量只有数十个,相比遗址数量而言,遗址公园数量偏少,未来还需充分发掘遗址资源,建设更多的遗址公园。

(2) 维护与管理方面

①一些遗址公园中的遗址保护监管措施不到位,遗址周边监控与警报设施不足。②多数遗址公园的管理规定与普通公园的管理规定没有区别,缺乏针对遗址的约束游人行为的公园管理规定。③很多遗址说明牌等展示设施未及时更新维护,出现字迹磨损、缺失等。④一些公园设施如座椅、园灯、园路铺装等损坏未及时得到修复,绿化后期维护管养不到位。⑤一些遗址公园知名度不够,尽管遗址本身价值很高,但游客关注度少,与遗址价值不匹配。

(3) 政策与机制方面

①遗址公园行业管理工作缺乏统筹规划,缺少统一性与协调性。没有官方机构统一承担遗址公园的设立、认定工作,也没有官方的遗址公园名录,遗址公园命名混乱。另外,已有的遗址公园管理机构权限多重归属,政出多门,主管单位比较复杂,既有文物部门,也有园林部门以及其他部门等。复杂而多重的监管体制使得遗址公园管理标

准与规范不统一,不利于遗址的保护与利用。②相关法律法规不健全,专门的、有针对性的江苏省及地方城市的遗址公园法律性的规范标准缺失。在国家级的遗址公园建设层面上,国家已经出台了《国家考古遗址公园评定细则》《国家考古遗址公园规划编制要求(试行)》《国家考古遗址公园管理办法》《国家考古遗址公园创建及运行管理指南(试行)》等规范,对国家考古遗址公园的设立标准、规划标准、管理办法都有明确规定,然而各地方级别的遗址公园的相关规范标准都缺乏,现有的政策法规不能覆盖遗址公园各方面,江苏也是如此。

针对上述问题,我们提出以下建议:

一是设立或指定政府专门机构,统筹协调江苏省各地方遗址公园事宜。遗址公园是遗址与公园的融合体,文旅部门与园林部门都有其业务监管责任,应在这两个部门中设立或指定专门机构并会同另一个部门统筹协调遗址公园事宜。其主要职能是承担遗址公园的设立、认定工作,发布全省各地遗址公园官方名录,对遗址公园进行业务管理与行业监管。

二是制定针对江苏省及各地方的遗址公园相关标准规范。可以参考与依据国家考古遗址公园相关政策法规的做法,制定适合江苏实际情况的一整套遗址公园设立与评价标准、规划设计、建设与管理办法的法律规范体系,同时,加强对政策法规的落实情况的监督。

三是由专门机构牵头,组织人员力量,对江苏省遗址公园进行整体统筹规划与工作安排,编制江苏省遗址公园发展规划。①对江苏省遗址文物清单名录以及现有的绿地情况进行调研,摸清潜在可以建设的江苏省遗址公园家底,结合整体文物保护与旅游发展规划,充分挖掘江苏省文物旅游资源,逐步有序地推进新增遗址公园的规划建设工作。②对现有的遗址公园从规划设计、建设与维护等方面充分调研与评估,并对其分类分级,按照重点提升、局部改善与日常维护等类型,根据各个遗址公园的具体情况采取相应措施,编制公园切实可行的改进规划与设计方案,规定建设时间计划表,并落实资金安排。根据所制定的遗址公园相关法律规范的考核标准,加强后期维护管理力度,对遗址公园定期监管,形成遗址公园监管制度化与长效机制。

一个公园或一个风景区中如果存有历史遗迹、典故与传说,那么,相比其他景区来说,其更具内涵、魅力与趣味。我想起十年前我与我父亲去云南大理巍宝山,那里是古南诏国发祥地和道教圣地。尽管景区没有崇山峻岭与奇峰怪石,但是山上南诏遗迹与道观古建筑却让人感到其景观魅力无穷,我记得我与父亲在巡山殿饶有兴趣地把南诏十三代王的名牌及事迹都看了一遍,现在想来还是历历在目。又如,南京清凉山公园中的清凉寺、扫叶楼、崇正书院、驻马坡、魏源故居、李剑晨纪念馆等文物古迹与历史景点使得公园格外的古朴、清幽与秀美。南诏王巡山殿、龚贤扫叶楼等历史遗迹把巍宝山与清凉山这样平常的山林变得不平常。当然,这两座山林只是中华大地上千千万万个历史文化遗存中的两个点。祖国的山河大地也正是因为点缀了这些众多的历史文化遗存点才成为文明之地,因此,要好好了解这些历史文化遗存、好好呵护这些历史文化遗存。

在整理书稿的过程中,我总有着穿越历史的感觉。希望本书通过集中地展示江苏省遗址公园,有助于让更多的人能够通过接触优秀的文化遗产而穿越历史,了解祖国大地先民们的璀璨文明,从而更加热爱这片具有无穷魅力的土地。